2판

Career Counseling

# 학교진로상담

김봉환 · 정철영 · 김병석 공저

학지사

여러 가지로 복잡했던 2005년의 해가 저물고 2006년 새해가 밝았다. 저자들은 지금으로부터 6년 전인 새천년을 여는 2000년 이맘때 『학교진로상담』 1판을 출간하였다. 여러 가지로 부족한 점이 많았지만, 추후 계속 보완할 것을 전제로 상당한 부담을 느끼며 1판을 세상에 내놓은 것이다. 그 후 시간이 흐르면서 이러한 부담은 좀 더 보완한 2판을 하루속히 내야 한다는 현실적인 압박으로 다가왔다.

　구체적으로 2판을 구상하게 된 직접적인 이유는 다음과 같은 두 가지 때문이다. 첫째, 1판이 담고 있는 내용들 중의 많은 부분이 최신의 정보와 자료를 요구하는 것들이다. 6년의 시간이 흐르면서 1판 내용 중 많은 부분이 낡은 정보가 되어 버렸다. '직업의 세계', '직업훈련과 자격제도', '컴퓨터를 활용한 진로상담' 부분이 대표적으로 이에 해당된다. 둘째, 1판의 교재를 교육현장에서 활용하다 보니 아쉬운 부분이 발견되었다. 특히 집단진로지도에 대한 내용이 없다는 것과 일부 내용이 이해하기 어려울 정도로 까다롭고 학생진로지도 및 상담과 다소 거리가 있다는 아쉬움이었다.

　2판에서는 이상과 같은 것들을 보완하는 측면에 초점을 두었다. 구체적인 개정 방향은 다음과 같다. 첫째, 1판 내용 중 최신 정보가 필요한 부분에 대해서 가능한 한 가장 최근의 정보를 찾아서 대체하였다. 둘째, 학교 현장에서 집단진로지도 및 상담의 중요성을 의식해서 초·중·고 학생들을 위한 집단진로지도 프로그램을 예시하여 보완하였다. 셋째, 내용이 난해하고 외국서적 번역의 어색함 때문에 자연스럽게 읽기가 어려운 부분들은 가급적 쉽고 평이하게 읽을 수 있도록 수정하였다. 넷째, 학교 현장에서 활용도가 낮거나 학생진로지도 및 상담과 직접적인 관련이 없는 부분들은 삭제하거나 통합하였다.

물론 이상과 같은 관점에서 수정, 보완을 했지만 여전히 아쉬움은 남는다. 하지만 좀 더 나은 3판을 기약하며 현 상태에서 2판을 내기로 결정하였다. 사실 1판에 대해서 많은 독자들이 저자들의 당초 기대 이상으로 큰 관심을 보여 주었다. 그 때문에 저자들은 한편으로 뿌듯하기도 했고, 다른 한편으로는 큰 빚을 진 느낌이었다. 일단 새롭게 세상에 내놓는 2판을 통해서 그 빚의 일부는 갚았다고 위안해 보면서, 계속해서 독자 여러분의 질정(叱正)을 기대한다.

2판의 집필은 제1장, 2장, 3장, 6장, 8장, 11장, 12장은 김봉환, 제4장, 5장, 7장, 13장, 14장, 15장은 정철영, 제9장, 10장은 김병석이 분담하였다. 이 책을 준비하는 과정에서 원고 정리와 교정 작업에 많은 시간을 할애해 준 숙명여자대학교의 고문정 선생과 박은민 선생 그리고 서울대학교의 이종범 박사와 김재호 선생에게 고마운 마음을 전한다.

끝으로 오래전부터 2판의 필요성을 피력했지만 침묵으로 일관하던 저자들에게 이를 집필하도록 자극을 주고 격려해 주신 학지사 김진환 사장님과 좋은 책이 될 수 있도록 최선의 노력을 아끼지 않으신 편집부 여러 선생님들께 감사드린다.

2006년 2월
저자 일동

우리나라의 학교 장면에서 진로지도와 진로상담은 오래 전부터 늘 강조의 대상이 되어 왔다. 그러나 내실 있는 발전이라는 측면에서 보면 아직도 매우 열악한 상태에 있다. 그 이유는 여러 가지가 있겠지만 우선 그동안 대학진학을 위한 '진학지도'에 지나치게 편파적인 비중을 두어 왔고, 진로상담에 관한 사회전반의 인식 결여, 그리고 진로상담을 훌륭하게 수행할 수 있는 전문가 부족 등을 꼽을 수 있을 것이다. 특히 진학지도의 경우에도 학생의 능력과 적성, 흥미 등이 고려되기보다는 일차적으로 '합격'에 중점을 둔 지도가 주류를 이루어 왔다.

최근에 이르러 지속적인 교육개혁의 결과와 진로선택의 중요성에 대한 일반인의 인식이 점차 높아짐에 따라 진로상담에 대한 관심과 기대도 더욱 상승하게 되었다. 특히 교육부에서는 1999년부터 전문상담교사를 양성하기 시작하였고, 이들을 양성하는 교육과정 속에 '진로상담'도 중요하게 자리 잡고 있다. 또한 학생들의 개성과 소질을 조기에 발굴하여 개발시키려는 '특기·적성교육'도 활발하게 전개되고 있다.

필자들은 전문상담교사 양성과정이나 혹은 일반연수과정 등에서 진로상담에 관련된 강의를 담당하면서 이론적 토대 위에서 현장의 교사들에게 실천적인 시사를 줄 수 있는 내용을 전달하려고 다양하게 노력을 해 보았지만 일차적으로 적합한 교재의 부재로 많은 어려움을 겪었다.

이러한 취지에 따라서 필자들은 교재의 집필을 시작하였고, 이제 이 책을 세상에 내놓게 되었지만 가슴 뿌듯한 보람보다는 두려운 감정과 아쉬운 마음이 앞선다. 그렇지만 좋은 책을 만들기 위하여 마냥 오랜 시간을 할애하기보다는 다소 위험부담을 갖더라도 일단은 지금까지의 집필 내용을 토대로 출판을 하자는 합의에 이르렀다. 따라서 이 책은 완성된 것이라기보다는 지속적으로 수정 보완해 나가야 할 긴 여정의 시작이라고 보는 것이 옳을 것이다.

이 책은 총 13장으로 구성되어 있다. 제1장 진로상담의 개요에서는 진로상담의 개념과 목표, 역사적 전개 등을 중심으로 진로상담의 기본적인 사항에 대해서 서술하였고, 제2장에서는 진로선택이론을 제시하였으며, 제3장에서는 진로발달이론을 살펴보았다. 제4장에서는 직업세계에 관한 사항을, 제5장에서는 의사결정에 관한 문제를, 제6장에서는 계속적인 직업능력개발이라는 차원에서 최근에 관심을 끌고 있는 직업훈련에 관한 내용을 다루었다. 제7장에서는 진로정보의 활용에 관한 제반 사항을 논의하였고, 제8장에서는 진로상담에서 유용하게 사용될 수 있는 검사에 대한 내용을 서술하였다. 제9장에서는 진로상담의 일반적인 과정을 설명하였고, 제10장에서는 특수학생을 위한 진로교육을, 제11장에서는 장애인 진로상담에 관한 내용을 다루었다. 제12장에서는 정보화시대를 맞이하여 컴퓨터를 활용한 진로상담에 대해서 논의하였으며, 마지막 제13장에서는 최근 학교에서 실시되고 있는 특기 · 적성교육의 효율적인 운영방안을 제시하였다.

집필은 제1장, 제2장, 제3장, 제5장, 제8장, 제12장, 제13장은 김봉환, 제4장, 제6장, 제7장은 정철영, 제9장, 제10장, 제11장은 김병석이 분담하였다. 각 집필자가 공저인 경우 흔히 문제가 되는 체제와 용어 통일을 기하기 위하여 노력하였으나 미비한 점이 많을 것으로 생각된다. 부족한 내용에 대해서는 앞으로 계속 수정하고 보완할 것을 약속드리며, 이에 관하여 독자 여러분의 질정(叱正)을 바란다.

　막상 탈고를 하고 보니 당초의 기대에 못 미친 감이 없지 않아 아쉽기도 하지만, 이 책이 진로지도와 진로상담에 관심을 갖는 많은 현직 교사들과 예비 교사들 그리고 상담을 공부하는 학도들이 진로상담에 대한 이해와 안목을 넓히는 데 조금이라도 도움이 되었으면 하는 마음 간절하다. 끝으로 이 책이 만들어지는 과정에서 여러 가지로 도움을 주신 학지사의 김진환 사장님과 강찬석 편집부장님을 비롯한 직원 여러분들께 감사드린다.

2000년 3월
저자 일동

# 제1부 | 진로상담의 기초

제1장

# 진로상담의 개요

이 장에서는 진로상담과 관련된 전반적인 사항을 개괄할 것이다. 먼저 진로상담과 관련된 유사한 용어들을 정리할 것이다. 진로지도나 진로상담 관련 문헌에서는 유사한 용어들이 복잡하게 혼용되고 있기 때문에 독자들이 혼란을 느끼는 경우가 자주 있다. 따라서 유사한 용어들이 어떤 점에서 같고, 어떤 점에서 차이가 있는지를 밝혀 볼 것이다. 그리고 진로상담의 태동에서부터 현재에 이르기까지 그 역사적인 발자취를 미국의 상황을 중심으로 간략하게 살펴본다. 이어서 현대사회에서 진로상담이 왜 필요하고 중요한 것인지를 우리 청소년들의 고민사항과 관련하여 논의해 보고, 진로상담의 일반적인 목표와 학교 수준별 진로상담의 내용을 정리해 본다. 끝으로 학교에서 학생 진로지도를 위하여 활용할 수 있는 방법들을 이 책의 다른 장에서 별도로 언급되는 사항을 제외하고 몇 가지 예시해 보고자 한다.

## 1. 개념의 이해

진로상담 및 진로지도와 관련해서는 여러 가지 용어들이 다양하게 혼용되고 있다.

따라서 진로상담에 관하여 본격적인 논의가 전개되기 이전에 우선 관련된 용어들의 유사성과 차별성을 이해할 필요가 있다.

첫째, 가장 상위개념인 '진로(career)' 라는 말은 한 개인이 생애 동안 일과 관련해서 경험하고 거쳐 가는 모든 체험들을 의미한다(김계현, 1995). 그런데 진로라는 용어는 매우 복합적이고 종합적인 의미를 지니고 있다. 즉, 커리어란 일을 통해 무엇인가를 축적해 놓은 직업적 경력을 의미하는 과거적인 뉘앙스가 녹아 있다. 동시에 커리어는 과거뿐 아니라 앞으로 생애의 모든 단계에서 쌓아가야 할 '행로' 라는 말도 들어 있는 미래지향적인 용어이기도 하다(진미석, 1999).

둘째, 직업(vocation)이란 일반적으로 보수를 받는 것을 전제로 한 일을 의미한다. 한국직업사전(중앙고용정보원, 2003)에서는 직업을 '개인이 계속적으로 수행하는 경제 및 사회활동의 종류' 라고 규정한다. 여기에서 계속적이라 함은 일시적인 것이 아니고 매일·매주·매월 주기적으로 행하고 있는 경우, 계절적으로 행하고 있는 경우 또는 명확한 주기를 갖지 않더라도 계속하고 있으며 현재 하는 일에 대하여 자기의사와 능력을 가지고 행하는 것을 의미한다.

셋째, 청소년 진로지도의 목표 중의 하나로 자주 거론되는 것이 개인의 '진로발달' 을 촉진시키는 것이다. 여기에서 진로발달(career development)은 각 개인이 자기가 설정한 진로목표에 접근해 가고 그 목표를 달성해 가는 과정을 지칭하는 것으로 사용되고 있다.

넷째, 최근에 새롭게 강조되고 있는 것이 '진로교육(career education)' 인데, 이는 개인의 진로선택, 적응, 발달에 초점을 둔 교육으로 각 개인이 자기 자신과 일의 세계를 인식 및 탐색하여 자기 자신에게 적합한 일을 선택하고, 선택한 일을 잘 수행할 수 있도록 취학 전부터 시작하여 평생 동안 학교, 가정, 사회에서 가르치고, 지도하고, 도와주는 활동을 총칭한다(서울대학교 교육연구소, 1998). 여기에서는 항상 교육적 작용이 중시된다.

다섯째, 직업교육(vocational education)이란 개인이 일의 세계를 탐색하여 자기의 적성·흥미·능력에 맞는 일을 선택하고, 그 일에서 필요로 하는 지식·기능·태도·이해 및 판단력과 일에 대한 습관 등을 개발하는 형식 또는 비형식적인 교육을 말한다(서울대학교 교육연구소, 1998). 이와 유사하게 이무근(1999)도 직업교육을 어떤 직업에 취업하기 위하여 준비하거나 현재의 직무를 유지, 개선하기 위한 형식 또는 비형식 교육으로 정의하고 있다.

여섯째, 진로지도를 위한 수단의 하나인 진로상담(career counseling)은 개인의 진로발달을 촉진시키거나 진로계획, 진로·직업의 선택과 결정, 실천, 직업적응, 진로변경 등의 과정을 돕기 위한 활동을 의미한다. 이와 유사하게 사용되는 직업상담(vocational counseling)은 선택 가능한 직업의 결정, 각 직업의 조건들, 취업에 필요한 조건, 취업절차 등보다 구체적인 수준에서 취업을 돕는 활동을 지칭한다. 최근 우리나라에서는 직업상담 전문가인 '직업상담사'를 국가자격으로 설정하여 시행에 옮기고 있다. 진로상담의 한 부분으로서 학교에서 주로 이루어지고 있는 진학상담은 '상급학교 진학과 관련하여 학교선택, 계열선택, 학과선택 등을 돕는 활동'으로 정의된다.

일곱째, 더욱 포괄적인 의미를 지닌 것으로 사용되는 '진로지도(career guidance)'란 사람들이 활동하는 생애 동안 그들의 진로발달을 자극하고 촉진하기 위해서 전문상담자나 교사 등과 같은 전문인이 여러 다양한 장면에서 수행하는 활동으로서 진로계획, 의사결정, 적응문제 등에 조력하는 것을 의미한다. 따라서 진로지도의 방법에는 진로상담을 비롯하여 여러 가지가 존재한다.

## 2. 진로상담의 역사적 전개

진로상담은 우리가 상식적으로 생각하는 것보다 그 역사가 비교적 길다. 여기에서는 주로 미국의 상황을 중심으로 진로상담의 역사적 흐름을 개괄해 보기로 하겠다. 다음의 논의에서는 '진로지도'와 '진로상담'을 특별하게 구분하지 않고 상호 교환적으로 사용할 것이다.

## 1) 진로상담의 출발

### (1) 산업주의의 탄생과 인간능력에 관한 연구

1800년대 말기의 산업주의(industrialism)의 발흥은 작업환경과 생활여건을 극적으로 변화시켰다. 도시지역은 이주민들에 의해서 급속도로 성장하였다. 더구나 도시지역이 이처럼 급성장하고 산업의 중심지로 자리 잡게 되자, 일자리가 필요한 많은 농촌인들의 관심이 높아졌다. 그러나 많은 사람들은 공장이 상당히 긴 시간의 노동을 요구하고 공동주택에서의 번잡한 생활조건이 바람직하지 못함을 알게 되었다. 이보다 더 심각한 문제는 많은 사람들이 복잡한 작업환경과 생활환경 속에서 자신의 정체감 상실을 경험하게 되었다는 것이다. 이와 같은 비인간적인 산업시스템과 도시생활의 혼돈스러운 조건에 대한 반작용으로 미국과 유럽에서 개혁정신(spirit of reform)이 고개를 들기 시작했다.

한편 잉글랜드의 Galton은 1874년과 1883년에 인간능력의 기원에 대한 저서를 출간하였다. 1879년에 Wundt는 인간행동을 연구하기 위하여 독일의 라이프치히에 실험실을 창설하였다. 또한 프랑스에서는 Binet와 Henri가 1896년에 정신측정의 개념에 관한 논문을 발표하였다(Borow, 1964).

미국에서는 Hall이 1883년에 아동의 신체적, 정신적 특성을 측정하고 연구하기 위하여 실험실을 설립하였다. 1890년에 Cattell은 하나의 논문을 발표하였는데, 그는 거기에서 개인차 측정으로서의 지능검사를 언급하였다. Dewey는 일률적 방법의 교육에서 개인의 동기, 흥미, 발달 등에 더욱 관심을 갖도록 촉구하는 교육으로의 개혁을 주창하였다.

### (2) 초기의 진로지도 프로그램

새로운 세기의 시작을 눈앞에 두고 공립학교에서 진로지도 프로그램이 선보이기 시작하였다. 샌프란시스코에서 Merrill은 학생들이 공예 코스를 탐색할 수 있도록 하는 프로그램을 개발하였다.

Davis는 1898년부터 1907년까지 디트로이트의 센트럴 고등학교에서 11학년 학생들을 위한 상담자로서 봉사하였다. 그의 주요 임무는 교육상담 및 직업상담을 수행하는 것이었다. 후에 이 학교의 교장이 된 Davis는 모든 7학년 학생들에게 영어수업에 대한 직업흥미에 관해 주간보고서를 쓰도록 요구하였다. Davis는 직업정보가 주는 이점 및 힘든 일에 대한 도덕적 가치를 강조하기도 하였다.

### (3) Parsons의 공헌

1800년대 말의 사회개혁운동과 도시의 발달은 Parsons의 관심을 사로잡았다. 그는 사회개혁운동에 관한 단행본과 논문을 저술하였는데, 그 주제는 여성의 참정권, 세제개혁, 만인을 위한 교육 등에 관한 것이었다. Parsons는 공립학교에서 역사, 수학, 프랑스어를 가르쳤고 철도기사로 일하기도 하였으며, 1881년에는 매사추세츠에서 변호사 시험에 합격하였다.

1901년에 이주민과 직업을 구하는 젊은이들을 위한 교육프로그램을 제공할 목적으로 '시민서비스센터' 가 설립되었다. 1905년에 Parsons는 이 센터 프로그램 중 하나인 Breadwinner 연구소의 소장이 되었다. 결국 그의 지도력 있는 노력의 결실로 1908년 1월에 보스턴 직업국이 탄생되었다.

1908년 5월 Parsons는 진로지도운동에 중대한 영향을 미친 강연을 하였다. 그의 보고서는 체계적인 지도절차를 기술하고 있었는데, 이는 도움을 받기 위해서 직업국을 찾아온 80명의 남녀를 상담하는 데 적용되었다. Parsons의 주요 업적인 『직업선택(Choosing a Vocation)』이라는 저서는 그가 1908년 9월 세상을 떠난 뒤인 1909년 5월에 유작으로 출간되었다(Picchioni & Bonk, 1983).

Parsons가 진로지도운동에 끼친 가장 큰 영향은 한 개인이 진로를 선택할 경우에 도움이 되는 개념적 틀을 마련한 데 있다. Parsons(1909)가 정의한 세 가지 원리는 다음과 같다.

① 자신의 적성, 능력, 흥미, 자산, 한계, 기타 특성에 대한 명확한 이해
② 각기 다른 직업의 장점, 단점, 보상, 기회, 전망, 성공의 조건 및 요구되는 지식 등에 관한 이해
③ 이상의 두 가지 사실에 대한 분석결과를 토대로 합리적인 추론의 실시

### (4) 직업지도에 관한 학술회의

1910년 직업지도에 관한 최초의 범국가적 회의가 보스턴에서 개최되었다. 하버드 대학의 총장이었던 Elliott 등을 위시한 발표자들은 학교에서의 진로지도 담당자의 필요성을 역설하였다. 보스턴의 학교장학관 등을 포함한 또 다른 발표자들은 학생 개개인들의 잠재력을 결정짓는 방법은 미래의 과학적 탐구의 목표가 되어야 한다고 강력하게 주장하였다. 다른 도시에서의 조직적인 진로지도운동의 확산은 이 회의 및 1912년 뉴욕에서 개최된 2차 회의에 의해서 크게 영향을 받았다. 그 후 1913년 10월 미시간의 그랜드 라피드에서 열린 제3차 회의에서 국가직업지도연합회(national vocational guidance association)가 창설되었다. 현재는 그 이름이 국가진로개발연합회(national career development association, NCDA)로 변경되었는데, 진로지도운동의 발달에 가장 강력한 리더십을 발휘하고 있다.

### (5) 측정운동

측정운동과 진로지도운동은 그 발달과정에서 볼 때 여러 가지 측면에서 공통점이 많고, 상당 부분 같은 뿌리를 공유하고 있다. 초기에 영향을 미친 사람 중의 하나인 독일 라이프치히의 Wundt는 최초로 심리학 실험실을 세웠다. 측정과 관련해서 그가 한 일은 어떤 자극에 대한 반응시간의 평가에 제한되었다. 그러나 Wundt의 영향을 받은 독일인 심리학자 Kraepelin과 Ebbinghaus는 측정도구의 개발에 직접적으로 참여하였고, 마침내 측정운동의 선구자 대열에 서게 되었다. Wundt는 절차의 표준화를 통하여 측정운동에 직접적인 공헌을 하였는데, 이는 후에 표준화검사 개발의 모델이 되었다.

독일의 Wundt 실험실에서 연구를 한 Cattell은 개인차에 흥미를 갖게 되었다. Cattell은 미국으로 돌아와서 측정운동에 적극적으로 참여하게 되었고, 1890년에 쓴 논문에서 정신검사(mental test)라는 말을 최초로 사용하였다.

최초의 지능검사 제작은 프랑스의 Binet와 Simon에 의해 이루어졌다. 1905년에 제작된 이 지능검사는 개인검사로 실시되었으며, 약칭으로 'Binet-Simon 검사' 혹은 '1905년 검사'로 불린다. 1916년에 스탠퍼드 대학 Terman의 지도하에 Binet-

Simon 검사의 2판이 'Stanford-Binet 검사' 라는 이름으로 개발되었다.

제1차 세계대전의 발발과 더불어 대규모 집단을 위한 능력검사에 대한 요구가 나타나기 시작하였다. Yerkes의 지도하에 최초의 집단지능검사가 만들어졌다. 군인들을 위하여 개발된 지능검사는 육군 알파검사 및 육군 베타검사로 알려져 있다. 알파검사는 다른 검사와 마찬가지로 언어로 구성된 검사이지만, 베타검사는 외국인과 문맹자를 위한 것으로서 비언어적인 검사다. 전쟁이 끝난 후에 상담자들은 이러한 검사를 일반인을 위하여 유용하게 활용하였다.

검사에 대한 운동은 그 이후 20여 년 동안 급속하게 진전되었다. 특수적성검사들도 개발되었다. Hull은 1928년에 『적성 검사하기(Aptitude Testing)』를 출간하였다. 이 책에서 그는 직업지도에 있어서 적성종합검사의 활용에 대해서 언급하였고, 인간의 제 특성과 직업에서 요구하는 사항을 매칭시킨다는 자신의 개념을 강조하였다. 표준화된 적성의 측정에서 직무만족과 직무성공을 예언한다는 아이디어는 측정과 직업지도운동을 간결하게 연결시켜 주었다.

측정운동과 직업지도운동을 직접적으로 연결시켜 준 또 다른 예는 흥미측정의 발달에서 찾아볼 수 있다. 스탠퍼드 대학의 Strong은 1927년에 최초의 흥미검사인 『The Strong Vocational Interest Blank』를 출간하였다. 어떤 직업에 대한 개인의 반응을 기초로 하는 이 흥미검사는 진로상담자들에게 측정결과와 어떤 직업을 연결시키는 데 있어서 가장 중요한 도구역할을 한다.

## 2) 진로상담의 성장

### (1) Williamson의 지시적 상담

1939년에 Williamson이 출간한 『How to Counsel Students』라는 책은 진로지도운동에 중대한 영향을 미쳤다. 종합적인 성격을 지니고 있는 이 책은 여러 측면에서 Parsons가 제시한 원리를 확대한 것이라고 볼 수 있다. 그러나 이 책에서 그는 상담에 관한 자신의 접근방법을 분명하게 설명하고 있다. 상담에 관한 Williamson의 접근법은 지시적 상담(directive counseling)이라고 알려져 있다. Williamson은 미네소타 고용안정 연구소 멤버 중의 한 사람이었는데, 이 연구소는 미네소타 대학에서 직업심리학의 발달에 기여하였다. 이 연구소의 구성원들은 후에 진로지도에 대한 특성-요인적 접근을 시도하는 집단으로 명명되었다.

### (2) Rogers의 비지시적 상담

1942년에 Rogers는 『상담과 심리치료(*Counseling and Psychotherapy*)』라는 매우 영향력 있는 책을 저술하였다. Rogers는 치료자로서 정서적으로 고민거리가 있는 환자들을 치료해 왔지만, 그가 활용한 방법인 비지시적 상담 혹은 내담자중심 상담은 진로상담 분야에서 초기에 설정된 가정을 재검토하게 하는 계기를 마련해 주었다. Rogers 학파는 여러 논문에서 지시적 상담의 절차와 철학적 성향을 공격하고 나섰다. 첫째, 지시적 상담을 반대하는 입장에 따르면 인간의 특성과 직업의 요구사항을 비교적 직접적으로 연결한다는 개념은 개선되어야 한다는 것이다. 정의적 행동과 동기적 행동의 개념도 상담과정에 포함시켜야 할 또 다른 고려사항이라고 본다. 둘째, 내담자의 자기수용과 자기이해는 상담의 우선적인 목적이다. 셋째, 상담과정에 있어서 상담자-내담자 상호작용과 내담자의 말에 더욱 많은 관심을 가져야 한다. 핵심을 말하자면, 상담관계라는 것은 상호존중의 관계며, 내담자가 자기 이해를 얻도록 하고 자신의 운명을 통제하는 조치를 취하도록 지향해야 한다는 것이다. 관심의 초점이 내담자 및 상담기법으로 모아진 반면 검사, 누가적인 기록, 권위적인 모습의 상담자 등에 대한 강조는 상대적으로 약화되었다.

Rogers 학파의 이론은 Parsons의 직접적인 접근을 깨뜨린 최초의 것으로 볼 수 있다. Rogers 학파의 여러 개념들이 후에 지시적 상담에 수용 또는 통합되었고, 이것은 결국 진로상담에서 인간발달과 생애경험의 광범위한 측면을 고려하도록 하는 계기를 마련해 주었다.

### (3) 제2차 세계대전과 연방 프로그램

제2차 세계대전 기간 동안 군대에서는 모병들을 분류하기 위해서 또다시 검사의 필요성이 제기되었다. 이러한 필요성에 대한 반응으로 군에서는 1939년에 '인사 및 검사부(personnel and testing division)'를 신설하였다. 육군일반분류검사(army general classification test, AGCT)가 1940년에 제작되었고, 이 검사가 제2차 세계대전 기간 동안 군대에서 중요한 일반검사로 활용되었다. 이러한 검사의 중요한 영향으로 들 수 있는 것은 군에서 상담 프로그램이 개발되도록 하였다는 것이다. 이러한 프로그램들은 모병들을 다양한 병과에 배치할 때 검사결과에 따라 그들의 잠재력을 최대한 활용할 수 있도록 디자인된 것이다.

제2차 세계대전이 끝나갈 무렵에 군 당국은 검사와는 분리된 별도의 상담 프로그램을 만들었다. 이러한 상담 프로그램의 주요 목적은 퇴역 군인들이 시민생활로 원활하게 되돌아갈 수 있도록 돕는 데 있었다. 퇴역 군인들을 위한 다양한 상담 프로그램 속에는 미래의 교육 및 직업계획에 관한 사항도 포함되어 있었다. 1944년에 설립된 '퇴역군인 본부'는 범국가적으로 진로지도 서비스의 중심적 역할을 하였다. 이후 각 대학들에도 관련 기관들이 설립되었다. 이와 같은 상담 서비스는 여러 조직 및 고등교육기관 등에서 진로지도 프로그램 운동을 발달시키는 모델이 되었다.

### (4) 제2차 세계대전 이후의 검사운동

제2차 세계대전 이후의 응용심리학의 발달은 측정운동의 성장에 중요한 기여를 하였다. 산업심리학, 상담심리학, 교육심리학, 학교심리학 등과 같은 심리학의 분과는 여러 고등교육기관에서 공식적인 훈련 프로그램에 통합되었다. 검사의 원리와 실제에 관한 코스는 이러한 훈련 프로그램의 중요한 구성요소가 되었다. 응용심리학의 모든 분과에서 검사의 사용에 대한 새로운 관심은 진로지도 실제와 직접적으로 연결되었다. 더구나 측정결과의 응용적인 활용에 대한 강조는 상담을 지원할 수 있는 수단으로 활용할 수 있는 도구의 개발에 대한 필요성을 제기하였다. 검사의 응용에 대한 강조는 계속해서 남성과 여성, 모든 연령 계층, 소수민족, 특수집단 등에 활용 가능한 도구의 개발을 서두르게 하였다.

1958년에 통과된 국가방위교육법(national defense educational act, NDEA)은 진로지도운동 전반에 큰 영향을 주었으며, 검사운동에는 아주 특별한 영향을 주었다. 이 법안의 일차적인 목적은 학생들의 적성과 능력을 중등학교 초기에 확인하고, 그들의 재능을 최대한 활용할 수 있도록 도와주는 상담 프로그램의 제공에 있다. 이 법안에서 비롯된 검사의 구체적인 활용은 연방의 재정 지원을 통하여 공립학교에 상담 프로그램에 검사를 병용할 수 있는 기회를 상당히 증가시켰다.

제2차 세계대전을 전후하여 검사와 관련된 서적들이 상당히 많이 출판되었다. 1945년 이후 검사가 급속도로 성장하는 동안에 검사의 출판을 집중화시키려는 움직임이 일어났다. 1948년에 몇몇 전문화된 검사 프로그램을 연합하여 'Educational Testing Service'가 탄생되었다. 1959년에는 'American College Testing Program'이 설립되었다. 기타 상업적인 목적의 출판사들도 대규모 회사의 형태로 출현하였다.

채점 과정을 신속하게 처리해 주는 기술의 발전 때문에 진로상담 전문가들은 검사에 더욱 큰 매력을 느끼고 있다. 점수의 프린트 및 측정결과에 대한 해석적인 진술 등이 컴퓨터로 처리됨에 따라 진로지도에 있어서 검사의 활용에 대한 유용성은 더욱 증대되고 있다.

### (5) 진로발달이론

1950년대 초기에 Ginzberg, Roe, Super 등은 진로발달 및 직업선택 이론을 발표하였는데, 이는 진로지도운동의 발전에서 획기적인 업적이 되었다. 이러한 이론의 출현으로 진로지도의 실제에 사용할 여러 가지 지원자료(support materials)에 대해 큰 관심을 갖게 되었다. 또한 여러 가지 연구 프로젝트를 창출시켰고, 이어서 진로지도 프로그램의 보급 방법 등에 대해서도 관심을 갖도록 유도하였다. 그 이후에 나타난 학자들로는 Holland, Tiedeman, Gelatt, Krumboltz, Bordin 등을 들 수 있는데, 이들 역시 진로발달 및 진로선택 이론에 큰 공헌을 하였다. 진로발달 및 진로선택 이론은 학회와 주요 출판물 등을 통하여 전문상담 부문에서 제기되는 끊임없는 쟁점사항이 되었다.

진로발달에 관한 이론적 관점은 발달단계 및 단계 간의 이동과 관련된 발달과업, 작업환경에 적합한 성격유형의 확인, 의사결정기법 등에 통찰을 제공함으로써 진로지도 프로그램에 지대한 공헌을 하였다.

### (6) 1960년대 이후의 진로지도운동

1960년대와 1970년대에는 사회 속에서 일의 의미와 역할을 주요 쟁점으로 보게 되었다. 여성운동, 노령인구의 직업지도 등과 같은 여타의 쟁점들도 진로지도운동을 구체화하는 데 커다란 힘으로 작용하였다.

지난 20여 년 동안 진로지도운동은 그 영역과 역할을 확장해 나갔다. 아울러 인본주의적이고 실존적인 경향에 대한 강조가 증대되고 있는 추세다(Picchioni & Bonk, 1983). 개인의 생애에 관한 인식의 확대를 목표로 하는 인본주의적 접근은 생애 스타일의 모든 측면에 더 큰 의미를 부여하고 있다. 실존주의적 접근의 철학적 근거는 사회에 있어서 개인의 중요성을 더욱 크게 인식하도록 하였다. 그 핵심은 개인이 자신의 잠재력과 경험을 더 풍부하게 인식하면 할수록 자기주장을 더욱 분명히 할 수 있고 나아갈 방향을 더욱 확실하게 알 수 있는 가능성이 그만큼 커진다는 것이다. 이러한 철학적 기조는 현재 유행하고 있는 진로지도 모델에 대한 본보기가 되었다.

한편 현존하는 교육체제가 젊은이들이 장래의 직업에 대해서 준비를 하도록 하는 데 부적합하다는 비난에 대한 반작용으로 1970년대 초에 교육에 대한 새로운 개념이 대두되었다. 1971년에 교육위원인 Marland는 전통적인 학습에 부가하여 진로개발, 태도, 가치 등에 구체적으로 부합되는 방안을 제안하였다. 진로교육이라고 불리는 이 새로운 교육철학은 유치원에서부터 성인에 이르기까지 교육의 과정에 있어서 핵심적인 것으로 간주되었다. 1970년대에 출현한 진로교육 프로그램들은 진로인식, 진로탐색, 가치 명료화, 의사결정기술, 진로성향, 진로준비 등과 같은 주제에 중점을 두고 있다.

1970년대 초에 이르자 관심의 초점은 상담자가 갖추어야 할 능력의 표준 및 상담전문직의 발전 등으로 옮겨졌다. 1972년에 상담자의 기본적인 자질에 관한 표준이 APGA의 위원회에서 승인되었다. 1977년에 APGA는 상담자 교육에 있어서 박사과정 훈련프로그램의 가이드라인을 설정하였다. 이러한 조치에 힘입어 APGA 측에서는 주전문가 자격에 흥미를 보였다. APGA(현재는 american counseling association, ACA)는 모든 상담적 노력에 대한 일반인의 인식을 제고시켰고, 상담이 명백한 사회봉사가 되도록 지원을 늘렸다. 1984년에 국가진로개발협회(national career development association, NCDA)는 진로상담자의 자격에 대한 절차를 설정하였고, 현재는 NBCC(national board of certified counselors)에서 이를 실행하고 있다.

## 3. 진로상담의 필요성

### 1) 청소년들의 고민사항으로서의 진로문제

진로상담이 왜 필요하고 중요하게 다루어져야 하는지, 그리고 무엇을 목적으로 하고 있는지는 먼저 자신의 진로결정과 관련하여 학생들이 겪고 있는 문제의 실태를 파악하는 것에서 시작되어야 할 것이다. 〈표 1-1〉은 우리 청소년들이 고민하고 있는 호소문제를 각각 다른 연도에 연구된 결과를 중심으로 제시한 것이다.

여기에서 알 수 있듯이 청소년들의 고민사항은 매우 다양하지만, 여러 연구들은 그들의 고민사항 중 '진로문제'가 매우 중요한 비중을 차지하고 있음을 보여 준다. 그리고 〈표 1-1〉에서 높은 빈도로 나타난 '성적문제' 역시 진로문제와 매우 밀접하게 관련되어 있다는 점을 고려해 본다면 그 비중은 더욱 커진다.

이러한 진로문제는 중등학생 시절을 지나 대학생이 된다고 해결되는 것이 아니다. 대학의 학생생활연구소 등에 도움을 받으러 온 학생들의 상당수가 진로문제를 호소하고 있다. 서울대학교의 경우 대학생활문화원에 2004년 신규 상담신청자들이 호소한 상담문제는 정서적 문제(19.7%), 대인관계문제(17.5%), 학업 및 진로문제(13.2%), 가정문제(12.0%) 등의 순으로 나타났다(서울대학교 대학생활문화원, 2004). 다른 여러 대학들이 발표한 학생들의 생활실태 조사결과에서는 대학생들의 가장 큰 고민으로 장래문제를 포함한 '진로 및 직업선택 문제'가 가장 압도적인 것으로 제시되고 있다. 한편, 진로문제를 비롯해서 고민이 생겼을 때 상의하는 대상을 알아보면

| 순위 | 정원식 (1985) | 청소년연구원 (1991) | 대화의광장 (1992) | 김병숙, 김봉환 (1994) | 직능원 (2001) |
|---|---|---|---|---|---|
| 1 | 진로 | 성적 | 성적 | 성적 | 진학/취업 |
| 2 | 성적 | 진로 | 진로 | 진로 | 학업/성적 |
| 3 | 성격 | 성격 | 성격 | 친구/이성 | 이성 |
| 4 | 친구 | 이성 | 공부 방법 | 건강 | 성격 |
| 5 | 건강 | 친구 | 용모/건강 | 가정문제 | 적응 |

〈표 1-1〉 청소년의 주요 고민사항

친구나 선배가 가장 많고(50.4%), 다음으로 스스로 해결(13.6%)하거나, 부모(11.0%)
나 형제(4.8%)와 상의하며, 극소수(4.8%)만이 지도교수와 상의하는 것으로 나타났
다(이재창 등, 1995).

이상에 언급된 조사결과를 종합해 보면 우리 청소년들이 주로 고민하는 문제가 진
로와 관련된 것이지만, 이러한 문제에 대해서 교사나 교수와는 거의 상의하지 않고
있음을 알 수 있다. 학생들이 진로문제로 심각한 고민을 하고 있다는 것도 문제지만,
이러한 상황에 대해 학교에서 체계적이고 합리적으로 지도해 주지 못하고 있는 것이
더 심각한 문제다.

## 2) 진로상담의 필요성

진로상담 혹은 진로지도의 필요성과 목적을 이야기하는 논거는 현재 청소년들이
자신의 진로결정과 선택을 제대로 수행하고 있지 못하다는 데에서 찾을 수 있다. 이
와 관련하여 이재창(1994)은 청소년들이 불합리한 진로결정을 하도록 하는 원인으
로 ① 입시 위주의 진로지도, ② 부모 위주의 진로결정, ③ 자신에 대한 이해부족, ④
왜곡된 직업의식, ⑤ 일의 세계에 대한 이해 부족 등을 열거하고 있다.

장석민(1997)은 '개인 발달적 측면'에 관련된 진로지도의 필요성과 목적을 ① 적
성과 능력을 포함한 자아특성의 발견과 계발, ② 다양한 일과 직업세계에 대한 이해,
③ 일과 직업에 대한 적극적 가치관 및 태도육성, ④ 진로선택의 유연성과 다양성 제
고, ⑤ 능동적 진로개척 능력과 태도의 육성 등으로 언급하고 있다.

진로지도와 상담의 필요성과 목적을 이야기할 때에 대부분의 학자들은 '개인적인
측면'과 '국가적인 측면'으로 나누어서 논의를 전개하고 있다. 물론 진로지도는 인
적자원의 개발 및 적재적소의 배치와 밀접한 관련이 있기 때문에 그러한 분석도 설
득력이 없는 것은 아니다. 그러나 학교에서의 진로지도는 개인의 '자아실현'을 도와
준다는 측면이 우선적으로 강조되어야 한다고 보기 때문에 여기에서는 주로 '학생
개인'의 측면에 비중을 두면서 진로상담의 필요성과 목적을 음미해 보고자 한다.

## (1) 청소년기의 발달적 특징과 진로상담

청소년기는 흔히 아동기에서 성인기로 이행하는 혼란과 혼돈의 시기로 일컬어진다. Erikson(1963)에 따르면 발달상 이 시기의 핵심적 특징은 개인이 아동기에 이루어 놓은 동일시를 더 이상 중요하게 생각하지 않고, 더욱 복잡한 조건과 상황 속에서 새로운 자아에 이르는 과정에서 자아탐색을 한다는 점이다. 이 시기의 발달과제인 정체감을 성공적으로 달성하지 못할 때 맞게 되는 위기는 역할의 혼미다. 그래서 이 시기는 '자아정체감 대 정체감 혼미'라고 지칭된다. 그는 이 시기에 형성되는 새로운 자기인식은 어린 시절의 장난기나 치기 어린 도전적 열정에 의한 것이 아니라 청소년들이 일생을 헌신할 만한 선택과 결정을 하도록 만드는 것이라고 하였다. 여기에서 Erikson은 진로의 선택과 한 직업에의 헌신이 정체감 형성에 중요한 영향을 미친다고 보았다.

또한 Piaget(1969)의 인지발달단계에 따르면 구체적 조작단계의 사고에서 형식적 조작단계의 사고로의 전환은 대략 12세경에 시작된다. 따라서 청소년기 초반에는 문제해결과 계획을 세우는 일 등이 상당히 비체계적이다. 그러나 고등학교를 마칠 때쯤 청소년들은 문제해결에 있어서 가설 설정은 물론 추상적인 것을 다룰 줄 아는 능력과 더불어 정신적인 조작을 통해 문제를 해결하는 능력을 획득한다. 이 단계가 되면 여러 상황에서 자기를 분석할 수 있으며, 성인들의 직업세계에 자신을 투사할 수 있게 된다는 것이다.

이러한 점들을 고려해 볼 때 청소년기에 객관적인 자기이해를 전제로 한 진로지도는 무엇보다 중요하다고 하겠다. 그리고 청소년기에 올바른 진로지도를 통하여 분명한 진로목표를 설정하고 그를 달성하도록 촉진시키는 일은 자아정체감의 형성은 물론 부적응적 행동의 예방이라는 차원에서도 매우 중요하게 다루어져야 할 것이다.

## (2) 노동시장 환경의 급속한 변화와 진로상담

현대사회는 여러 방면에서 상상하기조차 힘들 정도로 변화를 거듭하고 있다. 진로지도와 밀접하게 관련된 노동시장 역시 급속하게 변화하고 있다. 특히 우리나라에서도 직업세계의 변화는 더욱 가속화되고 있다. 실제로 1986년부터 1996년까지 10

년 동안 우리나라에서는 1,000여 개의 새 직종이 생겨났고, 300여 개의 직종이 없어진 것으로 나타났다. 1996년에 개정된 『한국직업사전』 2판에 따르면 1995년 말 현재 국내 직업의 종류는 모두 1만 1,537개로 밝혀졌는데, 이는 지난 1986년 발간된 1판에 비해 1,086개가 늘어난 수치다. 물론 그중 일부는 직업분류 방식의 변화에 따른 것도 있지만 상당수는 사회의 변화에 따라 새로 생겨난 직업들이다. 예를 들면 인공지능 연구원, 인공위성 개발원, 초전도 연구원, 행사 도우미, 이미지 관리인 등이 새로 생겨난 대표적인 직업들이다. 이처럼 새로운 직업이 시대의 변화에 따라 생겨난 반면 300여 종의 직업은 자취를 감추었다. 예를 들면 고속버스 안내원, 타자수, 활판인쇄원, 합성고무 건조원 등은 이제 직업사전에서 사라져 버렸다. 한편, 2003년에 발간된 『한국직업사전』 3판을 보면 전자상거래 컨설턴트, 웹머천다이저, 게임시나리오작가, 네일아티스트 등과 같은 직업이 새롭게 등장하였으며, 시티폰운영기술공, 침구사, 접골원, 주산학원강사, 볼링점수기록원 등이 점차 사라져 가는 직업으로 분류되었다.

더구나 요즈음 들어 '노동시장 유연화'라는 기치 아래 우리가 많이 접하는 단어들은 시장경제의 논리, 구조조정, 다운사이징, 아웃소싱 등등인데, 이들은 모두 '경쟁력 향상'을 핵심개념으로 하고 있다. 이러한 대안들을 현실로 옮기는 과정에서 실업자 수는 날로 증가하고 있고, 거기에서 파생되는 또 다른 여러 가지 문제들이 우리를 괴롭히고 있다. 특히 대학 졸업을 앞둔 대부분의 예비 직업인들은 이력서 한 번 제대로 내밀어 보지 못하고 실업자로 전락할 운명에 처해 있다. 이제 평생직장은 추억 속으로 사라졌고, 평생직업만이 남아 있을 뿐이다. 이제 우리나라도 전체 근로자 중에서 정규직 근로자는 46% 정도에 불과하고 한 직장에서의 평균 근속연수는 6~7년을 넘기지 못하고 있다.

이와 같은 변화의 소용돌이 속에서 우리는 앞으로 5~10년 이후에 노동시장에 진입할 청소년들의 진로를 지도해야 하는 입장에 있다. 따라서 청소년들이 이러한 변화를 정확하게 인식하고 수용하도록 해야 하며, 그러기 위해서는 체계적이고 효과적인 진로지도가 매우 중요함을 알 수 있다.

### (3) 대학입시제도의 변화와 진로상담

진로지도의 맥락에서 본다면 대학입시는 일단 '진학상담'과 관련된다. 상황이 많이 바뀌었다고는 하지만 여전히 대학입시는 중등학교 교육의 방향과 내용에 크게 영향을 미치고 있다. 지금까지 대학입시제도는 여러 가지 이유로 수없이 많이 변화해 왔다. 대학입시제도가 변화할 때마다 그 목적은 '교육의 정상화'에 있었다. 그러나 그 목적 달성은 단 한 번도 성공을 거두지 못한 것으로 평가된다.

2002년도부터 적용된 대학입학 제도 역시 지금까지의 입시 위주의 교육을 근본적으로 개혁하고자 하는 의도를 가지고 있었다. 이 제도는 무시험 전형제를 채택함으로써 시험점수는 최소 자격기준으로만 사용하거나 그 비중을 최소화하는 한편, 심층 면접을 통한 학생들의 사고력, 특기, 품성 등을 종합적으로 평가하여 선발토록 하고 있다. 이는 지금까지 교과 평균성적 우수자를 인재로 보던 교육관에서 다양한 소질과 적성 분야에서 창의성과 개성을 발휘하는 사람을 인재로 보는 교육으로 그 관점이 전환하는 것을 암시한다. 특히 교과성적과 수능 위주의 전형에서 벗어나 다양한 자료에 근거한 복합적인 방법의 전형 방안을 제시함으로써 학생들의 다양한 능력과 품성 개발을 조장하고 있다.

한편 2008학년도 대학입시제도의 경우에는 그 목표를 미래사회가 요구하는 21세기형 우수인재의 발굴, 육성에 기여하고 고교교육의 중심축을 학교 밖에서 학교 안으로 전환하는 데 두고 있다. 이를 위한 기본방향으로 대입 전형에서 학교교육의 과정과 결과 중시, 대학 자율화 · 특성화와 연계한 전형의 다양화, 선발경쟁에서 입학 후 교육경쟁으로 전환을 제시하고 있다.

이러한 새 대학입학 제도는 학교에서 진로지도가 직면하고 있는 구조적인 벽을 허무는 좋은 기회가 될 수도 있다. 그러나 새롭게 바뀐 제도에 적합한 진로지도 프로그램을 구안해서 모든 학생들에게 체계적으로 지도하지 않으면 이 제도가 지니고 있는 복합적인 성격 때문에 경우에 따라서는 현행 제도에서보다도 진로준비와 진로선택이 더 어려울지도 모른다. 따라서 중등학교에서는 새 대학입학 제도의 내용을 면밀히 숙지하고 그에 상응한 진로지도 방법과 프로그램을 개발하여 적용할 필요성이 시급히 요청되고 있다.

# 4. 진로상담의 목표와 내용

## 1) 진로상담의 일반적인 목표

### (1) 자신에 관한 더욱 정확한 이해 증진

Parsons(1909)가 특성요인 이론을 제안한 이래 올바른 진로선택을 위한 첫 번째 요체로 상정되어 온 것이 자기 자신에 관한 올바른 이해다. 여기에서 올바른 이해란 더욱 정확한 이해, 객관적인 이해를 의미하는 것이다. 오늘날 학교에서의 진로지도가 제대로 대응하지 못하고 있는 문제점의 하나는 일과 직업세계에 관련된 올바른 자기인식 능력을 길러 주지 못하고 있다는 것이다.

현대사회는 과학기술의 발전으로 산업이 고도로 분화되고 발전하고 있다. 이에 따라 직업의 종류도 수없이 많아지고 계속해서 전문화되는 추세며, 일의 내용도 복잡해지고 있다. 이와 같이 복잡한 직업세계에서 자기에게 가장 적합한 직업을 선택하고 성공적인 직업생활을 영위한다는 것은 결코 쉬운 일이 아니다. 다시 말해, 직업의 종류에 따라 요구되는 능력과 적성, 기능, 역할이 다양하므로 자기에게 맞는 일과 직업을 선택하기 위해서는 무엇보다도 자기의 가치관, 능력, 성격, 적성, 흥미, 신체적 특성 등에 대하여 올바르게 이해하는 일이 필수적이다. 따라서 진로지도는 이러한 자기이해를 중요한 목표의 하나로 삼아야 할 것이다.

### (2) 직업세계에 대한 이해 증진

개인적 측면에서 진로지도의 또 다른 목적은 현대사회에 존재하는 복잡하고 다양한 일과 직업의 종류 및 본질에 대한 객관적 이해가 절대적으로 요청되고 있다는 점에서 찾아볼 수 있다.

산업혁명 이래 세계는 급속하게 산업화하게 되었다. 이에 따라 직업의 전문화, 고도화가 급속하게 진전되었다. 이제 선진국에는 2~3만 개가량의 직업이 존재하게 되었고, 우리나라에도 앞으로 이에 버금가는 다양한 직업 종류가 존재할 것으로 전망되고 있다. 그리고 일부 미래 학자들의 예측에 따르면, 2000년대 중반이 되면 현존하는 직업의 50% 정도는 없어지고 또 새로운 직종이 생거나며, 존속하는 직종의 경우도 일의 성격이 많이 바뀔 것으로 전망된다.

이러한 상황에서 장래성 있는 그리고 자기에게 맞는 직업을 선택한다는 것은 아주 힘든 일이다. 일과 직업의 세계에 대한 객관적인 정보와 이에 대한 체계적인 탐구 없이 진로 혹은 직업을 선택한다는 것은 무모한 일이다. 그러나 상담사례를 분석해 보면 청소년들은 일과 직업세계에 대해서 너무나 모르고 있으며, 설령 알고 있다고 해도 매우 피상적인 수준에서 단편적인 측면만을 숙지하고 있다는 사실을 확인할 수 있다. 따라서 일과 직업세계의 다양한 측면과 변화양상 등을 올바르게 이해할 수 있도록 하는 일은 진로지도의 매우 중요한 목표가 된다.

### (3) 합리적인 의사결정 능력의 증진

진로지도의 최종 결과는 그것이 크든 작든 간에 어떤 '결정' 이라는 형태로 나타난다. 앞서 언급된 자신에 대한 정보, 직업세계에 대한 정보 등을 가지고 최종적으로 진로를 선택하게 되는 의사결정을 해야 한다. 이러한 의사결정을 합리적으로 잘하느냐 그렇지 않느냐에 따라 자기에게 적합한 진로를 선택할 수도 있고 그렇지 못할 수도 있다. 아무리 훌륭한 능력과 정보를 가지고 있어도 이를 적절히 활용해서 최선의 선택을 할 수 있는 의사결정 기술을 갖추고 있지 않으면 올바른 진로결정을 하기가 어렵다.

진로를 결정하는 일은 개인의 일생을 통해서 성취해야 할 가장 중요한 과업 중 하나다. 진로선택의 결과에 따라 우리 생활의 대부분이 영향을 받고 있다. 즉, 능력발휘의 기회, 거주지, 친구유형, 사회·경제적 지위, 정신 및 신체적 건강, 가족 간의 관계 등 생활의 모든 측면에 영향을 받게 된다(Tolbert, 1980). 그러나 이렇게 중요한 결정이 매우 불합리한 과정을 거쳐서 내려지는 경우도 많다. 즉, 자신과 일의 세계에 대한 정확한 이해 없이 편견과 부모의 요구, 친구의 권유에 따라 그리고 또 다른 외적인 욕구를 추구하다가 불합리한 결정을 내리는 경우가 많다. 이렇게 내린 결정의 결과에 대해서는 만족하기보다는 불만을 갖게 되고 아울러 많은 부작용을 낳게 된다. 따라서 청소년들에게 올바른 진로결정을 할 수 있도록 의사결정 기술을 증진시키는 일은 무척 중요하다.

이와 관련하여 Gelatt(1962)는 진로지도의 중요한 목적 가운데 하나가 학생들이 훌륭한 결정을 내릴 수 있도록 돕는 것이라고 가정하고, 결정은 결과만 가지고 평가할 것이 아니라 결정을 내리게 되는 과정에 의해서 평가되어야 한다고 주장한 바 있다. 따라서 진로지도는 청소년들의 진로에 관한 의사결정 과정에 초점을 두고 의사결정 기술을 증진시키도록 조력하는 것을 중요한 목표로 삼아야 한다.

### (4) 정보탐색 및 활용능력의 함양

현대사회를 일컬어 '지식 및 정보화 시대'라고 한다. 이는 일상생활에 있어서 지식과 정보가 그만큼 중요한 역할을 하고 있으며, 고부가가치를 창출한다는 의미다. 따라서 이미 정보화 시대 속에 살고 있고, 앞으로 더욱 고도화된 정보화 시대를 살아갈 청소년들에게 정보를 탐색하고 활용하는 능력을 길러 주는 일은 결코 간과될 수 없다. 그 이유는 정보화 시대를 바람직하게 살아가는 모습 중의 하나는 자신에게 필요한 다양한 정보를 신속하게 수집, 분석, 가공하여 적절하게 활용하는 능력을 갖추는 것이기 때문이다.

진로지도 및 진로상담에서는 '정보제공'이 매우 큰 비중을 차지하고 있다. 그 이유는 내담자가 직업세계에 대해서 정확히 알고 나서 선택을 하도록(informed choice) 도와주어야 하기 때문이다. 이때 상담자는 단순하게 내담자가 원하는 정보를 알려 주는 서비스 제공도 해야 하지만, 학생 내담자 스스로가 필요한 정보를 탐색하고 활용하도록 안내하는 역할을 하는 일도 무척 중요하다. 이는 교사를 위해서도 도움이 된다. 교사 혼자서 그 많은 직업정보를 수집해서 학생이 원하는 상태로 가공하여 제공해 주기에는 분명히 한계가 있다. 따라서 학생들 스스로가 정보를 탐색할 수 있는 '방법'을 알려 주고 실행에 옮겨 보도록 안내하면, 학생들은 이러한 시도를 해 보는 가운데 자기가 필요한 정보를 스스로 수집해서 활용하는 능력을 체득하게 될 것이다. 이러한 능력은 단지 진로정보 탐색에만 국한되지 않고 결국 삶의 모든 영역에까지 확장될 것이다.

### (5) 일과 직업에 대한 올바른 가치관 및 태도 형성

진로지도의 중요한 목표 중의 하나는 학생들이 일과 직업에 대한 올바른 가치관 및 태도를 갖도록 하는 것이다. 이러한 가치관과 태도는 성장해 오는 동안에 이미 나름대로 어느 정도 형성되어 있겠지만 잘못되거나 왜곡된 내용은 지도와 상담을 통해서 올바르게 수정해야 할 것이다. 현대사회에서 일이란 부를 창조하는 원천이며, 직업은 생계의 수단으로서뿐만 아니라 사회봉사와 자아실현의 수단으로서 그 중요성이 더욱 증대되고 있다. 그러나 아직도 우리 사회는 일을 천시하거나 싫어하는 풍조를 추방하지 못하고 있다. 학교의 입시경쟁이 치열하게 된 원인도 따지고 보면 직업을 사회봉사나 자아실현의 수단으로 보기보다는 돈과 권력 혹은 명예를 획득하는 수단으로 보려는 생각에 비롯된 것으로 보인다. 특히 전통적인 직업의식 중에서도 우리 사회에 만연되어 있는 지위 지향적 직업관, 직업에 대한 전통적 귀천 의식, 블루칼라직에 대한 천시 풍조, 화이트칼라직에 대한 지나친 선호 경향 등은 개선되어야 할 가치관 또는 태도라고 판단된다.

당연히 일을 하는 것은 생계수단 이상의 의미를 갖는다. 일이 갖는 이러한 본래의 의미를 깨닫고 올바른 직업관과 직업의식을 갖도록 하는 것이 진로지도의 중요한 목표 중 하나가 되어야 한다. 이와 관련하여 이재창(1997)은 청소년들이 올바른 직업관과 직업의식을 형성하도록 하기 위해서는 다음과 같은 고정관념에서 벗어나도록 해야 한다고 주장한다. 첫째, 일 자체를 목적으로 하기보다는 수단으로 여기는 생각에서 벗어나야 한다. 둘째, 직업 자체에 대한 편견을 버리도록 해야 한다. 셋째, 성역할에 대한 고정관념에서 벗어나도록 해야 한다. 학교에서는 진로지도를 통하여 이상과 같은 직업에 대한 잘못된 견해를 버리고 일과 직업에 대한 올바른 가치관과 태도를 형성하도록 부단히 노력해야 할 것이다.

## 2) 학교 수준별 진로상담의 내용

앞에서 살펴본 진로지도의 목표는 모든 발달단계에 있는 학생들에게 공통적으로 필요한 것이다. 따라서 맥락적으로 본다면 위의 목표들이 곧 진로지도의 내용을 결정하는 기본적인 틀이 되는 것이다. 여기에서는 진로지도의 주안점과 필요점 그리고 방법론이 학교수준에 따라서 어떻게 적용되어야 하는가를 살펴보도록 하겠다.

## (1) 초등학교

초등학교에서의 진로지도는 직업선택에 필요한 초보적인 지식 및 기능의 습득, 일에 대한 기본적인 태도와 가치관의 형성을 주요 목적으로 하는데, 구체적인 목표로서는 자신을 이해하고, 다양한 직업역할의 유형에 대한 인식 및 자기가 한 일에 대한 책임의식 고취 그리고 협동적인 사회 행동의 필요성에 대한 인식과 자세의 함양 등을 들 수 있다. Super(1953)의 진로발달 단계에 따르면 초등학교 시기는 환상기와 흥미기에 해당된다. 즉, 진로결정에 있어서 욕구가 지배적이고 환상적인 역할연출이 중요하게 작용하거나, 아동의 취향이 개인의 목표와 활동의 주요 결정요인이 된다.

초등학교에서 진로지도를 할 때 저학년에서는 형식적인 조작이 불가능하기 때문에 구체적인 방법, 예컨대 견학, 시뮬레이션, 시범, 필름, 슬라이드, 비디오테이프의 상영 등으로 어린이들이 가능한 한 직접 보고, 만지고, 행동으로 표현해 볼 수 있는 지도방법을 활용하여야 효과적이다. 그러다가 고학년으로 올라가면서 점차적으로 추상적 개념을 도입하도록 하는 것이 바람직하다.

## (2) 중학교

중학교시절은 진로탐색의 시기로서 이 시기에는 특히 직업에 대한 지식과 진로결정 기술을 확립하도록 지도하는 것이 핵심 사항이다. 또한 중학교에서는 초등학교에서 강조되던 일에 대한 안내를 계속해 나가는 동시에, 긍정적인 자아개념의 발달과 의사결정 능력의 증진을 기하고, 직업정보 및 탐색적인 경험을 제공해 주며 학생들이 자신의 진로계획을 세워 보도록 도와준다. Zunker(1999)도 중학교 진로지도에서 다루어야 할 내용으로 의사결정과 문제해결 기술의 증진, 자아개념을 교육 및 직업적 목표와 연계시키는 일, 학생의 장점과 능력을 다루는 일, 직업탐색 등의 네 가지로 제안하고 있다.

중학교에서의 진로지도는 초등학교 때보다 좀 더 추상적인 방법을 사용할 수도 있다. 그러나 아직 학생들의 논리적 사고가 완전한 수준에 도달한 것은 아니기 때문에 추상적인 방법에 비해 구체적인 것이 효과가 더 큰 경우가 많다. 이 시기에는 특히 자신의 감정과 태도를 자연스럽게 표현하고 탐색할 수 있는 기회를 제공해 주는 것이 좋다. 이는 개인별로도 실시할 수 있지만 경우에 따라서는 집단토의나 집단상담을 이용함으로써 더 좋은 효과를 거둘 수도 있다. 또한 모든 교사가 담당 교과와 관련하여 학교에서 의도하는 진로지도의 목적과 관계되는 내용을 수업시간에 학습내용과 관련지어 지도할 때 더욱 실제적인 진로지도가 될 수 있다.

### (3) 고등학교

진로발달 이론가들의 견해에 따르면 고등학교 시기는 잠정기와 전환기에 해당된다. 학생 개인의 욕구, 흥미, 능력, 가치관 등을 고려하여 잠정적인 진로를 선택하게 되고, 이러한 선택이 환상, 논의, 교과, 일 등을 통해서 시도된다. 그러나 이러한 선택은 현실적인 요인들이 고려되지 않았기 때문에 진로계획은 잠정적인 것이다. 그렇기는 하지만 고등학생들은 학교를 졸업한 후에 직면하게 될 현실을 심각하게 고려하지 않을 수 없다. 따라서 자신의 능력, 적성, 흥미, 경제적 여건, 직업포부, 중요한 타인들의 의견 등을 고려해서 자신의 진로를 선택하고 그 진로를 개척해 나갈 수 있는 탐색과 준비를 해야 한다. 우리의 상황에서는 계속교육을 위하여 상급학교에 진학할 것인지 아니면 직업세계에 입문할 것인지를 결정해야 하기 때문에 진학지도와 취업지도가 중요한 과제로 등장하게 된다.

고등학교에서의 진로지도 방법은 중학교에서 실시하던 방법 이외에 진학을 위한 상급학교와의 유기적인 협동하에서의 연계 강화 혹은 취업에 대비하여 현장실습이 가능한 산학협동 방안을 실현함으로써 그 효과를 증대시킬 수 있다.

### (4) 대학

현재의 대학 교육은 진리탐구에 목적을 둔 소수 정예자에 대한 상아탑적 성격의 전문교육이라기보다는 졸업 후 취업을 목적으로 하는 다수 대중의 직업교육적 성격이 강하므로 졸업 후의 진로에 관한 지도 및 상담을 요구하고 있다(이무근, 1999). 특히 중등학교에서의 체계적인 진로지도 부재와 사회적 고학력화 추세로 인하여 자신의 적성과 장래 희망보다는 일단 대학에 들어가야 한다는 사회적 분위기 속에서 입학한 학생들은 진로문제에 있어서 많은 갈등과 문제점을 나타내고 있다. 최근에는 학부제 모집의 확대로 인하여 2학년이 되면서 해야 하는 전공결정의 문제, 교과목 이

수에 대한 자율성이 커진 데 따른 수강과목 결정의 문제, 경제상황 악화로 인한 취업의 어려움, 학비조달을 위한 구직 곤란 등이 대학생들을 괴롭히고 있다. 따라서 대학생들이 자신의 인생 목표를 설정하고, 이것과 대학생활을 연결시킬 수 있도록 도움을 주는 안내와 지도가 절실한 상황이다.

대학에서의 진로지도는 학생생활연구소 진로지도 관련 부서, 학생별 지도교수와 소속학과의 교수, 선배, 재학생, 졸업 후 직업 현장에 있는 선배 졸업생, 기타 지역사회 인사와의 유기적인 관계 속에서 이루어질 수 있도록 해야 한다. 그리고 취업정보센터, 학생지원센터, 취업복지과, 학생지원과 등도 진로지도에 있어서 일정한 역할을 담당해야 할 것이다. 최근에는 취업촉진을 위한 취업특강, 모의면접, 기업체 채용동향에 관한 정보제공, 학생능력 보증제, 리콜제 등도 새로운 방법으로 등장하고 있다.

## 5. 학교에서의 진로지도 방법

학교에서 학생들을 위한 진로지도의 방법은 일일이 열거할 수 없을 정도로 매우 다양하다. 이처럼 다양한 방법들 가운데 어떤 것을 선택할 것인가 하는 것은 진로지도의 목표, 지도의 내용, 지도 대상의 특성, 내담자 호소문제의 성격, 학교의 환경적 여건 등에 따라서 결정된다. 경우에 따라서는 다양한 방법이 혼용될 수도 있을 것이다. 여기에서는 이 책의 다른 장에서 별도로 언급되는 상담의 적용, 검사의 활용, 컴퓨터의 활용, 집단 프로그램의 활용, 정보의 제공 등은 생략하고 학교장면에서 적용 가능한 일반적인 방법들에 초점을 두어 몇 가지만 살펴보기로 하겠다.

### 1) 교과학습을 통한 진로진도

학생들이 학교에서 보내는 대부분의 시간은 교과학습으로 채워진다. 물론 특별활동이나 학급활동 등이 있기는 하지만 교과지도 시간을 제외하고 별도의 시간을 할애하여 진로지도를 하기가 그리 쉽지는 않다. 따라서 학교에서는 교과지도 시간을 이용하여 진로지도를 실시하는 방안을 구체적으로 생각해 보아야 한다. 이를 위해서는 각 교과담당 교사들이 해당 교과를 그 자체의 학문체계로서 가르치면서 동시에 진로지도의 관점에서 삶의 문제 및 직업의 문제와 더욱 밀접하게 관련시켜서 가르쳐야 한다. 이렇게 가르칠 때 학생들은 교과를 더 의미 있고 흥미 있게 배우게 된다. 이러한 일이 물론 쉽게 진행되기는 어렵다. 우선은 각 교과담당 교사들이 진로지도의 관점에서 교과지도를 할 필요성을 인식한 바탕 위에서 그렇게 할 수 있다는 마인드가 형성되어 있어야 하고, 이를 실천에 옮기는 전략도 소유하고 있어야 가능한 일이다.

이정근(1989)은 교과학습을 통한 진로지도와 관련하여 세 가지를 제안하고 있다. 첫째는 해당 교과의 학습이 장래 자기의 진로에서 어떠한 역할을 수행하는가를 설명하는 것이다. 둘째, 그 교과를 전공한 사람이 어떤 부류의 직업에 종사하는지를 이야기해 준다. 셋째로 그 교과를 통해 특정 직업에 대하여 준비를 시키는 것이다. 예컨대 물리를 가르치는 것은 물리학자나 물리교사가 되기 위한 준비가 된다.

## 2) 학급관리를 통한 진로지도

한 학급을 단위로 볼 때 교과지도 시간 이외에 학생들을 가장 많이 접하는 사람이 담임교사다. 그리고 담임교사는 자기의 재량에 따라 학급 학생들과 공유할 수 있는 시간을 만들어 낼 수도 있다. 물론 기본적으로는 조회, 종례, 학급회의, 자율학습 시간 등이 주어져 있기도 하다. 담임교사가 학급관리를 하면서 학생들의 진로를 지도할 수 있는 방법들은 다음과 같다.

첫째, 담임교사는 매일 갖게 되는 조회시간이나 종례시간 등 짧은 만남의 시간 동안이지만 이때 기본적인 사항 전달이 끝나면 학생들이 자신의 진로에 대해서 진지하게 생각해 보고 성찰할 수 있도록 촉진하는 역할을 할 수 있다. 이러한 목표는 진로선택과 관련된 인상 깊은 예화를 들려주는 일, 졸업한 선배의 모범적인 사례를 소개해 주는 일, 졸업 후에 선택할 수 있는 진로 유형을 설명해 주는 일, 각종 직업교육훈련기관을 소개해 주는 일, 관련된 인터넷 웹사이트나 PC통신의 메뉴를 알려 주는 일 등을 통하여 달성될 수 있다.

둘째, 담임교사는 1시간 이상 정도 할애되는 시간(예, 자율학습시간, 특별활동시간,

홈룸시간 등)을 통하여 진로탐색 프로그램을 집단상담 방식으로 운영할 수도 있다. 이 경우 가급적이면 집단상담의 회기를 5~6회 정도로 단축하도록 하고, 인원도 최대한 늘려서 대다수의 학생들이 참석한 상태에서 진행할 수 있는 담임교사 버전(version)을 만들어서 활용하는 것이 좋다.

셋째, 담임교사는 교실의 환경을 적절하게 구성하는 것에 따라 진로지도 방편으로 활용할 수도 있다. 이 경우 학급 게시판 등에 진로유형이나 혹은 특정 직업에 대한 정보를 제공하는 것을 주요 목표로 삼고 1주일 단위로 교체하는 방식을 택하면 큰 효과를 기대할 수 있을 것이다.

학급 담임교사가 학생들의 진로를 지도할 때 사용할 수 있는 전반적인 진로지도 내용을 모듈화하여 언제나 필요한 때 적합한 내용을 선택하여 활용할 수 있도록 하면 더욱 바람직할 것이다. 이와 같은 모듈에 포함될 수 있는 내용의 예로 진로결정을 위한 나의 이해, 직업세계에 대한 이해, 미래사회의 변화, 능력과 자격증 시대, 직업 선택과 준비, 직업윤리, 합리적인 의사결정, 바람직한 인간관계, 계속교육 등을 꼽을 수 있다.

## 3) 학교행사를 통한 진로지도

학교행사를 통한 진로지도는 진로지도의 단위를 한 학교로 상정하고 있는 것이다. 한 학교 학생 전체를 대상으로 하여야 하기 때문에 대부분이 '행사'의 형식을 취하고 있다. 여기에서는 이와 관련된 것을 두 가지만 소개해 보기로 하겠다.

첫째는 '진로의 날' 행사를 들 수 있다. 진로의 날 행사를 실시하는 목적은 학생들에게 자신의 진로에 대한 관심을 고조시키고 자기 이해와 각종 직업에 대한 이해도를 높여 현명한 진로를 추구하게 할 수 있도록 하는 데 있다. 이를 위해서 월 1회 정도 진로의 날을 정하여 운영하되 형식적이 되지 않도록 유념해야 하는데, 그러기 위해서는 행사의 목적을 분명히 해야 하고 목적달성에 적합한 활동을 구상하여 세밀한 사전조사와 준비를 하여야 한다. 이때 행사에 포함될 수 있는 활동으로는 선배와의 대화, 직업인 초청 강연, 영상자료 상영 등이 있는데, 선배와의 대화 시간에는 취업하여 일하고 있는 선배, 대학에 진학한 선배(2년제 · 4년제 대학별, 진학 방법별로 구분),

취업 후 진학한 선배, 독학사 과정을 공부하고 있는 선배, 특별한 자격증을 취득한 선배를 초빙하여 여러 가지 진로유형을 간접적으로 경험할 수 있게 한다. 또한 영상 자료는 직업별 특성과 직무수행 방법을 알 수 있는 내용, 모듈화된 진로지도 내용을 보충, 심화하는 내용, 직장인의 예절생활 등을 활용할 수 있다.

둘째는 '진로주간 행사' 다. 한 학기에 1회 정도 진로주간을 설정하고 관심 있는 대학과 직장을 방문하여 직접 알고 싶은 내용을 확인하고 체험할 수 있도록 지도한다. 대학을 방문할 경우 대학설립 목적, 설치된 학과, 교육과정, 교수진, 시설, 졸업 후의 진로 상황 등을 확인한다. 그리고 직장을 방문할 때에는 취업에 필요한 조건, 취업 후의 업무성격, 작업환경, 보수, 사용하는 기자재와 프로그램, 장래의 직업전 망, 직업의 보람과 직원의 만족도 등을 확인하여 보고서를 작성토록 지도한다. 그 밖에도 자원인사와의 면담, 토론회, 전시회, 각종 심리검사의 실시, 다양한 진로지도 프로그램의 실시 등을 행사에 포함시킬 수 있을 것이다.

이러한 행사가 끝난 후에는 반드시 평가회를 개최하여 이 행사가 어떠한 성과를 가져왔고 부족한 점은 무엇이었으며 계속 발전시킬 사항은 무엇인가를 논의하여 다음 행사를 계획할 때 그러한 사항이 충분히 반영되도록 해야 할 것이다.

## 참고문헌

김계현(1995). 상담심리학. 서울: 학지사.

김병숙, 김봉환(1994). 고용촉진을 위한 직업정보의 활용방안. 천안: 한국기술교육대학교.

서울대학교 교육연구소(1998). 교육학 대백과 사전. 서울: 하우동설.

서울대학교 대학생활문화원(1998). 학생연구, 39집. 서울: 서울대학교 대학생활문화원.

이무근(1999). 직업교육학 원론. 서울: 교육과학사.

이재창 외(1995). 홍익대학교 재학생 실태조사 연구. 서울: 홍익대학교 학생생활연구소.

이재창(1994). 진로교육 발전방안 탐색에 관한 연구. 진로교육연구, 2, 80-119.

이재창(1997). 한국 청소년 진로상담의 문제점과 개선방안. 청소년 진로상담모형 기본구상, 1-28. 서울: 청소년대화의광장.

이정근(1989). 진로지도의 실제. 서울: 성원사.

장석민(1997). 진로교육의 실천방향과 과제. 청소년 진로상담모형 기본구상, 29-62. 서울:

청소년대화의광장.

정원식 외(1985). 청소년의 의식구조 조사연구. 서울: 서울대학교 사회과학연구소.

중앙고용정보원(2003). 한국직업사전. 서울: 중앙고용정보원.

진미석(1999). 새로운 대학입시제도에 따른 고등학교 진로지도의 방향. 고등학교 진로교육의 문제점과 개선방안, 109-122. 서울: 서울특별시 교육과학연구원.

청소년대화의광장(1992). 청소년 일상생활 실태조사. 서울: 청소년대화의광장.

한국직업능력개발원(2001). 사이버 상담을 통한 효과적인 진학/진로상담 모형개발 연구. 서울: 한국직업능력개발원.

한국청소년연구원(1991). 한국 청소년의 실태와 문제. 서울: 한국청소년연구원.


Borow, H. (Ed.). (1964). *Man in the world at work.* Boston: Houghton Mifflin.

Erikson, E. H. (1963). *Childhood and society.* New York: Norton.

Gelatt, H. B. (1962). Decision making: A conceptual frame of reference for counseling. *Journal of Counseling Psychology, 9,* 240-245.

Parsons, F. (1909). *Choosing a vocation.* Boston: Houghton Mifflin Company.

Piaget, J. (1969). *The psychology of the child.* New York: Basic Books.

Picchioni, A. P., & Bonk, E. C. (1983). *A comprehensive history of guidance in the United States.* Austin: Texas Personnel and Guidance Association.

Rogers, C. R. (1942). *Counseling and psychotherapy.* Boston: Houghton Mifflin.

Super, D. E. (1953). A theory of vocational development. *American Psychologist. 8,* 185-190.

Tolbert, E. L. (1980). *Counseling for career development.* Boston: Houghton Mifflin.

Williamson, E. G. (1939). *How to counsel students: A manual of techniques for clinical counselors.* New York: McGraw-Hill.

Zunker, V. G. (1999). *Career counseling: Applied concepts of life planning.* Pacific Grove, CA: Brooks/Cole.

# 제2장

# 진로선택 이론

　진로상담은 체계적이고 검증된 이론에 기초하여 전개되어야 하는데, 여기에 기여할 수 있는 것이 곧 진로이론이다. 대부분의 진로이론들은 '왜 사람들은 특정한 직업을 선택하게 되는가?'에 대한 답을 나름대로 제시하고 있다. 이러한 이론들은 크게 진로발달의 '내용'을 강조하는 이론과 진로발달의 '과정'을 강조하는 이론으로 구별할 수 있다. 그러나 진로에 관련된 여러 이론들을 분류하는 방식은 학자들에 따라서 매우 다양한 형태로 나타난다. 예컨대 Herr와 Cramer(1996)는 특성-요인이론, 의사결정 이론, 사회이론, 심리이론 및 발달이론 등으로 구분하는 반면, Gibson과 Mitchell(1990)은 과정이론, 발달이론, 성격이론, 기회이론 등으로 나누기도 한다.

　이 책에서는 여러 분류체계에서 공통적으로 다루어지고 있는 이론들을 중심으로 살펴보되, 이를 선택적 관점과 발달적 관점으로 구별하여 알아보고자 한다. 이 장에서는 먼저 선택적 관점에 해당하는 Parsons의 특성-요인이론, Roe의 욕구이론, Holland의 인성이론, Krumboltz의 사회학습 이론, Dawis와 Lofquist의 직업적응이론, Blau 등의 사회학적 이론을 차례대로 알아보겠다.

# 1. Parsons의 특성-요인 이론

## 1) 이론의 배경

Parsons는 직업지도 운동의 선두주자로 알려져 있는데, 다른 인본주의자들과 마찬가지로 산업 독점가들에 의한 노동자 착취에 관심을 가졌다. 그래서 노동착취를 방지할 산업개혁과 노동자들이 능력과 흥미에 맞는 직업을 선택할 수 있도록 교육과 사회제도를 개혁할 것을 제안하였다.

Parsons와 그의 동료들은 청소년들에게도 관심이 많았다. 이러한 관심의 일환으로 워싱턴과 보스턴의 중도탈락 학생들에 대한 연구를 하였고, 보스턴 사회복지관을 대신하는 '직업국'을 신설하기도 했다. 그는 모든 고등학교가 학생들의 취업에 도움을 제공해야 한다고 믿고, 1908년 그가 사망할 때까지 보스턴의 교육이 이러한 서비스를 제공하도록 설득하였다.

Parsons는 개인분석, 직업분석, 과학적 조언을 통한 매칭을 주장하였는데, 이는 자신의 강점과 약점을 포함한 개인적 성향을 충분히 이해하고, 주어진 직업에서의 성공조건 및 보상과 승진에 관한 정보를 알아야 하며, 입수한 정보를 바탕으로 선택과정에서 '진실한 추론'을 해 나가야 한다는 것이다.

많은 상담자, 교육자, 심리학자들은 Parsons가 세상을 떠난 후에도 그의 개념을 옹호하고 확장시켰다. 개인차 심리학의 성장은 과학적 측정을 통한 특성 확인을 가능케 하여 Parsons의 모델에 추진력을 더했다. 특히 Paterson은 진로상담자들이 사용할 수 있는 여러 가지 심리검사도구를 개발하였다. 그 외에도 미네소타 고용안정 연구소의 Darley의 업적은 미네소타 관점으로 알려지면서 특성-요인 이론과 동의어로 쓰이게 되었으며, 미네소타 그룹의 Williamson은 특성-요인 이론의 대변자로 떠올랐다.

미네소타 대학의 직업심리학자들은 다양한 특수적성검사, 인성검사 등의 도구를 개발함으로써 특성-요인 이론의 기초를 다졌다. 이들은 또한 상담기법, 진단전략, 인력배치에 관한 정보를 담은 책들도 펴냈으며, 이들의 연구결과로 1977년 『미국직업사전』이 출판되었다.

## 2) 이론의 내용

특성-요인 이론과 관련된 근원적인 쟁점에는 다음과 같은 것들이 있다. 특성이란 무엇인가? 특성은 직업행동을 예측하는 데 관심이 있는 사람들에게 유용할 만큼 안정적이고 지속적인 것인가? 특성을 효과적으로 측정할 수 있는가?

1930년대까지 특성은 '정신이나 신경조직에 있는 지속적인 정신적, 신경학적 구조'라고 가정되어 왔다. 이러한 가정 때문에 심리학자들은 개인의 내면적 특성을 측정하는 도구가 개발될 수 있다고 믿었다. Thurstone부터 Jensen에 이르기까지 심리학자들은 지능과 같은 특성이 개인의 내적 특성을 반영하는 검사점수인 것처럼 말해 왔다. 그러나 Tryon, Anastasi 등의 관점은 특성이란 학습된 것이며 특정한 임무나 상황에 한해서만 타당하다고 본다. Anastasi(1983)는 "특성이란 숨어 있는 특질이나 원인이 아니라 기술적인 범주"라고 언급하였다.

특성이 학습되는 것이라고 가정하면 새로운 학습에 따라 특성도 분명 변화될 것이다. 이는 특성의 안정성과 지속성에 의문을 제기하며, 이 논쟁은 해결의 실마리가 보이지 않는다. 그럼에도 불구하고 진로상담자들과 직업심리학자들이 가정하고 있는 특성은 비교적 안정적인 것으로 간주된다(Hogan, DeSoto & Solano, 1977).

특성이 연구를 통해 정확한 활용가치를 측정할 수 있는가? 이에 대해서 Herr와 Crammer(1979)는 그렇지 않다고 대답한다. 모든 특성-요인적 접근이 통계적 정교함과 검사의 세련화에도 불구하고 특정 직업에서의 개인의 성공을 예언하는 것은 부정확하다는 것이다.

특성-요인 관점의 관심사가 성공을 예언하는 것만은 아니다. 지난 40여 년간 관심의 초점은 구인타당도를 포함하였고, 검사점수나 일련의 점수들을 근거로 피검자를 추론하는 데까지 나아가고 있다. 예를 들어, 내담자에게 직업흥미 검사를 실시할 때, 상담자는 그 질문지가 내담자의 직업 선택과 후속되는 만족을 어느 정도 예언할 수 있는지(예언타당도) 궁금해하며, 내담자가 자신의 가치를 확인하고 일에 대한 선호와 의사결정 방식을 어떻게 하는지에 대해서도 관심을 갖게 된다.

구인타당도와 예언타당도 중 어느 쪽에 더 관심이 있는가는 검사결과를 어떻게 사용하느냐에 달려 있다. 선발과 배치에 관심이 있는 산업상담자들은 예언타당도에 더욱 큰 관심이 있을 것이고, 자기이해를 촉진시키고자 하는 사람들은 구인타당도에 초점을 맞출 것이다.

특성-요인 이론을 총괄한 연구자들은 이 이론의 가정과 명제들에 대해 다양한 결론을 도출하였다. Crites(1981) 및 Klein과 Weiner(1977)가 내린 결론은 다음과 같이 요약될 수 있다.

첫째, 각 개인은 신뢰할 수 있고 타당하게 측정될 수 있는 고유한 특성의 집합체다.

둘째, 직업은 성공을 위해서 특정한 특성을 소유하고 있는 근로자를 요구한다.

셋째, 직업의 선택은 직선적인 과정이며 매칭이 가능하다.

넷째, 개인의 특성과 직업의 요구 간에 매칭이 잘될수록 성공(생산성과 만족)의 가능성은 커진다.

특성-요인 관점을 채택하는 진로상담자들은 직업선택이 비교적 간단한 인지과정이라고 보았다. 그러나 Williamson(1939)은 정서 불안이 직업선택을 불확실하게 할 수 있다고 보고, 이런 경우 개인이 자신의 생각을 명료화하도록 도와주어야 한다고 제언하였다. 그는 내담자를 도와주기 위한 상담의 과정을 분석, 종합, 진단, 처방, 상담, 추수지도 등의 6단계로 분류하였다.

## 3) 평 가

진로지도나 진로상담을 전개할 때 개인의 여러 가지 특성을 고려하도록 한 것이 이 이론의 가장 큰 공헌으로 보인다. 또한 특성-요인 이론에 의해서 강조된 표준화 검사도구와 직업세계의 분석과정은 진로상담에 매우 유용하다. 그러나 특성-요인 이론은 다음과 같은 몇 가지의 단점을 내포하고 있다.

첫째, 특성-요인 이론에서는 객관적인 절차, 특히 심리검사를 통해서 개인의 특성을 타당하고 신뢰할 수 있게 측정할 수 있다고 가정하는데, 이러한 검사도구에서 밝혀진 결과가 어떤 직업에서의 성공 여부를 정확하게 예언해 주지 못한다는 예언타당도 문제가 제기되고 있다(Ghiselli, 1977).

둘째, 특성-요인 이론은 직업선택을 1회적인 행위로 간주하여 장기간에 걸친 인간의 직업적 발달을 도외시하고 있으며, 개인이 소지하고 있는 제 특성 간의 역동성 및 개인이 그 많은 요인 중에서 어느 것을 우선적으로 고려하느냐에 따라 직업선택이 달라질 수 있음을 고려하지 못하고 있다.

셋째, 특성-요인 이론은 개인의 특성과 직업 간의 관계를 기술하지만, 개인의 특성이 어떻게 발달하였는가, 개인이 왜 그러한 특성을 가지게 되었는가에 대한 설명이 없다.

넷째, 특성-요인 이론은 개념적인 간결함으로 인해 많은 상담자에 의해서 활용되고 있지만, 이론 자체적으로는 효율적인 진로상담을 위한 지침을 제공하고 있지 못하다.

# 2. Roe의 욕구이론

## 1) 이론의 배경

Roe의 이론적 관심은 성격이론과 직업분류라는 전혀 이질적인 영역을 통합하는 데 있었다. 그는 직업의 전 영역을 신체적·심리적 변인 및 경험 등에서의 개인차와 관련지어 고려하는 것을 목적으로 하였다. 직업에 관한 그의 연구 중 많은 것이 직업행동과 성격의 관계에 대한 것이었지만 직업행동에서 성격이 유일하고 가장 중요한 변인이라고는 생각하지 않았다. Roe의 초기 경험과 대부분의 초기 연구는 임상심리학에 기초하며 유명한 예술가들이나 연구자들에 관한 임상적인 연구의 한 연장으로서 직업심리학에 관심을 갖게 되었다.

Roe는 직업과 기본욕구 만족의 관련성에 대한 논의는 Maslow의 욕구위계론을 바탕으로 할 때 가장 효율적이리고 보았기 때문에 성격이론 중 Maslow의 이본이 가장 유용한 접근법이라고 생각하였다. Maslow의 욕구위계에서는 하위 욕구일수록 충족시키려는 강도가 더욱 강하다. Maslow는 이러한 욕구들이 선천적이고 본능적이지만 생리적인 욕구를 제외한 나머지 욕구들은 조절 가능한 것이라고 생각했다.

우리 사회에서 직업만큼 모든 수준의 기본 욕구를 충족시켜 줄 수 있는 단일 상황은 흔치 않다. 이 사실은 생리적 욕구와 안전의 욕구에서 아주 명확하다. 동질집단과 일하는 것은 만족스러운 직업생활의 중요한 측면이며 그 집단 속의 다른 동료들에 의해 수용받는 경험은 자존감을 증가시킬 수 있다.

## 2) 이론의 내용

직업의 전 영역을 조사하려면 직업을 일목요연하게 분류하는 방법이 필요하다. 기존의 분류체계들과는 다르게 Roe는 새로운 분류체계를 개발했다. 기존의 직업분류는 분류의 논리적인 원리를 따르지 않은 것으로 보았기 때문이다. 즉, 어떤 경우에는 단계(level)와 유형(type)이 혼동되어 활용되었고 또 다른 경우에는 많은 직업들이 누락되었다고 보았다. 직업사전(DOT)은 정교한 코딩 체계를 가졌지만 유목화(grouping)에서 일관성이 부족하며, 미네소타 직업평가 척도(minnesota occupational rating scales, MORS)를 제외하면 현존하는 분류체계들 중 어느 것도 심리학적인 기반을 갖지 못하고 있다고 평가하였다.

Roe는 MORS에서 힌트를 얻어 흥미에 대한 다양한 요인분석에 관심을 돌리게 되었다. 그는 흥미에 기초해서 직업을 8개의 군집으로 나누고 각각의 군집에 알맞은 직업들의 목록을 작성했다. 직업활동과 관련된 인간관계의 특성과 강도에 기초한 연속선상에 직업들이 배열될 수 있으며, 연속선상에서 가까이 위치한 군집들이 떨어진 군집보다 인간관계의 특성과 강도 면에서 더 유사하다.

그 후 각 직업에서의 곤란도와 책무성을 고려하여 8개의 단계(level)를 설정하여 8×8의 분류체계를 완성했는데, 두 가지 단계를 탈락시키고 결국 8×6의 구조를 만들었다. 그가 제안한 여덟 가지 직업군은 아래와 같다(Roe & Lunneborg, 1990).

- 군집① 일반문화직(general culture): 이 군집의 직업들은 문화유산의 보존과 전수에 관련된다. 개인보다는 인류의 활동에 흥미가 있다. 교육, 언론, 법률, 성직, 언어학과 인문학이라 불리는 과목들에 관련된 직업들이 이 군집에 포함된다. 대부분의 초 · 중등학교 교사들은 이 군집에 속하나 고등교육기관의 교사들은 가르치는 교과에 따라 서로 다른 직업군에 포함된다. 예를 들어 과학교사는 군집⑥, 예술교사는 군집⑧, 인류학 과목의 교사는 군집⑦에 속한다.

- **군집② 과학직(science):** 기술직과는 달리 이 군집은 과학이론과 이론을 특정한 환경에 적용하는 것과 관련된다. 심리학이나 인류학과 같은 분야에서뿐만 아니라 전혀 인간관계 지향이 아닌 물리학과 같은 과학적 연구에서도 더 구체적인 인간관계에 호소하는 군집⑦과 관련이 있다. 의학직이 대표적인 예다.
- **군집③ 옥외활동직(outdoor):** 농산물, 수산자원, 지하자원, 임산물, 기타의 천연자원을 개발, 보존, 수확하는 것과 축산업에 관련된 직업들을 말한다. 기계화의 진전으로 인해 이 군집에 속하던 많은 직업들이 군집④로 옮겨졌다. 대인관계는 중요하게 다루어지지 않는다.
- **군집④ 기술직(technology):** 상품과 재화의 생산, 유지, 운송과 관련된 직업을 포함하는 군집이다. 운송과 정보통신에 관련된 직업뿐만 아니라 공학, 기능, 기계, 무역에 관계된 직업들도 이 영역에 속한다. 대인관계는 상대적으로 덜 중요하며 사물을 다루는 데 관심을 둔다.
- **군집⑤ 단체직(organization):** 사업, 제조업, 행정에 종사하는 관리직 화이트칼라가 이 군집에 해당되며, 기업의 조직과 효율적인 기능에 주로 관련된 직업들이다. 인간관계의 질은 대개 형식화되어 있다.
- **군집⑥ 비즈니스직(business Contact):** 이 군집에 속하는 직업은 일대일 만남을 통해 공산품, 투자상품, 부동산 등을 판매하는 것에 관련된다. 대인관계가 중요하나 타인을 도와주기보다는 어떤 행동을 취하도록 상대방을 설득하는 데 초점을 둔다.
- **군집⑦ 서비스직(service):** 이 군집에 속하는 직업들은 기본적으로 다른 사람의 욕구와 복지에 관심을 가지고 봉사하는 것에 관련된다. 사회사업, 가이던스(guidance) 등이 이 군집에 속한다. 이 군집의 본질적인 요인은 다른 사람을 위해서 무엇인가를 하고 있는 환경이다.
- **군집⑧ 예능직(arts and entertainment):** 창조적인 예술과 연예에 관련된 특별한 기술을 사용하는 것과 관련된 직업들이 여기에 속한다. 대부분의 경우 개인과 대중 또는 조직화된 한 집단과 대중 사이의 관계에 초점을 둔다. 인간관계가 중요하나 군집①에서의 인간관계와 똑같은 특성을 지닌 것은 아니다.

각 군집은 다시 책임, 능력, 기술의 정도를 기준으로 하여 각각 6단계로 나뉜다. 이러한 기준들 사이의 상관관계는 없으며, 책무성의 정도가 단계의 구분에 가장 결정적인 영향을 미친다. 책무성에는 결정을 내리는 횟수와 곤란도뿐만 아니라 다양한 문제들을 어떻게 처리해야 하는지도 포함된다. 각각의 단계들은 본질적으로 책무성의 연속선상에 존재한다(Roe & Lunneborg, 1990).

- 1단계 고급 전문관리(professional and managerial 1): 이 단계는 중요한 사안에 대해 독립적인 책임을 지는 전문가들뿐만 아니라 개혁자, 창조자, 최고 경영관리자들을 포함한다. 이 단계의 직업들은 대체로 사회집단보다 더 높은 권위를 갖지는 않는다. 이 단계의 기준은 다음과 같다. 첫째, 중요하고 독립적이며 다양한 책임을 진다. 둘째, 정책을 만든다. 셋째, 박사나 이에 준하는 정도의 교육을 받는다.

- 2단계 중급 전문관리(professional and managerial 2): 고급단계와는 정도의 차이가 있다. 자율성이 있으나 고급단계보다 더 좁은 영역에 대한 덜 중요한 책임이 따른다. 단계 설정의 기준은 첫째, 중요도와 다양성의 측면에서 자신과 타인에 대한 중간 수준의 책임을 진다. 둘째, 정책을 해석한다. 셋째, 석사학위 이상, 박사와 그에 준하는 정도의 교육보다는 낮은 수준의 교육을 받는다.

- 3단계 준 전문관리(semiprofessional and small business): 단계 설정의 기준은 첫째, 타인에 대한 낮은 수준의 책임을 진다. 둘째, 정책을 적용하거나 오직 자신만을 위한 의사 결정을 할 수 있다. 셋째, 고등학교나 기술학교 또는 그에 준하는 정도의 교육 수준을 요구한다.

- 4단계 숙련직(skilled): 이 단계와 5, 6단계의 구분은 고전적인 분류에 의한 것이다. 이 단계에서는 견습이나 다른 특수한 훈련과 경험이 필요하다.

- 5단계 반숙련직(semiskilled): 약간의 훈련과 경험을 요구하지만 4단계보다는 매우 낮은 수준이다. 훨씬 더 적은 자율과 주도권이 주어진다.

- 6단계 비숙련직(unskilled): 특수한 훈련이나 교육이 필요하지 않으며, 간단한 지시를 따르거나 단순한 반복활동에 종사하기 위해서 필요한 능력 이상을 요구하지 않는다.

〈표 2-1〉 직업분류표

| 단계 | 군 집 | | | | | | | |
|---|---|---|---|---|---|---|---|---|
| | I<br>문화직 | II<br>과학직 | III<br>옥외활동직 | IV<br>기술직 | V<br>단체직 | VI<br>비즈니스직 | VII<br>서비스직 | VIII<br>예능직 |
| 1 | • 대법원<br>판사<br>• 대학교수<br>• 학자 | • 연구원<br>• 대학교수<br>• 의학전문가<br>• 박물관장 | • 전문조언가 | • 발명가<br>• 고문<br>• 기사<br>• 선장 | • 대통령과 각료<br>• 실업계 거물<br>• 국제은행가 | • 프로모터 | • 개인치료사<br>• 사회사업 슈퍼<br>바이저<br>• 전문 카운슬러 | • 위대한 창조적<br>예술가<br>• 대학교수<br>• 도서관장 |
| 2 | • 편집자<br>• 초·중등<br>학교 교사 | • 과학자<br>(반독립적)<br>• 간호사<br>• 약사<br>• 수의사 | • 응용과학자<br>• 지주와 소<br>작인<br>• (대규모)<br>조경가 | • 응용과학자<br>• 공장장<br>• 함선의 장교 | • 공인회계사<br>• 기업과 정부의<br>행정관<br>• 노조 직원<br>• 중개인 | • 공익기관<br>의 상담원 | • 사회사업가<br>• 직업상담원 | • 운동선수<br>• 예술비평가<br>• 디자이너<br>• 음악 편곡자 |
| 3 | • 치안판사<br>• 라디오<br>아나운서<br>• 리포터<br>• 사서 | • 엑스레이 기<br>술자<br>• 박물관 기<br>술자<br>• 기상관측자<br>• 지압사 | • 농사고문<br>• 농장소유주<br>• 삼림감시원<br>• 낚시감시원 | • 비행사<br>• 중개업자<br>• 현장주임(I)<br>• 방송기술자 | • 회계사(보통)<br>• 고용관리인<br>• 식당 및 세탁<br>소 주인 | • 외관원<br>(자동차,<br>보험)<br>• 도·소매<br>딜러 | • YWCA 직원<br>• 탐정<br>• 복지사업가<br>• 경위 | • 광고작성자<br>• 디자이너<br>• 실내장식가<br>• 쇼맨 |
| 4 | • 법률서기 | • 기술보조원 | • 낙농제품<br>검증인<br>• 광부<br>• 석유 굴착<br>기술자 | • 전기기사<br>• 현장주임(II)<br>• 정비사(보통) | • 출납원<br>• 은행직원<br>• 급사<br>• 도매점 주임<br>• 판매원 | • 경매인<br>• 구매원<br>• 호별 방문자<br>• 투표 면접자 | • 이용사<br>• 주방장<br>• 보조간호사<br>• 순경 | • 광고예술가<br>• 장식가<br>• 사진사<br>• 자동차 경주자 |
| 5 | | • 수의보조원<br>• 과학기구의<br>비전문 조<br>무사 | • 정원사<br>• 농장소작인<br>• 카우보이<br>• 광부보조자 | • 불도저 기사<br>• 배달부<br>• 제련소 노동자<br>• 트럭 기사 | • 문서정리원<br>• 주식판매원<br>• 공증인<br>• 타자수 | • 행상인 | • 택시기사<br>• 소방원 | • 삽화가(연하장)<br>• 광고전단 작<br>성자<br>• 무대담당원 |
| 6 | | | • 목장일꾼<br>• 농장노동자<br>• 벌목원 | • 조수<br>• 노동자<br>• 포장인 | • 배달원 | | • 가정부<br>• 병원조무사<br>• 엘리베이터<br>기사 | |

앞의 〈표 2-1〉은 군집과 단계에 의한 직업분류를 나타낸다. 이러한 직업분류 이론은 흥미와 욕구에 대해 다음과 같은 다섯 가지 명제를 상정하고 있다(Roe & Lunneborg, 1990).

첫째, 유전은 모든 특성의 발달 잠재성에 제한을 가한다. 하지만 어떤 특성이냐에 따라 유전적 통제의 정도와 성격에는 차이가 있다. 일반적으로 유전은 흥미나 태도와 같은 변인보다는 지능이나 기질에 대해 더 구체적이고 강력한 제한을 가하는 것으로 보인다.

둘째, 유전된 특징의 발달 정도와 방식은 개인의 특이한 경험뿐만 아니라 문화적인 배경과 가정의 사회경제적 지위의 모든 측면에 의해서도 영향을 받는다.

셋째, 흥미, 태도, 상대적으로 약하고 일반적인 유전적 통제력을 가진 다른 성격 변인들의 발달유형은 주로 개인적인 경험에 의해 결정된다. 개인적인 경험에 의해 관심은 무의식적으로 특정한 방향으로만 주어진다.

넷째, 관심-방향성의 관점에서 정신 에너지의 최종적인 형태는 흥미의 주요 결정 요인이다.

다섯째, 욕구의 강도, 욕구 만족도, 욕구의 조직화는 성취에 대한 동기유발의 정도를 결정하는 주요인이다.

## 3) 부모-자녀 관계와 직업선택

초기의 경험은 가정환경에 의해 주로 영향을 받으며 특히 부모와의 관계에 의해 영향을 받기 때문에 Roe는 부모행동에 대해 관심을 기울였다. 발달 초기의 부모행동은 다음과 같이 개념화될 수 있다. 첫째, 자녀에 대한 감정적인 집중은 과보호적이거나 과요구적으로 될 수 있다. 둘째, 자녀에 대한 회피는 감정적 무시와 거부로 표현된다. 셋째, 자녀에 대한 수용은 무관심한 수용과 애정적인 수용으로 나타난다. 이를 좀 더 세분하여 기술하면 〈표 2-2〉와 같다.

직업군의 선택은 부모-자녀 관계 속에서 형성된 개인의 욕구구조에 의해서 결정된다. 여기에서 욕구구조는 유전적 특성과 함께 어렸을 때 경험하는 좌절과 만족에 의해 형성되는데, 이러한 가설은 Maslow의 욕구이론에 영향을 받은 것이다. 예를

| ⟨표 2-2⟩ 부모-자녀 관계유형 및 특징 | |
|---|---|
| **부모-자녀 상호작용 유형** | **특        징** |
| A. 자녀에 대한 감정적 집중(emotional concentration on the child) | |
| 과보호적 분위기<br>(overprotecting climate) | 부모가 자식을 특별히 소중히 여기고 지나친 보호를 하려 하며, 자식도 부모에게 의존하기를 기대한다. 이러한 부모들은 자녀의 낮은 수준의 요구는 즉시 들어주나, 상위의 요구는 아이의 행동이 부모나 사회의 기대에 일치할 때에만 들어준다. 이러한 분위기에서 자란 아이들은 훗날 타인에게 의존적이며 일반적으로 동조적인 행동을 많이 나타내게 된다. |
| 과요구적 분위기<br>(overdemanding climate) | 자식이 부모의 요구에 부합되고 성취를 한 경우에 부모는 자녀를 사랑하고 귀히 여긴다. 부모는 자식이 무슨 일을 하든 남보다 뛰어나길 바란다. 그래서 자식에게 엄격한 훈련을 시키게 되고, 취학 후에는 우수한 성적을 받아 오도록 무리한 요구를 하게 된다. |
| B. 자녀회피(avoidance of the child) | |
| 무시적 분위기<br>(neglecting climate) | 자녀와의 접촉 및 자녀에 대한 부모로서의 책임을 회피하려는 경향이 있으며, 자녀의 욕구 충족을 위해서 별로 노력하지 않는다. 자녀에 대한 관심이 적으나 감정적으로 거부하지는 않는다. |
| 거부적 분위기<br>(rejecting climate) | 자녀의 행복을 전적으로 무시하고 자녀들의 신체적·심리적 요구를 충족시켜 주려는 노력을 거의 하지 않는다. |
| C. 자녀수용(acceptance of the child) | |
| 무관심한 분위기<br>(causal climate) | 부모가 자식을 수용하기는 하나 부모-자녀 관계가 별로 밀착되어 있지 않다. 자녀들의 요구나 욕구에 대해서는 비교적 민감하지 않은 편이다. |
| 애정적 분위기<br>(loving climate) | 무관심한 분위기와 유사하나 그보다는 부모-자녀 관계가 더 튼튼하며, 부모는 자녀가 어떠한 것을 요구하든 들어주려고 노력하며 무관심한 분위기에 비하여 부모는 자녀에게 더욱 사려 깊은 격려를 한다. |

들어, 따뜻한 부모-자녀 관계에서 성장한 사람은 어렸을 때부터 어떠한 요구나 욕구가 있을 때 사람들과의 접촉을 통해서 그것을 만족시키는 독특한 욕구충족 방식을 배우게 되는데, 이것이 결국 인간 지향적인(person-oriented) 성격을 형성하게 하며, 나아가서는 직업선택에 반영된다. 그 결과 그들은 인간지향적인 직업(서비스직, 비즈니스직, 단체직, 문화직, 예능직)을 선택하려 한다는 것이다. 반면에 차가운 부모-자녀의 관계에서 성장한 사람은 어렸을 때부터 부모의 자상한 배려나 관심을 받지 못하고 자랐기 때문에 자신에게 어떤 문제가 있을 때, 부모나 주위 사람에게 도움을 청하지 않고(청해도 대부분 들어주지 않으므로) 사람과의 접촉이 아닌 다른 수단을 통해서 해결하는 방법을 터득하게 된다. 그 결과 그들은 자연히 비인간 지향적인(nonperson-oriented) 직업(기술직, 옥외활동직, 과학직)을 선택하게 된다는 것이다.

### 4) 평 가

Roe의 이론은 성격과 직업분류를 통합하는 업적을 남겼고, 독특한 방식으로 직업을 분류하는 모델을 제시하였다. 그리고 부모-자녀 관계를 측정하는 알맞은 도구가 없다고 판단했기 때문에 Siegelman과 함께 앞에 제시된 분류체계에 기초하여 부모-자녀 관계 질문지(parent-child relations questionnaire, PCR I)를 개발하기도 하였다. 질문지 결과의 분석을 통해서 세 가지 요인이 밝혀졌는데, 양극 요인으로 애정-거부(loving-rejecting, LR), 무관심-요구(casual-demanding, CD)가 있으며, 지나친 주의(overt attention, OA)는 단극요인이다. LR 요인과 OA 요인만이 개인의 관심에 영향을 준다고 추정되었다.

그러나 Roe의 이론은 다음과 같은 문제점을 가지고 있는 것으로 지적되고 있다.

첫째, 실증적인 근거가 결여되어 있다는 것이다. Roe 자신도 본인의 이론이 비록 상반되는 증거는 밝혀지지 않고 추리적인 것이므로, 그 이론의 가정에 대한 직접적인 증거가 거의 없음을 인정하고 있다.

둘째, Roe의 이론은 검증하기가 매우 어렵다. 왜냐하면 부모-자녀 관계는 Roe의 이론처럼 획일적이거나 단순하지 않기 때문이다. 즉, 부모-자녀 관계는 자녀의 발달과정 동안 내내 동일하지 않을 뿐만 아니라 한 부모라 하더라도 자녀에 대한 아버지와 어머니의 태도가 각기 다를 수 있기 때문이다.

셋째, 진로상담을 위한 구체적인 절차를 제공하지 못하고 있다. 비록 Roe는 실제적인 적용에는 관심을 두지 않고 단지 이론만을 공식화하는 데 집중하였다고 하였지만, 실제적인 적용성의 결여로 인해 이론의 발달에 단점으로 작용하였다.

## 3. Holland의 인성이론

### 1) 이론의 배경

Holland가 진로이론에 관심을 갖기 시작한 것은 1940년대 중반에 모병면접자로 있었던 군대시절로 추정된다. 그 시기에 그는 사람들이 상대적으로 소수의 유형으로 분류될 수 있다고 가정했다. 그 후 학생, 신체장애자, 정신질환자 등에 대한 상담자로서의 다양한 경험은 그 당시에는 일반적이지 않았던 이러한 생각을 더욱 강화시켜 주었다.

Holland의 원래 이론은 크고 작은 개정을 여러 번 거듭해 왔다. 그러나 성격과 직업환경에 대한 유형론에 대해 기본적으로 신뢰할 수 있는 것은 새로운 개념과 개념들 사이의 재조직 관계가 이론을 명료하게 하고 확장시키는 동안 일관성을 유지하였다는 것이다.

그는 사람들이 진로에 관해서 가지고 있는 일상적인 문제, 특히 진로결정에 관해서 설명하는 이론을 전개하려고 하였다. 그는 특히 안정성과 진로변경에 관계된 개인 및 환경 특성에 대한 설명을 찾는 데 흥미가 있었다. 이러한 질문을 상세하게 해결하는 것은 진로문제가 있는 사람들을 돕기 위해서 효과적인 방법을 찾기 위한 타당한 절차로 평가된다. 그는 '단순하고 경제적이고 실제적인 측정'을 토대로 이론을 간략화하는 것을 선호하였다.

Holland의 이론은 다음과 같은 가정을 기초로 하고 있다. "직업적 흥미는 일반적으로 성격이라고 불리는 것의 일부분이기 때문에 개인의 직업적 흥미에 대한 설명은 곧 개인의 성격에 대한 설명이다."

## 2) 이론의 내용

성격에 관한 Holland의 연구는 유형론에 초점을 두고 있다. 그는 각 개인은 여섯 가지 기본 성격유형 중의 하나와 유사하다고 주장한다. 또한 여섯 가지 성격유형이 있듯이 여섯 가지 환경유형이 있는데, 이것도 성격과 같이 확실한 속성과 특성에 따라 설명될 수 있다. 환경은 환경에 속해 있는 사람들에 따라 그 특징이 나타난다. 예컨대, 학교에서 근무하고 있는 성격유형은 기업체에서 일하고 있는 사람들의 성격유형과 다르다는 것이다.

### (1) 기본 가정

Holland의 이론은 다음과 같은 네 가지 가정을 기초로 하고 있다(Holland, 1985).

첫째, 대부분의 사람들은 여섯 가지 유형, 즉 '실재적(realistic), 탐구적(investigative), 예술적(artistic), 사회적(social), 설득적(enterprising), 관습적(conventional)' 유형 중의 하나로 분류될 수 있다. 이 여섯 가지 유형의 머리글자 RIASEC는 여섯 가지 유형의 이름과 순서를 기억하는 데 도움을 준다.

둘째, 여섯 가지 종류, 즉 '실재적, 탐구적, 예술적, 사회적, 설득적, 관습적'인 환경이 있다. 일반적으로 각 환경에는 그 성격유형에 일치하는 사람들이 머물고 있다.

셋째, 사람들은 자신의 능력과 기술을 발휘하고 태도와 가치를 표현하고 자신에게 맞는 역할을 수행할 수 있는 환경을 찾는다.

넷째, 개인의 행동은 성격과 환경의 상호작용에 따라 결정된다. 사람의 성격과 그 사람의 직업환경에 대한 지식은 진로선택, 직업변경, 직업성취 등에 관해서 중요한 결과를 예측할 수 있게 해 준다.

### (2) 여섯 가지 유형

Holland는 원래 사람이 여섯 가지 유형 중의 단 하나에 속하는 것으로 특징지을 수 있다고 생각하였다. 그러나 이론을 수정하면서, 여섯 가지 유형 중의 한 가지가 사람을 우세하게 지배하지만 하위유형 또는 성격패턴이 있다고 제안하였다. 이것은 더욱 완벽한 설명을 제공해 준다. 개인의 완전한 프로파일은 여섯 가지 유형의 특성을 모두 포함할 것이다. 그러나 하위유형은 개인에게서 발견되는 아주 우세한 유형 세 개를 기초로 전개된다. 따라서 SAE라고 부르는 하위유형은 순서대로 사회적 (social), 예술적(artistic), 설득적(enterprising) 특성을 가진 사람을 기술한다. 그래서 Holland의 프로파일은 '3개 코드'라고 불린다.

3개 코드는 개인이 환경을 다루기 위한 다양한 범주의 전략을 알 수 있게 해 주기 때문에 유용하다. 각 유형에 관계되는 특성에는 좋아하는 것뿐만 아니라 싫어하는 것도 있다. 각 유형별 집단의 멤버들은 어떤 종류의 활동들은 선호하고 다른 종류의 활동들은 회피하는 경향이 있다. 여섯 가지 유형에 대해 간단히 설명하면 다음과 같다(Holland, 1992).

첫째, 실재적 유형은 기계, 도구, 동물에 관한 체계적인 조작활동을 좋아한다. 이 유형의 사람은 사회적 기술이 부족하다. 실재적인 유형에 속하는 전형적인 직업은 기술자다.

둘째, 탐구적 유형은 분석적이고 호기심이 많고 조직적이며 정확하다. 그러나 이들은 흔히 리더십 기술이 부족하다. 대표적인 직업은 과학자다.

셋째, 예술적 유형은 표현이 풍부하고 독창적이며 비순응적이다. 이들은 규범적인 기술이 부족하다. 음악가와 미술가는 예술적인 유형이다.

넷째, 사회적 유형은 다른 사람과 함께 일하거나 다른 사람을 돕는 것을 즐기지만 도구와 기계를 포함하는 질서정연하고 조직적인 활동을 싫어한다. 사회적인 유형은 기계적이고 과학적인 능력이 부족하다. 사회복지가, 교육자, 상담가는 사회적인 유형이다.

다섯째, 설득적 유형은 조직 목표나 경제적 목표를 달성하기 위해 타인을 조작하는 활동을 즐긴다. 그러나 상징적이고 체계적인 활동을 싫어하며 과학적 능력이 부족하다. 기업경영인, 정치가는 설득적 유형이다.

여섯째, 관습적 유형은 체계적으로 자료를 잘 처리하고 기록을 정리하거나 자료를 재생산하는 것을 좋아한다. 그 대신 심미적 활동은 피한다. 경리사원, 사서 등이 이에 속하는 유형이다.

이상의 내용을 더욱 구체적으로 제시해 보면 〈표 2-3〉과 같다.

| 〈표 2-3〉 | Holland의 여섯 가지 직업적 성격의 특성 | | |
|---|---|---|---|
| 직업적 성격 유형 | 성격 특징 | 선호하는/싫어하는 직업적 활동 | 대표적인 직업 |
| 실재적 유형 (realistic type) | 남성적이고, 솔직하고, 성실하며, 검소하고, 지구력이 있고, 신체적으로 건강하며, 소박하고, 말이 적으며, 고집이 있고, 직선적이며, 단순하다. | 분명하고, 질서정연하게, 체계적으로 대상이나 연장, 기계, 동물들을 조작하는 활동 내지는 신체적 기술들을 좋아하는 반면, 교육적인 활동이나 치료적인 활동은 좋아하지 않는다. | 기술자, 자동차 및 항공기 조종사, 정비사, 농부, 엔지니어, 전기 · 기계기사, 운동선수 등 |
| 탐구적 유형 (investigative type) | 탐구심이 많고, 논리적 · 분석적 · 합리적이며, 정확하고, 지적 호기심이 많으며, 비판적 · 내성적이고, 수줍음을 잘 타며, 신중하다. | 관찰적 · 상징적 · 체계적으로 물리적 · 생물학적 · 문화적 현상을 탐구하는 활동에는 흥미를 보이지만, 사회적이고 반복적인 활동들에는 관심이 부족한 면이 있다. | 과학자, 생물학자, 화학자, 물리학자, 인류학자, 지질학자, 의료기술자, 의사 등 |
| 예술적 유형 (artistic type) | 상상력이 풍부하고, 감수성이 강하며, 자유분방하며, 개방적이다. 또한 감정이 풍부하고, 독창적이며, 개성이 강한 반면 협동적이지는 않다. | 예술적 창조와 표현, 변화와 다양성을 좋아하고, 틀에 박힌 것을 싫어한다. 모호하고, 자유롭고, 상징적인 활동을 좋아하지만, 명쾌하고, 체계적이고, 구조화된 활동에는 흥미가 없다. | 예술가, 작곡가, 음악가, 무대감독, 작가, 배우, 소설가, 미술가, 무용가, 디자이너 등 |
| 사회적 유형 (social type) | 사람들과 어울리기 좋아하며, 친절하고, 이해심이 많으며, 남을 잘 도와주고, 봉사적이며, 감정적이고, 이상주의적이다. | 타인의 문제를 듣고, 이해하고, 도와주고, 치료해 주고, 봉사하는 활동에는 흥미를 보이지만, 기계 · 도구 · 물질과 함께 명쾌하고, 질서정연하고, 체계적인 활동에는 흥미가 없다. | 사회복지가, 교육자, 간호사, 유치원교사, 종교지도자, 상담가, 임상치료가, 언어치료사 등 |
| 설득적 유형 (enterprising type) | 지배적이고, 통솔력 · 지도력이 있으며, 말을 잘하고, 설득적이며, 경쟁적이고, 야심적이며, 외향적이고, 낙관적이고, 열성적이다. | 조직의 목적과 경제적 이익을 얻기 위해 타인을 선도 · 계획 · 통제 · 관리하는 일과 그 결과로 얻어지는 위신 · 인정 · 권위를 얻는 활동을 좋아하지만 관찰적 · 상징적 · 체계적 활동에는 흥미가 없다. | 기업경영인, 정치가, 판사, 영업사원, 상품구매인, 보험회사원, 판매원, 관리자, 연출가 등 |
| 관습적 유형 (conventional type) | 정확하고, 빈틈이 없고, 조심성이 있으며, 세밀하고, 계획성이 있으며, 변화를 좋아하지 않으며, 완고하고, 책임감이 강하다. | 정해진 원칙과 계획에 따라 자료들을 기록, 정리, 조직하는 일을 좋아하고, 체계적인 작업환경에서 사무적, 계산적 능력을 발휘하는 활동을 좋아한다. 그러나 창의적, 자율적이며 모험적, 비체계적인 활동은 매우 혼란을 느낀다. | 공인회계사, 경제분석가, 은행원, 세무사, 경리사원, 컴퓨터 프로그래머, 감사원, 안전관리사, 사서, 법무사 등 |

### (3) 육각형 모형

[그림 2-1]은 Holland 이론에 있는 구성요인들 사이의 관계를 도표로 나타내 주고 있다. 제시된 순서대로 여섯 가지 유형 각각은 육각형의 한 지점을 차지하고 있다. 이 육각형 모형은 각 유형 간의 심리적인 유사성을 살펴보는 데에도 중요하게 기여할 수 있다.

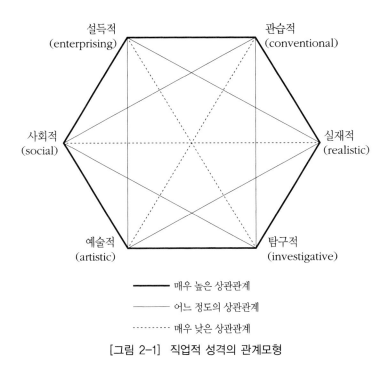

[그림 2-1]  직업적 성격의 관계모형

### (4) 다섯 가지의 주요 개념

Holland는 앞서 살펴본 네 가지의 기본가정 이외에 다음과 같은 다섯 가지의 주요 개념을 상정하였다(Holland, 1973).

#### ① 일관성
이 개념은 환경유형뿐만 아니라 성격유형에도 적용된다. 유형의 어떤 쌍들은 다른 유형의 쌍들보다 공통점을 더 많이 가지고 있다. 예를 들면, 예술적·사회적 유형은 탐구적·설득적 유형보다 공통점을 더 많이 가지고 있다. 육각형의 중요한 기능 중의 하나는 성격의 일관성의 정도를 규정하는 것이다. 탐구적이고 관습적인 활동에 흥미를 가진 실재적인 사람(RIC)은 설득적이고 사회적인 활동에 선호를 나타내는 실재적인 사람(RES)보다 더 일관성이 있다고 가정된다. 일관성을 알아보는 가장 간단한 방법은 Holland 코드 첫 두 문자를 사용하는 것이다. 높은 일관성은 첫 두 문자가 육각형에 인접할 때 나타난다(예, RI 또는 SE). 중간 정도의 일관성은 육각형에서 다른 문자가 개인 코드의 첫 두 개 문자 사이에 있을 때 나타난다(예, RA 또는 SC). 낮은 일관성은 코드의 첫 두 개 문자가 육각형에서 두 개 사이에 낀 문자들에 의해 나누어질 때 나타난다(예, RS 또는 AC).

### ② 차별성

어떤 사람들은(또는 환경) 아주 단순하다. 다시 말하면, 한 개의 유형에는 유사성이 많이 나타나지만 다른 유형에는 별로 유사성이 나타나지 않는다. 또 다른 사람들은(또는 환경) 여러 유형에 똑같은 유사성을 나타낸다. 모든 유형에 똑같은 유사성을 나타내는 사람은 특징이 없거나 잘 규정되지 않았다고 생각할 수 있다. 차별성은 SDS 또는 VPI 프로파일로 측정된다.

### ③ 정체성

개인적 측면에서의 정체성이란 개인의 목표, 흥미, 재능에 대한 명확하고 견고한 청사진을 말한다. 환경적 측면에서의 정체성이란 조직의 투명성, 안정성, 목표·일·보상의 통합이라고 규정된다. MVS의 직업 정체성 척도는 개인에 대한 이러한 구인을 측정하는 데 사용된다. 예컨대 이 검사에서 점수가 낮은 사람들은 자신의 특성과 반대되는 직업목표를 가진 사람들이 많다.

### ④ 일치성

다른 유형은 다른 환경을 원한다. 사람은 자신의 유형과 비슷하거나 정체성이 있는 환경유형에서 일하거나 생활할 때 일치성이 높아지게 된다. 따라서 예술적인 사람이 관습적인 환경에서 일하거나 생활할 때는 일치성이 없는 것이다. 사람은 중요한 보상이 제공되는 환경에서 능력을 최대한 발휘한다. 예컨대, 사회적 유형은 사회적 환경이 제공되는 보상을 좋아한다. 육각형은 개인의 유형과 환경 간의 일치 정도를 측정하는 데 사용될 수 있다. 완벽한 조합은 현실적 환경에 현실적인 유형이다. 다음으로 최선의 적합은 환경유형에 인접한 성격유형이다. 즉, 탐구적 환경에서 일을 하는 현실적 유형의 사람이 이에 해당된다. 환경과 개인의 가장 좋지 않은 일치의 정도는 육각형에서 유형들이 반대지점에 있을 때 나타난다.

⑤ 계측성

Holland(1985)에 따르면, "유형(환경) 내 또는 유형 간의 관계는 육각형 모델에 따라 정리될 수 있는데, 육각형 모델에서 유형(환경) 간의 거리는 그것들 사이의 이론적인 관계에 반비례한다." 육각형은 개인(환경) 간 또는 개인 내에 있는 일관성의 정도를 나타내 주는 도형이다. 즉, 그것은 이론의 본질적 관계를 설명해 준다. 그것은 여러 가지 실제적인 용도를 가지고 있다. 상담자가 이론을 이해하는 데 도움을 주며 내담자에 의해 사용될 수 있다.

## 3) 평 가

Holland는 VPI(vocational preference iventory), SDS(self-directed search), VEIK(vocational exploration and insight kit), MVS(my vocational situation) 등 매우 유용한 검사도구를 개발하였다. 또한 그의 중요한 업적 중의 하나는 직업사전(DOT)을 홀랜드 직업코드사전으로 번안했다는 것이다.

그러나 다음과 같은 몇 가지 문제점을 가지고 있다(Amatea, 1984; Osipow, 1983; Osipow & Fitzgerald, 1996).

첫째, Holland의 이론에서는 성격만이 편파적으로 강조되어 여러 가지 다른 중요한 개인적 · 환경적 요인이 도외시되고 있다.

둘째, Holland의 이론은 진로상담에 적용할 수 있는 구체적인 절차를 제공해 주지 못하고 있다. 특히 상담자가 내담자와의 대면관계에서 사용할 수 있는 과정과 기법에 관한 가이드가 없다.

셋째, Holland의 모형을 측정하는 검사도구가 성적 편파(gender bias)적인 문제를 아직 해결하지 못하고 있다. 예를 들면, 개인의 직업적 성격을 측정하는 검사도구에서 실재적 유형이나 탐구적 유형에 여성적인 직업을 배제하고, 사회적 유형이나 관습적 유형에 여성적인 직업을 다수 나열함으로써, 여성이 제한된 직업선택을 하도록 유도할 수 있다는 것이다.

넷째, Holland의 이론은 성격요인을 중요시하고 있으면서도 그 발달과정에 대한 설명이 결여되어 있다. 즉, 개인의 진로의사 결정에 영향을 주는 요인에 대해서는 구체적인 설명을 하고 있지만, 발달의 측면에서 개인이 왜 그러한 성격을 갖게 되었으며 성격이 어떻게 변화하는가에 대한 설명이 부족하다.

다섯째, 사람들은 자신의 환경 및 자기 자신이 변화하는 가능성이 있음에도 불구하고, 이 점을 고려하지 않았다. 또한 자신의 성격에 맞지 않는 직업환경을 선택하더라도 인간은 자신의 특성을 수정하거나 직업환경을 개조함으로써 자신의 역할을 잘 수행해 나갈 수 있는 가능성이 있다는 사실을 외면하고 있다.

## 4. Krumboltz의 사회학습 이론

### 1) 이론의 배경

진로선택에 대한 사회학습 이론적 접근은 초기에는 Krumboltz, Mitchell, Gelatt(1975)에 의해, 최근에는 Mitchell과 Krumboltz(1990)에 의해 주로 논의되고 있다. Krumboltz의 진로의사결정에 대한 사회학습 이론은 교육적 · 직업적 선호 및 기술이 어떻게 획득되며 교육 프로그램, 직업, 현장의 일들이 어떻게 선택되는가를 설명하기 위하여 발달된 이론이다. 이를 위하여 이 이론에서는 강화이론, 고전적 행동주의 이론, 인지적 정보처리 이론에 기원을 두고 있으며, 특히 행동에 대한 일반적인 사회학습 이론을 기초로 개인의 성격과 행동은 그의 독특한 학습경험에 의해서 가장 잘 설명할 수 있다고 가정하면서, 진로의사 결정에 영향을 미치는 요인들의 상호작용을 밝히고 있다.

## 2) 이론의 내용

### (1) 진로결정 요인

Krumboltz는 진로결정에 영향을 주는 요인을 다음과 같이 네 가지로 분류하였다 (Mitchell & Krumboltz, 1990).

첫째는 유전적 요인과 특별한 능력(genetic endowments and special abilities)이 다. 이는 개인의 진로기회를 제한하는 타고난 특질을 말한다. 즉, 교육적·직업적인 선호나 기술에 제한을 줄 수 있는 자질을 말하는 것으로서, 여기에는 인종, 성별, 신체적인 모습과 특징, 지능, 예술적 재능 그리고 근육의 기능 등이 포함된다.

둘째는 환경적 조건과 사건(environmental conditions and events)이다. 이는 환경에서의 특정한 사건이 기술개발, 활동, 진로선호 등에 영향을 미친다는 것이다. 여기에는 취업 가능한 직종의 내용, 교육훈련이 가능한 분야, 사회정책, 노동법, 천재지변, 천연자원의 공급 및 이용가능 정도, 기술의 발달, 사회조직의 변화, 가정의 영향, 교육제도 그리고 이웃과 지역사회의 영향 등이 포함된다.

셋째는 학습경험(learning experiences)이다. 개인이 과거에 학습한 경험은 현재 또는 미래의 교육적·직업적 의사결정에 영향을 미치는데, Krumboltz는 크게 두 가지 유형의 학습경험을 가정하고 있다.

하나는 도구적 학습경험(instrumental learning experiences)으로, 이는 주로 어떤 행동이나 인지적인 활동에 대한 정적인 또는 부적인 강화를 받을 때 나타난다. 즉, 사람들은 정적인 강화를 받게 되면 이와 관련된 행동을 반복하려는 경향을 보이는데, 이러한 행동을 반복하는 과정에서 관련된 기술을 더욱 잘 숙지하게 되고 행동 그 자체에 내적인 흥미를 갖게 된다는 것이다. 결국 과거의 학습경험이 교육적·직업적 행동에 대한 도구(instrument)로 작용하는 것이다. 일반적으로 도구적 학습경험은 선행사건(antecedents) → 행동(behavior) → 결과(consequences)의 순서에 의해서 학습된다. [그림 2-2]는 이러한 예를 보여 주고 있다.

다른 하나는 연상적 학습경험(associate learning experiences)이다. 이는 이전에 경험한 감정적 중립(neutral) 사건이나 자극을 정서적으로 비중립적인 사건이나 자

| 선행사건 | 행동 | 결과 |
|---|---|---|
| A 군<br>20세, 남성,<br>늘씬하고 건장한 체구 | | A 군은 싱글시합에서<br>1위를 차지하고, 코치와<br>다른 선수들은 진심으로<br>그를 축하한다 |
| 풋볼팀이 있는 대학은<br>남학생들에게<br>우선적으로<br>특혜를 준다. | A 군은 코치의<br>제안을 받아들인다.<br>상대팀과의<br>토너먼트 경기들에<br>최선을 다한다. | A 군은 생각한다<br>'나는 내가 열심히<br>한 것에 만족한다.<br>나는 앞으로 더 나은<br>시합을 할 수<br>있으리라고 믿는다.' |
| 테니스코치는<br>A 군이 친구와<br>공을 치고 있는 것을 보고<br>그에게 접근하여<br>팀에 들지 않겠느냐고 한다.<br>첫 번째 시합이<br>2주 앞으로 다가왔다. | | A 군이 만나는<br>여학생들은 풋볼선수인<br>그의 룸메이트와<br>데이트하기 위해<br>그의 제안을 거절한다 |

[그림 2-2] 도구적 학습경험(A 군의 예)

극과 연결시킬 때 일어난다. 예를 들어, 중병에 걸렸던 사람이 병원에서의 치료로 건강을 회복하였다면, 그는 병원이라는 감정적 중립 자극이 그에게 정적인 영향을 미쳐 나중에 의사가 되길 희망할 수 있을 것이다. 이러한 경험은 개인이 체험하는 직접적인 것인데, 이와는 달리 간접적이거나 대리적인 학습경험도 개인의 교육적·직업적 행동에 영향을 미치게 된다. Krumboltz의 이론에서 개인은 지적이며 훌륭한 정보처리자로 간주되는데, 따라서 사람들은 타인의 행동을 관찰하거나 책이나 TV 등의 매체를 통한 정보 수집으로도 새로운 행동이나 기술을 학습할 수 있게 된다. [그림 2-3]은 연상적 학습경험의 일반모델을 나타내 주고 있다. 원의 윗부분은 개인이 짝 지어진 자극에 노출되는 환경을 설명하고, 원 아래 왼쪽은 이전에 중성적인 자극이나 모델을, 그리고 원 아래 오른쪽은 정적 혹은 부적 자극이나 결과를 나타낸다.

넷째는 과제접근 기술(task approach skills)이다. 과제접근 기술은 개인이 환경을

[그림 2-3] 연상적 학습경험의 일반모델

이해하고, 이에 대처하며 미래를 예견하는 능력이나 경향으로 학습경험, 유전적 요인, 환경적인 조건이나 사건의 상호작용으로 나타난다. 과제접근 기술에는 문제해결 기술, 일하는 습관, 정보수집 능력, 감성적 반응, 인지적 과정 등이 포함된다.

Krumboltz는 이상에서 언급된 진로결정 요인들 중에서 '유전적 요인과 특별한 능력' 및 '환경적 조건과 사건'을 환경적 요인이라 하였고, '학습경험'과 '과제접근 기술'을 심리적 요인이라고 정의하였다. 환경적 요인은 개인에게 영향을 미치나 일반적으로 개인이 통세할 수 있는 영역 밖에 있는 것으로 상담을 통해서 변화시키는 것이 불가능하다. 심리적 요인은 개인의 생각과 감정과 행동을 결정하게 된다. 결국 상담자는 내담자가 이러한 요인들의 영향을 이해하고 변화시키도록 도와주어야 할 것이다.

### (2) 진로결정 요인들의 결과

앞에서 제시된 진로결정 요인들은 상호 작용하여 다음과 같은 유형의 결과로 나타난다.

첫 번째 결과는 자기관찰 일반화(self-observation generalization)다. 이는 자기 자신의 직접적·간접적인 수행이나 자신의 흥미나 가치를 평가하는 외현적·내면적인 자기 진술을 의미하는데, 선행 학습경험에 의해 영향을 받을 뿐만 아니라 새로운 학습경험의 결과에 영향을 미친다. 이러한 자기 일반화(self-generalization)는 개인에 의해 표현되는 흥미의 형태로 보이기도 하나, 사회학습 이론가들은 경험의 결과 흥미가 생기는 것이지, 흥미의 결과로 경험하는 것이 아니라고 생각한다(Osipow, 1972). 그러나 흥미는 선행 학습경험에 대한 개인의 반응을 간결하고 정확하게 요약해 주기 때문에 진로의사 결정에서 매우 중요하다. 자기관찰 일반화의 일반적 모델과 A 군의 과제효능감에 대한 자기관찰 일반화의 예가 [그림 2-4]에 제시되어 있다.

　두 번째 결과는 세계관 일반화(world-view generalizations)다. 학습경험의 결과 사람들은 자기가 살고 있는 환경을 관찰하고 이러한 일반화를 또 다른 환경에서 어떤 일이 일어날 것인가를 예측하는 데 이용할 수 있다. 예컨대 어떤 사람들은 다양한 직업의 성격에 대해 일반화할 수 있다(예, 봉사직에 종사하는 사람들은 본질적으로 마음이 따뜻해야 하고, 인간을 이해하기 위한 능력을 가지고 있어야 한다). 세계관 일반화는 자기관찰 일반화와 마찬가지로 어느 정도 정확하다고 볼 수 있다. 이러한 정확성은 그들이 행한 경험의 수와 그러한 경험의 대표성에 따라 좌우된다.

　세 번째 결과는 과제접근 기술(task approach skills)이다. 과제접근 기술은 환경에 대처하고, 자신의 관찰을 통한 일반화나 세계관 일반화와 관련지어 환경을 해석하고, 미래 사건에 대해 예견하는 인지적 능력, 수행능력 그리고 감정적인 경향으로 작업습관, 감정적 반응과 같은 정신체계, 지각과 사고 과정 등을 포함한다. 이러한

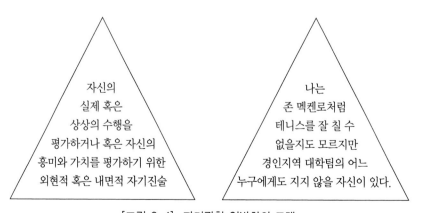

[그림 2-4] 자기관찰 일반화의 모델

과제접근 기술은 진로의사 결정에서 매우 중요한 것으로 간주되는데, 대체적으로 ① 중요한 의사결정 상황의 인식, ② 과제에 대한 현실적인 파악, ③ 자기관찰 일반화와 세계관 일반화에 대한 검토 및 평가, ④ 다양한 대안의 도출, ⑤ 대안에 관한 필요한 정보의 수집, ⑥ 매력적이지 못한 대안의 제거 등의 능력을 포함한다.

네 번째 결과는 행위의 산출(action outcomes)이다. 이 행위의 산출은 학습경험 및 위에서 언급한 세 가지의 결과에서 나오는데, 의사결정과 관련된 특수한 행위로 구성된다. 예를 들어, 어떤 직무 또는 교육훈련에 지원하거나 대학에서 전공을 바꾸는 행위 등이 이에 속한다. 이러한 행동이나 의사결정은 일생에 걸쳐 일어난다.

## 3) 시사점 및 평가

개인의 문제성 있는 신념과 일반화는 사회학습 모형에서 매우 중요하다. 예를 들어, 어떤 신념과 일반화가 생성한 내용을 밝히는 것이 진로결정 문제를 가지고 있는 개인에 대한 상담전략을 개발하는 주요 구성요인이 된다. 상담자의 역할은 표현된 신념의 가정과 전제를 검토하고 대안적인 신념과 행동과정을 탐색하는 것이다. 내담자로 하여금 자신이 가지고 있는 신념의 타당성을 충분히 이해하도록 도와주는 것은 매우 중요하다. 특히 상담자는 다음과 같은 사항에 유의해야 한다.

- 사람들은 해결할 수 있는 문제가 존재한다는 사실을 인식하지 않을지도 모른다 (사람들은 대부분의 문제가 삶의 일상적인 부분이며 바꿀 수 없는 것이라고 가정함).
- 사람들은 결정을 하거나 문제를 해결하는 데 필요한 노력을 기울이지 않을지도 모른다(사람들은 대안을 탐색하는 데 거의 노력을 기울이지 않는다. 또한 그들은 늘 똑같은 방법만 취하려고 함).
- 사람들은 부적절한 이유로 잠재적으로 만족을 주는 대안을 제거할지도 모른다(사람들은 잘못된 가정으로부터 과일반화를 하고 잠재적으로 가치로운 대안을 간과함).
- 사람들은 부적절한 이유로 부적절한 대안을 선택할지도 모른다(사람들은 잘못된 신념과 비현실적인 기대 때문에 잠재적인 진로를 현실적으로 평가할 수 없음).

- 사람들은 목표를 달성하기에는 스스로 생각하기에 무능력하다는 것에 대해 불안해하거나 분노를 겪을지도 모른다(개인들의 목표는 비현실적이거나 다른 목표와 상충될 수 있음).

이 이론은 진로과정을 기술하며 또한 선택에 영향을 미치는 요인의 예를 제시하고 있기 때문에 기술적이며 동시에 설명적이다. 연구자들은 진로발달과 진로선택 과정을 단순화하려 했으나, 이 이론에 소개된 수많은 변인들은 타당화 과정을 극도로 복잡하게 만들었다. 이 이론의 연구자들은 진로상담에서 나타난 몇 가지 주요 발견점들을 다음과 같이 제시하고 있다(Krumboltz, Mitchell, & Gelatt, 1975).

- 진로결정은 학습된 기술이다.
- 진로선택을 했다고 주장하는 사람들 또한 도움이 필요하다(진로선택은 부정확한 정보와 잘못된 대안에서 이루어질 수도 있음).
- 상담의 성공 여부는 진로결정에서 내담자가 드러내 보인 기술에 의해 평가된다(결정기술의 평가가 필요함).
- 내담자는 다양한 집단에서 나온다.
- 내담자는 진입한 진로가 확실하지 않다고 해서 죄책감을 느낄 필요는 없다.
- 어떠한 직업도 모든 개인에게 가장 좋은 것으로 보이지는 않는다.

## 5. Dawis와 Lofquist의 직업적응 이론

### 1) 이론의 배경

직업적응 이론(theory of work adjustment, TWA)은 미네소타 대학의 Dawis와 Lofquist가 1950년대 후반부터 지속적으로 수행해 온 직업적응 프로젝트의 연구성과를 바탕으로 정립된 이론이다. Dawis와 Lofquist는 1969년과 1984년에 이어 1991년에 직업적응 이론의 기본적인 의미를 제시한 바 있는데, 이 이론은 특성-요인 이론의 성격을 지니는 복합적인 이론으로, 개인의 특성에 해당하는 욕구와 능력을 환경에서의 요구사항과 연관지어 직무만족이나 직무유지 등의 진로행동을 설명하려는 이론이다. 이들은 최근에 본 이론을 개인-환경 조화 상담(person-environment correspondence counseling)이라 칭하였는데, 이는 직업적응 이론이 개인과 환경 간의 상호작용을 강조하고 있음을 나타내기 위한 것이라고 볼 수 있다.

## 2) 이론의 내용

직업적응 이론의 근간을 이루는 기본 가정은 '인간은 생존과 안녕을 위한 요구조건, 즉 욕구를 지니고 있으며, 이러한 욕구를 만족시키려는 행동을 하려 한다.'는 것이다. 다시 말해, 개인은 나름대로 자신을 만족시키려는 욕구를 지니고 있는데, 이러한 욕구는 생물학적 욕구와 심리학적 욕구로 구분할 수 있다. 개인의 욕구를 충족시켜 주는 것이 강화요인인데, 이러한 강화요인은 대체적으로 개인을 둘러싸고 있는 환경에서 제공받게 된다. 이러한 기본 가정은 환경에도 똑같이 적용되어 환경도 나름대로의 욕구, 즉 요구조건을 지니고 있다고 보고 있다.

결국 직업적응 이론은 개인과 환경 간의 상호작용을 통한 욕구충족을 강조한다. 개인과 환경은 상호 작용하면서 자신의 욕구를 만족(또는 충족)시켜 줄 수 있는 강화요인을 서로 얻게 된다. 즉, 개인의 욕구(생리적 욕구나 사회적 인정 등)는 환경에서 제공하는 강화요인(보수나 승진, 양호한 작업환경 등)에 의해 만족되며, 환경의 요구조건(직무나 과업, 집단구성원으로서의 역할 등)은 개인이 제공하는 강화요인(주어진 과업을 위한 개인의 능력 발휘 등)에 의해 충족된다. 이러한 상호작용을 통해 개인과 환경의 욕구가 모두 만족되면 조화(correspondence) 상태에 이르게 된다.

그런데 개인의 욕구와 환경의 요구조건은 모두 변하기 마련인데, 이렇게 되면 개인과 환경 간에 조화롭지 못한(discorrespondence) 상태가 나타난다. 이러한 상황에 이르게 되면, 개인은 환경의 요구조건을 변화시키거나 자신의 욕구구조를 변화시켜 조화 상태에 이르려고 한다. 환경도 이와 동일한 행동을 취하려 하는데, 이러한 행동을 적응이라 한다. 즉, 직업적응은 개인과 직업환경의 조화를 성취하고 유지하는 과정으로 이해된다. 일반적으로 직업적응은 고용유지의 형태로 나타나는데, 개인이 어느 직업을 유지하는 시간의 길이로 정의되는 재직은 만족과 충족의 수준에 의해 결

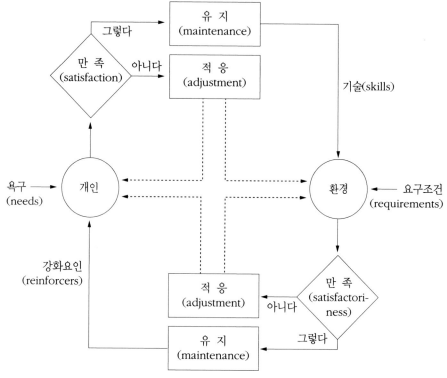

[그림 2-5] 직업적응 이론의 일반적 모형

정된다. 지금까지 살펴본 직업적응이론의 기본적인 사항을 도식화하면 [그림 2-5] 와 같다.

## 3) 실제적 적용

직업적응 이론의 가장 큰 장점 중의 하나는 직업적응과 관련된 다양한 검사도구가 잘 개발되어 있다는 점이다. 이 이론과 관련하여 개발된 검사도구는 다음과 같다(정 철영, 1991).

- MIQ(minnesota importance questionnaire): 개인이 일의 환경에 대하여 지니는 20개 욕구와 6개의 가치관을 측정하는 도구로, 190개의 문항으로 구성되어 있다.

- JDQ(job description questionnaire): 일의 환경이 MIQ에서 정의한 20개의 욕구를 만족시켜 주는 정도를 측정하는 도구로, 하위 척도는 MIQ와 동일하다.
- MSQ(minnesota satisfaction questionnaire): 직무만족의 원인이 되는 일의 강화요인을 측정하는 도구로 능력의 사용, 성취, 승진, 활동, 다양성, 작업조건, 회사의 명성, 인간자원의 관리체계 등의 척도로 구성되어 있다.
- 기타: 환경의 충족 정도를 측정하는 MSS(minnesota satisfactoriness scales), 심리학적인 직업분류체계인 MOCS III(minnesota occupational classification system III) 등도 직업적응 이론과 함께 개발되었다.

## 6. Blau 등의 사회학적 이론

### 1) 이론의 배경

개인을 둘러싼 사회·문화적 환경이 개인의 행동에 영향을 미친다는 사회학적 지식을 바탕으로 생성된 이론이 곧 사회학적 이론이다. Blau(1956), Miller와 Form(1951) 등에 의해서 대표되고 있는 이 이론의 핵심은 가정, 학교, 지역사회 등의 사회적 요인이 직업선택과 발달에 영향을 미친다는 것이다. 물론 여타의 진로발달 이론도 사회적 영향을 고려하기는 하지만 근본적인 차이는 강조점의 차이에 있다.

### 2) 이론의 내용

이 이론에 따르면 문화나 인종의 차이는 개인의 직업적 야망에 별로 큰 영향을 미치지 않는 데 반해, 개인이 속해 있는 사회계층은 이에 지대한 영향을 미친다고 한다. 이러한 현상은 사회계층 그 자체에 의한 것이 아니라 사회계층에 따라 그 속에서 생활하고 있는 대다수 사람들의 사회적 반응, 교육받은 정도, 직업적 야망, 일반지능 수준 등을 결정하는 독특한 심리적 환경을 조성하게 되는데, 이것이 결과적으로 직업선택 및 발달에 영향을 미치게 된다는 것이다.

그래서 저소득층 가정의 자녀들이 열망하는 직업과 그들이 실제로 가질 수 있으리라고 예상하는 직업 간에는 상당한 차이가 나타나게 된다는 것이다. 이러한 현상은 그들의 빈약한 교육수준이나 무능력에 기인하는 수도 있지만, 더욱 근본적인 이유는 자신이 원하는 직업에 접근하는 것을 주위환경이 허용하지 않을 것이라는 생각에 기인한 것이다. 즉, 환경을 의식해서 자신의 열망을 추구해 보지도 않고 체념해 버리는 것인데, 이러한 경향 때문에 충분히 발전할 수 있는 능력이 있음에도 불구하고 자신의 능력에 비해 보잘것없는 일에 머물러 버리는 사람들이 있게 된다. 그렇다고 해서 모든 저소득층 가정의 자녀들이 다 그렇게 된다는 것은 아니다. 부모들이 어떠한 가정분위기를 조성하느냐에 따라 자녀들의 직업적 야망의 성취 여부는 얼마든지 달라질 수 있다.

이 이론에서 강조되는 진로선택에 영향을 주는 사회 환경적 요인들을 요약해서 제시해 보면 〈표 2-4〉와 같이 정리될 수 있다.

이 이론에서는 특히 부모를 진로선택에 영향을 미치는 중요한 요인으로 간주하고 있다. Basow와 Howe(1979)는 대학교 4학년을 대상으로 한 연구에서 진로에 관해서는 부모가 가장 영향력이 있는 모델임을 밝혀냈다. 특히 Werts(1968)는 대학교 신입생들의 진로결정 과정과 아버지의 직업을 비교한 결과 의학, 물리학, 사회과학 등의 특정 직업군은 세대 간 이어지는 것을 밝혀냈다. 이와는 반대로 아버지의 직업과 다른 직업을 가지려고 하는 경우도 상정할 수 있는데, 일반적으로 아동들은 아버지의 직업보다 높은 수준의 직업을 선호하고 있었다(Creason & Schilson, 1970). 또한

| 〈표 2-4〉 | 진로선택에 영향을 주는 사회요인 |
|---|---|
| 가 정 | 가정의 사회경제적 지위, 부모의 직업, 부모의 수입, 부모의 교육 정도, 주거지역, 주거양식, 가정의 종족적 배경, 가족규모, 부모의 기대, 형제의 영향, 출생 순서, 가정의 가치관, 가정에 대한 개인의 태도 |
| 학 교 | 교사와의 관계, 동료와의 관계, 교사의 영향, 동료의 영향, 학교의 가치 |
| 지역사회 | 지역사회에서 주로 하는 일, 지역사회의 목적 및 가치관, 지역사회 내에 지역사회에서 특수한 경험을 할 수 있는 기회, 지역사회의 경제조건, 지역사회의 기술변화 |

사회경제적 수준이 높은 아동들은 낮은 아동들보다 높은 수준의 직업을 그들의 목표로 선택하고 있었는데(McKay & Miller, 1982), 그 이유는 높은 수준의 직업은 높은 수준의 교육을 요구하므로 사회 · 경제적 수준이 높은 아동들은 그것이 가능하다고 믿기 때문이거나 또는 높은 사회 · 경제적 수준의 가치관이 몸에 배었기 때문이라 할 수 있다.

이 이론에서 강조되는 요인은 공간과 시간에 따라 다르다. 즉, 가정, 지방, 국가, 사회계층에 따라 진로선택에 영향을 주는 요인은 다르다. 또한 시간에 따라 모든 상황이 다르므로 그 결과 진로선택에 영향을 주는 주된 요인도 달라지게 된다. 예를 들어, 학생들의 직업적 흥미에 대한 영향력을 조사한 결과(Hollander, 1972), 고등학교 시절에는 어머니의 영향력이 크며, 대학 시절에는 아버지의 영향력이 큰 것으로 나타났으며, 베이비붐이나 여성 해방과 같은 시대적 사건 또한 진로선택에 영향을 주는 중요한 요인이다.

## 3) 시사점

이 이론의 특징은 개인이 통제할 수 없는 요인들이 직업선택에 중요한 영향을 끼친다는 것이다. 즉, 개인이 가지고 있는 직업선택의 재량권은 다른 이론에서 가정되는 것보다 훨씬 적다(Osipow, 1983). 따라서 사회학적 이론을 고려하여 진로상담을 할 때에는 개인을 둘러싸고 있는 제반 상황을 파악하여 지도하여야 한다. 그런데 동일한 요인이라 해도 개인에 따라 영향을 받는 정도가 다르므로 각각의 요인이 개인에게 주는 독특한 의미를 주의 깊게 파악해야 한다. 이러한 점을 감안해서 진로상담을 전개할 때에는 다음과 같은 사회적 요인들을 고려해야 한다(Lipsett, 1962).

- **가정의 사회 · 경제적 지위**: 부모의 직업, 수입, 교육 정도, 주거지, 주거양식 및 윤리적 배경
- **가정의 영향력**: 자녀에 대한 부모의 기대, 형제간의 영향, 가족의 가치관 및 내담자의 태도
- **학교**: 학업성취도, 동료 및 교사와의 관계, 학교에 대한 태도

- **지역사회**: 개인이 속한 지역사회에서 주로 하는 일, 그 지역사회 집단의 목적 및 가치관, 그 지역사회 내에서 특수한 경험을 할 수 있는 기회 또는 영향력
- **압력집단**: 교사, 동료, 친지 등의 개인이나 부모가 내담자에게 특정직업에 가치를 두도록 영향력을 지니고 있는 정도
- **역할지각**: 자신의 다양한 역할 수행에 대한 개인의 지각 및 그 개인에 대한 타인의 지각과 일치하는 정도

## 참고문헌

정철영(1991). Holland와 Dawis-Lofquist의 진로발달이론: 비교 및 대조. 직업교육연구, 10(1), 98-105.

Amatea, E. S. (1984). Contributions from theories. In H. M. Burck & R. C. Reardon(Eds.), *Career development interventions*. Springfield, Illinois: Charles C. Thomas.

Anastasi, A. (1983). Evolving trait concepts. *American Psychologist, 38,* 175-184.

Basow, S. A., & Howe, K. G. (1979). Model influences on career choices of college students. *Vocational Guidance Quarterly, 27*(3), 239-243.

Blau, P. M. (1956). Occupational choice: A conceptual framework. *Industrial Labor Relations Review, 9,* 531-543.

Creason, F., & Schilson, D. L. (1970). Occupational concerns of sixth-grade children. *Vocational Guidance Quarterly, 18,* 219-224.

Crites, J. O. (1981). *Career counseling: Models, methods, and materials.* New York: McGraw-Hill.

Ghiselli, E. E. (1977). The validity of aptitude tests in personnel selection. *Personnel Psychology, 26,* 461-477.

Gibson, R. L., & Mitchell, M. H. (1990). *Introduction to counseling and guidance.* New York: Macmillan Publishing Co.

Herr, E. L., & Cramer, S. H. (1979). *Career Guidance Through the Life Span.* Boston: Little, Brown.

Herr, E. L., & Cramer, S. H. (1996). *Career Guidance Through the Life Span(5th ed.)*. New York: Harper Collins College Publishers.

Hogan, R., DeSoto, C. B., & Solano, C. (1977). Traits, tests, and personality research. *American Psychologist, 32*, 255-264.

Holland, J. L. (1973). *Making vocational choices: A theory of careers*. Englewood Cliffs, N. J.: Prentice-Hall.

Holland, J. L. (1985). *Making vocational choices: A theory of vocational personalities and work environments*. Englewood Cliffs, N. J.: Prentice-Hall.

Holland, J. L. (1992). *Making vocational choices: A theory of vocational personalities and work environments(2nd ed.)*. Odessa, FL: Psychological Assessment Resources.

Hollander, J. W. (1972). Differential parental influence on vocational interest development in adolescent males. *Journal of Vocational Behavior, 2*, 67-76.

Klein, K. L., & Weiner, Y. (1977). Interest congruency as a moderator of the relationship between job tenure and job satisfaction and mental health. *Journal of Vocational Behavior, 10*, 91-98.

Krumboltz, J. D., Mitchell, A., & Gelatt, H. G. (1975). Applications of social learning theory of career selection. *Focus on Guidance, 8*(3), 1-16.

Lipsett, L. (1962). Social factors in vocational development. *Personnel and Guidance Journal, 40*, 432-437.

McKay, W. R., & Miller, C. A. (1982). Relations of socioeconomic status and sex variables to the complexity of worker functions in the occupational choices of elementary school children. *Journal of Vocational Behavior, 20*, 31-39.

Miller, D. C., & Form, W. H. (1951). *Industrial sociology*. New York: Harper & Row.

Mitchell, L. K., & Krumboltz, J. D. (1990). Social learning approach to career decision making: Krumboltz's theory. In D. Brown, et al., *Career choice and development: Applying contemporary theories to practice(2nd ed.)*. San Francisco: Jossey-Bass.

Osipow, S. H., & Fitzgerald, L. F. (1996). *Theories of career development(4th ed.)*. Boston: Allyn and Bacon.

Osipow, S. H. (1972). Success and preference: A replication and extension. *Journal of Applied Psychology, 56,* 179-180.

Osipow, S. H. (1983). *Theories of career development(3rd ed.)*. Englewood Cliffs, N. J.: Prentice-Hall.

Roe, A., & Lunneborg, P. W. (1990). Personality Development and Career Choice. In Brown, D. & Brooks, L. *Career Choice and Development.* San Francisco: Jossey-Bass Publishers.

Werts, C. E. (1968). Paternal influence on career choice. *Journal of Counseling Psychology, 15,* 48-52.

Williamson, E. G. (1939). *How to counsel students.* New York: McGraw-Hill.

# 제3장

# 진로발달 이론

이 장에서는 진로발달의 '과정'을 강조하는 이론들을 중점적으로 살펴보려고 한다. 이들 이론은 인간발달의 개념을 진로라는 측면에 도입한 것으로서 진로발달을 개인의 전체 발달의 한 국면으로 보고자 하는 관점이다. 여기에서는 Ginzberg의 발달이론, Super의 발달이론, Tiedeman과 O' Hara의 발달이론, Tuckman의 발달이론, Gottfredson의 직업포부 발달이론 등을 중심으로 살펴볼 것이다. 그리고 마지막 부분에서는 최근에 새롭게 부상하고 있는 진로이론을 몇 가지 선별하여 소개해 보고자 한다.

## 1. Ginzberg의 발달이론

### 1) 이론의 배경

경제학자 Ginzberg, 정신의학자 Ginsberg, 사회학자 Axelrad, 심리학자 Herma는 직업선택 과정에 발달적 접근방법을 도입하였다. 특히 이들은 "직업선택은 하나의 발달과정이다. 그것은 단 한 번의 결정이 아니라 일련의 결정들이 계속적으로 이루어진다. 각 단계의 결정은 전 단계의 결정 및 다음 단계의 결정과 밀접한 관계를 가지고 있다."라고 주장하였다. 그래서 지금까지와는 달리 직업선택을 하나의 발달과정으로 보고 있다. 다시 말하면, 직업선택이란 1회적인 행위, 즉 단일 결정이 아니라 장기간에 걸쳐서 이루어지는 일련의 결정이며, 직업선택 과정은 비가역적이라는 것이다. 따라서 나중에 이루어지는 결정은 그 이전 결정의 영향을 받게 된다. 직업선택은 네 가지 요인인 가치관, 정서적 요인, 교육의 양과 종류, 실제 상황적 여건의 상호작용으로 결정된다. 즉, 이상의 네 가지 요인의 상호작용으로 태도가 형성되고, 태도는 직업선택을 결정하게 된다. 특히 직업선택 과정은 바람(wishes)과 가능성(possibility) 간의 타협(compromise)으로 볼 수 있으며, 이와 같은 타협 때문에 직업선택 과정은 비가역적이라는 것이다.

## 2) 직업선택의 과정

타협을 선택의 본질적인 측면으로 본 Ginzberg는 직업선택 과정을 다음의 3단계로 구분하고 있다.

### (1) 환상적 직업선택 단계(fantasy period, 6~10세)

이 단계에서는 현실여건, 자신의 능력이나 가능성을 고려하지 않고, 독단적으로 특정 직업을 택해서 그 직업에서 하는 일을 놀이활동을 통해서 표출하려고 한다. 이 연령층의 어린이들은 현실적인 장애를 의식하지 못하기 때문에 자기가 원하는 것은 무엇이든지 다 할 수 있다고 믿는다.

### (2) 시험적 직업선택 단계(tentative period, 11~17세)

청소년 초기 단계인 이때부터는 선택과정에서 흥미, 능력, 가치가 고려된다. 그러나 이 시기에는 현실적인 요인들이 고려되지 않기 때문에 시험적 단계라 불린다. 시험적 선택단계는 다시 네 가지 하위단계로 세분된다.

- **흥미단계**(interest stage): 대략 11~12세가 이 단계에 속하며, 이 연령층의 어린이들은 자신의 흥미에 입각해서 직업을 선택하려는 경향이 있다.
- **능력단계**(capacity stage): 이 단계에 도달하면 자신이 흥미를 느끼는 분야에서 성공을 거둘 수 있는 능력을 지니고 있나 시험해 보기 시작한다. 그리고 이 세상에는 다양한 직업이 있으며, 직업에 따라 보수도 다르고 필요로 하는 교육이나 훈련의 유형도 각기 다르다는 사실을 처음으로 인식하게 된다. 13~14세가 이 단계에 해당된다.
- **가치단계**(value stage): 15~16세에 해당하는 이 시기에 와서는 직업을 선택할 때에 고려해야 하는 다양한 요인들을 인정하게 된다. 따라서 특수한 직업선호와 관련된 모든 요인들을 인정하게 된다. 즉, 특수한 직업선호와 관련된 모든 요인들을 알아보며, 그러한 직업선호를 자신의 가치관 및 생애목표에 비추어 평가해 본다.
- **전환단계**(transition stage): 이 시기는 고등학교 3학년인 17~18세 전후가 되는데, 이때부터는 점차 주관적인 요소에서 현실적인 외적 요인들로 관심을 돌리게 된다.

## (3) 현실적 직업선택 단계(realistic period, 18~22세)

청소년 중기에 해당되는 이 단계에서 비로소 현실적인 선택이 이루어지게 된다. 그래서 자신의 흥미, 능력, 가치, 기회뿐만 아니라 직업의 요구조건, 교육기회, 개인적 요인 등과 같은 현실요인을 고려하고 타협해서 결정에 도달하게 된다. 현실적 직업선택 단계는 정서적 불안정, 개인적 문제, 재정적인 풍족함 등의 원인 때문에 늦어지기도 한다. 현실단계는 다음의 세 개의 하위단계로 구분된다.

- **탐색단계**(exploration stage): 이 단계는 자신의 직업선택을 위해 필요하다고 판단되는 교육이나 경험을 쌓으려고 노력하는 단계다.
- **구체화 단계**(crystalization stage): 이 단계는 직업목표를 정하고, 자신의 결정에 관련된 내적 · 외적 요소를 종합할 수 있는 단계다.
- **특수화 단계**(specification stage): 이 단계는 자신이 한 결정을 더욱 구체화시키고,

더욱 세밀한 계획을 세우는 단계다.

### 3) 평 가

Ginzberg와 동료들은 직업행동은 어린이들의 초기 삶에서 근원을 찾을 수 있고, 시간이 경과하면서 발달하는 데 직업행동과 직업선택은 점점 현실지향적이 된다고 믿었다. 그의 이론에 제시된 연속적인 결정과정에서 주목할 것은 초기에는 개인의 흥미, 능력, 가치관이 직업관을 좌우하나 종국에 가서는 이러한 것들과 외적 조건과의 타협에 의해서 직업선택이 이루어진다는 점이다.

이러한 Ginzberg의 이론은 진로지도에 필요한 개인의 직업적 성숙도의 규준을 제공하고, 직업선택 과정에서 단계별 문제의 발전과 지도에 도움을 줄 수 있다는 장점을 지니고 있다. 반면에, 이 이론은 제한된 표본들에 대한 경험적 관찰결과를 기초로 형성되었기 때문에 일반화하는 데에는 문제가 있다. 즉, 이 이론은 앵글로-색슨 혈통의 신교도 또는 구교도 가문의 6학년부터 대학원까지의 중산층으로 도시에서 양친과 함께 거주하는 백인 남성 청소년 학생으로 표본을 구성하였기 때문에, 이 연구결과를 여성, 농촌이나 도시의 하류층, 인종이 다른 사람들에게 일반화시킬 수 없다는 단점을 가지고 있다(Osipow, 1983). 또한 Ginzberg와 동료들의 초기 이론에서는 직업선택이 20대 초반에 절정에 달하는 과정으로 봄으로써 진로발달을 아동기부터 20대 초반까지의 국한적인 과정으로 보았다. 이와 같은 Ginzberg 등의 이론은 이후에 몇 차례 수정되었지만, 기본적인 틀은 크게 변화하지 않았다.

## 2. Super의 발달이론

### 1) 이론의 배경

Super는 Ginzberg 이론의 미흡성을 비판하고 당시의 직업선택 및 직업발달에 대한 지식을 충분히 분석, 종합하여 더욱 포괄적이고 발전된 이론을 정립하려고 하였

다. 즉, Super는 Ginzberg가 ① 이전에 수행된 적절한 연구(예, 직업선택에 있어서 흥
미의 본질)를 고려하지 않았으며, ② '선택(choice)'이라는 용어를 조작적으로 받아
들여질 수 있는 방법으로 묘사하지 못했고, ③ 선택(choice)과 적응(adjustment)이 청
소년기에는 뒤섞여 있고 성인기에는 분리될 수 없음에도 불구하고 그 둘을 명백히 분
리하고 있으며, ④ 타협의 과정을 설명하지 못했다고 비판하였다(Herr & Crammer,
1996). 특히 Super는 진로발달을 아동기부터 성인 초기까지의 국한된 과정이라고
한 Ginzberg의 초기 이론에 이의를 제기하고 진로발달은 인간의 전 생애에 걸쳐서
이루어지고 변화되는 것이라고 하였다. 또한 직업선택을 타협의 과정으로 본
Ginzberg의 이론을 보완하여 타협과 선택이 상호 작용하는 일련의 적응과정으로 보
고, 발달을 개인과 환경과의 상호작용에 따른 결과와 같이 개인과 환경과의 상호작
용에 의한 적응과정이라고 하였다.

## 2) 자아개념

Super 이론의 기저를 이루고 있는 것은 자아개념이다. Super에 따르면 인간은 자
아 이미지와 일치하는 직업을 선택한다고 한다. 즉, '나는 이런 사람이다.' 하고 느끼
고 생각하던 바를 살릴 수 있는 직업을 택한다는 것이다. 예를 들어, 자신을 매우 활
달하고 적극적이며, 능력이 충분히 있어서 어떤 지도적인 역할을 할 수 있는 사람이
라고 여기던 사람은 그러한 자신의 이미지에 일치하는 직업을 찾게 된다는 것이다.
직업발달에 있어서 본질적인 역할을 하는 자아개념은 유아기에서부터 형성(forma-
tion), 전환(translation), 실천(implementation)의 과정을 거쳐서 사망에 이르기까지
계속 발달되고 보완된다. 그러나 청년기 이후에는 대개의 경우 자아개념에 큰 변화
가 오지 않는다.

## 3) 진로발달 요인과 주요 명제

Super(1953)는 진로유형 연구를 통하여 진로발달의 요인을 다음과 같이 열 가
지로 요약하였다.

- 개인차(individual difference)
- 다양한 가능성(multipotiality)
- 직무능력의 유형(occupational ability patterns)
- 동일시와 모델의 역할(identification and the role of models)
- 적응의 계속성(continuity of adjustment)
- 생애단계(life stage)
- 진로유형(career patterns)
- 발달의 지도가능성(development can be guided)
- 상호작용의 결과로서의 발달(development as the result of interaction)
- 직무만족(job satisfaction)
- 진로유형의 역동성(the dynamics of career patterns)

이러한 진로발달 요인을 기초로 Super는 다음과 같은 열 가지 명제를 내세우고 있는데, 이는 곧 그의 이론의 중심개념이기도 하다.

첫째, 인간은 능력, 흥미, 성격 등에 있어서 차이가 있다.

둘째, 인간은 이런 특성의 차이로 인해 특정 직업에 대해 적합성을 지니게 된다.

셋째, 각 직업(군)에는 각기 요구되는 일정 범위의 능력, 흥미, 인성특성이 있다.

넷째, 개인의 직업적 선호와 능력, 생활장면 및 자아개념은 시간의 경과와 경험에 따라 변화한다. 따라서 직업의 선택과 직업에의 적응은 계속적인 과정이 된다.

다섯째, 이 과정은 일련의 생애단계로서 성장기(growth), 탐색기(exploration), 확립기(establishment), 유지기(maintenance), 쇠퇴기(decline)의 과정으로 특징지을 수 있다. 이들 단계 중에는 다시 몇 개의 하위단계로 구분되는 것들이 있다.

여섯째, 개인의 진로유형의 본질은 부모의 사회·경제적 수준, 개인의 정신능력 및 인성특성, 주어진 직업기회 등에 의해서 결정된다.

일곱째, 개인의 발달단계를 통한 성장은 능력과 흥미의 성숙과정을 촉진시키거나 자아개념의 발달을 도와줌으로써 지도될 수 있다.

여덟째, 직업발달 과정은 본질적으로 자아개념을 발달시키고 실천해 나가는 과정이다. 즉, 그것은 유전적으로 타고난 지성, 생리적 체질, 다양한 역할을 수행할 수 있는 기회 및 역할 수행의 결과, 선배 및 동료들에게서 받는 승인에 대한 개인의 평가 등의 상호작용 결과로서 형성되는 자아개념 속에서 일어나는 타협과정이다.

아홉째, 개인의 사회적 요인, 이른바 자아개념과 현실성 간의 타협이란 역할수행의 하나며, 이러한 역할은 환상이나 상담, 면접 또는 학급, 클럽, 여가활동, 취업활동 등에서 수행된다.

열째, 자신의 직업과 인생에 대한 만족은 얼마나 자기의 능력, 홍미, 성격특성, 가치관에 맞는 길을 찾느냐에 달려 있다. 이는 곧 자신의 성숙과 탐색적 경험에 비추어 일관되고 적합하다고 판단되는 역할을 수행할 수 있는 일의 유형, 작업환경 및 생활양식의 확보에 달려 있는 것이다.

## 4) 직업발달의 단계와 과업

Super의 이론에서 중요한 개념 중의 하나는 직업발달 단계다. Super는 1951년 자신의 이론을 더욱 발전시키기 위하여 진로유형 연구(Career Pattern Study)라는 장기 연구 프로젝트를 수행한 바 있는데, 이 연구의 주요 개념이 바로 직업발달 단계(vocational developmental stage)다. 이를 구체적으로 살펴보면 다음과 같다.

### (1) 성장기(growth stage, 0~14세)

출생에서 14세까지가 이 시기에 해당된다. 이 기간 중에는 가정과 학교에서의 주요인물과 동일시함으로써 자아개념을 발달시킨다. 이 시기의 초기에는 욕구와 환상이 지배적이나 사회참여와 현실검증이 증가함에 따라 홍미와 능력을 중요시하게 된다. 이 단계는 세 가지의 하위단계로 구분된다.

- 환상기(fantasy substage, 4~10세): 욕구가 지배적이며 환상적인 역할수행이 중요시된다.
- 홍미기(interest substage, 11~12세): 개인의 취향이 곧 활동의 목표 및 내용을 결정하는 요인이 된다.
- 능력기(capacity substage, 13~14세): 능력을 더욱 중요시하며 직업의 요구조건을

고려하게 된다.

### (2) 탐색기(exploration stage, 15~24세)

학교 생활, 여가활동, 시간제 일을 통해서 자아검증, 역할시행, 직업적 탐색을 행한다. 탐색기는 다시 세 가지의 하위단계로 구분된다.

- 잠정기(tentative substage, 15~17세): 욕구, 흥미, 능력, 가치, 직업적 기회 등을 고려하기 시작하며, 잠정적인 진로를 선택하고 그것을 환상, 토의, 일, 기타 경험을 통해서 시행해 본다.
- 전환기(transition substage, 18~21세): 취업을 하거나 취업에 필요한 훈련이나 교육을 받으며, 자신의 자아개념을 실천하려고 함에 따라 현실적 요인을 중요시하게 된다.
- 시행기(trial substage, 22~24세): 자신에게 적합해 보이는 직업을 선택해서 최초로 직업을 가지게 된다.

### (3) 확립기(establishment stage, 25~44세)

자신에게 적합한 분야를 발견하고 거기에서 영구적인 위치를 확보하기 위한 노력을 한다. 이 단계는 다시 시행기와 안정기로 나누어진다.

- 시행기(trial substage, 25~30세): 자신이 선택한 일의 분야가 적합치 않을 경우, 적합한 일을 발견할 때까지 몇 차례의 변동이 있게 된다.
- 안정기(stabilization substage, 31~44세): 진로유형이 분명해짐에 따라 그것을 안정시키고 직업세계에서 안정된 위치를 굳히기 위한 노력을 한다.

### (4) 유지기(maintenance stage, 45~65세)

이 시기에는 이미 정해진 직업에 정착하여 그것을 유지하기 위한 노력을 한다.

### (5) 쇠퇴기(decline stage, 65세 이후)

이 시기에는 정신적, 신체적인 힘이 약해짐에 따라 직업전선에서 은퇴하여 다른

| 〈표 3-1〉 | | Super의 직업발달 과업 |
| --- | --- | --- |
| 직업발달 과업 | 연령(세) | 일반적인 특징 |
| 구체화<br>(crystallization) | 14~17 | 자신의 흥미, 가치는 물론 가용자원과 장차 일어날지도 모르는 일 그리고 선호하는 직업을 위한 계획 등을 인식하여 일반적인 직업 목적을 형성하는 지적과정 단계의 과업이다. 이 과업은 선호하는 진로에 대하여 계획하고 그 계획을 어떻게 실행할 것인가를 고려하는 것이다. |
| 특수화<br>(specification) | 18~21 | 잠정적인 직업에 대한 선호에서 특정한 직업에 대한 선호로 옮기는 단계의 과업이다. 이 과업은 직업선택을 객관적으로 명백히 하고, 선택된 직업에 대해서 더욱 구체적으로 이해하여 진로계획을 특수화하는 것이다. |
| 실행화<br>(implementation) | 22~24 | 선호하는 직업을 위한 교육훈련을 끝마치고 취업하는 단계의 과업이다. |
| 안정화<br>(stabilization) | 25~35 | 직업에서 실제 일을 수행하고 재능을 활용함으로써, 진로선택이 적절한 것임을 보여 주고 자신의 위치를 확립하는 단계의 과업이다. |
| 공고화<br>(consolidation) | 35~ | 승진, 지위획득, 경력개발 등을 통하여 자신의 진로를 안정되게 하는 단계의 과업이다. |

활동을 찾게 된다.

이상의 진로발달 단계를 기초로 〈표 3-1〉과 같이 5단계의 직업발달 과업(voca-tional development tasks)이 제시되었다(Super, Starishesky, Matlin, & Jordaan, 1963).

## 5) 평 가

지금까지 열 가지 명제와 직업발달 단계 그리고 진로유형을 중심으로 살펴본 Super의 직업발달 이론은 이 분야의 이론 중에서 직업적 성숙과정을 가장 체계적으로 기술하고 있으며, 실증적 자료를 많이 확보하고 있다. 그러나 너무 광범위하고 자아개념을 지나치게 강조하고 있다는 비판을 받기도 한다.

## 3. Tiedeman과 O'Hara의 발달이론

### 1) 이론의 배경

Tiedeman과 O'Hara의 이론 역시 직업발달의 단계를 몇 개로 구분하고 각 단계의 특징을 기술하고 있다는 점에서 Super의 이론과 유사한 일면이 있다. 그러나 Super가 각 발달단계에 해당하는 연령을 고정시키고 있는 반면에, Tiedeman과 O'Hara는 직업발달의 단계는 연령과 관계없이 문제의 성질에 의해 좌우되며 일생 동안 여러 번 반복될 수도 있다는 입장을 취하고 있다. 이러한 차이는 Super가 연령의 증가에 따라 직업의식이 어떻게 발달하는가를 설명하고 있는 데 반하여 Tiedeman과 O'Hara는 의사결정 과정을 통해서 직업의식이 어떻게 발달해 가는가를 설명하고 있기 때문이다.

### 2) 직업 자아정체감

Tiedeman과 O'Hara에 따르면 직업발달이란 직업 자아정체감(vocational self-identity)을 형성해 나가는 계속적 과정이라고 한다. 여기서 말하는 직업 자아정체감이란 개인이 자신의 제반 특성을 정확히 파악하고 자신의 자아를 실현시킬 수 있는 일이 과연 무엇인가에 대한 자기 나름대로의 인식 또는 생각을 말한다.

이러한 직업 자아정체감은 의사결정을 되풀이하는 과정에서 성숙해질 수 있다. 인간은 성장함에 따라 학교나 직업의 선택, 생애목적의 설정 등 다양한 사항에 걸쳐 결정을 내려야 할 국면에 놓이게 되는데, 이러한 문제에 대해 스스로 결정을 내려보는 것이 직업적 자아의 확립에 도움이 된다는 것이다. 요약하면 결국 진로발달이란 개인의 실체, 다른 말로 해서 자아개념을 직업적 용어로 정의하는 연속적 과정이라고 할 수 있을 것이다.

## 3) 진로 의사결정 단계

의사결정 과정은 개인이 어떤 문제에 직면하여 의사결정의 필요성을 느낄 때가 되어야 비로소 시작되는데, 그 단계는 다음과 같다.

### (1) 예상기(anticipation)

예상기는 다음에 제시한 네 가지의 하위단계로 나뉘어진다.

- **탐색**(exploration): 자신이 지향할 수 있는 목적들을 전부 고려해 보고, 각 대안의 목적을 자신이 과연 밀고 나갈 만한 능력과 여건을 갖추고 있는지 자신을 예비 평가해 본다. 아울러 각 대안이 충분한 가치를 지니고 있는지의 여부도 분석해 본다.
- **구체화**(crystallization): 자기가 나아갈 수 있는 여러 개의 방향(즉, 목적) 및 각 방향을 취했을 때 나타날 수 있는 결과를 충분히 고려하고, 또한 자기의 가치관이나 목적 및 실용성에 비추어 적합한 어느 하나를 밀고 나갈 준비를 한다.
- **선택**(choice): 구체화 과정에 뒤이어 어느 하나를 선택하게 된다. 이 단계에 이르면 자기가 하고자 하는 것과 그렇지 않은 것을 분명히 진술할 수 있게 된다. 이 단계에서 행해지는 선택의 적절성 유무는 선택에 이르는 구체화 과정의 적합성 여부에 의해 좌우된다.
- **명료화**(clarification): 이미 내린 선택을 더욱 신중히 분석, 검토해 보고 미흡한 점이나 의심스러운 사항이 있을 때는 이를 명확히 하는 작업을 한다.

### (2) 실천기(implementation)

적응기라고도 불리는 이 단계에서는 이전 단계에서 내린 결정을 실천에 옮기게 되는데, 그 과정은 세 가지의 하위단계를 거치게 된다.

- **적응**(induction): 새로운 상황, 이를테면 학교나 직장에 들어가서 인정과 승인을 받기 위한 노력을 개시한다. 그래서 새 집단이나 조직의 요구 또는 풍토에 적응하기 위해 자신의 일면을 수정하거나 아예 버리기도 한다. 즉, 새로운 상황의 요

구에 대해서 수용적인 태세가 되는 것이다.

- **개혁(reformation)**: 수용적이던 이전 단계에서와 달리 자신의 역할에 대해 강경한 태도를 보이기 시작한다. 일단 새 집단 내에서 인정을 받게 되면 주위 동료나 다른 사람들이 자기와 관점을 같이할 것이라 믿고 자신의 의견이나 주장을 행사하려 하게 되는 것이다. 따라서 이 단계에 들어서면 개인이 집단에 의해 움직여 질 뿐만 아니라 자기가 속한 집단에 대해 개인이 영향력을 미치게 된다. 이러한 독단적 요구가 감소함에 따라 통합기에 들어가게 된다.

- **통합(integration)**: 이 단계에 접어들면 집단의 요구와 개인의 요구 간에 균형이 이루어지게 된다. 개인은 집단에 소속된 일원으로서 자신에 대한 새로운 자아개념을 형성하게 된다. 그러나 이것은 고정적인 것이 아니라 일종의 역동적 평형 상태다. 따라서 변화가 가능하며, 그 경로가 분화와 통합의 과정을 계속 주도해 나가게 되는데, 이것이 곧 개인의 직업적 성숙을 가져오게 한다.

### 4) 요 약

이상 기술한 '탐색 → 구체화 → 선택 → 명료화 → 적응 → 개혁 → 통합'의 연속적 관계는 진로와 관련된 선택을 해야 할 때마다 거치게 되는 과정이다. 예를 들면, 고교 진학 시에 인문계와 실업계 중 어느 것을 택할 것인가, 실업계를 택할 경우에도 농업, 공업, 상업, 수산 고등학교 중 어느 학교에 진학할 것인가 등의 문제, 졸업 후의 취업문제나 직장이동 또는 직업의 전환에 관한 문제 등이 모두가 진로와 관련된 것들이다.

이러한 문제들에 대해 일단 결정이 내려지면 선택된 상황에 적응하기 위해 새로운 행동을 나타내야 한다. 만일 이전 직장에 불만이 있어서 다른 직장으로 자리를 옮긴 사람이 있다면, 그는 새 직장이 추구하는 목적을 빨리 파악하고 자기의 능력을 충분히 발휘해서 자신의 위치를 굳히기 위한 노력을 해야 할 것이다.

이와 같이 개인이 의사결정을 하고 결정된 과업에 잘 적응해 나감에 따라 자신에 대한 자아개념이 형성되고 이것이 또한 차후의 결정에 영향을 미치게 된다.

요약하면 Tiedeman과 O' Hara의 이론에서는 직업발달을 교육 또는 직업적 추구에 있어서 개인이 나아갈 방향을 선택하고, 선택된 방향에 들어가서 잘 적응하고 발전하는 과정에서 이루어지는 자아의 발달로 개념화하고 있다고 볼 수 있다.

# 4. Tuckman의 발달이론

## 1) 개요

Tuckman(1974)은 자아인식, 진로인식 및 진로의사결정이라는 세 가지 요소를 중심으로 하는 8단계의 진로발달 이론을 제시하였다. 이 이론은 학생들의 진로발달을 위한 교육에서 요구되는 사항이 무엇인지를 알게 해 주는 토대를 마련해 주고 있다. 특히 이 이론은 기능훈련을 제외한 진로교육의 모든 측면을 광범위하게 내포하고 있다.

## 2) 발달단계

기존에 이루어진 아동발달 모델을 기초로 하여 그가 제시한 진로발달의 8단계는 다음과 같다.

### (1) 1단계: 일방적 의존성의 단계

유치원에서 초등학교 1학년까지의 과정으로 이 단계에서의 진로발달은 외적 통제에 의존한다. 즉, 일에 대해 듣게 되는 이야기와 가정에서 사용하는 도구들을 중심으로하여 진로의식을 형성하게 되는 단계다.

### (2) 2단계: 자기주장의 단계

초등학교 1~2학년에 해당하는 시기로 이 단계에서 아동은 점차로 자율성을 갖게 되며, 친구의 선택과 같은 단순한 형태의 선택이 가능하게 된다. 또한 일에 대한 간단한 지식이나 개념을 이해하기 시작한다.

### (3) 3단계: 조건적 의존성의 단계

초등학교 2~3학년에 해당하는 시기로 이 단계에서 아동은 자아를 인식하기 시작하여 더욱 독립적인 존재가 된다. 이 단계에서 자아인식의 초점은 동기와 욕구 그리고 친구와의 관계 형성이다.

### (4) 4단계: 독립성의 단계

대략 초등학교 4학년에 해당하는 시기로 이 단계에서 아동은 일의 세계를 이론적으로 탐색한다. 또한 기술과 직업세계에 대한 인식, 사회 내에서의 자신의 위치 등을 생각해 보며 진로결정에 대해 관심을 갖게 된다.

### (5) 5단계: 외부지원의 단계

초등학교 5~6학년에 해당하는 시기로 이 단계에서 아동은 외부의 승인이나 인정을 구하게 된다. 아울러 직업적 흥미와 목표, 작업조건, 직무내용 등에 관심을 갖게 된다.

### (6) 6단계: 자기결정의 단계

중학교 1~2학년에 해당하는 시기로 개인은 자신의 규칙과 규범을 설정하고 자아인식을 위해 노력하며 직업군을 탐색하기 시작한다. 또한 직업관을 갖기 시작하며 진로결정의 기본 요인들을 현실적인 관점에서 탐색한다.

### (7) 7단계: 상호관계의 단계

중학교 3학년에서 고등학교 1학년에 해당하는 시기로, 이 단계에서 개인은 동료집단의 문화와 교우관계를 중시하는 관점에서 진로를 선택하게 된다. 직업선택의 가치, 일에 대한 기대와 보상, 작업환경, 의사결정의 효율성 등에 대해 관심을 가진다.

### (8) 8단계: 자율성의 단계

고등학교 2~3학년에 해당하는 시기로 개인은 직업에 대한 탐색과 아울러 자기자신에 대한 인식을 확고히 하게 된다. 진로문제에서 자신의 적합성 여부, 교육조건, 선택 가능성 등에 초점을 두면서 대안을 점차적으로 줄여 나간다.

### 3) 평 가

이 모델은 비록 유치원 단계에서 고등학교 단계까지의 진로발달에 관련된 몇 가지 핵심적인 사항들만을 지적하고 있기는 하지만, 개인의 진로발달을 촉진시키기 위하여 우리가 활용할 수 있는 매체의 선택이나 활동 내용의 구성에 많은 시사점을 주고 있다.

Tuckman(1974) 또한 이것이 완벽하고 명확한 이론의 구성이나 실천적 시사점의 제공보다는 검증 가능한 가설들을 제공하는 데 더 큰 비중이 있음을 이야기하고 있다. 그리고 Tolbert(1980)는 이 이론이 현존하는 여러 연구와 이론들을 광범위하게 종합하여 훌륭하게 구성되었다고 보면서 실천가들에게 많은 유용성을 제공하고 있다고 평가한다.

## 5. Gottfredson의 직업포부 발달이론

### 1) 직업적 포부의 발달

직업적 포부의 발달은 Gottfredson(1981)이 제시한 이론의 중요한 주제다. 이 이론에서는 Super와 마찬가지로 발달적 단계를 다루면서, 사람이 어떻게 특정 직업에 매력을 느끼게 되는가를 기술한다.

Gottfredson에 따르면 사람들은 자신의 자아 이미지에 알맞은 직업을 원하기 때문에 직업발달에서 자아개념은 진로선택의 중요한 요인이 된다. 그러나 직업선택 이론에서 자아개념 발달을 정의 내리기는 아직 이르다고 본다. 자아개념 발달의 중요한 결정요인은 사회계층, 지능수준 및 다양한 경험 등이다.

## 2) 직업포부의 발달단계

### (1) 직업과 관련된 개인발달의 단계

이 이론에서는 직업과 관련한 개인의 발달을 아래와 같이 4단계로 구분하여 설명하고 있다.

- 힘과 크기 지향성(Orientation to size and power, 3~5세): 사고과정이 구체화되며, 어른이 된다는 것의 의미를 알게 된다.
- 성역할 지향성(Orientation to sex roles, 6~8세): 자아개념이 성(gender)의 발달에 의해서 영향을 받게 된다.
- 사회적 가치 지향성(Orientation to social valuation, 9~13세): 사회계층에 대한 개념이 생기면서 상황 속에서의 자아(self-in-situation)를 인식하게 되고, 일의 수준에 대한 이해를 확장시킨다.
- 내적, 고유한 자아 지향성(Orientation to the internal, unique self, 14세 이후): 내성적인(introspective) 사고를 통하여 자아인식이 발달되며, 타인에 대한 개념이 생겨난다. 자아성찰과 사회계층의 맥락에서 직업적 포부가 더욱 발달하게 된다.

### (2) 직업적 선호의 발달단계

이 발달모델에서의 직업적 선호는 신체적, 정신적 성장과 더불어 복잡하게 나타난다. 직업선호의 주요 결정요인은 자아개념이 발달하면서 설정되는 포부에 대한 한계다. 즉, 인생에 대한 아동기의 단순하고 구체적인 안목에서, 청소년기와 성인기에는 더욱 구체적이고 복잡하면서도 추상적인 사고를 하게 되는 것이다.

이를 단계별로 살펴보면 1단계에서는 어린이로서의 구체적 사고를 통해서 자신이 생각하고 있는 직업에 대해서 긍정적인 입장을 취하게 되며, 2단계에서는 자신이 선호하는 직업에 대해서 더 엄격한 평가를 할 수 있게 된다. 그리고 3단계에서는 평가를 위한 좀 더 많은 기준들을 갖게 되며, 4단계에서는 청소년으로서 자신에 대한 자각, 자신의 성 유형(sex-typing), 사회계층 등의 모든 조건들을 고려하게 된다.

Gottfredson은 이 과정에서 사회·경제적 배경과 지능 수준을 강조하였으며, 사람들은 직업세계에서 자신의 사회적 공간(social space), 지적 수준, 성 유형에 맞는 직업을 선택한다고 보았다.

### 3) 절충 개념

절충(compromise) 개념이란 주로 직업에 대한 일반화 혹은 직업에 대한 '인지적 지도(cognitive map)'에 기초하는 것으로, 대부분의 사람들은 일반적으로 성 유형, 직업의 수준, 직업분야에 대한 유사성과 차이점 등을 평가함으로써 자신이 선택할 직업의 영역 혹은 한계를 설정하게 된다.

Hesketh, Elmslie, Kaldor(1990) 등이 Gottfredson의 절충이론을 평가하기 위하여 진로에 만족하지 않는 90명의 고등학생과 73명의 성인들을 대상으로 수행한 연구에 따르면, 진로결정에서 성 유형이나 체면보다는 직업적 흥미가 더 중요한 것으로 나타났다. 단, 여기에서 성 유형, 지능, 사회적 계층 등이 직업적 포부를 결정짓는 데 미치는 영향에 대하여는 좀 더 숙고해야 한다.

## 6. 진로이론의 최근 경향

기존의 진로이론에 대한 비판적 시각은 다양한 측면에서 제기되고 있다. 그리고 자신의 초기 모델이나 주장을 수정하거나(예, Super), 명료화하려는(예, Holland) 몇몇 이론가들의 노력이 있었음에도 불구하고, 이론에 대한 비판적 언급은 계속되고 있다. 여기에서는 이러한 비판적 검토의 토대 위에서 1990년대에 이르러 새롭게 부상하고 있는 새로운 진로이론들을 몇 가지 소개해 보고자 한다.

### 1) 인지적 정보처리 이론

인지적 정보처리(cognitive information processing, CIP) 이론은 Peterson, Sampson 그리고 Reardon(1991)에 의해서 개발된 것이며, 개인이 어떻게 진로결정

을 내리고 진로문제 해결과 의사결정을 할 때 어떻게 정보를 이용하는지의 측면에서
인지적 정보처리 이론을 진로발달에 적용시킨 것이다.

### (1) 기본 가정

인지적 정보처리 이론은 10개의 기본적인 가정에 기초하고 있다. 이러한 가정들
은 진로개입의 주요 책략들이 학습기회를 제공함으로써 개인의 처리능력을 발전시
킬 수 있다는 데 있다. 이러한 방법에 따라 내담자는 미래의 문제들은 물론 현실의
문제들을 충족시킬 수 있는 진로문제 해결자로서의 잠재력을 개발할 수 있게 되는
데, 그 기본 가정은 다음과 같다(Peterson, Sampson, & Reardon, 1991).

첫째, 진로선택은 인지와 정서의 상호작용에 의한 결과다.

둘째, 진로의사 결정은 하나의 문제해결 활동이다. 개인은 교과문제를 푸는 것과
같은 방식으로 개인의 진로문제를 해결할 수 있다. 단, 차이는 원인의 복잡성, 애매
성, 해결책의 정확성 여부에 있다.

셋째, 진로문제를 해결하는 능력은 지식뿐 아니라 인지적 조작의 가용성에 달려
있다.

넷째, 진로문제의 해결은 고도의 기억력을 요하는 과제다. 자기이해와 직업세계
에 대한 정보는 복잡하며, 그 관계를 파악하려면 이 두 가지를 동시에 고려해야 하므
로 쉬운 일이 아니다.

다섯째, 진로문제를 더 잘 해결하고자 하는 욕구는 곧 자신과 직업세계에 이해를
높임으로써 직업선택에 만족을 얻고자 하는 것이다.

여섯째, 진로발달은 자신과 직업에 대한 정보를 가지고 일련의 구조화된 기억구조
를 형성함으로써 이루어진다. 이는 지속적으로 변화하기 때문에 새롭게 발전하고 통
합되어야 한다.

일곱째, 진로정체성은 자기를 얼마나 아느냐에 달렸다.

여덟째, 진로성숙도는 자신의 진로문제를 해결하는 개인의 능력과 관련된다. 이
는 개인과 직업에 대한 정보를 활용해서 통합적이고 독립적으로 문제를 해결해 가는
능력이다.

아홉째, 진로상담의 궁극적 목적은 정보처리 기술을 향상시키는 것이다. 즉, 내담

자의 정보처리 능력을 향상시키기 위해서 인지적 기법과 기억구조를 활성화하는 학습조건을 이용하는 것이다.

열째, 진로상담의 궁극적 목표는 내담자가 진로문제를 잘 해결하고 의사결정을 잘할 수 있도록 하는 것이다.

### (2) 인지적 정보처리의 과정

정보처리의 단계들은 단기기억에서 입력을 선별하고, 번안해서 부호화한 다음 이것을 장기기억 속에 저장하고 나중에 작업기억 속에서 입력정보를 활용하며 재생하고 변형시켜서 문제해결에 도달한다. 인지적 정보처리 이론에서 상담자는 내담자의 욕구를 분류하고 또 내담자가 지식을 획득하여 자신의 욕구가 무엇인지 알 수 있도록 도와주는 개입기능을 한다.

진로문제 해결은 일차적으로 인지적 과정이며, 다음의 일련의 절차(CASVE)를 통해 증진시킬 수 있는 것이다.

- 의사소통(Communication): 질문들을 받아들여 부호화하며 송출한다.
- 분석(Analysis): 한 개념적 틀 안에서 문제를 찾고 분류한다.
- 통합(Synthesis): 일련의 행위를 형성시킨다.
- 평가(Valuing): 성공과 실패의 확률에 관해 각각의 행위를 판단하고 다른 사람에게 미칠 파급효과를 판단한다.
- 실행(Execution): 책략을 통해 계획을 실행시킨다.

### (3) 인지적 정보처리 이론의 특징

이 모델에서는 진로상담을 하나의 학습과정으로 간주한다. 다른 이론들도 의사결정 기술의 개발을 위해서 동일한 가정과 절차를 제안하고 있다. 그러나 인지적 정보처리 이론과 다른 이론들과의 주요한 차이는 개인이 자신의 운명을 결정, 통제하는 데 무엇보다도 인지의 역할이 크다는 것을 강조하는 데 있다.

## 2) 가치중심적 진로접근 모델

### (1) 개 요

Brown(1996)이 제안한 진로발달에 관한 가치중심적 접근 모델은 인간행동이 개인의 가치에 의해 상당 부분 영향을 받는다는 가정에서 출발한다. 그는 개인에 의해 확립된 행동규준들은 발달과정에 있어서 매우 중요한 것이며 가치에 기반을 둔 것으로서, 각 개인이 자신의 행위와 타인의 행위를 판단하는 규칙들이 된다는 것이다.

다른 여러 이론들과는 달리 이 이론에서는 흥미가 진로결정에 별로 큰 역할을 하지 않는 것으로 본다. 즉, 흥미는 가치를 근거로 발전되어 온 선호도의 지표이기는 하지만 가치만큼 행동결정에 큰 역할을 하지는 않는데, 그 이유는 흥미가 행동규준의 표준작용을 하지 않기 때문이다. 또한 가치들은 개인이 원하는 목표설정에 중추적인 역할을 하기 때문에 진로결정 과정에서 가장 중요한 작용을 한다는 것이다.

Brown은 가치가 행동역할을 합리화하는 데 있어서 매우 강력한 결정요인이라고 본다. 예컨대 사회적 봉사 측면의 가치가 확실하다면 다른 사람들을 도와주는 직업을 추구하게 되고, 독립성을 지향하는 측면의 가치가 강하면 적게 통제받고 행위의 자유를 허용하는 작업환경을 찾게 된다는 것이다.

Brown에 따르면 가치는 물려받은 특성과 경험의 상호작용을 통해 형성된다. 그는 자신의 입장을 지지해 주고 있는 Keller 등(1992)의 연구를 예로 들고 있다. 이 연구에서는 유전적 요인이 가치의 발달과 관련된 변량의 40%를 설명해 주는 반면, 나머지 60%는 환경의 영향을 받거나 오차변량인 것으로 나타났다. 여기에서 Brown은 아동들이 부모, 형제, 친구 및 여러 어른들에게서 받은 '가치를 담은 신호'에 수없이 노출된다는 것을 관찰함으로써 자신의 가정을 정당화하는데, 그는 아동이 가치를 담은 신호에 동화됨에 따라 가치가 '단편적으로' 발전되며, 이것이 나중에 개인의 인지적·정의적 행동패턴을 형성하는 핵심을 이루게 된다고 보았다.

그러나 가치가 실린 정보 중에는 서로 모순되는 메시지가 있기도 하고, 때로는 발달된 가치들끼리 서로 충돌하는 경우가 생기기도 한다. 이런 식으로 어떤 가치들이 약화되면, 그것이 곧 양가적인 인지의 원인이 되기도 하고 이어서 모순적인 행동패턴을 일으키게 되기도 한다. Brown은 발달상의 어느 주어진 시점에서 가치가 서열화되고 정교화되지만, 가치의 처리과정은 개인의 인지적 명료성의 영향을 상당히 많이 받는다고 결론을 내렸다.

Brown은 인간발달에 있어서 가치가 매우 중요한 역할을 한다는 입장을 분명히 하였다. 그는 가치가 인간기능의 모든 측면에 영향을 미치는데, 특히 그 중에서도 일상생활에서 경험하는 정보의 처리에 있어서는 더욱 그렇다고 제언하였다. 그러나 그도 어떤 가치들은 구체화되지 않은 관계로 인지에 별다른 영향을 미치지 못한다고 언급하였다. 그는 개인이 자신의 행동을 설명하기 위하여 어떤 가치를 활용할 수 있을 때, 그 가치가 비로소 구체화된다고 하였다. "나는 사람들을 돕기 원하기 때문에 사회사업가가 될 계획을 가지고 있다."

가치는 개인이 처한 환경에서 행동을 이끄는 중요성에 의해서 우선순위가 매겨진다. 예컨대 바람직한 행위와 행동 간의 일치성처럼, 환경 속에서 일치성이 발견될 때 이러한 행동들과 연합된 가치는 구체화되고 나중에 우선권을 갖게 된다. 그러나 환경적 장애물은 행위를 저지시키는 상황조건들의 지각으로 인해 가치 지향성에 따라 행동하려는 개인을 방해한다. 가령 한 근로자는 더 많은 시간과 에너지를 투입하여 주어진 업무를 끝내려고 계속 일에 집중하지만, 동료 근로자 중에는 그러한 행동에 눈살을 찌푸리는 사람도 있을 것이다.

Brown의 이론 중 환경의 가치체제는 매우 흥미로운 개념이다. 그는 Holland의 이론을 환경 내에 있는 사람들의 성격을 밝혀내는 한 체제로 보지만, 이는 잘 정의된 경계선이 있을 경우에 한해서만 유용하다고 지적하였다. 그에 따르면 대기업 조직과 같은 복잡한 환경에서는 우세한 가치들이 '힘있는 엘리트들'에 의해서 확립되며, 이렇게 확립된 가치들은 개인과 환경 간의 작용과 반작용을 형성할 때 가장 크게 영향을 미치는 단일 결정요인이 된다는 것이다.

### (2) 기본 명제

진로선택에 대한 가치중심적 모델의 기본 명제는 다음과 같이 여섯 가지로 정리될 수 있다.

첫째, 개인이 우선권을 부여하는 가치들은 그리 많지가 않다.

둘째, 우선 순위가 높은 가치들은 아래와 같은 조건들을 만족시킬 경우 생애역할 선택에 있어서 가장 중요한 결정요인이 된다. ① 생애역할 가치를 만족시키려면 한 가지의 선택권만 이용할 수 있어야 한다. ② 생애역할 가치를 실행하기 위한 선택권은 명확하게 그려져야 한다. ③ 각 선택권을 실행에 옮기는 난이도는 동일하다.

셋째, 가치는 환경 속에서 가치를 담은 정보를 획득함으로써 학습된다. 이러한 정보는 개인의 세습된 특성과 상호 작용하면서 인지적으로 처리된다. 사회적 상호작용 및 기회에 영향을 주는 또 다른 요인들로는 문화적 배경, 성별, 사회 · 경제적 수준 등이 있다. 이러한 요인들은 진로선택과 생애역할 선택에 영향을 미치게 된다.

넷째, 생애만족은 모든 필수적인 가치들을 만족시키는 생애역할에 달려 있다.

다섯째, 한 역할의 현저성은 역할 내에 있는 필수적인 가치들의 만족 정도와 직접 관련된다.

여섯째, 생애역할에서의 성공은 많은 요인들에 의해 결정되는데, 이들 중에는 학습된 기술도 있고 인지적 · 정의적 · 신체적 적성 등도 있다.

### (3) 시사점

Brown은 진로상담자들이 내담자에게 다음과 같은 것들을 질문을 통해 알아보아야 한다고 제언한다. ① 의사결정을 방해하는 정서적인 문제가 있는가? ② 내담자에게 진로와 생애역할 간의 관계가 분명하게 있는가? ③ 가치가 구체화되어 왔고 우선순위가 매겨져 있다는 증거가 있는가?

좀 더 구체적으로 살펴보면 상담을 진행하는 과정에서 상담자는 다음과 같은 사항에 특히 유의해야 한다는 것이다.

첫째, 면접과정에서 정서적인 문제를 주의 깊게 살펴보아야 한다. 여기에서 정서적인 문제란 불안, 우울 및 기타 정신건강에 관련된 것들을 의미하는 것이다.

둘째, 양적 및 질적인 방법으로 가치들이 평가되어야 한다. 양적인 방법은 가치관 검사 등을 활용하여 알아보는 것을 말하고, 질적인 방법은 카드분류 등과 같은 방법을 통하여 알아보는 것을 의미한다.

셋째, 검사결과를 해석하고 그에 대해서 이야기를 나누는 것도 하나의 개입으로 생각할 수 있다. 내담자들은 '왜 당신은 이것을 믿습니까?' 등과 같은 질문에 직면될 수 있다. 이와 같은 '왜라는 질문기법'은 가치에 관한 결론으로 이끄는 내성의 수준(level of introspection)을 향상시킬 목적으로 내담자를 좌절시키기 위하여 고안된 것이다.

넷째, 상담자의 역할은 직업탐색 프로그램이나 컴퓨터를 이용한 진로탐색 프로그램 등을 활용하여 내담자의 가치와 진로를 연결시켜 주는 것이다.

### 3) 자기효능감 이론

진로발달에 대한 초기 이론들은 대부분 사람들의 진로발달을 설명하는 데 주력하였는데, 비교적 최근에 이르러 성차에 대한 설명이 시도되고 있다. 성차에 대한 연구로는 여성이 자신의 능력과 재능을 충분히 활용하지 않았다고 지적하는 연구도 있었고, 어떤 연구에서는 여성과 남성의 발달과정의 차이를 지적하기도 하였다(Betz & Fitzgerald, 1987). 그러나 아직 우리는 여성에 대한 명확한 진로발달 이론을 가지고 있지 못한 실정이다.

성차를 설명한 가장 유력한 이론은 Bandura(1986)의 사회학습 이론을 토대로 한 Hackett와 Betz(1981)의 자기효능감 이론이다. Bandura의 사회학습 이론에서는 자기효능감이 심리적 기능에 영향을 미치는 개인의 사고와 심상을 포함한다는 점을 강조한다. 가령 어떤 과제를 수행하는 것에 대한 자기의 능력에 대한 믿음이 과제시도의 여부와 과제를 어떻게 수행하는지를 결정한다는 것이다. 또한 자기효능감은 개인 노력의 강도를 결정하는데, Bandura에 따르면 높은 효능감을 지닌 사람들은 수행을 긍정적으로 이끌어 가는 성공 시나리오를 시각화하고, 또 문제소지에 대해서도 좋은 해결방안을 인지적으로 시연한다고 한다. 반면 스스로를 비효능적이라고 판단하는 사람들은 실패 시나리오를 시각화하는 경향이 있고 그래서 일이 어떻게 잘못될 것인지를 곰곰히 생각하는 경향이 있는데, 이런 식의 비효능적인 사고는 동기를 약화시키고 수행을 저하시킨다는 것이다.

Hackett과 Betz에 따르면 어떤 과제를 수행할 수 없다고 믿는 여성, 즉 저수준의 효능감을 지니고 있는 여성은 진로이동뿐만 아니라 진로선택에 있어서도 제약을 받는다. 또한 성취에 대한 보상을 남성과 동등하게 받지 못하는 작업환경에 있을 때 여성은 자기효능감 개발에 방해를 받게 된다. 더구나 자기효능감은 선택권의 제한과 자신의 능력을 십분 발휘하지 못하는 경험 등에 의해서 영향을 받게 된다. 그래서 낮은 수준의 효능감을 가지고 있는 여성들은 진로결정을 포기하거나 지연 혹은 회피하는 경향이 있다.

이 이론이 내담자의 진로발달을 돕기 위해 실제 상담장면에서 효율적으로 활용될 수 있기 위해서는 앞으로 연구되어야 할 부분이 많이 남아 있다.

### 4) 사회인지적 진로이론

사회인지적 진로이론(social cognitive career theory, SCCT)의 개발자로는 Lent, Brown, Hackett(1996)를 들 수 있다. 이들은 먼저 기존의 이론들과 새로운 이론들이 공유하는 지식을 연계시켜 주는 세 가지 방법에 대하여 다음과 같이 제시하고 있다.

첫 번째 방법은 자아개념 혹은 자기효능감과 같이 개념적으로 관련된 개념들의 공통된 의미에 합의하는 것이다. Betz(1992)는 진로 자기효능감을 '진로행동의 어떤 측면과 관련한 낮은 효능감 기대는 최적의 진로선택과 개인개발의 손상요인으로 작용할 수 있다는 가능성'이라고 정의하였다. 이 이론은 진로선택 내용(수학, 과학 등과 같은 내용영역)과 진로선택 과정(진로의 실행을 중진시키는 행동영역)을 포함한 것이다. 이러한 관점에서 볼 때 개인은 낮은 자기효능감 때문에 진로를 둘러싼 작업코스를 회피하게 되며, 자기효능감 결여로 진로결정을 지연하거나 회피할 수 있다.

두 번째 방법은 여러 가지 이론들에서 발견된 만족과 안정성 같은 공통적인 성과를 충분히 기술하고 정의하는 것이다.

세 번째 방법은 홍미, 자기효능감, 능력, 욕구 등과 같은 다양한 내용들 간의 관계를 충분히 설명하는 것이다. 이러한 시도는 진로와 관련된 문헌에서 발견되는 다양한 변인들에 대한 개념적 정리를 위한 의사소통의 기반을 찾으려는 데 있다.

사회인지적 관점에서 본 진로발달의 기본가정과 내용들은 사회인지 이론(Bandura, 1986)에서 나온 것인데, 사회인지 이론은 인지적 과정과 자기규제 과정 그리고 동기과정을 생애의 현상에 혼합한 이론이다. 사회인지적 진로이론의 주된 목표는 학습경험을 형성하고 진로행동에 단계적으로 영향을 주는 구체적인 매개변인을 규정하는 방법을 찾는 데 있다. 더 나아가 이 목적은 흥미, 능력 그리고 가치 같은 변인들이 어떻게 상호관계를 맺고 있으며, 이 모든 변인들이 어떻게 개인성장과 진로 성과로 유도되는 맥락상의 요인들(환경적 영향들)에 영향을 미치는가를 설명하는 데 있다.

개인과 환경 간에 상호 작용하는 인과적 영향을 분류하고 개념화하기 위해, 사회 인지적 진로이론은 3축 호혜성(triadic reciprocal)이라고 불리는 Bandura(1986)의 인과적 모형을 이야기한다. 이러한 양 방향적 모델형 안에는 3개의 변인인 ① 개인 적, 신체적 속성, ② 외부환경 요인, ③ 외형적 행동이 있다. 이 세 변인은 모두 개인 발달의 인과적 힘으로 서로 영향을 주면서 상호 작용하는데, 이러한 논리를 이용한 사회인지적 진로이론은 개인과 행동 그리고 환경 사이에서 상호 작용하는 힘들을 개 념화하고 또 최종적으로 자신들의 사고와 행동에 영향을 주는 상황에 각 개인이 어 떻게 영향을 주는지도 기술한다. 즉, 이 이론의 핵심은 개인-행동-상황의 상호작용 에 있다.

이 관점에서는 진로발달의 개인적인 결정요인을 자기효능감, 성과기대 및 개인목 표로 개념화해 왔다. 자기효능감은 단일하거나 고정된 특성이 아니라 특정의 수행영 역에 관한 신념체계로 보아야 한다. 자기효능감은 네 가지 종류의 학습경험을 거쳐 서 발전되는데, 그것은 ① 개인적인 수행성취, ② 간접경험, ③ 사회적 설득, ④ 생리 적 상태와 반응이다(Lent, Brown, & Hackett, 1996).

자기효능감은 한 수행영역에서 성공을 경험할 때는 강화되는 반면에 거듭해서 실 패를 경험할 때는 약화된다. 성과기대 또한 기대에 관한 개인적인 신념이나 행동적 활동의 결과로 간주된다. 어떤 사람들은 상을 받는 것과 같은 외재적 강화에 따라, 스스로 자랑스러워하는 것과 같은 자기지시적 활동에 따라, 그리고 활동을 하는 실 제의 과정에 의해 동기가 부여되기도 한다. 성과기대도 자기효능감과 유사한 학습활 동에 의해 구성된다. 이 이론에서 개인목표가 가장 중요한 이유는 바로 이런 목표들 이 행동을 지속시키도록 유도하기 때문이다.

## 참고문헌

Bandura, A. (1986). *Social foundations of thought and action: A social cognitive theory*. Englewood Cliffs, NJ: Prentice-Hall

Betz, N. E. (1992). Counseling uses of career self-efficacy theory. *The Career Development Quarterly, 41,* 22-26.

Betz, N. E., & Fitzgerald, L. F. (1987). *The career psychology of women*. Orlando, FL: Academic Press.

Gottfredson, L. S. (1981). Circumscription and compromise: A developmental theory of occupational aspirations. *Journal of Counseling Psychology, 28*(6), 545-579.

Hackett, G., & Betz, N. E. (1981). A self-efficacy approach to the career development of women. *Journal of Vocational Behavior, 18,* 326-339.

Herr, E. L. & Cramer, S. H. (1996). *Career Guidance Through the Life Span(5th ed.)*. New York: Harper Collins College Publishers.

Hesketh, B., Elmslie, S., & Kaldor, W. (1990). Career compromise: An alternative account to Gottfredson's theory. *Journal of Counseling Psychology, 37*(1), 49-56.

Keller, L. M., Bouchard, T. J., Jr., Arvey, R. D., Segal, N., & Dawis, R. V. (1992). Work values: Genetic and environmental influences. *Journal of Applied Psychology, 77,* 79-88.

Lent, R. W., Brown, S. D., & Hackett, G. (1996). Career development from a social cognitive perspective. In D. Brown, L. Brooks, Associates (Eds.), *Career choice and development(3rd ed.)*. San Francisco: Jossey-Bass.

Osipow, S. H. (1983). *Theories of career development(3rd ed.)*. Englewood Cliffs, N. J.: Prentice-Hall.

Peterson, G. W., Sampson, J. P., & Reardon, R. C. (1991). *Career development and services: A cognitive approach*. Pacific Grove, CA: Brooks/Cole.

Super, D. E. (1953). A theory of vacational development. *Amerian Psychologist, 8,* 185-190.

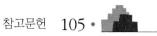

Super, D. E., Starishesky, R., Matlin, N., & Jordaan, J. P. (1963). *Career development: Self-concept theory.* New York: College Entrance Examination Board.

Tolbert, E. L. (1980). *Counseling for career development.* Boston: Houghton Mifflin Company.

Tuckman, B. W. (1974). An age-graded model for career development education. *Journal of Vocational Behavior, 4*(2), 193-212.

# 제2부 | 직업세계와 의사결정

제4장

# 직업세계의 이해

시대에 따라 직업의 세계는 각기 다른 양상을 띤다. 앞으로 10년 후의 직업세계는 현재와는 다르게 진행된다. 따라서 직업이란 무엇이며, 현재 직업세계는 어떻게 이루어져 있고, 앞으로 직업세계는 어떻게 변화할 것인지를 이해하는 것은 자신의 진로를 결정하고 선택하는 데 매우 중요하다. 이에 따라 이 장에서는 직업의 개념과 의미를 파악한 뒤, 현재 직업세계를 이해하는 가장 기초적인 방법인 직업의 구조, 즉 몇 가지 직업분류체계를 살펴볼 것이다. 마지막으로 앞으로 변화할 직업세계를 이해하기 위하여 직업이 변화하는 원인과 전망을 제시하고자 한다.

## 1. 직업의 개념과 의의

### 1) 직업의 개념

우리는 살아가는 동안 매일 의식적인 활동인 '일(work)'을 하면서 일생을 보낸다. 그렇기 때문에 우리 삶의 중핵은 일이라고 할 수 있다. 그런데 인간이 왜 일을 하며,

또 일은 반드시 하여야만 하는가라는 질문에 대해서는 명확한 답을 내리기가 쉽지 않다. 하지만 한 가지 확실한 것은 인간은 직업을 통해 비로소 일다운 일을 수행하게 되며, 또한 자신에게 적합한 일을 함으로써 만족과 기쁨을 느끼고 궁극적으로는 자아실현을 이룰 수 있게 된다.

그렇다면 '직업이란 무엇인가? 직업이란 일생 동안 수행하게 되는 일 중에서 특정 시점에서 수행하는 주된 일의 역할을 의미한다. 따라서 직업은 시기적으로나 내용적으로나 일 중에서 가장 중요한 부분이라 할 수 있다. 일반적으로 직업이란 개인이 계속적으로 수행하는 경제 및 사회 활동의 종류를 말한다(정철영, 1999a). 이러한 '직업(職業)' 이라는 단어 '직(職)' 과 '업(業)' 의 합성어로 되어 있다. 여기에서 '직' 은 다시 두 가지의 뜻으로 구분해 볼 수 있는데, 하나는 관(官)을 중심으로 행하는 직무라는 관직적인 뜻이 있고, 또 하나는 직분을 맡아 한다는 개인의 사회적 역할의 뜻이 있다. 한편, '업' 이라는 말은 생계를 유지하기 위하여 전념하는 일이라는 뜻과 자기 능력의 발휘를 위하여 어느 한 가지 일에 전념한다는 두 가지의 뜻이 있다. 따라서 '직' 과 '업' 의 합성어로서의 '직업' 이란 용어는 사회적 책무로서 개인이 맡아야 하는 직무성과 생계를 유지하거나 과업을 위하여 수행하는 노동 행위의 이중적 의미를 내포한다고 볼 수 있다(이무근, 1999a). 이를 외국에서 사용되는 직업의 용어와 관련지어 보면, '직' 은 하나님으로부터의 소명(calling)을 받아 행하는 소명의식적인 직업과 사회적인 의미를 지닌 'beruf, vocation, profession' 의 뜻이 강하고, '업' 은 단순한 영리적인 의미가 강하며 노동행위를 강조하는 'geschaft, occupation, business' 의 뜻이 강하다고 할 수 있다(이무근, 1999a; 정우현, 구병림, 이무근, 1989). 이처럼 직업이라는 용어는 여러 가지 대칭되는 개념을 지니고 있다고 할 수 있다. 또한 직업은 그 일의 수행을 위해서 인간이 수행하여야 할 노력, 즉 'arbeit' 또는 'work' 의 뜻을 중심으로 정의되기도 한다(이무근, 1999a).

『한국직업사전』에서는 직업이란 개인이 계속적으로 수행하는 경제 및 사회활동의 종류라고 정의하고 있다. 여기에서 일의 계속성이란 일시적인 것이 아니고, 매일 · 매주 · 매월 주기적으로 행하고 있는 경우 또는 명확한 주기를 갖지 않더라도 계속하고 있으며, 현재 하는 일에 대하여 의사와 능력을 가지고 행하는 것이어야 한다고 하고 다음과 같은 활동은 직업으로 보지 않고 있다(노동부 국립중앙직업안정소, 1986).

- 이자 · 주식배당 · 임대료(전세금 · 월세금) · 소작료 · 권리금 등과 같은 재산 수입을 얻는 경우
- 연금법이나 사회보장에 의한 수입을 얻는 경우
- 경마 등에 의한 배당금의 수입을 얻는 경우
- 보험금 수취 · 차용 또는 자기 소유의 토지나 주권을 매각하여 수입을 얻는 경우
- 자기 집에서 가사에 종사하는 경우
- 정규 주간교육기관에 재학하고 있는 경우
- 법률 위반행위나 법률에 의한 강제노동을 하는 경우

직업이란 생계의 유지, 개성의 발휘 및 자아의 실현, 사회적 역할의 분담을 목적으로 계속적으로 행하는 노동 또는 일이라고 정의할 수 있다(정철영, 1999a). 즉, 직업의 개념에는 ① 생계의 유지(생업), ② 사회적 역할의 분담(직분), ③ 개성의 발휘 및 자아의 실현, ④ 계속적인 활동, ⑤ 노동 행위의 수반이라는 다섯 가지의 요소가 내포되어 있다.

첫째, 인간이 삶을 영위해 나감에 있어서 의식주의 해결이 가장 우선적인 요건이며, 많은 사람들은 이를 위하여 직업에 종사한다. 즉, 직업을 갖고 있으므로 그 대가로 수입을 얻게 되고 그로 인해 생계를 유지하게 된다.

둘째, 인간은 사회적 존재이므로 태어나서부터 죽을 때까지 필연적으로 어느 사회에 소속이 된다. 특히 자신이 생계를 유지하기 위해서는 사회에 소속되어 일정한 사회적 역할을 분담해야 하고, 이 분담된 역할이 충분히 수행될 때에만 사회는 유지되

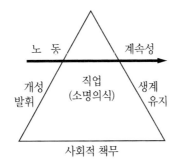

[그림 4-1]  직업의 개념과 관련 요소

자료: 정우현, 구병림, 이무근. 1989, p. 31.

며, 사회가 유지되는 한에서만 생계가 보장된다.

셋째, 사람들은 각자의 자질과 재능 그리고 개성을 아무런 구애도 받지 않고 십분 발휘하고 나아가서는 자기의 역량을 마음껏 발휘하려는 욕구를 가지고 있다. 즉, 개성의 발현과 자아의 실현을 열망하는 것이다. 그렇게 함으로써 자기의 존재에 대한 의의를 실감하고 긍지를 지닐 수도 있으며, 자기의 존재를 인정받을 수가 있다. 직업은 이러한 개성발현과 자아실현을 가능하게 한다. 즉, 사람들은 직업을 통해서 타고난 소질과 습득한 기량을 발현할 수 있으며, 자아실현도 대부분 직업활동을 통해서 나타날 수 있는 것이다.

넷째, 직업이란 일시적인 것이 아니고 매일, 매주, 매월 주기적으로 행하고 있는 경우, 계절적으로 행하고 있는 경우 또는 명확한 주기를 갖지 않더라도 계속하고 있는 것을 뜻한다.

다섯째, 직업은 반드시 노동의 행위가 수반되어야 한다. 여기에서 노동이란 정신적인 노동일 수도 있고 육체적인 노동일 수도 있다. 이런 의미로 볼 때 정신적·육체적 노동이 수반되지 않는 이익배당, 투기 등은 직업이라 할 수 없다.

## 2) 직업의 중요성

결혼, 배우자와 직업이 정해지면 개인의 인생은 다 정해졌다는 서양의 말이 있으며, 직업은 개인의 인생 수로에 비유되어 그의 직업에 해당하는 수로가 정해지면 인생에 해당하는 물이 흘러가는 방향은 다 정해진 것이라고도 한다. 즉, 직업은 개인에게 있어서 매우 중요하다. 또한 직업만큼 한 개인의 사회적, 경제적, 지적 수준을 단적으로 잘 나타내 주는 것은 없다. 여기에서는 개인과 사회의 두 가지 측면에서 직업의 중요성을 살펴보고자 한다(정철영, 1999a).

### (1) 개인적 중요성

직업은 개인에게 커다란 의미와 가치를 가지고 있는데, 이러한 직업의 개인적 중요성은 다음과 같다.

첫째, 직업은 생계 유지를 가능하게 한다. 인간이 살아가는 데 있어서는 의식주의

해결이 가장 우선적인 요건이며, 이를 위한 재화를 획득하기 위하여 많은 사람들이 직업에 종사하고 있다. 즉, 직업을 수행하는 대가로 수입을 얻게 되고, 그것으로 본인과 가족의 생계를 유지하고 경제 활동을 영위하게 된다.

둘째, 직업은 소속감을 준다. 직업은 개인이 어떤 조직에 소속되게 하여 그 조직의 활동을 공유하고 구성원 간의 공감대를 형성할 수 있도록 한다. 이러한 소속감은 심리적 안정감을 준다. 일반적으로 한 개인이 직업 생활을 그만두게 되면 심한 소외감을 느끼고 심리적 불안정감을 느끼는 것은 이 때문이다.

셋째, 직업은 개인의 가치를 실현시켜 준다. 우리 인간은 일반적으로 부, 명예, 권력 등 나름대로의 여러 가지 가치를 추구하면서 살아간다. 그런데 부를 축적하거나, 명예를 얻거나 또는 권력을 가지고자 하는 등의 가치의 실현은 직업을 통하여 가능하게 된다. 즉, 직업은 개인이 바라는 여러 가지의 가치를 실현해 주는 수단이 되므로 개인이 자신의 인생에서 성공하느냐 못 하느냐의 여부는 무엇보다도 직업 생활의 성공에 의해 크게 좌우된다. 따라서 직업은 개인의 인생 성공의 여부를 결정하는 결정 요인이라 할 수 있다.

넷째, 직업은 개성 발휘 및 자아실현을 가능하게 한다. 사람들은 각자의 소질과 재능 그리고 역량을 마음껏 발휘하려는 욕구를 가지고 있다. 즉, 개성의 발휘와 자아실현을 열망하는 것이다. 그렇게 함으로써 자기의 존재에 대한 의의를 깨닫고 긍지를 지니며 자기의 존재를 인정받을 수가 있다. 그러므로 개성을 발휘하고 자아를 실현한다는 것은 곧 인생의 보람이라 할 수 있다. 직업은 이러한 개성발현, 자아실현을 가능하게 한다. 사람들은 직업을 통해서 각자의 개성을 발현하고, 자아를 실현할 수 있는 것이다. 각 개인이 타고난 소질과 습득한 기량은 직업을 통하여 비로소 발현되기 때문에 개성의 발휘와 자아실현은 대부분 직업활동을 통해서 이룰 수 있다.

다섯째, 직업은 개인이 사회적으로 주로 접촉하게 되는 대상과 범위를 규정해 준다. 즉, 개인이 일상적으로 접하는 사람의 부류는 대부분 직업을 기초로 해서 정해지게 된다. 예를 들어, 교사는 주로 학생들을 접하게 되며, 의사는 주로 환자들을 접하게 된다.

여섯째, 직업은 개인의 의식 속에 내면화된다. 개인은 그와 함께 일하는 직장 동료와 조화를 이루며 생각하고 행동하도록 요구된다. 그 결과 직업은 개인적 특성에 영향을 끼치게 된다. 따라서 우리는 같은 직업을 가진 사람들 사이에서 공통적인 특정한 개성을 쉽게 찾아낼 수 있다.

일곱째, 직업은 개인의 사회적 지위를 결정해 준다. 사회에는 무수히 많은 직업들이 존재하고 있고, 이 직업들은 그 사회를 지탱해 주고 유지, 발전시켜 주는 중요한 역할들을 분담하여 수행할 뿐만 아니라, 사회에서 차지하는 비중의 정도에 의해 사회에 영향력을 발휘하게 된다. 즉, 직업에 따라 노동 상황이나 보수의 차별성이 나타나고, 작업장·직장에서의 사회적 관계가 달라져 개인들은 직업을 선택하는 과정에서 직업상황을 고려하게 된다. 다시 말해서 각 직업이 갖는 내적 특성, 즉 경제적 보상, 사회적 위신과 존경, 지위획득의 용이성 등에 의해서 직업의 위계화가 이루어지게 된다. 따라서 개인은 사회를 구성하고 있는 수많은 직업들 중에서 어떠한 직업에 종사하고 있고, 그 직업에서 어떠한 직책을 담당하고 있으며, 어떠한 업무를 수행하고 있느냐에 의해서 자신의 사회적 지위가 결정되게 된다.

여덟째, 직업은 개인이 일생 동안 하는 일을 결정해 준다. 개인은 전 생애의 대부분을 직업생활을 하면서 보내게 된다. 따라서 직업을 개인이 일생 동안 수행하게 되는 일 중에서 특정한 시점에서 수행하게 되는 주된 일의 역할이라고 한다면, 직업은 개인이 일생 동안 하는 주된 일을 결정해 주게 된다.

아홉째, 직업은 개인이 사는 곳을 결정해 준다. 즉, 사람들은 자신이 종사하고 있는 직업이 위치한 부근에서 직업생활을 영위하게 된다. 예를 들어, 한 개인이 현재 서울에 살고 있다고 하더라도 자신이 종사하게 될 직장이 부산이나 광주에 있다면, 대부분의 사람들은 그곳으로 이사를 가서 직장생활을 하게 된다. 최근에 통신과 교통수단이 급속히 발달하고 재택근무 형태의 직장생활을 하는 직업도 있기는 하지만, 거의 대부분의 사람들은 여러 가지 여건을 고려하여 직장이 위치한 부근에서 생활을 하게 되므로 직업은 개인이 사는 곳을 결정해 주게 된다. 또한 직업의 위치는 개인이 직업을 선택하고 결정하는데 어느 정도의 영향을 주게 된다.

## (2) 사회적 중요성

그리스의 철학자 Aristotle가 말했듯이, 인간은 사회적 동물이다. 즉, 인간은 사회적 존재이므로 태어나서부터 죽을 때까지 필연적으로 어느 사회에 소속하게 마련이다. 특히 인간이 생계를 유지하기 위해서는 사회에 소속하여 일정한 사회적 역할을 분담해야 하고, 각자에게 분담된 역할을 충분히 수행할 때에만 사회는 유지될 수 있다.

현대사회에서 직업의 중요한 특성 중의 하나는 사회적 역할 분담이다. 즉, 직업을 가진다는 것은 현대사회의 조직적이고 유기적인 분업 관계 속에서 분담된 기능의 어느 하나를 맡아 사회적 분업 단위의 직분을 수행한다는 것을 의미한다. 이러한 의미는 '직업'이라는 용어에도 내포되어 있다. '직업'이라는 말의 '직(職)'에는 개인이 사회적 직분을 맡아 수행한다는 직업의 사회적 역할의 뜻이 담겨 있다. 즉, 직업이란 용어에는 사회적 책무로서 개인이 분담하여 수행하는 직무의 의미가 내포되어 있다.

이러한 측면에서 볼 때, 사회는 각종 직업에 종사하는 개인과 각종 단체에 의해서 구성된다고 할 수 있다. 그러므로 사회 구성은 곧 직업 구성이라 할 수 있다. 따라서 사회 구성원이 각자의 직업에 만족하지 못하고 능률적으로 일을 하지 못하면, 그 사회는 발전할 수 없다.

직업의 사회적 역할 측면에서 볼 때, 직업이란 사회적으로 유용한 것이어야 한다는 의미를 내포하고 있다. 즉, 직업은 사회의 유지 및 발전에 도움이 되는 것이어야 한다는 것이다. 따라서 개인이 경제 생활을 영위한다고 하더라도 그 활동이 밀수, 절도 등과 같이 반사회적인 경우에 직업으로 보지 않는 것은 이 때문이다.


## 2. 직업세계의 구조

세계노동기구(ILO)의 보고에 따르면, 산업혁명 당시 약 400종이었던 직업이 1945년에는 1만 종으로 증가하였고, 1965년에는 5만 종이 되었으며, 다시 1974년에는 20만 종으로 늘어났다고 한다. 우리나라의 경우를 보면, 보릿고개를 넘기기가 힘들었던 1956년에 당시만 하더라도 직업의 종류가 불과 2,000여 종에 불과하였으나, 1985년에 조사된 직업은 1만 451종이고 1995년에는 1만 1,537개로 증가하였으며, 2001년에는 12만 306개로 조사되었다(중앙고용정보원, 2001). 그렇다면 이렇게 다각적으로 변화하는 직업세계를 어떻게 이해할 수 있을까? 이에 대한 가장 기초적인 접근방법은 직업세계의 구조, 즉 직업분류체계를 파악하는 것이다.

직업을 분류하는 방법은 대체적으로 ① 직업에서 수행하는 직무 그 자체를 중심으로 한 분류, ② 직업에 속한 종사자들이나 그 직업에서 수행하는 직무의 심리적 특성이나 유사성을 기준으로 한 분류, ③ 기타 직업분류체계 등이 있다. 여기에서는 이와 같은 직업분류 방법들을 국내의 경우와 외국의 경우로 구분하여 살펴보고자 한다.

## 1) 직무의 내용을 기초로 한 분류체계

직업에서 수행하는 직무의 내용을 중심으로 하는 직업분류체계는 기장 기본적이며 일반적인 방법이라고 할 수 있다. 특히 많은 국가에서 발행하는 직업사전은 직무를 중심으로 한 분류방법을 택하고 있다. 우리나라의 『한국직업사전』과 『한국표준직업분류』(통계청, 2000)에서는 직업을 정의하고 분류함에 있어서 '수행된 일의 형태'를 기본원칙으로 하여 그 일을 수행하는 데 필요한 기술적 특성과 수행능력수준을 분류기준으로 사용하고 있다. 『미국직업사전』(U.S. Department of Labor, 1991)에서도 직무(job)의 유사성을 기초로 직업을 분류하여 직업의 구조와 내용을 정의하고 있다.

여기에서는 국내의 대표적인 직업분류체계인 『한국표준직업분류』, 『한국고용직업분류』 및 『한국직업사전』 그리고 『미국 직업사전』 미국의 직업정보네트워크(O*NET)에 대하여 살펴보았다.

### (1) 한국표준직업분류

현행 『한국표준직업분류』는 2000년에 다섯 번째 개정, 고시한 것이다. 우리나라의 직업분류는 1963년에 통계의 기준설정 업무의 일환으로 경제기획원에 의해 시작되었는데, 그 후에 세계노동기구(international labor organization, ILO)가 권고하는 『국제표준직업분류』와 국내 산업 및 직업구조의 변화추세를 고려하여 계속 개정되고 있다. 초기 경제기획원이 담당하던 국내의 직업분류는 현재 통계청에서 담당하고 있으며, 통계청 홈페이지(http://www.nso.go.kr/)를 방문하면 한국표준직업분류에 대한 다양한 정보를 얻을 수 있다.

2000년에 개정된 제5차 『한국표준직업분류』의 직업분류체계는 '수행된 일(직무)'

과 '직무능력(직능)' 의 개념을 근거로 하여 직업항목을 단계적으로 세분하고 있다. 여기에서 '직무' 란 직업분류의 통계단위로서, 개별 근로자에 의하여 수행되거나 수행되도록 설정된 일련의 업무 및 임무로서, 직업은 주된 임무 및 업무가 높은 유사성을 갖는 직무로 구성되며, 특정 직무근로자의 직업은 그들이 수행하는 과거, 현재, 미래의 직무에 의해 분류된다. 또한 '직능' 이란 특정 직무를 수행할 수 있는 능력으로서 직업분류상 ① 주어진 업무 및 임무 기능의 복잡성과 범위에 따른 직능 수준과, ② 생산된 재화 및 서비스의 종류, 원재료, 전용기계 및 도구, 필요한 지식 분야에 의해 결정되는 직능의 전문성 측면을 포함하는 개념이다(통계청, 2000).

현행 제5차 『한국표준직업분류』에서는 직업을 11개 직업군으로 분류하고 있는데 ([그림 4-2] 참고), 각 직업군의 특성 및 요구되는 능력 등을 살펴보면 다음과 같다.

### ① 의회의원, 고위임직원 및 관리자

의회의원, 고위임직원 및 관리자는 법률과 규칙을 제정하고, 정부를 대표, 대리하며 정부나 특수이익단체의 정책을 결정하고 이에 대해 지휘, 조언한다. 또한 정부, 기업, 단체 또는 그 내부 부서의 정책과 활동을 기획, 지휘 및 조정한다. 이 직업군은 사람을 지도하고 지시하는 능력과 함께 자료를 종합하고 조정하며 분석하는 능력이 요구된다. 뿐만 아니라 이 직업군에 속하는 직업은 그 직업 분야에서의 오랜 경험과 경력이 요구되며, 그 직업의 업무를 전체적으로 파악하고 총괄할 수 있는 능력이 있어야 한다.

### ② 전문가

전문가는 물리, 생명과학 및 사회과학 분야에서 높은 수준의 전문적 지식과 경험을 기초로 과학적 개념과 이론을 응용하여 해당 분야를 연구, 개발 및 개선한다. 또한 고도의 전문시식을 이용하여 의료 진료활동과 각급 학교 학생을 지도하고 사업, 법률 및 사회서비스를 제공하며 예술적인 창작활동을 수행한다. 이 직업군은 과업 지향적으로 추상적인 일을 즐기며, 이 세상의 여러 문제들을 분석하여 이해하려는 욕구가 강하다. '전문직' 직업군은 전문성이 요구되므로, 그 분야에 들어가기 위해서는 많은 학문적 지식이 필요하다. 이 직업군은 직업 안정성이 높은 특성이 있다.

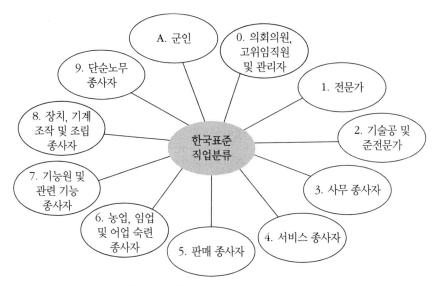

[그림 4-2] 한국표준직업분류의 대분류 체계

### ③ 기술공 및 준전문가

기술공 및 준전문가는 하나 이상의 자연·생명과학 및 사회과학 분야에서 기술적 지식과 경험을 기초로 전문가의 지휘하에 조사, 연구, 의료, 경영 및 상품거래에 관련된 기술적인 업무와 스포츠 활동을 수행한다. 그리하여 업무의 내용에 있어서는 전문직과 유사하나 업무의 수준이 다르다. 즉, 기술공 및 준전문가는 전문가와 비슷한 특성이 요구되나 전문가에 비하여 실기 및 기능이 더욱 요구된다.

### ④ 사무 종사자

사무 종사자는 관리자, 전문가 및 준전문가를 보조하여 경영방침에 의해 사업계획을 입안하고 계획에 따라 업무 추진을 수행하며, 당해 작업에 관련된 정보 기록, 보관, 계산 및 검색 등의 업무를 수행한다. 또한 금전 취급활동, 여행알선, 정보요청 및 예약업무에 관련하여 많은 고객을 대상으로 하는 사무적인 업무를 수행한다. 사무종사자는 자기가 속한 집단의 가치나 태도를 별 비판 없이 받아들이며, 일상생활 속에서도 법률이나 규칙을 잘 지키는 인성이 요구된다. 또한 별로 변화가 없는 상황에서도 자신의 업무에 별로 싫증을 느끼지 않고 업무를 유능하게 처리하며, 종속적인 역할을 좋아할 수 있어야 한다. 즉, 자신의 의사에 따라 행동하기보다는 타인의 의사에 자기를 합치시키는 특성이 요구된다. 또한 사무종사자는 틀에 박힌 언어나 수를 취급하는 활동에 흥미가 있어야 한다.

### ⑤ 서비스 종사자

서비스 종사자는 개인보호, 이 · 미용, 조리 및 신변보호에 관련된 서비스를 제공하는 업무를 수행한다. 즉, 이들은 보육활동을 수행하거나, 가정 또는 기타 시설에서 보호서비스를 제공하거나, 이 · 미용 활동을 하거나, 말벗이 되어 주거나, 점성 및 예언을 해 주거나, 장의업무를 수행하거나, 음식료품을 준비 · 제공하거나, 여행안내와 관련된 서비스를 제공하거나, 화재 또는 불법적인 행위에서 개인 및 재산을 보호해 주며 법률, 규칙을 집행하는 등의 업무를 주로 수행한다.

### ⑥ 판매 종사자

판매 종사자는 도 · 소매상점이나 유사 사업체 또는 거리 및 공공장소에서 상품을 판매하며, 상품을 광고하거나 예술작품을 위하여 일정한 자세를 취하고 상품의 품질과 기능을 선전하는 등의 활동을 수행한다. 이 직업군은 대인관계기술, 언어능력, 타인을 설득하는 능력, 다른 사람의 욕구나 원하는 사항에 대한 통찰력 등을 요구한다.

### ⑦ 농업, 임업 및 어업 숙련 종사자

농업, 임업 및 어업 숙련 종사자는 농산물, 임산물 및 수산물의 생산에 필요한 지식과 경험을 기초로 전답작물 또는 과수작물을 재배 · 수확하고 동물을 번식 · 사육하며 산림을 경작 · 보존 및 개발한다. 또한 물고기의 번식 및 채취 또는 기타 형태의 수생 동식물을 양식 · 채취하는 업무를 수행한다. 이 직업군은 체력을 요구하는 활동을 즐기고 운동신경이 잘 발달되어 있어야 한다. 또한 추상적인 문제보다는 구체적인 문제를 즐겨 다루는 특성이 요구되고 자연에서 일하기를 좋아하며, 생물에 대한 깊은 관심과 사랑이 요구된다.

### ⑧ 기능원 및 관련 기능 종사자

기능원 및 관련 기능 종사자는 광공업, 건설업 분야에서 관련된 지식과 기술을 응용하여 금속을 성형하고, 각종 기계를 설치 및 정비한다. 또한 섬유, 수공예 제품과

목재, 금속 및 기타 제품을 가공한다. 작업은 손과 수공구를 사용하며 이러한 업무는 생산과정의 모든 공정과 사용되는 재료, 최종제품에 관련된 내용을 이해할 수 있어야 한다. 이 직업군은 기술공에 비하여 이론적인 지식보다는 실기 및 기능이 더욱 요구된다. 또한 반복적인 일을 즐길 수 있고, 별로 복잡하지 않고 구체적인 일로 좋아하는 것이 필요하다.

⑨ 장치, 기계 조작 및 조립 종사자

장치, 기계조작 및 조립 종사자는 대규모적이고 때로는 고도의 자동화된 산업용 기계 및 장비를 조작하고 부분품을 가지고 제품을 조립하는 업무로 구성된다. 작업은 기계조작뿐만 아니라 컴퓨터에 의한 기계제어 등 기술적 혁신에 적응할 수 있는 능력을 포함하여 기계 및 장비에 대한 경험과 이해가 요구된다. 즉, 이 직업군은 기계를 다루는 활동에 흥미가 있고, 육체적 활동을 즐기고, 사람보다는 사물과 관련된 일에 대한 일을 좋아하는 특성이 요구되며, 조작하는 장치와 기계에 대한 경험과 이해, 장치와 기계의 변화와 발전에 적응할 수 있는 능력 등이 요구된다.

⑩ 단순노무 종사자

단순노무 종사자는 주로 수공구의 사용과 단순하고 일상적이며, 어떤 경우에는 상당한 육체적 노력이 요구되고, 거의 제한된 창의와 판단만을 요구하는 업무를 수행한다. 이 직업군은 신체적 건강과 체력을 요구하며, 별다른 지식이나 기술이 필요 없어 그 분야에 진출하기는 쉬우나, 직업 안정성이 낮다.

⑪ 군인

의무 복무중인 사병을 제외하고 현재 군복무에 종사하는 자로 민간고용이 자유롭지 못한 자를 말한다. 그리하여 국방과 관련된 정부기업에 고용된 민간인, 경찰, 세관원 및 무장 민간 복무자, 국가의 요청에 따라 단기간 군사훈련 또는 재훈련을 위하여 일시적으로 소집된 자 및 예비군은 제외된다. 군인은 체력을 요구하는 활동을 즐기고, 운동신경이 잘 발달되어 있어야 한다. 또한 국가를 위해서는 자신의 생명을 기꺼이 버릴 수 있는 깊은 애국심과 명령에 대한 절대적인 복종심이 요구된다.

이상에서 살펴본 11개 직업군들은 다시 중분류, 소분류, 세분류, 세세분류로 분류

| 〈표 4-1〉 | 한국표준직업분류의 분류단계별 항목수 | | | | |
|---|---|---|---|---|---|
| 대분류 　　　　　　하위분류체계 | | 중분류 | 소분류 | 세분류 | 세세분류 |
| 계 | | 46 | 162 | 447 | 1,404 |
| 0. 의회의원, 고위임직원 및 관리자 | | 3 | 8 | 34 | 72 |
| 1. 전문가 | | 8 | 33 | 75 | 240 |
| 2. 기술공 및 준전문가 | | 9 | 29 | 68 | 193 |
| 3. 사무 종사자 | | 2 | 11 | 28 | 58 |
| 4. 서비스 종사자 | | 4 | 14 | 31 | 75 |
| 5. 판매 종사자 | | 3 | 6 | 9 | 18 |
| 6. 농업, 임업 및 어업 숙련 종사자 | | 3 | 10 | 24 | 48 |
| 7. 기능원 및 관련 기능 종사자 | | 5 | 17 | 70 | 282 |
| 8. 장치, 기계 조작 및 조립 종사자 | | 4 | 23 | 82 | 357 |
| 9. 단순노무 종사자 | | 4 | 9 | 23 | 58 |
| A. 군인 | | 1 | 2 | 3 | 3 |

되는데, 각 분류단계별 구체적인 항목수는 〈표 4-1〉과 같다.

한편, 한국표준직업분류에서는 직업군별로 특정한 직무를 수행할 수 있는 능력인 직능수준을 국제표준교육분류(ISCED)의 교육과 훈련의 정도에 따라 다음과 같이 4단계로 구분하고 있다([그림 4-3] 참고).

- 제1직능수준: 초등학교 교육수준 정도의 정규교육이나 훈련을 필요로 한다.
- 제2직능수준: 중등학교 교육수준 정도의 정규교육이니 훈련을 필요로 한다.
- 제3직능수준: 전문대학 교육수준 정도의 정규교육이나 훈련을 필요로 한다.
- 제4직능수준: 학사, 석사 또는 그와 동등한 학위가 수여되는 대학 및 대학원 교육 수준 정도의 정규교육이나 훈련을 필요로 한다.

이와 같은 제5차 『한국표준직업분류』 개정의 주요 특징을 살펴보면 다음과 같다.

첫째, 새로운 산업출현과 기술변화에 따른 직업구조 변화를 반영하여 정보통신산

| 초등학교 | 중·고등학교 | 전문대학 | 대학교 이상 |
|---|---|---|---|
| 0. 의회의원, 고위임직원 및 관리자 | | | |
| 1. 전문가 | | | |
| 2. 기술공 및 준전문가 | | | |
| 3. 사무종사자 | | | |
| 4. 서비스 종사자 | | | |
| 5. 판매 종사자 | | | |
| 6. 농업, 임업 및 어업 숙련 종사자 | | | |
| 7. 기능원 및 관련 기능 종사자 | | | |
| 8. 장치, 기계조작 및 조립 종사자 | | | |
| 9. 단순노무 종사자 | | | |
| A. 군인 | | | |

[그림 4-3] 직업군별로 요구되는 학력 수준(또는 직능수준)

주: 한국표준직업분류에서는 '0. 의회의원, 고위임직원 및 관리자'와 'A. 군인'이 직능수준과
   무관하게 설정되어 있다고 설명하고 있지만, 그림에서는 이들 직업군이 현실적으로 고졸 이
   상의 학력을 요구하고 있음을 반영하였음.

업, 서비스산업 등에서 발생한 새로운 직업을 신설하였으며, 직업의 전문화·단순화
를 반영하여 전문직은 세분하였고 생산관련 직업은 통합하였다.

둘째, 우리나라의 사회실정과 직업분석의 효율성 제고를 고려하여 대분류의 판매
직과 서비스직을 세분하고 중·소·세분류를 확대 조정하였으며, 금융전문가를 신
설하고 라디오·TV아나운서, 디자이너, 영양사 등을 준전문가에서 전문가로 이동
하였다. 또한 행정의 전문화 추세를 반영하여, 행정 및 기업경영에 종사하는 직업의
분류체계를 신설·조정하였다.

셋째, 맹인학교 교사, 사업능률 전문가, 보모 및 보도석재 포장원 등 현실에 맞지
않는 명칭을 일반적으로 통용되는 명칭으로 변경하여 현실 이용도를 제고하였다.

넷째, 타자원, 버스안내원 및 전통적 촌장 등 쇠퇴한 직업 및 우리나라에 존재하지
않는 직업은 통·폐합하였다.

다섯째, 관리자, 전문가 및 판매직 등에 대한 분류기준 및 분류단계별 개념을 명확
하게 하여 직업에 관한 각종 통계작성 및 이용을 현재보다 더 표준적으로 활용할 수

있도록 하였다

### (2) 한국고용직업분류

중앙고용정보원(2002)이 자체 개발한 『한국고용직업분류(korean employment classification of occupations, KECO)』는 노동시장의 상황과 수요에 적합하도록 각종 직무를 분류한 것으로 직업정보의 제공을 통한 노동시장 효율성의 제고를 목적으로 한다. 『한국고용직업분류』는 대분류 7개, 중분류 24개, 소분류 119개, 세분류 384개로 구성하였다(〈표 4-2〉 참고). 『미국표준직업분류(ASOC)』처럼 대분류 체제를 코드 분류체제에 포함시키기는 하였으나, 중분류를 대외적으로 주로 사용함으로써 데이터의 활용성을 증대코자 하였다.

『한국고용직업분류』는 대분류로 보면 건설생산직에 직업이 집중한 경향이 있기는 하나 중분류가 많아 전체적으로 큰 집중현상이 발생하지 않는다.

**〈표 4-2〉 한국고용직업분류의 분류단계별 항목수**

| 대분류 \ 하위분류체계 | 중분류 | 소분류 | 세분류 |
|---|---|---|---|
| 계 | 24 | 119 | 384 |
| 관리직 | 1 | 7 | 22 |
| 경영 · 재무직 | 2 | 8 | 35 |
| 사회서비스직 | 5 | 27 | 91 |
| 판매 및 개인서비스직 | 5 | 22 | 77 |
| 건설 · 생산직 | 9 | 50 | 152 |
| 농림 · 어업직 | 1 | 4 | 14 |
| 군인 | 1 | 1 | 1 |

### (3) 한국직업사전

우리나라의 직업사전은 인력개발연구소가 1969년에 대표직종인 3,260여 종을 분류하여 발간한 것이 처음이었다. 1970년대 이후에 직업의 생성, 분화, 소멸이 가속화되어 직업의 세계가 매우 복잡하고 다양한 형태를 갖게 되어 직업사전 개편에 대한 필요성이 대두되었으며, 1979년 국립중앙직업안정소가 설립되면서 직업관련 정보의 조사, 연구가 이루어졌고, 1982년부터 1만 451개의 직업을 조사, 정리, 수록하여 1986년에 『한국직업사전』 초판이 발간되었다. 그 이후에 초판에 수록하지 못한 직업별 기능 정도, 교육, 습숙기간, 신체적 활동, 작업환경, 자격, 면허 등의 직업명세 사항을 추가하여 1987년부터 1994년까지 1만 2,000여 개의 직업을 정리, 수록한 『한국직업사전』 2판이 1995년에 발간되었으며, 2003년에는 『한국직업사전』 3판이 지속적으로 발간되었다.

한국직업사전은 『미국직업사전(DOT)』과 같이 우리나라의 직업을 각 직업에서의 직무를 기초로 하여 분류하였다. 1995년에 개정된 『한국직업사전』 2판은 1992년에 발간된 『한국표준직업분류』의 직업분류체계를 기초로 하여 1만 2,000여 개의 직업을 분류하고 있는데, 이 중에서 6,000여 개의 직업은 직업명칭으로, 3,500여 개의 직업은 관련직업으로, 2,500여 개의 직업은 유사직업으로 정의되었다.

『한국직업사전』에서의 개별 직업에 대한 직업기술은 다음과 같은 일곱 가지의 기본 요소로 구성, 작성되어 있다([그림 4-4] 참고).

- **직업코드**: 일곱 자리의 숫자로 구성되어 있다. 앞부분의 네 자리 숫자는 특정의 직종을 구분해 주는 단위로 2000년의 『한국표준직업분류』의 세분류 체계를 그대로 따른 것으로, 첫 번째 숫자는 대분류를, 두 번째 숫자는 중분류를, 세 번째 숫자는 소분류를, 네 번째 숫자는 세분류를 가리키는 것이다. 나머지 세 숫자는 해당 직종에 분류되는 모든 직업에 부여한 일련번호다. 직업코드는 고용안정 및 국가 인력관리업무의 전산화에 이용할 수 있도록 하기 위하여 임의로 작성한 것이다.
- **직업명칭**: 산업현장에서 일반적으로 해당 직업으로 알려진 명칭으로 직업사전에 그 직무내용이 기술된 명칭이다. 그런데 서로 다른 직업일지라도 직무내용상 공통적인 작업이나 임무를 포함하는 경우가 있는데, 직업사전에서는 감독과 같은 기본명칭과 과학자, 농부, 어부와 같은 통용명칭으로 설명하고 있으며, 직업으로 간주하지 않고 있다.
- **산업명칭**: 특정 직업이 주로 존재하는 산업으로 『한국표준직업분류』에 기초하여

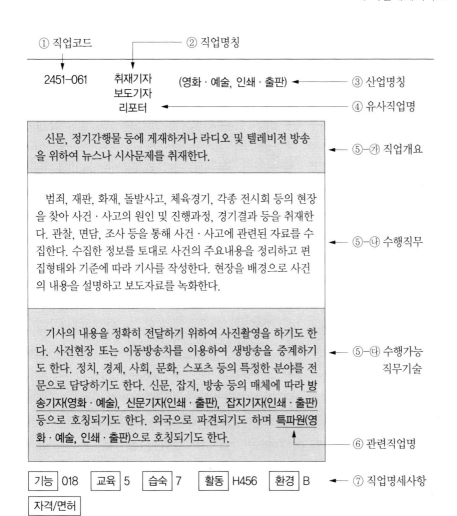

① 직업코드 ── ② 직업명칭

2451-061　취재기자　(영화 · 예술, 인쇄 · 출판) ◄ ── ③ 산업명칭
　　　　　　보도기자
　　　　　　리포터 ◄ ── ④ 유사직업명

신문, 정기간행물 등에 게재하거나 라디오 및 텔레비전 방송을 위하여 뉴스나 시사문제를 취재한다.　◄ ── ⑤-㉮ 직업개요

범죄, 재판, 화재, 돌발사고, 체육경기, 각종 전시회 등의 현장을 찾아 사건 · 사고의 원인 및 진행과정, 경기결과 등을 취재한다. 관찰, 면담, 조사 등을 통해 사건 · 사고에 관련된 자료를 수집한다. 수집한 정보를 토대로 사건의 주요내용을 정리하고 편집형태와 기준에 따라 기사를 작성한다. 현장을 배경으로 사건의 내용을 설명하고 보도자료를 녹화한다.　◄ ── ⑤-㉯ 수행직무

기사의 내용을 정확히 전달하기 위하여 사진촬영을 하기도 한다. 사건현장 또는 이동방송차를 이용하여 생방송을 중계하기도 한다. 정치, 경제, 사회, 문화, 스포츠 등의 특정한 분야를 전문으로 담당하기도 한다. 신문, 잡지, 방송 등의 매체에 따라 **방송기자(영화 · 예술), 신문기자(인쇄 · 출판), 잡지기자(인쇄 · 출판)** 등으로 호칭되기도 한다. 외국으로 파견되기도 하며 **특파원(영화 · 예술, 인쇄 · 출판)**으로 호칭되기도 한다.　◄ ── ⑤-㉰ 수행가능 직무기술

── ⑥ 관련직업명

| 기능 | 018 | 교육 | 5 | 습숙 | 7 | 활동 | H456 | 환경 | B | ◄ ── ⑦ 직업명세사항 |

| 자격/면허 |

[그림 4-4] 한국직업사전의 직업기술 구성 예시

분류되었으며, ( ) 안에 표시하고 있다.

• **유사직업명**: 사업체나 지역에 따라 다른 명칭으로 호칭되는 경우에 사용하는 '직업명칭' 의 동의어로 직업분류를 정하는 데 공식적으로 사용되지는 않는다.

• **내용설명**: 일반적으로 ㉮ 직업개요, ㉯ 수행직무, ㉰ 수행가능직무 기술의 세 부분으로 구성되어 있다. 직업개요는 해당 직업의 전체에 대한 요약으로 특정 직업을 다른 직업과 구별해 주며, 수행직무는 직무담당자가 직업개요에 기술된 모

든 직업목적을 완수하기 위하여 수행하는 구체적인 작업(task)을 서술한 것이며, 수행가능직무는 '~하기도 한다'로 표현되는 것으로 일부 사업장에서 종사하는 작업원이 수행하는 일을 기술한 것이다.

- **관련직업명**: 직업명칭과 기본적인 직무에는 공통점이 있으나, 직업명을 필요로 할 만큼 해당 직업명칭과는 상이한 직업명칭이다.
- **직업명세사항**: 작업원이 직무를 수행함에 있어서 '자료', '사람', '사물'에 관련된 직무수행 기능 정도, 일반교육수준, 습숙기간, 육체적 활동, 작업환경과 입직 시 요구되는 자격과 면허 등 여섯 가지 사항을 부호와 숫자로 표시한 것이다. 이는 1995년의 『직업사전』이 이전과 크게 달라진 점이라고 할 수 있다.

이러한 『한국직업사전』에서의 직업에 대한 정보는 노동부의 고용안정 정보망인 Work-Net(http://www.work.go.kr)의 '직업정보'란에서 제공하고 있다.

### (4) 미국직업사전

국외의 직업분류체계 중 직무의 특성에 기초한 가장 대표적인 것은 미국 노동부에서 제작하는 『미국직업사전(Dictionary of Occupational Titles, DOT)』이다. 미국의 직업사전은 1939년에 초판이 발간되었고, 1949년에 2판이, 1965년에 3판이, 1977년에 4판이 그리고 1991년에 마지막으로 제4판 증보판이 출간되었으며, 그 이후에는 직업정보시스템(O*Net)으로 대체되었다(정철영, 1999a).

『미국직업사전』 4판은 총 7만 5,000개의 직무분석에서 나온 자료를 기초로 제작되었는데 3판과 비교하여 2,100개의 새로운 직업이 추가되고, 3,500개의 직업은 삭제되었다. 미국의 직업사전에서 직업분류는 다음과 같은 아홉 자리의 직업코드(code)에 집약되어 제시되어 있다.

앞의 세 자리의 번호, 즉 ABC는 각 직업에서의 직무를 기초로 한 것으로, A는 아

| ABC.DEF-GHI | | |
| --- | --- | --- |
| A: 대분류 | D: 자료(data) | GHI: 일련번호 |
| B: 중분류 | E: 사람(people) | |
| C: 소분류 | F: 사물(things) | |

| 0/1 | 전문기술 및 관리직군(professional, technical, managerial) |
| --- | --- |
| 2 | 사무 및 판매직군(clerical and sales) |
| 3 | 서비스직군(service) |
| 4 | 농업, 어업, 임업 및 관련 직군(agricultural, fishing, forestry, and related occupations) |
| 5 | 가공처리직군(processing) |
| 6 | 기계기술직군(machine trades) |
| 7 | 정밀조립직군(bench work) |
| 8 | 구조설비직군(structural work) |
| 9 | 기타 직군(miscellaneous) |

[그림 4-5] 미국직업사전의 직업대분류 체계

홉 가지 영역의 대분류를 의미하며([그림 4-5] 참조), B는 각 대분류에서의 중분류, 그리고 C는 소분류를 의미한다.

DEF의 세 자리의 번호는 각 직업에서의 활동이 자료(data), 사람(people), 사물(things)에 어느 정도 관련되어 있는지를 알려 주는데, 각 영역에 제시된 숫자가 낮을수록 자료, 사람 또는 사물에의 관련 정도는 더욱더 복잡해지고 고차원적인 활동을 요구하게 된다(〈표 4-3〉 참조). 마지막의 GHI는 직업코드가 겹치지 않도록 하기 위한 일련번호다.

예를 들어, 레크리에이션 보조원(Recreation Aide)의 직업코드는 195.367-030인데, 여기에서 첫 번째 자리의 숫자 '1'은 레크리에이션 보조원이 '전문기술 및 관리직군'이라는 대분류에 속한다는 뜻이며, 두 번째 자리의 숫자가 '9'이기 때문에, 이 직업이 '전문기술 및 관리직군'의 대분류 중에 '사회서비스 전문직'에 해당한다는 것을 알 수 있다. 세 번째 자리의 숫자 '5'는 레크리에이션 보조원이 소분류 '의료서비스 전문직'에 해당함을 의미한다. 또한 네 번째, 다섯 번째, 여섯 번째 자리의 숫자 '3', '6', '7'은 이 직업이 자료(data)를 수집하고 사람(people)들과 대화를 하거나 신호를 보내며, 사물(things)을 취급(handling)하는 활동에 주로 관련되어 있음을 의미한다. 나머지 숫자인 '030'은 일련번호다.

『미국직업사전』의 커다란 장점 중의 하나는 미국 사회에서 직업 정보를 제공하는 모든 출판물, 컴퓨터 소프트웨어 등이 『미국직업사전』과 상호 참조가 가능하도록 만들어졌다는 것이다. 앞에서 언급한 『Holland 직업사전(Dictionary of Holland

| 〈표 4-3〉 | 미국직업사전(DOT)의 직업활동과 자료, 사람, 사물의 관련 정도 | |
|---|---|---|
| 자료(Data, D) | 사람(People, P) | 사물(Things, F) |
| 0 종합(synthesizing) | 0 지도(mentoring) | 0 조립(stting up) |
| 1 조정(coordinating) | 1 협의(negotiating) | 1 정밀작업(precision working) |
| 2 분석(analyzing) | 2 지시(instructing) | 2 조작 및 제어 (operating/controling) |
| 3 수집(compiling) | 3 감독(supervising) | 3 운전 및 조작 (driving/operating) |
| 4 계산(computing) | 4 기분전환(diverting) | 4 조정(manipulating) |
| 5 정서(copying) | 5 설득(persuading) | 5 손질(tending) |
| 6 비교(comparing) | 6 대화/신호(speaking/ signaling) | 6 투입 및 이송 (feeding/offbearing) |
| | 7 섬김(serving) | 7 취급(handling) |
| | 8 보조-지시받기 (taking instructions) | |

Occupational Codes)』이나 미국의 노동부에서 간행한 여러 출판물이나 적성검사와 같은 검사도구 등은 가장 대표적인 예라고 할 수 있다(정철영, 1999a).

### (5) 미국직업정보네트워크(O*NET)

미국직업정보네트워크(Occupational Information Network, O*NET)는 『미국직업 사전』을 대체할 목적으로 기획되어 현재 미국의 새로운 직업분류 및 직업정보시스템 으로 고용안정 및 인적자원개발의 중요한 역할을 수행하고 있다(한상근, 2004). O*NET은 1만 1,000여 개 대표직종을 대상으로 주요 직업의 작업특성, 입직하는 데 필요한 자격요건, 그 직업을 수행하기 위해 필요한 지식, 능력, 기술, 교육 및 훈련에 관한 정보 그리고 임금과 고용 등의 노동시장정보 등을 종합적으로 제공하는 정보네 트워크다.

O*NET의 내용모형은 근로자 특성(worker characteristics), 근로자 요건(worker requirements), 경험 요건(experience requirements), 직업 요건(occupational requirements), 직업-특수 요건(occupational-specific requirements), 직업특성(occu-pational characteristics) 등 여섯 가지의 요소로 구성되어 있다.

- 근로자 특성: 능력, 흥미, 직업가치관 등으로 구성됨.
- 근로자 요건: 교육, 지식, 기초기술, 범용 기능의 기술 등으로 구성되며, 이 항목들은 새로운 학습과 경험에 따라서 변화할 수 있다는 특성이 있음.
- 경험 요건: 훈련, 경험, 자격 등으로 구성됨. 어떤 종류의 훈련이나 경험이 필요한지, 어떤 종류의 자격이 필요한지를 나타냄.
- 직업 요건: 일반 근로활동, 근로 환경, 조직 환경 등으로 구성되며 해당 직업의 근로 자체를 기술하기 위한 구성 요소임.
- 직업-특수 요건: 과제, 임무, 직업적 기술과 지식, 기계, 도구 및 장비 등으로 구성됨. 이 정보는 특정 직업과 관련된 특수한 정보임.
- 직업 특성: 노동시장 정보, 직업전망, 임금 등의 정보임.

## 2) 심리적 특성 및 유사성을 기준으로 한 분류체계

여기에서 소개하는 심리적 특성 및 유사성을 기준으로 한 직업분류체계는 Holland와 Roe에 의한 것들이다. 이들은 모두 직업선택 이론에 기초한 것으로, 모두 직업흥미검사와 연계되어 있다는 특징을 지니고 있다. 이들 직업분류체계는 직업의 구조를 전반적으로 이해하는 데 많은 도움이 되고 있다.

### (1) Holland의 직업분류체계

Holland의 직업분류체계는 진로선택에 관한 그의 이론에 기초한 분류체계다. Holland의 진로선택 이론은 기존의 성격이론을 발전시켜 이를 직업의 세계에 접목시키려한 시도에서 나온 것이기 때문에 Holland의 직업분류체계는 성격적인 특성이 매우 강하게 나타난다.

Holland의 직업분류체계는 다음과 같이 여섯 가지의 직업영역(occupational fields)으로 구성되어 있다(Holland, 1992). 이들 여섯 가지 직업영역 분류체계는 개인과 직업에 동일하게 적용하고 있어 실제 진로상담의 현장에서 매우 유용하게 적용될 수 있는 장점을 지니고 있다(최동선, 정철영, 1996).

- **실재적(realistic) 영역**: 주로 실제 사물을 대상으로 한 활동이 중심을 이루며, 활동적이며, 근육을 이용하는 직업이다. 자동차 정비사, 항공기 조종사, 측량기사, 농부, 전기기사 등이 여기에 속한다.
- **탐구적(investigative) 영역**: 지적 작업에 관련된 직업으로, 추상적·논리적·과학적인 일이 주종을 이룬다. 생물학자, 화학자, 물리학자, 문화인류학자, 지질학자, 의료공학자 등이 여기에 속한다.
- **예술적(artistic) 영역**: 심미적이고 감각적인 활동이 많으며, 이 영역의 종사자는 비교적 비사교적인 특성을 지닌다. 작곡가, 무대감독, 작가, 실내장식가, 연극배우 등이 여기에 속한다.
- **사회적(social) 영역**: 타인을 위해 봉사하는 요소가 강한 환경으로, 언어능력 및 대인관계 기술을 요구한다. 전통적으로 여성적인 직업이 많다. 교사, 종교인, 상담가, 임상심리학자, 심리치료사 등이 여기에 속한다.
- **설득적(enterprising) 영역**: 상대를 설득시키는 요소가 강한 직업이다. 남성적인 면이 강하고, 비교적 외향적이며, 지도력·설득력 등의 능력을 요구한다. 판매원, 경영관리인, 광고대행업자, 교육행정가 등이 여기에 속한다.
- **관습적(conventional) 영역**: 타인의 의사에 자기를 합치시켜야 하는 요소가 강한 직업이다. 논리적·체계적인 활동이 많으며, 틀에 박힌 활동이 많다. 도서관 사서, 위생시험사, 안전관리사, 행정사무원, 법무사 등이 여기에 속한다.

이들 Holland의 여섯 영역의 직업분류체계는 육각형의 구조를 이룰 것으로 가정된다([그림 4-6] 참고). Holland(1992)는 '계측성(calculus)'이라는 이차적 가설을 통하여 여섯 가지의 직업영역이 육각형 구조를 이루며, 각 영역 간의 거리가 가까울수록 이들의 심리적인 특성도 매우 유사하다고 하였다.

한편, Prediger는 Holland의 여섯 가지 직업영역을 더욱 단순화하여 이해하기 쉽도록 하였는데, Prediger가 제시한 체계는 자료·개념과 사물·사람의 이차원적인 체계다(Prediger & Vansickle, 1992). [그림 4-6]에서 보는 바와 같이, 실재적(realistic)인 직업영역은 사물(things) 지향적인 특성이 강한 반면, 실재적 유형과 심리적으로 가장 상이한 사회적(social) 직업영역은 사람(people) 지향적인 특성이 강하다.

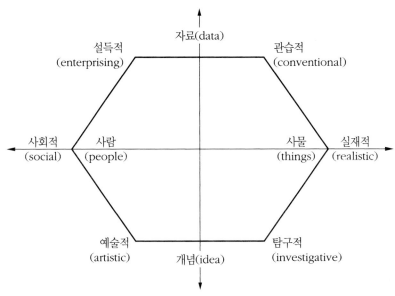

[그림 4-6] Holland의 직업분류체계 관계도

자료: Prediger & Vansickle, 1992.

이와 같은 Holland의 직업분류체계가 정말 육각형의 구조를 이루는가 등의 몇 가지의 문제점들이 학문적인 입장에서 제기되고는 있지만, Holland의 분류체계는 미국 사회에서 매우 다양하게 활용되고 있으며, 미국에서 제작된 많은 직업흥미 검사도구도 Holland의 분류체계를 기초로 하고 있다. 또한 Holland 자신이 직접 제작한 직업사전인 『DHOC(dictionary of holland occupational codes)』는 앞에서 살펴본 『미국직업사전(DOT)』과 상호 참조가 가능하도록 제작되어 있어 진로지도의 많은 현장에서 활용되고 있다.

### (2) Roe의 직업분류체계

직업의 심리적 특성을 기준으로 한 또 다른 분류체계는 Roe에 의한 것이다. Roe의 직업분류체계는 영역(field)과 수준(level)을 두 차원으로 하는 이원적인 분류체계라는 특징을 지니고 있다. 영역은 일의 활동에 초점을 둔 것으로 여덟 가지로 구분되며, 수준은 직업에서 요구하는 책임감, 능력, 기술의 정도를 기초로 한 것으로 6단계의 위계구조로 구성되어 있다(〈표 4-4〉 참고).

특히, 여덟 가지의 직업 영역은 원형의 구조를 이루고 있는 것으로 간주하는데, 각 직업 영역 간의 거리는 심리적 유사성(psychological similarity)을 의미한다(Osipow & Fitzgerald, 1996). 즉, 서로 가까운 위치에 있는 영역일수록 이들 영역이 지니는 심리적 특성은 더욱더 유사하다. 이러한 심리적 유사성은 한 개인이 직업을 이직하고자 할 때 큰 의미를 지닌다. Roe에 따르면, 직업을 바꾸려고 하는 사람은 자신이 속한 직업영역과 심리적인 특성이 유사한, 즉 가까운 거리에 있는 직업 영역으로 이동하려고 한다는 것이다. 예를 들면, 서비스직에 속한 사람은 옥외활동직보다는 거리가 가까운 조직단체직으로 이직하려 한다는 것이다. 그러나 이와 같이 한 개인이 이직할 때에는 직업수준, 즉 그가 지니고 있는 교육수준이나 경험의 정도에 의해 제한을 받게 된다고 Roe는 설명하였다. 또한 Roe의 여섯 가지 직업수준은 위계구조로 이루어져 있는데, 직업수준이 높을수록 직업영역 간의 심리적 특성의 거리는 멀어지고 직업수준이 낮을수록 직업영역 간의 심리적 특성의 거리는 가까워진다. 즉, 낮은 직업수준에서는 직업영역 간의 이동이 비교적 용이하지만, 높은 직업수준에서는 그렇지 못하다는 것이다. 이러한 관계를 평면에 도식화하면 [그림 4-7]과 같다.

이와 같은 Roe의 직업분류체계는 다른 분류체계보다 전체적인 직업구조를 파악

| 〈표 4-4〉 | Roe의 이원적 직업분류 항목 |
| --- | --- |
| 영 역 | 수 준 |
| I. 서비스직 (service) | 1. 고급 전문관리 |
| II. 비즈니스직 (business contact) | (professional and managerial I) |
| III. 단체직 (organization) | 2. 중급 전문관리 |
| IV. 기술직 (technology) | (professional and managerial II) |
| V. 옥외활동직 (outdoor) | 3. 준 전문관리 |
| VI. 과학직 (science) | (semiprofessional and small business) |
| VII. 일반문화직 (general culture) | 4. 숙련직(skilled) |
| VIII. 예능직 (arts and entertainment) | 5. 반숙련직(semiskilled) |
| | 6. 비숙련직(unskilled) |

자료: Roe, 1957.

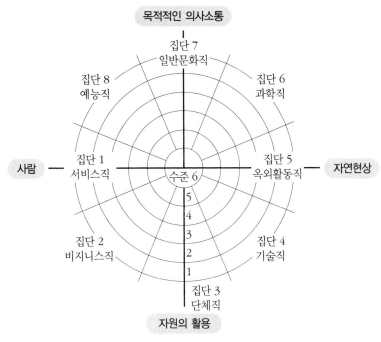

목적적인 의사소통

집단 7
일반문화직

집단 8
예능직

집단 6
과학직

사람

집단 1
서비스직

수준 6

집단 5
옥외활동직

자연현상

5
4
3
2
1

집단 2
비지니스직

집단 4
기술직

집단 3
단체직

자원의 활용

[그림 4-7]　Roe의 직업분류체계 도식

자료: Roe & Lunneborg. 1990, p. 83.

하는데 용이하다는 장점을 지니고 있다. 즉, 직업적 활동에 대한 일반적인 개념이나 직업들 간의 관련성 그리고 여러 직업에 관련된 책임의 정도 등을 비교적 쉽게 이해할 수 있다는 것이다. 그러나 각 직업에서 수행하는 다양한 임무나 직무수행에 필요한 능력이나 기술 등의 다양한 정보를 구체적으로 제공하지 못한다는 단점을 지니고 있다(Isaacson & Brown, 1997).

## 3. 직업세계의 변화와 전망

현대를 급변의 시대라 할 만큼 우리 주변의 모든 것이 급속하게 변화하고 있다. 직업의 세계 또한 이러한 시대의 흐름에 따라 변화가 급속하게 진전되고 있다. 즉, 시대의 변천에 따라 새로운 직업이 생겨나기도 하고, 과거에 있던 직업이 없어지기도 하면서 직업의 세계는 계속적으로 변화해 가고 있다. 그렇다면 이와 같이 직업의 세계가 급속하게 변화하는 이유는 무엇일까? 이는 직업세계의 변화에 직·간접적으로 영향을 미치는 주변 환경들의 급속한 변화에 따른 것이라 할 수 있는데, 여기에서는 직업세계의 변화에 영향을 주는 몇 가지 요인들을 중심으로 직업세계의 변화 양상을 살펴보고자 한다.

### 1) 기술환경의 변화

기술과 직업의 관계는 고용, 실업, 작업방식 그리고 학습에 걸쳐 광범위하고도 매우 복잡하다. 즉, 기술의 발전은 노동의 수요·공급에 있어 직·간접적으로 연결되어 있다. 따라서 앞으로 기술환경이 어떻게 변화할 것인가의 문제는 직업세계의 구조가 변화하는 방향을 예측하는 데 많은 의미를 지니게 된다.

현재 21세기 모든 국가의 산업구조 변화를 주도하는 핵심요소는 디지털기술, 생명공학, 환경 등 첨단기술을 중심으로 하는 기술발전의 가속화와 융합화 그리고 이러한 기술발전을 기반으로 하여 세계를 하나의 생산체계와 소비시장으로 만들어 가는 경제활동의 범세계화가 산업구조와 고용에 미치는 효과는 [그림 4-8]과 같이 이루어진다(장석인, 1998; 삼성경제연구소, 2004).

이와 같은 기술발전의 특징은 직업의 세계에 다양한 영향을 미친다. 기술발전 그 자체는 신기술 관련 인력의 수요를 크게 할 것이다. 예를 들면, 2005년도 한국직업전망에 따르면 전기·전자 및 정보통신관련직은 향후 이들 분야의 직업들이 모두 고용증가를 가져올 것으로 보았다. 특히 본격적으로 디지털시대가 열리고 언제 어디서나 네트워크에 접속해 원하는 서비스를 이용하는 유비쿼터스 환경이 마련되면 통신공학기술자, 컴퓨터하드웨어엔지니어, 시스템소프트웨어개발자, 응용소프트웨어개발자 등의 관련 직업에서 일자리 수요가 늘어난다는 것이다. 또한 기술의 융합화와 복합화는 복합기술의 능력 소유자에 대한 수요 증가를 예상할 수 있으며, 기술의 생명 주기 단축은 창의적 능력의 소유자가 우대받는 등의 예상을 쉽게 할 수 있다. 또한 산업구조에도 변화를 가져와 쇠퇴산업과 신산업이 나타나 고용구조에도 많은 영

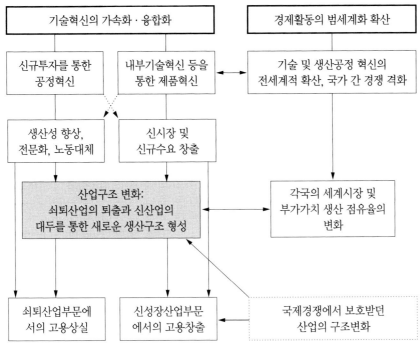

[그림 4-8] 기술혁신과 경제활동의 범세계화가 고용에 미치는 효과

자료: 장석인 외. 1998.

향을 미치게 될 것이다. 이는 경제활동의 범세계화가 확산됨에 따라 가속화될 것으
로 기대된다.

## 2) 지식기반사회의 도래

21세기에 들어서 정보화를 매개로 지식의 창출이 가속화되고 지식의 확산과 확산
된 지식의 흡수·활용을 통하여 경제·사회가 근본적으로 변화하는 소위 지식기반
사회가 급속히 진행되고 있다. 지식기반사회에서는 국가 경쟁력, 기업의 생산성, 개
인의 노동시장에서의 지위를 결정짓는 요인이 종래의 자본, 노동 등의 유형자본으로
부터 무형의 지식자산과 혁신 능력으로 바뀌게 된다. 그런데 지식기반사회로의 이행
으로 인하여 산업 및 직업의 구조가 변화할 뿐만 아니라 직업에서 수행하는 직무의

수준과 내용도 변화하며, 따라서 직무를 수행하는 과정에 다양한 지식을 활용할 수 있는 능력을 갖출 필요가 있다.

특히 질적인 차원에서 볼 때, 지식기반사회로 변화하면서 많은 직무의 변화가 나타날 것으로 기대된다(〈표 4-5〉 참조). 즉, 지식기반사회에서 직업현장은 다기능팀들의 네트워크로 변화하고 있고 이에 따라 다기능, 상호 협조능력 등이 강조되고 있으므로 이와 같이 변화된 직무를 원활하게 수행할 수 있는 능력이 요구되고 있다(정철영, 1999b).

따라서 국가적, 사회적, 가정적으로 지식기반사회에서 요구되는 새로운 태도, 과감한 인식의 전환이 촉발되고 유도되도록 하는 것이 필요하다. 또한 지식기반사회에서의 지식의 양이 폭발적으로 늘어나고 그 소멸주기가 매우 짧아지고, 평생고용의 관행이 사라지므로 개인은 산업구조의 변화에 발맞추어 항상 새로운 지식과 기술을 습득하도록 요구받게 된다. 따라서 누구든지 평생 동안 계속해서 새로운 지식을 학습하고 또 새로운 지식과 가치를 만들어 내도록 해야 한다(정철영, 1999b).

| 〈표 4-5〉 | 지식기반사회에 따른 직무 변화 | |
|---|---|---|
| 구성요소 | 산업사회 | 지식기반사회 |
| 작업현장조직 | 위계적<br>기능적/전문적<br>경직적 | 수평적<br>다기능 팀들의 네트워크<br>유연한 조직 |
| 직무설계 | 편협함<br>한 가지 직무수행<br>반복/단순/표준화/분업화 | 광범위<br>다양한 직무수행<br>다양한 책임 |
| 노동자의 직업능력 | 전문적 | 다기능, 상호 협조적 능력 |
| 노동력 관리 | 명령과 통제체제 | 자기관리 체제 |
| 의사소통 | 하달식 | 광범위한 확산 |
| 의사결정책임 | 명령체계 | 권한 분산 |
| 방향 | 표준화/고정적 시행절차 | 끊임없이 변화하는 절차 |
| 노동자의 자율성 | 낮음 | 높음 |
| 노동자의 조직이해도 | 협소함 | 광범위함 |

자료: U. S. Department of Education, etc. 1999.

### 3) 산업구조의 변화

산업구조의 변화 또한 직업세계의 변화와 밀접한 관련이 있다. 경제가 발전함에 따라 산업구조는 1차 산업에서 2차 산업으로, 2차 산업은 다시 3차 산업으로 변화하게 되는데, 이러한 산업구조의 변화는 각 산업을 형성하고 있는 직업의 종류나 내용, 성격의 변화에 많은 영향을 줌으로써 새로운 서비스 관련 업종들의 성장을 촉진시키고 있다. 이와 같이 산업구조가 변화함에 따라 비중이 높아지는 분야와 관련된 직업의 종류는 늘어나고 그 수도 증가하는 반면에 비중이 낮아지는 분야와 관련된 직업의 종류는 줄어들고, 그 수도 감소하게 된다.

특히 21세기에 들어서 산업구조의 변화는 기존제조업에 신기술이 접목되고 전통적인 제조업의 생산기능을 보조하는 기능이 별도의 산업으로서 독립되며 하드웨어와 소프트웨어가 결합되고 기업들이 네트워크화하여 시장을 획득해 가며 삶의 질 개선 등 공공재적 성격이 강한 분야가 성장하는 경향성을 보이고 있다.

### 4) 정부의 경제정책 변화

정부의 경제정책의 기조가 바뀌면서 그와 관련된 직업이 증가하고 새로 생겨나는 등의 변화를 가져오게 된다. 우리나라는 정부의 경제정책에 따라 1960년대에는 노동집약적인 경공업 산업구조가 형성되었고, 1970년대에는 국내의 인적 자원 및 해외 자본 기술과 결합하여 중화학 공업으로의 구조 개편이 일어났으며, 1980년과 1990년대에는 서비스산업의 비중이 다른 산업보다 더욱 커지는 경제의 서비스 현상이 일어났다. 즉, 우리나라의 경제정책은 제 1, 2차 경제개발계획 때에는 공업기반 조성, 기간산업 및 사회간접자본 확충과 관련된 산업이, 제 3, 4차 경제개발계획 때에는 중화학 공업과 관련된 산업이 성장하게 되었으며, 개방화와 세계화가 추진되면서 이에 따른 산업이 성장하였다. 한편, 2003년 정부에서는 차세대 성장동력 발굴을 목적으로 10대 미래전략산업을 선정하여 이에 대한 집중적인 투자를 계획하여 운영하고 있다(〈표 4-6〉 참조).

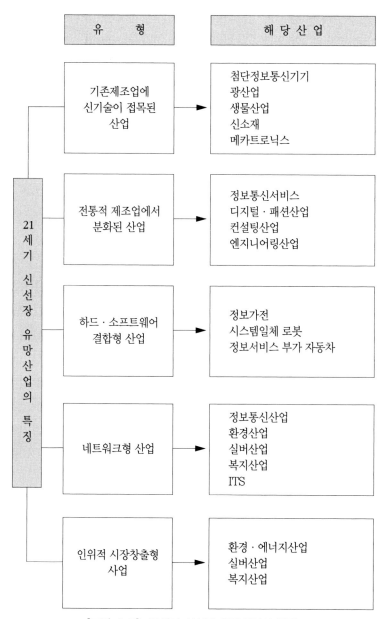

[그림 4-9] 21세기 신성장 유망산업의 특징

자료: 이건우, 2001.

| 〈표 4-6〉 10대 국가 미래전략산업 정책 | | | | | | (단위: 억 원) |
|---|---|---|---|---|---|---|
| 10대 산업 | 예산 규모 | | | | | |
| | 2003 | 2004 | 2005 | 2006 | 2007 | 전체 |
| 디지털 TV/방송<br>디스플레이<br>지능형 로봇<br>미래형 자동차<br>차세대 반도체<br>차세대 이동통신<br>지능형 홈네트워크<br>디지털콘텐츠/SW솔루션<br>차세대 전지<br>바이오 신약/장기 | 2,119 | 4,043 | 5,905 | 6,791 | 7,810 | 26,668 |

자료: 과학기술부. 2003.

## 5) 생활수준의 향상과 생활방식의 변화

고도의 경제성장으로 인한 국민들의 생활수준 향상은 소비패턴에 변화를 가져와 양(量)에서 질(質)로의 소비 고급화가 촉진됨으로써 산업구조나 직업구조도 대량생산체제에서 고품질 소량생산체제로 변화하게 되며, 국민의 관심과 흥미의 대상도 건강이나 삶의 질, 노후, 여행, 레저 등으로 변화됨으로써 이와 관련된 새로운 업종들이 새롭게 발전하게 되었다. 또한 국민의 생활수준 향상은 일에 대한 가치기준이나 직업에 대한 의식에도 영향을 미쳐 3D 업종과 같이 더럽고(dirty), 힘들고(difficulty), 위험한(dangerous) 업종들을 기피하는 현상을 가져왔으며, 직업선택의 기준도 보수나 성취욕보다는 취미나 적성 등을 우선시하는 '벌이' 보다는 '놀이' 성격이 강한 직업들을 선호하는 경향이 두드러짐에 따라 영화나 음악, 레저, 생활문화 등과 같은 문화산업과 같이 자본집약적이고 감성지향적인 직업들이 증가할 것이다.

생활수준의 향상에 따른 생활방식의 변화도 직업의 변화에 많은 영향을 미친다. 즉, 예전의 직장을 우선으로 하는 생활문화에서 개인의 만족과 가정생활을 중심으로 하는 생활문화에 더 큰 비중을 두게 되고, 생존을 위한 일보다는 자신의 개성을 중시하는 일을 추구함에 따라 이와 관련되는 새로운 직업들이 생겨나게 되고, 발전하게 된다. 예를 들어, 전에는 집집마다 김치를 담그는 것이 너무 당연한 일이었기 때문에 김치를 만드는 직업은 생각도 못했다. 그러나 지금은 김치가 공장에서 만들어지면서 김치 관련 직업만도 다양하게 분화하고 있다. 김치 숙성관리원, 김치 제조원, 무 세척원, 마늘 박피기 조작원, 고추 제분원, 양념 혼합원 등 열한 가지나 된다. 또한 양보다는 질을 중시하고, 획일화보다는 개성화와 다양화를 추구함에 따라 생산은 소품종 대량생산에서 다품종 소량생산체제로 바뀌고, 시장 구조는 대량화, 대중화, 거대화에서 소량화, 전문화, 세분화로 바뀌고 있다. 유통의 주역도 백화점이나 슈퍼마켓에서 전문점으로 변화하고 있어 이와 관련된 직업도 이에 따라 변화되어 가고 있다(정철영, 1999a).

### 6) 세계화

세계화도 직업세계의 변화에 많은 영향을 주고 있다. 향후 21세기를 향한 국제 경제환경의 변화는 세계무역기구(world trade organization, WTO)를 축으로 하는 신국제 다자경제 질서로의 전환이라고 볼 수 있다. 1995년에 정식으로 출범한 세계무역기구는 세계경제가 하나의 규범과 하나의 시장, 하나의 관할 기구 밑에 운영되는 한 지붕 경제권을 의미한다. 따라서 정치적 국경은 이제 경제적으로 그 의미를 상실하였으며, 개별 기업의 국적이 갖는 의미도 크게 퇴색하고 있다. 국제적 경쟁 또한 심화됨에 따라 기업 차원에서 경쟁력 강화를 위하여 노동과 자원, 기술, 기업활동 등의 여건에 부합되면 기업들은 장소와 시간에 관계없이 전략적 제휴를 추진하고 있어 생산, 판매, 조달, 금융 등의 측면에서 기업 간 네트워크가 세계화되어 가고 있다. 또한 다자 간 협상에 의한 개방화는 다원화·정보화 시대를 배경으로 하여 모든 국가 간의 다자 협상에 의하여 보편적인 개방 형태의 국제관계로 전개됨으로써, 세계화 사회에서의 경쟁은 국가단위에서 기업 대 기업 또는 지식 대 지식의 경쟁이 국제 경쟁의 실제단위가 되는 적자 생존적인 이른바 대경쟁(mega-competition) 시대에 돌입하면서 기업들의 대합병(Mega M&A)이 본격화되고 있는 가운데 국경 없는 경쟁의 시대를 맞이하게 되었다. 오늘날의 세계 경제는 정보기술과 통신이 융합되면서 새로운 산업이 창출되는가 하면 기존 산업에 대한 구조 재편도 빠른 속도로 진행되고 있다.

세계화 개방화와 함께 특징적으로 나타나는 현상은 유럽공동시장(EC), 북미경제연합(NAFTA), 태평양경제연합(APEC) 등 지역경제연합의 역할이 증대되고 있다는 것인데, 이러한 지역경제 블록화 현상은 내부적으로는 자유무역의 성격이 강해지고 있는 반면에 블록들 사이에는 정부가 개입하여 관리하는 성격이 강해지고 있어 앞으로는 어느 나라이든 지역경제블록에 구성원으로 참여하지 않으면 경제발전과 무역량을 늘리는 것은 어려워질 전망이다.

이와 같은 현상들에 의해 자본이동과 노동분업이 급속하게 진행될 것으로 전망되는데, 자본과 노동의 국제이동성에 대한 제약이 해소되어 감에 따라 자본과 노동은 국가경쟁력의 원천이라고 볼 수 없으며, 물적생산요소인 자본이나 노동보다는 지식과 정보, 즉 지적요소가 경제성장의 중요한 역할을 할 것으로 전망되며, 시장의 세계화(globalization of markets)가 이루어지고, 기업의 생산거점 또한 자국에서 지역적 이점이 있는 곳으로 계속 진행될 것으로 전망된다. 따라서 이러한 세계화, 다양화, 블록화 등의 사회환경 변화에 의하여 국제무역합작투자나 기술도입과 같은 국제업무와 관련된 직종과 고숙련 인력의 수요가 계속해서 증가될 것으로 전망되며, 지식을 기반으로 한 신기술관련 업종들의 중요성이 높아질 것으로 보인다.

## 7) 환경문제에 대한 인식의 변화

지금까지의 고도 경제성장은 환경문제에 대한 인식을 도외시한 채 이룩되어 왔다고 할 수 있는데, 이와 같이 환경문제를 도외시한 지속적인 경제개발의 결과 전 세계는 지금 오존층의 파괴와 지구온난화, 산성비 등에 의한 생태계의 파괴 문제가 심각하게 대두됨에 따라 최근에는 '하나뿐인 지구를 지키자.' 는 인식이 확대됨으로써 자연환경의 파괴 없는 지속적인 개발의 아이디어나 깨끗한 환경이 경제발전의 전제조건으로 점차 부각되고 있다. 이와 같은 현상은 환경보존을 위한 국제적인 차원의 규제강화로 나타나고 있으며, 환경파괴에 효율적으로 대처하기 위해 선진국을 중심으로 구속력 있는 환경협약을 체결하여 또 다른 무역장벽으로 작용하고 있는 현실에 있다.

또한 제품의 안전사고 발생 시 제조자에게 책임을 묻는 제조물 책임법(product liability, PL)이 선진국을 중심으로 입법화되고 있어 안전에 대한 의식이 크게 강화되고 있다. 현재 180여 건의 각종 환경협약이 체결되었거나 추진 중에 있으며, 각국별로 환경기준을 강화하여 일정기준에 미달하는 제품에 대해서는 수입을 규제하거나 수출국에게 폐기물 회수를 의무화하고 있다.

이와 같은 현상에 따라서 생태계 보전, 산업폐기물 처리, 환경시설물 평가·시공·설계 등의 환경 관련 분야에 대한 직업의 수요가 계속 증가될 것으로 전망된다. 또한 환경보존을 위한 기술은 고성장의 고용을 실현하는 몇 안 되는 산업 중의 하나로 환경규제를 돌파하려는 기업의 노력은 기술개발의 동기로 작용하게 되었으며, 이에 따라 청정 환경의 보존은 농업·임업·수산업이나 관광 관련 산업의 발전을 가져와 이와 관련된 산업의 고용을 촉진시킬 것으로 전망된다.

## 4. 직업세계와 대학 전공

2004년 현재 우리나라의 고등학교 졸업생 10명 중 8명이 대학 또는 전문대학에 진학하고 있다. 이제 고등교육은 더 이상 소수의 엘리트를 양성하기 위한 교육이 아니다. 대학의 수도 많아지고 대학에 개설된 전공 학과도 그 수나 종류에 있어 무척 다양해지고 있다. 대학교의 학과는 1985년 3,126개였으나 2004년 9,653개로 늘어났고 전문대학의 학과도 1985년 1,076개에서 2004년 5,847개로 증가하였다(교육인적자원부, 한국직업능력개발원, 2004a).

이러한 학과 수의 증가는 고등교육기관의 증가와 직업세계와 산업 구조의 변화에 따라 더욱 다양한 전공 학과가 개설되는 복합적인 요인에 의한 것이라 할 수 있다. 여기에서는 대학의 전공계열 및 학과와 관련직업을 중심으로 살펴보고자 한다.

## 1) 인문계열

　인문계열은 모든 학문의 근본이 되는 인문학을 교육하고 연구하는 것을 목표로 하는 계열이다. 인문계열은 인간과 인간의 문화, 인간의 가치와 인간의 자기표현능력을 바르게 이해하기 위한 과학적인 연구방법에 관심을 갖는 분야다. 인문계열 학과와 관련직업을 살펴보면 〈표 4-7〉과 같다.

　인문계열은 사회 어느 분야에서나 지식의 기반이 되기 때문에, 인문계열을 졸업한 이후의 진출 분야는 매우 다양하다. 사회 여러 방면으로 진출할 수 있는데, 사무관련 업무를 하거나 작가 및 관련 전문가로 활동을 하거나 교육기관 등으로 진출할 수 있

| 〈표 4-7〉 | 인문계열과 관련직업 |
|---|---|
| 학과 | 관련직업 |
| 언어학과 | 교구 · 교재개발원, 문리학원강사, 번역사, 시장 및 여론조사 관련 사무원, 언어학연구원, 외국어교사, 외국어학원강사, 인문계열교수, 통역가, 평론가, 항공운송 사무원 등 |
| 국어국문학과<br>문예창작학과 | 교구, 교재개발원, 국어교사, 기자, 문리학원강사, 방송기자, 방송대본작가, 소설가, 시나리오 작가, 시인, 시장 및 여론조사 관련 사무원, 신문기자, 언어학연구원, 인문계열교수, 작사가, 출판 및 자료편집 사무원, 출판물기획원, 카피라이터, 편집기자, 평론가, 항공운송 사무원 등 |
| 일어일문학과<br>일본학과<br>중어중문학과<br>중국학과<br>영어영문학과<br>미국학과<br>독어독문학과<br>독일학과<br>노어노문학과<br>러시아학과<br>서어서문학과<br>불어불문학과<br>프랑스학과 | 교구 · 교재개발원, 문리학원강사, 번역사, 시장 및 여론조사 관련 사무원, 언어학연구원, 외국어교사, 외국어학원강사, 인문계열교수, 통역가, 평론가, 항공운송 사무원 등 |

(계속)

| 학과 | 관련직업 |
|---|---|
| 문헌정보학과 | 기록물관리사, 도서관장, 사서, 인문계열교수 등 |
| 심리학과 | 상담전문가(심리상담사), 시장 및 여론조사 전문가, 인문계열교수, 임상심리사(심리치료사), 직업상담 및 취업알선원 등 |
| 문화인류학과<br>고고학과 | 문화재 감정평가사, 문화재보존원, 박물관장, 역사학연구원, 인문계열교수 등 |
| 사학과 | 기록물관리사, 문화재 감정평가사, 문화재보존원, 박물관장, 역사학연구원, 인문계열교수 등 |
| 종교학과<br>불교학과<br>신학과 | 목사, 승려, 신부, 인문계열교수, 전도사 등 |
| 철학과 | 인문계열교수 , 철학연구원 등 |

자료: 중앙고용정보원. 2004. http://www.work.go.kr

다. 언어나 외국어문학을 전공하면서 교육과정을 이수하면 교사로도 활동할 수 있다(교육인적자원부, 한국직업능력개발원, 2004a).

### 2) 사회계열

사회계열은 사회의 여러 모든 현상을 과학적이고 체계적으로 연구하는 경험과학에 바탕을 둔다. 따라서 인간생활의 다양한 측면과 관련된 기초학문, 즉 사회학, 정치학, 경제학, 법학, 행정학 등과 같은 학문을 교육하고 연구한다. 개인 혹은 국가의 지속적인 발전을 위해 사회 변화를 분석하고 대안을 제시할 수 있는 기본적인 소양을 기르는 것을 목표로 한다. 사회계열 학과와 관련직업을 살펴보면 〈표 4-8〉과 같다.

사회계열을 졸업한 이후 진출 분야는 매우 다양하다. 은행, 증권회사와 같은 금융기관이나 일반기업체로 진출하거나, 언론계로 진출할 수 있다. 사법고시에 응시하여 법조인으로 진출할 수 있고, 사회과학관련 연구소, 사회여론조사기관 등으로 진출할 수 있다(교육인적자원부, 한국직업능력개발원, 2004a).

| 〈표 4-8〉 | 사회계열과 관련직업 |
|---|---|
| 학과 | 관련직업 |
| 경영학과<br>국제경영학과<br>마케팅학과<br>경영정보학과<br>(응용)경영학과<br>경제학과<br>국제경제학과<br>금융(보험)학과<br>(응용)경제학과 | 감정평가사, 경리, 경영컨설턴트, 관세사, 구매 및 자재사무원, 구매인(바이어), 금융관련관리자, 금융대출사무원, 금융자산운용가, 금융출납창구사무원, 기업고위임원, 기획사무원, 노무사, 도로운송 사무원, 마케팅 전문가, 마케팅사무원, 무역사무원, 물류관리전문가, 방송기자, 방송제작관리자, 보험대리인 및 중개인, 보험사무원, 부동산중개인, 부동산투자신탁운용가, 분양 및 임대사무원, 사회계열교수, 사회과학연구원, 상품중개인(경매인 포함), 선물중개인, 세무사, 수상운송 사무원, 시장 및 여론조사전문가, 식품영업원, 신문기자, 신용분석가, 여행상품 개발원 및 여행관련사무원, 여행안내원, 외환딜러, 운송 및 선적 사무원, 음반기획자, 의료장비 및 의료용품 기술영업원, 인사관리자, 인사사무원, 인쇄·광고영업원, 인적자원전문가, 입법 공무원, 재무 및 회계관리자, 전문비서, 주택관리사, 증권 중개인, 채권관리원, 촬영기자, 투자분석가(애널리스트), 투자인수심사원(투자언더라이터), 편집기자, 해외영업원, 행사기획자, 행정학연구원, 헤드헌터, 호텔관리자, 홍보사무원, 회계사, 회계사무원, 회의기획자 등 |
| 법학과<br>공법학과<br>사법학과<br>(특수)법학과 | 검사, 경찰관, 교도관, 법률행정사무원, 법무사, 법학연구원, 변호사, 사회계열교수, 사회과학연구원, 판사 |
| 사회복지학과 | 사회계열교수, 사회과학연구원, 사회단체활동가, 사회복지사, 사회복지시설종사원, 상담전문가(심리상담사), 직업상담 및 취업알선원 등 |
| 사회학과 | 사회계열교수, 사회과학연구원, 사회교사, 사회학연구원, 시장 및 여론조사 전문가, 직업상담 및 취업알선원 등 |
| 신문방송학과<br>광고학과 | 마케팅 진문가, 방송연출가(프로뉴서), 사회계열교수, 사회과학연구원, 시장 및 여론조사 전문가, 직업상담 및 취업알선원, 카피라이터 등 |
| 정치(외교)학과 | 사회계열교수, 사회과학연구원, 사회교사, 외교관, 정치학연구원, 직업상담 및 취업알선원 등 |

(계속)

| 학과 | 관련직업 |
|---|---|
| 행정학과<br>경찰행정학과<br>도시행정학과<br>보건행정학과<br>비서학과<br>부동산학과 | 경찰관, 사회계열교수, 사회과학연구원, 사회교사, 외교관, 직업상담 및 취업알선원, 행정부고위공무원 등 |
| 관광학과<br>호텔경영학과<br>(외식산업과)<br>항공서비스과<br>(항공운항과) | 사회계열교수, 여행상품 개발원 및 여행관련사무원, 여행상품개발원, 여행안내원, 직업상담 및 취업알선원, 카지노딜러, 호텔·콘도접객원, 호텔관리자 등 |
| 지리학과 | 사회계열교수, 사회교사, 직업상담 및 취업알선원 등 |

자료: 중앙고용정보원. 2004. http://www.work.go.kr

## 3) 자연계열

자연계열은 주위에서 일어나는 자연현상의 기본적인 원리를 탐구하고 새로운 자연법칙을 개발하는 기초과학인 자연과학에 바탕을 둔다. 자연과학은 우주와 물질의 기원부터 생명현상까지 다양한 물질세계의 원리를 과학적인 방법으로 연구한다. 따라서 물리학, 생물학, 화학, 수학, 천문학, 지학 등이 포함된다. 국가경쟁력의 원천이 되는 신지식 창출을 위해 우수한 기초과학 연구 인력의 양성과 기초과학 발전의 중추적 기능 수행을 목표로 한다. 자연계열 학과와 관련직업을 살펴보면 〈표 4-9〉와 같다.

자연계열 대학교를 졸업한 이후 대학원에 진학하여 연구원이 되는 경우가 많다. 일반 기업체, 전공 관련 기업체, 정부기관이나 연구소 등으로 진출할 수 있다. 전문대를 졸업한 경우 산업기사 자격 취득 후 관련분야 기업체에 취직을 하거나, 계속 공부하기 위해 대학교로 편입하는 경우도 많다. 4년제 대학교를 졸업하면 기사 자격을 취득할 수 있고, 전문대학을 졸업하면 산업기사 자격을 취득할 수 있다(교육인적자원부, 한국직업능력개발원, 2004a).

| 〈표 4-9〉 | 자연계열과 관련직업 |
|---|---|
| **학과** | **관련직업** |
| 물리학과 | 과학교사, 물리학연구원, 자연계열교수 등 |
| 생물학과<br>생물과학과<br>(생물공학과) | 과학교사, 생물과학 관련 시험원, 생물학연구원, 약학연구원, 의학연구원, 자연계열교수, 자연과학 관련 시험원, 환경 및 보건위생검사원 등 |
| 수학과<br>통계학과 | 보험계리인, 수학 및 통계연구원, 수학교사, 자연계열교수 등 |
| 지질학과 | 자연계열교수, 지리학연구원, 지질학연구원 등 |
| 화학과 | 고무 및 플라스틱화학공학기술자, 과학교사, 대기환경공학기술자, 도료·농약품 화학공학기술자, 비누·화장품화학공학기술자, 석유·가스 및 화학물 제조관련 제어장치조작원, 수질 환경공학기술자, 약학연구원, 의약품화학공학기술자, 자연계열교수, 자연과학 관련 시험원, 폐기물 환경공학기술자, 화학연구원, 화학원료 제조관련 조작원, 환경 및 보건위생검사원 등 |
| 환경학과<br>(환경공학과) | 고무 및 플라스틱화학공학기술자, 대기환경공학기술자, 소음진동 환경공학기술자, 수질환경공학기술자, 자연계열교수, 자연과학 관련 시험원, 폐기물 환경공학기술자, 화학연구원, 환경 및 보건위생검사원, 환경공학 기술자(엔지니어) 등 |
| 천문우주과학과<br>대기과학과 | 과학교사, 자연계열교수, 천문·기상학연구원 등 |
| 의류(의상)학과 | 자연계열교수, 패션디자이너 등 |
| 가정관리학과 | 자연계열교수 등 |
| 식품영양학과<br>식품공학과 | 식품검사원 및 등급원, 식품학연구원, 양식 조리사, 영양사, 요리학원강사, 음식료품 화학공학기술자, 일식 조리사, 자연계열교수, 중식 조리사, 한식 조리사 등 |
| 조리학과<br>제과제빵과 | 식품검사원 및 등급원, 양식 조리사, 요리학원강사, 음·식료품 감정사, 일식 조리사, 자연계열교수, 중식 조리사, 한식 조리사 등 |
| 해양학과<br>양식학과 | 농림어업관련 기술자, 수산학연구원, 자연계열교수 등 |

(계속)

| 학과 | 관련직업 |
|---|---|
| 수의학과 | 농림어업관련 기술자, 동물사육사, 수의사, 자연계열교수 등 |
| 축산학과<br>축산가공학과 | 농림어업관련 기술자, 동물사육사, 자연계열교수, 축산학연구원 등 |
| 농학과<br>농업기계공학과 | 농림어업관련 기술자, 농림학연구원, 자연계열교수 등 |
| 축산학과<br>축산가공학과 | 농림어업관련 기술자, 동물사육사, 수의사, 자연계열교수 등 |
| 산림자원학과<br>임산공학과<br>원예학과 | 농림어업관련 기술자, 농림학연구원, 자연계열교수, 조경기술자, 조림 · 영림 및 벌목원 등 |

자료: 중앙고용정보원. 2004. http://www.work.go.kr

## 4) 공학계열

공학계열은 순수자연과학과는 달리 일상생활을 비롯해 산업에 활용되는 공업생산기술을 개발할 수 있는 지도적 인재육성과 고급 과학기술의 두뇌 양성을 목표로 한다. 자연 자체를 대상으로 하는 자연과학과 달리 기계, 장치 등의 인위적인 자연을 대상으로 하여 실제로 무엇인가를 생산하는 실천행동에 중점을 두는 계열이다. 공학계열 학과와 관련직업을 살펴보면 〈표 4-10〉과 같다.

공학계열의 경우 대학교를 졸업한 경우라면 대학원에 진학하여 기업체나 전공 관련 연구소의 연구원으로 진출하는 경우가 많고 또한 유리하다. 실무 중심의 전문대학 공학계열을 졸업한 경우는 산업기사 자격증을 취득하여 실제 현장으로 진출할 수 있다. 또한 4년제 대학에 편입하여 공부를 계속하는 경우도 많다(교육인적자원부, 한국직업능력개발원, 2004a).

| 〈표 4-10〉 | 공학계열과 관련직업 |
|---|---|
| **학과** | **관련직업** |
| 건축학과<br>건축공학과<br>토목공학과<br>도시공학과<br>조경학과 | 건설 및 광업 관련 관리자, 건설견적원(적산원), 건설자재시험원(건설공사품질관리원), 건축공학 기술자, 건축구조기술자, 건축설계기술자, 건축시공기술자, 공학계열교수, 측량사, 토목공학기술자, 토목구조기술자, 토목시공기술자, 토질 및 기초기술자, 해양공학 기술자(엔지니어) 등 |
| 기계공학과<br>자동차공학과<br>선박공학과<br>(조선공학과)<br>항공우주공학과<br>기전공학과 | 건설 및 광업기계 정비원, 건설기계공학기술자, 공구제조원(차공구 포함), 공학계열교수, 금속가공 관련 검사원, 금속가공 관련 조작원, 기계공학기술자, 메카트로닉스공학기술자, 발전설비공학기술자, 비금속광물 가공 관련 제어장치 조작원, 사무용 기계공학기술자, 산업안전관리원, 선박 조립 및 검사원, 선박기관사, 엔진 및 기관 기계공학기술자, 열관리(냉난방) 기계공학기술자, 자동차공학 기술자, 조선공학 기술자, 철도기관차 및 전동차 정비원, 품질관리원, 항공공학 기술자, 항공기·선박 조립 및 검사원, 항공기정비원 등 |
| 전기공학과<br>전자공학과<br>제어계측공학과<br>(정보)통신공학과 | 건물시설관리원, 건물전기설비 조작원, 공학계열교수, 교육과학용 응용SW엔지니어, 디지털영상처리전문가, 반도체설계기술자, 발전설비공학기술자, 발전장치조작원, 방송장비 설치 및 수리원, 방송장비운영원, 변리사, 사무기기 설치 및 수리원, 사무용 응용SW엔지니어, 소각로 관련 장치 조작원, 엘리베이터·에스컬레이터 설치 및 정비원, 영상·녹화 및 편집기사, 음향 및 녹음기사, 의료장비기사, 전기·전자 제품 및 부품 조립 및 검사원, 전기공사기술자, 전기안전기술자, 전기제어기술자, 전력전기공학기술자, 전자장비 기술영업원, 전자제어계측기술자, 전자제품 개발·설계기술자, 정보통신공학 기술자(엔지니어), 정보통신관련 관리자, 조명기사, 컴퓨터HW(하드웨어)엔지니어, 통신망설계운영기술자(엔지니어), 통신장비 설치 및 수리원, 통신장비운영원, 통신케이블 설치 및 수리원 등 |

(계속)

| 학과 | 관련직업 |
|---|---|
| 컴퓨터공학과<br>멀티미디어공학과<br>소프트웨어공학과 | ERP전문가, IT강사, IT컨설턴트, KMS전문가, 게임 기획자, 게임프로그래머, 공학계열교수, 교육과학용 응용SW엔지니어, 기술지원전문가, 네트워크관리자, 네트워크엔지니어, 데이터베이스관리자, 디지털영상처리전문가, 사무용 응용SW엔지니어, 시스템SW(소프트웨어)엔지니어, 시스템관리자, 시스템엔지니어, 시스템컨설턴트, 웹엔지니어, 웹프로그래머, 음성처리전문가, 응용SW(소프트웨어)엔지니어, 정보보호전문가, 정보시스템감리사, 정보통신공학 기술자(엔지니어), 컴퓨터 설치및 수리원, 컴퓨터HW(하드웨어)엔지니어, 컴퓨터프로그래머, 통신기기장비기술자(엔지니어), 통신망설계운영기술자(엔지니어), 통신장비 설치 및 수리원 등 |
| 재료공학과<br>금속공학과<br>무기재료공학과<br>섬유공학과<br>(고분자공학과) | 공학계열교수, 비금속광물 가공 관련 제어장치 조작원, 재료공학기술자(엔지니어), 점토제품제조 관련 조작원 등 |
| 화학공학과<br>원자력공학과<br>(에너지공학과) | 공학계열교수, 석유화학공학기술자, 섬유공학기술자(엔지니어), 화학연구원, 화학제품제조 관련 조작원 등 |
| 산업공학과 | 공학계열교수, 산업공학 기술자(엔지니어), 산업안전관리원, 품질관리원 등 |

자료: 중앙고용정보원. 2004. http://www.work.go.kr


## 5) 의학계열

의학계열은 인간 신체의 구조와 기능을 연구하며, 질병의 예방 및 치료를 연구하는 의학과 의약품에 관한 기초 및 응용과학을 다루는 약학이 포함된다. 의학과 약학은 질병의 예방과 치료라는 공통의 목표와 목적을 지니고 있어서 상호의존적으로 연관되어 있다. 병의 예방, 진단과 치료를 위한 단계별 이론과 응용능력을 습득하여 국민 의료를 담당하며 향상시키는 인재양성과 인류복지에 기여하는 것을 목표로 하는

| 〈표 4-11〉 | 의학계열과 관련직업 |
|---|---|
| 학과 | 관련직업 |
| 의학과(의예과) | 가정의학과의사, 내과의사, 마취병리과의사, 방사선과의사, 비뇨기과의사, 산부인과 전문의사, 성형외과의사, 소아과의사, 안과의사, 외과의사, 의약계열교수, 이비인후과의사, 정신과의사, 피부과의사 등 |
| 치의학과 (치의예과) | 의약계열교수, 치과의사 등 |
| 한의학과 (한의예과) | 의약계열교수, 한의사 등 |
| 약학과 제약학과 한약학과 | 약사 및 한약사 , 약학연구원 , 의약계열교수 등 |
| 간호학과 | 간호사, 구급요원, 보건교사, 의료코디네이터 등 |
| 재활학과 물리치료학과 작업치료학과 언어치료학과 | 물리치료사, 언어치료사, 작업치료사 등 |
| 안경공학과 | 안경사 등 |
| 치기공과 | 치기공사 등 |
| 방사선과 | 방사선사 등 |
| 임상병리과 | 임상병리사 등 |
| 보건(관리)학과 | 환경 및 보건위생검사원 등 |
| 치위생과 | 치위생사 등 |
| 응급구조과 | 구급요원 등 |

자료: 중앙고용정보원, 2004, http://www.work.go.kr

계열이다. 의학계열 학과와 관련직업을 살펴보면 〈표 4-11〉과 같다.

의학계열은 졸업한 이후 관련 전공의 국가시험을 거쳐 면허를 취득한 후 해당 분야로 진출한다. 의사, 치과의사, 한의사, 약사, 간호사, 물리치료사 등의 직업들을 갖게 되는데, 모두 면허가 있어야 종사할 수 있다(교육인적자원부, 한국직업능력개발원, 2004a).

## 6) 예체능계열

예체능계열은 미적 작품을 형성하는 인간의 창조활동인 예술과 건강한 신체와 운동능력을 기르는 것을 목표로 하는 체육을 바탕으로 한다. 예술이라는 창작과 표현 수단을 통해 감동과 아름다움을 추구하는 음악, 미술, 체육, 연극, 영화 등의 영역이 포함된다. 변화하는 시대에 맞게 첨단화, 전문화되어 가고 있는 예술환경의 변화에 대처할 수 있는 전문예술인과 신체활동을 통해 개인건강유지 및 대중들이 쉽게 접할 수 있는 활동을 지도할 수 있는 체육인을 양성하는 데 목표를 두고 있다. 예체능계열 학과와 관련직업을 살펴보면 〈표 4-12〉와 같다. 예체능계열은 진출분야 또한 전공영역에 따라 다양한데, 전공을 살리는 분야로 진출하게 된다. 전문예술인, 체육인, 뷰티아트전문가, 의상전문가, 음악인, 미술인 등으로 자신의 전공을 살리는 방향으로 진출하게 된다. 타고난 끼와 재능을 살리는 전공이며 또한 직업도 그러한 분야를 택하기에 직업에 대한 만족이 다른 계열보다 높은 편이다(교육인적자원부, 한국직업능력개발원, 2004a).

| 〈표 4-12〉 예체능계열과 관련직업 | |
| --- | --- |
| 학과 | 관련직업 |
| 산업디자인학과 시각디자인학과 공업디자인학과 | 디자인학원강사, 무대디자이너, 시각디자이너, 예능계학원강사, 예체능계열교수, 웹 디자이너, 제도사(캐드원), 제품디자이너, 캐릭터디자이너 등 |
| 의상디자인학과 섬유디자인학과 | 디자인학원강사, 예능계학원강사, 예체능계열교수, 패션디자이너 등 |
| 실내디자인학과 | 디자인학원강사, 예능계학원강사, 예체능계열교수, 인테리어디자이너 등 |
| 회화학과 동양화과 서양화과 | 무대디자이너, 미술관장, 예능계학원강사, 예체능계열교수, 학예사(큐레이터), 화가 등 |
| 조소과 | 미술관장, 예능계학원강사, 예체능계열교수, 조각가 등 |
| 공예학과 도예학과 | 미술관장, 예능계학원강사, 예체능계열교수 등 |

(계속)

| 학과 | 관련직업 |
|---|---|
| 사진학과 | 사진기자, 사진작가, 예능계학원강사, 예체능계열교수 등 |
| 만화애니메이션과 | 만화가, 애니메이션기획자, 예능계학원강사, 예체능계열교수, 컴퓨터 애니메이터 등 |
| 관현악과<br>피아노과 | 연주가, 예능계학원강사, 예체능계열교수, 작곡가, 지휘자 등 |
| 성악과 | 성악가, 예능계학원강사, 예체능계열교수, 작곡가, 지휘자 등 |
| 작곡과 | 예능계학원강사, 예체능계열교수, 작곡가, 지휘자 등 |
| 국악학과 | 국악인, 연주가, 예능계학원강사, 예체능계열교수, 작곡가, 지휘자 등 |
| 실용음악과 | 가수, 연주가, 예능계학원강사, 예체능계열교수, 작곡가, 지휘자 등 |
| 무용과 | 무용가, 스포츠강사, 안무가, 예능계학원강사, 예체능계열교수, 예체능교사 등 |
| 체육학과<br>사회체육학과<br>레저스포츠학과 | 경기기록원, 경기심판, 스포츠 트레이너, 스포츠강사, 예능계학원강사, 예체능계열교수, 예체능교사, 운동경기감독 및 코치, 운동선수, 프로경륜선수, 프로경주선수, 프로골프선수, 프로농구선수, 프로야구선수, 프로축구선수 등 |
| 경호학과 | 경호원, 스포츠강사, 예능계학원강사, 예체능계열교수 등 |
| 연극영화학과<br>방송연예학과 | 개그맨, 코미디언, 연극배우, 연극연출가, 영화감독, 영화배우, 탤런트, 예능계학원강사, 예체능계열교수 등 |
| (피부)미용과 | 네일아티스트, 예능계학원강사, 예체능계열교수, 이미용학원강사 등 |

자료: 중앙고용정보원, 2004, http://www.work.go.kr

## 7) 교육계열

교육계열은 교사와 교육지도자를 양성하고, 교육일반과 교과교육원리의 교수 및 연구에 종사할 학자를 배출함을 목표로 하는 계열이다. 교육계열 학과와 관련직업을 살펴보면 〈표 4-13〉과 같다. 교육계열은 졸업 후 교사로 진출할 수 있고 교육관련 기관이나 기업체, 각종 청소년상담실, 사회복지기관 등에 취업할 수 있다(교육인적자원부, 한국직업능력개발원, 2004a).

| 〈표 4-13〉 | 교육계열과 관련직업 |
|---|---|
| 학과 | 관련직업 |
| 교육학과 | 교육계열교수, 교육학연구원, 직업상담 및 취업알선원 등 |
| 유아교육학과<br>보육학과 | 교육계열교수, 보육교사 및 보육사, 유치원 원장·원감, 유치원교사 등 |
| 초등교육과 | 교육계열교수, 문리학원강사, 장학사, 초등학교 교장·교감, 초등학교교사 등 |
| 언어교육<br>인문·사회교육<br>이·공학교육<br>예체능교육 | 교육계열교수, 문리학원강사, 실업교사, 장학사, 중·고등학교 교장·교감 등 |
| 특수교육과 | 교육계열교수, 특수학교 교사 등 |

자료: 중앙고용정보원. 2004. http://www.work.go.kr

## 참고문헌

강기주. (1992). 산업 기술 인력의 양성 체제. 교육월보, 121, 62-65.

과학기술부. (2003). 차세대성장동력 보고회 최종자료. 서울: 과학기술부.

교육부, 한국직업능력개발원역(1999). 지식기반사회의 잠재력과 차원 그리고 교육과정과 구조에 미치는 영향. 서울: 한국직업능력개발원.

교육부, 한국직업능력개발원(2004a). 2005 미래의 직업세계: 학과편. 서울: 한국직업능력개발원.

교육부, 한국직업능력개발원(2004b). 2005 미래의 직업세계: 직업편. 서울: 한국직업능력개발원.

김병숙 외(1998). 진로지도 및 직업안정의 체계화 방안: 직업교육훈련 기본계획 연구 소과제 보고서(4) [기본연구 97-4-5]. 서울: 한국직업능력개발원.

김유배, 윤석천(1998). 21세기 직업전망. 한국직업능력개발원 개원 1주년 기념 심포지엄 '21세기 직업전망과 직업교육훈련의 방향' 의 발표 논문.

노동부 중앙고용정보관리소(1995). 한국직업사전(제2판). 서울: 노동부 중앙고용정보관리소.

노동부 중앙고용정보관리소(1999). 99 한국직업사전. 서울: 노동부 중앙고용정보관리소.

류진국(1998). 기업의 생존을 위한 구조조정 전략. 서울: 진한도서.

산업자원부(1999). 21세기 한국산업의 전망과 발전전략. 경기: 산업자원부.

이건우(2001). 21세기 산업발전의 조류와 대응−기술혁신과 융합, 정보화, 서비스화가 산업구조에 미칠 영향을 중심으로. 서울: 산업연구원.

이무근(1999a). 직업교육학 원론(개정판). 서울: 교육과학사.

이무근(1999b). 21세기 지식기반사회 구현을 위한 직업교육의 방향과 전망. 제1차 KRIVET HRD 정책 포럼 '지식기반사회의 HRD 전략과 평생직업교육 체제 구축 과제' 발표 논문. 서울: 한국직업능력개발원.

장석인 외(1998). 21세기를 대비한 산업구조 개편: 지식기반산업을 중심으로. 서울: 산업연구원.

장창원 외(1998). 산업인력 수급 전망과 과제 [기본연구 98-5]. 서울: 한국직업능력개발원.

정우현, 구병림, 이무근(1989). 직업 · 기술교육론. 서울: 교육과학사.

정우현 외(1998). 고등교육단계 직업교육 발전방안 연구 [기본연구 98-8]. 서울: 한국직업능력개발원.

정철영(1999a). 일과 직업세계의 이해. 한국진로교육학회(편), 진로교육의 이론과 실제, pp. 67-93. 서울: 교육과학사.

정철영(1999b). 삶의 설계와 진로계획. 교육마당21.

중앙고용정보원(2003). 2003년 한국직업사전. 서울: 중앙고용정보원.

중앙고용정보원(2004). 2004년 학과전망. 서울: 중앙고용정보원.

중앙고용정보원(2005). 2005년 한국직업전망. 서울: 중앙고용정보원.

통계청(1992). 한국표준직업분류. 서울: 통계청.

통계청(2000). 한국표준직업분류 개정 [보도자료]. 대전: 통계청.

최동선, 정철영(1996). 고등학생의 직업적 성격과 직업가치관과의 관계 분석. 직업교육연구, 15(2), 1-18.

한국교육개발원(1995). 고등학교 공업입문. 서울: 한국교육개발원.

한상근(2004). 직업연구 현황과 과제. Working Paper [2004-07]. 한국직업능력개발원.


Holland, J. L. (1992). *Making vocational choices: A theory of vocational personalities and work environments (2nd ed.)*. Odessa, FL: Psychological

Assessment Resources.

Isaacson, L. E., & Brown, D. (1997). *Career information, career counseling, and career development (6th ed.)*. Boston: Allyn and Bacon.

Osipow, S. H., & Fitzgerald, L. F. (1996). *Theories of career development (4th ed.)*. Boston: Allyn and Bacon.

Prediger, D. J., & Vansickle, T. R. (1992). Locating occupations on Holland's hexagon: Beyond RIASEC. *Journal of Vocational Behavior, 40*, 111-128.

Roe, A. (1957). Early determinants of vocational choice. *Journal of Counseling Psychology, 4*(3), 212-217.

Roe, A., & Lunneborg, P. W. (1990). Personality development and career choice. In D. Brown, L. Brooks, and associates, *Career choice and development: Applying contemporary theories to practice (2nd ed.)*, pp. 68-144. SF: Jossey-Bass.

Sharf, R. S. (1997). *Applying career development theory to counseling (2nd ed.)*. Pacific Grove, CA: Brooks/Cole.

U.S. Department of Education, etc. (1999). *21st century skills for 21st century jobs.*

U.S. Department of Labor. (1991). *Dictionary of occupational titles (4th ed.)*, Washington, DC: U.S. Government Printing Office.

제5장

# 직업훈련과 자격제도의 이해

　직업훈련은 산업사회의 발전 및 변화에 따라 요구되는 지식과 기술을 향상시키기 위한 것으로, 평생교육의 측면에서도 근로자의 지속적인 능력개발을 위해 필요하다. 또한 자격제도는 개인의 직업능력을 향상시키고, 기업과 국가의 경쟁력을 제고시키는 중요한 기능을 가지고 있다.

　이 장에서는 우리나라 직업훈련의 변천, 직업훈련의 체제, 직업훈련의 유형, 직업능력개발사업의 내용과 직업훈련의 실시 현황 등을 제시하고 있다. 또한 자격제도에 있어서 자격의 개념과 기능, 자격제도의 유형 그리고 국가기술자격과 국가자격, 민간자격과 사내자격 등의 자격제도의 현황에 대해서도 제시하고 있다.

　이 장의 학습을 통해 직업훈련의 필요성을 이해하게 되고, 그 유형과 체제의 다양성을 알 수 있으며, 직업능력개발사업의 내용에 대한 인식을 높일 수 있다. 또한 자격제도의 기능과 유형을 이해하고 자격제도의 현황을 알아봄으로써 자격제도에 대한 인식의 폭을 넓힐 수 있다.

# 1. 직업훈련의 이해

## 1) 직업훈련제도의 필요성

경제성장과 더불어 산업사회는 날로 변모되어 가고 있으며 직업의 종류 또한 다양화되고 새로운 형태로 발전되고 있어 이와 같은 변화 추세 속에서 올바른 직업생활을 영위해 나가기 위해서 전문적인 직무수행능력의 습득·배양이 필요하게 된다.

그러나 이와 같은 능력은 다양한 분야와 계층에 따라 특수하고 전문적인 능력을 요구하게 되므로 정규교육과정만으로 양성·충족하기에는 여러 가지 어려움이 많으며, 정규교육과정의 경우 수시로 급변하는 산업체 수요를 교육과정에 능동적으로 반영할 수 없어, 전문직업인양성에는 적합하지 못할 뿐만 아니라 짧은 기간 동안에 많은 인력을 양성·공급하거나, 재직근로자의 질적 향상을 기대하기에는 부적합하다.

직업훈련제도란 이처럼 정규교육과정만으로 감당할 수 없는 인력의 수요를 충족하기 위하여 실시되고 있는 제도로서 동 제도를 통하여 근로자의 직업능력을 개발, 향상시켜 줌으로써 원활한 직업생활과 경제적·사회적 지위향상을 도모할 수 있게 하고 사회적으로는 무기능 유휴인력을 기능 인력화하여 국가경제 발전에 필요한 산업인력을 효율적으로 양성·공급하게 해 준다.

최근 선진공업국들은 급변하는 산업구조에 부응할 수 있는 인력의 수요문제에 직면하고 있으며 우리나라도 첨단산업을 중심으로 각종 산업이 급속도로 확장함에 따라 산업인력에 대한 수요가 양적으로 증대됨은 물론, 종래의 노동집약적인 산업에서 기술집약적인 산업으로 산업구조가 변화됨에 따라 질적으로도 고도화된 산업인력의 수요가 크게 늘어나고 있다.

그 결과 이제까지의 정규교육과정이나 비조직적인 견습공 과정만으로는 산업체가 요구하는 고급인력수요를 충당할 수 없게 되어 산업사회의 요청에 부응하는 더욱 유능한 기능인력을 양성·공급하기 위한 조직적이고 체계적인 직업훈련제도가 필요하게 된다(노동부, 1999).

## 2) 직업훈련제도의 변천

### (1) 직업훈련의 태동

우리나라의 직업훈련은 1953년 5월에 공포한 근로기준법의 '기능자 양성에 관한 규정'에 따라 처음으로 법적인 근거를 가지게 되었다. 그 이후 1960년대 들어 정부는 경제개발계획의 성공적인 추진을 위해 새로운 산업인력양성체제가 필요하다고 인식하여 1967년에 직업훈련법을 제정, 시행함으로써 직업훈련제도가 정식으로 도입되었다.

1968년에는 직업훈련교사 양성을 위한 중앙직업훈련원이 설립되고 독일정부의 지원 및 ADB·IBRD 차관에 의해 공공직업훈련원이 설립, 운영됨으로써 직업훈련 사업이 본격화되었다. 그러나 경제발전이 가속화되고 있는 가운데 공공직업훈련만으로는 다양한 산업부문의 기능인력 수요를 충족할 수 없었기 때문에 1974년 12월 직업훈련에 관한 특별조치법이 제정되어 일정 규모 이상 기업에 대해 직업훈련 실시를 의무화하였다.

### (2) 직업훈련의무제도의 도입

#### ① 직업훈련기본법의 제정

제1차 석유파동 후 경제개발이 성공적으로 진행되면서 중화학공업 분야의 기능인력의 부족과 중동아시아 건설현장에서의 건설인력이 막대하게 요구되자 1994년 말에 직업훈련에 관한 특별조치법을 제정하였다. 그 후 1976년 말에 기존의 직업훈련법과 직업훈련에 관한 특별조치법을 통폐합하여 직업훈련기본법을 제정하였다.

이 법에서 직업훈련분담금제를 설정하여 사업주가 훈련을 실시하거나 분담금을 납부할 수 있도록 하였다. 이 법의 주된 목적이 기능인력의 양성에 있었으므로 훈련과정은 양성훈련만 인정했으나 훈련수요가 다양해짐에 따라 1979년에는 양성훈련 외에 전직훈련도 포함되었으며, 1981년에는 기능사와 직업훈련교사과정 외에 사무·서비스직 종사자, 감독자, 관리자 과정 등에까지 확대하였다. 그 후 사업 내 직업훈련에 있어 향상 및 재훈련과정도 훈련의무로 인정하게 되었다. 이의 도입으로 사업 내 직업훈련이 활성화되었다.

이 당시의 공공훈련은 1977년의 청주직업훈련원을 위시하여 15개의 공법인 훈련원이 설립되었고, 기능장의 양성을 위하여 창원기능대학이 과학기술처 산하에서 설립되었다. 이 당시는 사업 내 훈련이나 공공훈련 모두 중학교 또는 고등학교 졸업자로서 진학하지 못한 비진학청소년들을 대상으로 한 기능사 2급 수준의 기능인력의 양성이 주축이었다.

### ② 한국산업인력공단의 설립

1982년에 24개 공법인 훈련원, 창원기능대학, 직업훈련연구소 및 한국기술검정공단을 통합하여 한국직업훈련관리공단을 설립하였다. 1990년대에 들어와 산업현장에서 요구하는 기능인력의 기술수준이 높아짐에 동시에 직업훈련 대상자가 중학교 졸업자에서 고등학교 졸업자로 바뀜에 따라 고등학교 졸업자를 대상으로 2년간 훈련을 실시하여 다기능기술자를 양성하는 체제로 바꾸고, 또한 이 기관의 명칭을 한국산업인력공단으로 개칭하였다. 그 후 1999년에는 직업훈련교사를 양성하기 위하여 4년제 정규대학과정의 한국기술교육대학교를 설립하였다.

1986년에 직업훈련기본법을 개정하여 사업주의 직업훈련의무제에서 근로자 수를 기준으로 한 직업훈련 실시비율을 고시하던 것을 근로자의 임금총액을 기준으로 한 직업훈련 실시비율을 고시하게 되었다.

### (3) 현행 직업능력개발훈련 제도의 도입

### ① 고용보험 직업능력개발사업의 도입

1995년 7월 고용보험법의 직업능력개발사업이 도입됨에 따라 직업훈련의 중점은 기능인력의 양성·공급에서 근로자의 평생에 걸친 직업능력의 개발·향상으로 바뀌게 되었다(교육부, 1998).

이 법의 주된 내용은 실업급여의 지급이나 그 외의 사업으로서 고용안정사업과 직업능력개발사업을 실시하는 것이다. 이 법에 따라 70인 이상의 근로자를 고용한 고용보험 대상사업체는 직업능력개발 대상사업체로 편입하게 되었다(1999년 1월 현재 1인 이상). 다만 직업훈련의무제에 해당되는 산업의 1,000인 이상의 근로자를 고용하는 사업체는 종래와 같이 직업훈련 의미를 가지는 이원화된 제도를 시행하게 되었다.

이원화된 제도의 존치 근거는 기업에 의한 기능인력의 양성을 유지하겠다는 것이었지만, 이 제도의 운영은 부분적으로 혼란을 가져왔다.

### ② 근로자직업훈련촉진법의 제정

기업의 직업능력개발사업에 있어 이러한 이원화의 문제점이 발생하자, 이를 해소하기 위하여 종전의 직업훈련기본법을 폐지하고 근로자직업훈련촉진법을 1997년 말에 제정하고 1999년 1월부터 시행하게 되었다. 이 법의 주요 내용은 다음과 같다.

첫째, 기존의 직업훈련의무제와 고용보험 직업능력개발사업을 고용보험법의 직업능력개발사업으로 통합하여 일원화하고, 고용보험의 직업능력개발사업기금과 일반회계의 재원으로 근로자의 직업능력개발사업에 대한 지원을 할 수 있다.

둘째, 직업훈련의무제의 실시로 인한 각종 규제의 폐지 · 완화를 통하여 민간훈련을 실시할 때의 제약요인들을 해소하고, 영리법인의 훈련사업에의 참여 및 훈련기관 성과에 따른 차등지원 등으로 훈련시장에 경쟁체제를 확립하여 민간주도의 직업능력개발 기반을 조성하였다.

셋째, 재직근로자의 지속적인 능력개발을 위해 향상 · 전직훈련 등 다양한 과정의 훈련서비스를 제공하고, 제조 · 생산직 중심의 기능훈련 위주에서 사무 · 서비스직 분야로 확대하며, 중소기업의 인력개발을 우선적으로 지원한다.

또한 1997년 말 기능대학법의 개정으로 종래의 다기능기술자 양성기관인 기능대학에 대하여 학력인정(산업학사)이 이루어지게 되었다.

### ③ 근로자직업능력개발법으로의 전면 개정

지식경제와 평생학습사회로의 전환에 대응하여 근로 생애에 걸친 체계적인 능력개발이 요구됨에 따라 사업주에 의한 직업훈련뿐만 아니라 근로자의 자율적 능력개발, 노사단체의 직업훈련 등 다양한 직업능력개발사업을 지원하여 직업훈련의 수요 변화에 능동적으로 대응하고 직업능력개발사업에 대한 평가를 제도화하여 성과 연계적 직업훈련체제를 구축하는 한편, 그간 제도 운영과정에서 나타난 문제점을 보완, 개선하려는 목적으로 근로자직업훈련촉진법의 개정이 추진되었다.

근로자직업훈련촉진법은 지식기반사회의 도래로 핵심 경쟁원천이 '물적 자원'에서 '인적자원'으로 전환되고, 평생능력개발체제 구축의 필요성이 제기되면서 법명을 '근로자직업능력개발법'으로 제명하였다(2004. 12. 31 개정, 2005. 7. 1 시행). 주요 개정내용은 크게 수요자 위주의 직업능력개발 도모, 직업능력개발사업의 형평성 제고 및 직업능력개발사업의 효율성 제고로 구분하여 제시할 수 있다.

　　첫째, 수요자 위주의 직업능력개발을 도모하기 위해 개별 사업주가 근로자대표와 협의하에 실시되는 직업훈련을 우대 지원토록 하는 등 제도를 강화하였으며, 산업계 및 근로자 등 현장수요를 반영하기 위하여 사업주 이외에 노·사단체 및 그 연합체, 민간직업능력개발단체, 근로자 자율적 훈련지원 등으로 지원대상을 다양화·다원화하였다. 또한 지원항목의 다양화를 통하여 훈련비 이외에 매체개발비, HRD 담당자 능력개발비용 등 인프라에 대한 지원 확대를 위한 근거를 마련하였다.

　　둘째, 직업능력개발사업의 형평성 제고를 위하여 중소기업지원 확대를 위한 근거를 마련하였으며, 비정규 근로자가 자율적으로 직업훈련을 받는 경우에는 우대 지원이 가능하고, 핵심 및 정규 근로자 위주의 직업훈련에서 탈피하여 비정규 근로자에 대한 특성화된 제도를 통하여 비정규직 등 직업훈련 소외계층에 대한 특성화된 직업훈련을 시킬 수 있도록 근거를 마련하였다. 이것은 직업훈련에서의 균등한 기회보장과 고령자 및 장애인, 여성근로자, 중소기업 근로자, 비정규 근로자(일용·단시간 및 파견근로자 등), 제조업 생산직 근로자, 제대군인 등 취약계층에 대한 직업훈련 중시를 기본원칙으로 명문화하였다는 의미를 부여할 수 있다.

　　셋째, 직업능력개발사업의 효율성 제고를 위해 직업능력개발사업에 대한 평가를 강화하였고, 부정행위를 근절하기 위한 법령도 강화하였다. 부정행위를 한 훈련기관·사업주 등에 대해서는 정부지원 배제기간을 3년에서 5년으로 강화하고, 훈련기관과는 관계없이 단독으로 부정행위를 한 근로자 등에게도 최대 3년간 정부지원을 배제하는 등 강화된 법령을 통하여 부정행위를 근절하기 위한 노력을 하였다.

## 3) 직업능력개발훈련의 체제

　　우리나라의 직업능력개발훈련의 체제를 현행 법 체계를 중심으로 살펴보면, 직업능력개발훈련과 관련된 법적 근거로서 고용보험법과 근로자직업능력개발법이 있다. 고용보험법하에서의 직업능력개발사업과 근로자직업능력개발법에 명시된 직업능력개발훈련을 살펴보고자 한다.

### (1) 고용보험법 내 직업능력개발사업

고용보험법하에서는 크게 고용안정사업, 실업급여사업 그리고 직업능력개발사업이 관련되어 있다. 이 중에서 직업능력개발사업은 사업주의 직업능력개발훈련지원, 교육훈련지원, 실업자재취직훈련, 직업능력개발지원, 직업훈련시설지원, 직업능력개발시설지원, 직업능력개발촉진, 건설근로자 등의 직업능력개발을 지원하고 있다.

직업능력개발을 실행하는 교육훈련이 일상적인 용어로서 유사하게 사용되고 있지만, 여기서 사업주에 대한 지원은 교육훈련지원으로 그리고 피보험자에게는 직업능력개발지원으로 구분하여 사용되고 있음을 알 수 있다. 또한 실업자의 재취직훈련은 직업능력개발이나 교육훈련에 포함될 수 있음에도 불구하고, 이를 구분하는 것은 실업자에 대한 훈련을 강조한다는 측면에서 긍정적인 의미를 내포하고 있다고 볼 수 있지만 전체적으로 교육훈련지원사업에 포함된다는 것을 알 수 있다(김미숙 외, 1999).

결국 고용보험법하에서의 직업능력개발사업은 구체적 사항보다는 총체적인 측면에서 제시되는 측면이 있으며, 따라서 이를 더욱 명확하고 상세하게 제시하고 있는 것이 근로자직업능력개발법이다.

### (2) 근로자직업능력개발법의 직업능력개발훈련

근로자직업능력개발법은 근로자의 직업능력개발을 위한 훈련 등을 통하여 근로자가 직업능력을 최대한 개발하고 발휘할 수 있도록 함으로써 근로자의 고용증진 및 지위향상과 기업의 생산성 향상을 도모하고 경제·사회 발전에 이바지할 수 있도록 하였다. 특히 근로자의 개념을 '사업주에게 고용된 자와 취업할 의사를 가진 자'로 확대함으로써 경제활동이 가능한 모든 국민을 대상으로 직업능력을 개발하고 향상시킬 수 있도록 하였다.

그리고 근로자의 희망과 적성, 능력에 맞게 직업에 종사하는 전 기간에 걸쳐 단계적이고 체계적으로 실시될 수 있도록 하고 있으며, 이를 위한 직업능력개발훈련은

기업 등 민간의 자율과 창의성이 존중되고 직업능력개발훈련이 필요한 근로자에게
는 균등한 기회가 보장될 수 있도록 하였다.

이를 위하여 이 법은 국가와 사업주 등 관계자의 책무, 직업능력개발기본계획의
수립, 직업능력개발 훈련정보망의 구축, 직업능력개발에 관한 조사 · 연구, 직업능
력개발훈련의 표준, 훈련계약과 권리 의무, 훈련수당, 재해위로금 등에 대해 제시하
고 있으며, 국가 · 지방자치단체 등에 의한 직업능력개발의 촉진으로는 실업자 등을
위한 직업능력개발훈련, 자활지원을 위한 직업능력개발훈련, 청소년을 위한 직업능
력개발훈련, 직업능력개발사업 지원으로는 사업주의 직업능력개발사업 지원, 근로
자의 자율적 직업능력개발 지원, 직업능력개발훈련과정의 인정, 부정행위에 따른 지
원의 제한 등에 관하여 제시하고 있다. 또한 직업능력개발훈련시설 및 직업능력개발
훈련법인, 직업능력개발훈련교사 및 훈련기준, 직업능력개발사업의 평가 등에 대해
서도 관련 법령을 규정하고 있다.

### 4) 직업능력개발훈련의 유형

직업능력개발훈련은 훈련의 목적에 따라 양성훈련, 향상훈련, 전직훈련으로 구분
되고, 훈련의 방법에 따라서는 집체훈련, 현장훈련 및 원격훈련으로 구분된다. 이 외

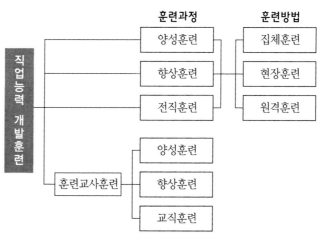

[그림 5-1] 직업능력개발훈련의 유형

에 직업능력개발훈련교사의 양성을 위한 훈련이 있다. 이를 도식화하여 제시하면 [그림 5-1]과 같다.

### (1) 훈련 목적에 따른 구분

직업능력개발훈련은 훈련의 목적에 따라 양성훈련, 향상훈련, 전직훈련으로 구분된다. 양성훈련은 근로자에게 직업에 필요한 기초적 직무수행 능력을 습득시키기 위하여 실시하는 직업능력개발훈련을 말한다(근로자직업능력개발법 시행령, 2005). 즉, 주로 신규학교졸업자 등 새로이 근로자가 되고자 하는 자 및 구직자에 대하여 직업에 필요한 기초적인 지식, 기술, 기능을 습득시키는 훈련을 말한다.

향상훈련은 양성훈련을 받은 자 또는 직업에 필요한 기초적 직무수행 능력을 가지고 있는 자에게 더 높은 직무수행 능력을 습득시키거나 기술발전에 대응하여 필요한 지식·기능을 보충하기 위하여 실시하는 직업능력개발훈련을 말한다(근로자직업능력개발법 시행령, 2005). 즉, 훈련을 받은 근로자나 그 외의 직업에 필요한 지식, 기능을 갖춘 근로자에 대하여 직업에 필요한 직무수행능력을 추가로 습득시켜 근로자의 능력을 향상시키는 훈련이다.

전직훈련은 근로자에게 종전의 직업과 유사하거나 새로운 직업에 필요한 직무수행 능력을 습득시키기 위하여 실시하는 직업능력개발훈련을 말한다(근로자직업능력개발법 시행령, 2005). 즉, 직업의 전환을 필요로 하는 근로자나 실업자에 대하여 새로운 직업에 필요한 지식, 기능을 습득시켜 새로운 능력을 개발시키기 위하여 실시하는 훈련이다.

### (2) 훈련방법에 따른 구분

직업능력개발훈련은 훈련방법에 따라 집체훈련, 현장훈련, 원격훈련으로 구분된다. 집체훈련은 직업능력개발훈련을 실시하기 위하여 설치한 훈련전용시설을 이용하거나 기타 훈련을 실시하기에 적합한 시설(산업체의 생산시설 및 근무 장소를 제외)에서 실시하는 직업능력개발훈련을 말한다. 반면에 현장훈련은 산업체의 생산시설을 이용하거나 근무장소에서 실시하는 직업능력개발훈련을 말하며, 원격훈련은 정보통신 매체 등을 이용하여 직업능력개발훈련의 실시자가 원격지에 있는 근로자에게 실시하는 직업능력개발훈련을 말한다.

### (3) 직업능력개발훈련교사의 훈련

근로자직업능력개발법 시행규칙 제18조에 따라 직업능력개발훈련교사를 대상으로 하는 훈련은 양성훈련, 향상훈련, 교직훈련으로 구분된다. 직업능력개발훈련교사 양성훈련은 학교법인 한국직업훈련학원에서 설치, 운영하는 대학(한국기술교육대학교 등)에서 실시하는 4년제 훈련과정을 말하며, 직업능력개발훈련교사 향상훈련은 직업능력개발훈련교사 자격을 취득한 자로서 직업능력개발훈련 업무에 종사하는 자 또는 상위등급을 취득하고자 하는 자에게 필요한 지식을 보충 또는 추가하는 훈련(1주 이상)을 말한다. 또한 직업능력개발훈련교사 교직훈련은 일정한 훈련교사 자격 기준에 해당하는 자에 대하여 직업능력개발훈련교사에 필요한 지도방법 등에 관한 지식·기법을 습득시키는 훈련(1주 이상)을 말한다.

## 5) 직업능력개발사업의 내용

고용보험이 제공하는 3대 사업 중 하나인 직업능력개발사업은 기업 및 근로자 직업능력개발의 지원을 통해 인적자원의 질을 향상시키고 근로자 자신의 직무능력 향상 노력을 유인하여 기업과 근로자 모두에게 급변하는 경제상황에 능동적으로 대처할 수 있게 함을 목적으로 한다. 직업능력개발사업은 재직근로자를 대상으로 하는 재직근로자 지원사업과 실업자를 대상으로 하는 실업자 지원사업으로 구분되며, 재직근로자 지원사업에는 사업주 지원사업과 근로자 지원사업이 있다.

### (1) 사업주에 대한 지원

#### ① 재직근로자 훈련 지원
사업주가 고용하고 있는 근로자 또는 채용하고자 하는 자를 대상으로 직접 또는 훈련기관에 위탁하여 훈련을 실시하는 경우 훈련비용 등을 지원하는 것을 말한다. 재직근로자에 대한 훈련은 크게 집체훈련, 현장훈련, 원격훈련으로 구분하는데, 각 유형별 지원 현황을 제시하면 〈표 5-1〉과 같다.

| 〈표 5-1〉 | 사업주에 대한 지원: 재직근로자 훈련 지원 |
|---|---|
| 구분 | 지원내용 |
| 집체<br>훈련 | • 훈련직종에 따라 소요된 훈련비용의 80~100%까지 지원<br>• 채용예정자를 대상으로 한 달 이상 훈련을 실시하고 훈련수당을 지급한 경우 훈련수당 지원(월 20만 원 한도)<br>• 훈련생에게 기숙사와 식사를 제공한 경우 기숙사비 · 숙박비와 식비 지원 |
| 현장<br>훈련 | • 한 달 이상의 집체훈련을 수료한 훈련생을 대상으로 현장훈련을 실시할 경우 소요된 훈련비용의 40% 지원<br>• 구직자 · 채용예정자 훈련시 집체훈련과 동일하게 식비 · 기숙사비 · 숙박비 지급 |
| 원격<br>훈련 | • 우편원격훈련은 자체훈련은 1인당 32,000원, 위탁훈련은 평가등급에 따라 24,000~36,000원을 지원<br>• 인터넷원격훈련은 훈련기관 평가 등급 및 컨텐츠 심사등급에 따라 지원액을 결정 |

자료: 노동부. 2005a.

## ② 유급휴가훈련 지원

사업주가 재직근로자에게 휴가를 주어 훈련을 실시하는 경우 훈련비와 임금을 지원하는 것을 말한다. 지원대상을 살펴보면, 우선지원대상기업 또는 상시근로자 150인 미만인 중소기업인 경우 재직근로자를 대상으로 7일 이상의 유급휴가를 부여하여 30시간 이상의 훈련을 실시한 사업주가 해당되며, 그 외 사업장은 1년 이상 재직한 근로자를 대상으로 30일 이상의 유급휴가를 부여하여 120시간 이상의 훈련을 실시한 경우 해당된다. 유급휴가기간 중 통상임금 이상의 임금을 지불하고 훈련비용을 부담하는 것이 지원 요건이 되며, 지원내용을 살펴보면 〈표 5-2〉와 같다.

| 〈표 5-2〉 | 사업주에 대한 지원: 유급휴가훈련 지원 |
|---|---|
| 구분 | 지원내용 |
| 훈련<br>비용 | • 훈련직종에 따라 고시된 훈련비용의 80~100%까지 지원<br>※재직근로자훈련 비용지원 절차와 동일 |
| 임금 | • 우선지원대상기업 또는 150인 미만 사업장: 최저임금의 120%<br>• 대규모 기업: 최저임금의 100%(단, 1인당 120만 원 한도) |

자료: 노동부. 2005a.

### ③ 직업능력개발훈련시설 · 장비자금 대부

직업능력개발훈련시설을 설치하거나 훈련장비를 구입하고자 하는 사업주, 사업주단체, 근로자 단체, 훈련법인, 노동부지정 훈련시설에 대하여 필요한 비용을 대부하는 것을 말한다. 대부 금액은 60억 원을 한도로 소요자금의 90% 범위 내에서 이루어진다. 구체적인 지원 내용을 제시하면 〈표 5-3〉과 같다.

| 〈표 5-3〉 | 직업능력개발훈련시설 · 장비자금 대부 지원 내용 |
|---|---|
| 구분 | 지원내용 |
| 대부금리 | • 우선지원대상기업, 사업주단체: 연리 1%<br>• 중소기업컨소시엄사업 참여 대기업사업주 및 사업주 단체: 연리 1%<br>• 대규모기업: 연리 2.5%<br>• 근로자 단체, 훈련법인, 노동부지정 훈련시설: 연리 4% |
| 대부기간 | • 10년(5년 거치 5년 상환) 이내 |
| 상환방법 | • 이자: 연 4회 분기말일까지 해당금융기관에 납부<br>• 원금: 거치 기간 경과 후 5년간 연 4회 균등상환 |

자료: 노동부. 2005a.

### ④ 사내자격검정 지원

소속근로자를 대상으로 기업의 특성에 맞는 자격을 개발, 운영하고 있는 사업주의 경우 필요한 비용을 지원한다. 지원요건으로는 일정한 요건을 갖추고 노동부의 인정을 받을 것, 사업주가 단독 또는 공동으로 당해 사업 및 당해 사업과 관련된 사업의 근로자를 대상으로 실시하는 자격검정일 것, 자격종목이 당해 사업에 필요한 지식 및 기능과 직접 관련될 것, 자격검정이 영리를 목적으로 하지 않을 것 등이 있다.

### (2) 재직근로자에 대한 지원

### ① 근로자 수강지원금 지원

지원대상은 고용보험 피보험자인 재직근로자로서 다음의 요건 중 한 가지 이상에 해당하는 자다. 즉, 이직예정자로서 훈련 중 또는 훈련수료 후 1개월 이내에 이직한 자, 40세 이상의 자, 상시근로자가 300인 미만인 사업에 종사하는 자, 근로계약기간

1년 미만인 자, 단시간 근로자, 파견 근로자 등이다. 이들 중 노동부장관의 승인을
받은 훈련과정 또는 노동부장관이 고시하는 정보화 기초과정을 수료하고, 소정 출석
일수의 80% 이상을 출석하였으며, 자비로 훈련수강비용을 부담한 자가 해당된다.
수강지원금의 지원 액수는 연간 100만 원 한도 내에서 지원하되, 근로자 1인당 지원
받을 수 있는 총 금액은 5년간 300만 원을 초과하지 못한다. 더욱 구체적인 지원 내
용을 살펴보면 〈표 5-4〉와 같다.

| 〈표 5-4〉 | 근로자 수강지원금 지원내용 |
|---|---|
| 구분 | 지 원 내 용 |
| 일반과정 | • 수강비용의 80%(1년간 100만 원 한도)<br>※노동부장관이 고시한 훈련직종별 고시단가의 100~120% 한도 |
| 정보화기초과정 | • 수강비용 전액<br>※ 기초1: 90,000원 한도, 기초2: 120,000원 한도 |
| 외국어과정 | • 수강비용의 50%<br>※40시간 기준 90,000원 한도 |

자료: 노동부. 2005a.

### ② 근로자학자금 비용대부

근로자가 직업능력개발을 위하여 기능대학, 사이버대학 또는 전문대학 이상의 학
교에 입학 또는 재학하는 경우 장기 · 저리로 학자금을 대부함으로써 근로자 개인의
직업능력개발은 물론 장기적으로는 기업의 생산성 향상에 기여함으로 목적으로 하
고 있다. 대부금액은 등록금 전액이며, 장학금 등을 지급 받은 경우는 등록금 잔액을
대부해 준다.

### ③ 직업능력개발 훈련비 대부

고용보험 피보험자인 재직근로자가 직업능력개발 훈련을 수강하는 경우 수강비
용을 대부해 주는 제도로서, 지방노동관서의 인 · 지정을 받은 훈련과정이나 수강지
원금 지원대상으로 승인받은 과정이 해당된다. 대부금액은 직업능력개발훈련 수강
료 전액(연 300만 원 한도)이며, 대부이율은 연 1.5%, 상환방법은 1년 거치 1년(분기
별) 상환이다.

### ④ 검정수수료 등 지원

고용보험 피보험자로서 국가기술자격법 시행령에서 정한 기술 자격을 2종목 이상 취득하는 경우 소요비용을 지원한다. 국가기술자격을 2종목 이상 취득한 경우 자격 취득을 위하여 사용한 검정수수료 전액과 수강료·교재비를 1회 10만 원 한도 내에서 2회까지 지원 가능하다.

### (3) 실업자에 대한 지원

#### ① 전직실업자 훈련

전직실업자훈련은 고용보험법 적용사업장으로부터 실직한 피보험자에게 재취업에 필요한 기능·기술의 습득을 위한 훈련기회를 제공하여 실업자의 재취직 촉진 및 생활안정을 도모함으로써 근로자의 삶의 질을 향상시키는 것을 목적으로 한다.

훈련대상은 고용보험적용 사업장에서 실직한 만 15세 이상의 근로자로서 직업안정기관에 구직등록을 하고 직업훈련을 희망하는 자다. 훈련기관은 전직실업자훈련을 실시할 수 있다고 노동부가 인정한 기관이며, 훈련과정은 취업 및 창업을 위해 적합한 훈련과정이라고 노동부가 승인한 과정이어야 한다. 훈련기간은 1개월~1년이며, 취업 전 3회까지 훈련수강이 가능하다.

훈련신청 절차를 보면, 가까운 지방노동사무소의 고용안정센터에 구직등록을 하고 훈련상담을 받아 적합한 훈련과정이나 훈련기관을 안내받은 다음 노동부 장관으로부터 승인(지정)받은 훈련기관을 선택한 후 훈련기관에 관련서류를 제출하고, 수강등록을 신청한 후 훈련을 이수한다.

#### ② 취업훈련 지원

취업훈련 지원은 고용보험 피보험자가 아니었던 실업자에게 취업에 필요한 기능·기술의 습득을 위한 훈련기회를 제공하여 실업자의 취업 촉진 및 생활안정을 도모함으로써 근로자의 삶의 질을 향상시키는 것을 목적으로 한다.

훈련대상은 고용보험의 적용을 받지 않는 실업자로 직업안정기관에 구직등록을 하고 직업훈련을 희망하는 만 15세 이상의 실업자다. 훈련기관은 실업자 취업훈련을 실시할 수 있다고 노동부가 인정한 기관이며, 훈련과정은 취업 및 창업을 위해 적합한 훈련과정이라고 노동부가 승인해야 한다. 훈련실시 체계는 전직실업자 훈련과 동일하다.

### ③ 정부위탁훈련

직업안정기관에 구직등록한 만 15세 이상의 실업자 또는 인문계고등학교 3학년에 재학 중인 상급학교 비진학 예정자를 대상으로 취업훈련을 실시하는 제도다. 한국산업인력공단, 대한상공회의소, 훈련법인 등 노동부가 매년 지정하는 훈련기관에서 실시되며, 인력이 부족한 직종 등 매년 노동부장관이 고시하는 훈련직종(2005년에는 기계정비 등 101개 직종 고시)에 대한 교육훈련을 제공한다. 훈련기간은 6개월 또는 12개월(대한상공회의소는 2년 과정)이며, 취업 전 3회까지 훈련수강이 가능하다.

### ④ 고용촉진훈련

고용촉진훈련은 고용보험 미적용 실업자, 비진학 청소년, 군전역자(전역예정자), 국민기초생활보장법상 수급권자(자활훈련 참여자 제외), 취업보호대상자 및 영세농어민 등 15세 이상인 자에게 취업과 창업에 필요한 훈련을 제공하는 제도다.

훈련 신청자는 고용안정센터 등 직업안정기관에 구직등록 후 주소지 소재 시·군·구 또는 읍·면·동사무소에 신청하며, 구직등록 및 훈련상담을 한 자 중에서 연령, 부양가족, 구직활동 여부 및 훈련의지, 적성 등을 고려하여 주소지 소재 시·군·구에서 선발한다. 주소지 소재 시·군·구청장은 훈련생이 희망하는 직종의 훈련기관에 훈련생을 위탁한다.

### ⑤ 자활훈련

국민기초생활보장법상 수급자 중 직업훈련이 가능한 자에게 취업과 창업에 필요한 훈련을 제공하는 제도다. 훈련을 신청하려는 자는 고용안정센터 등 직업안정기관에 구직등록 후 고용안정센터에서 실시하는 직업적응 훈련을 이수한 후 노동부에서 지원하는 훈련과정이 개설되어 있는 훈련기관에 신청하면 되며, 구직등록 및 직업적응 훈련을 이수한 자 중에 훈련의지, 적성 등을 고려하여 선발된다.

## 6) 직업능력개발훈련 실시 현황

직업능력개발훈련의 실시 현황을 알아보기 위해, 직업능력개발사업의 구분에 따라 재직근로자 훈련과 실업자 대책 훈련으로 나누어 살펴보았다. 또한 직업능력개발훈련 참여기관의 현황에 대해서도 살펴보았다.

### (1) 재직근로자 훈련

연도별 재직근로자 훈련 현황을 살펴보면 〈표 5-5〉와 같다. 재직근로자의 직업능력 개발과 관련하여 직업능력개발사업의 지원제도는 직업능력개발훈련, 유급휴가훈련, 근로자 학자금 대부, 근로자 수강지원금, 시설·장비의 대부 등을 통해 이루어지고 있다.

| 〈표 5-5〉 | 연도별 재직근로자 훈련 현황 | | | | (단위: 개소, 명, 백만원) | |
|---|---|---|---|---|---|---|
| 구 분 | | 직업능력 개발훈련 | 유급휴가 훈련 | 근로자 학자금대부 | 근로자 수강지원금 | 시설·장비 대부 | 계 |
| 2000 | 사업장 | 73,411 | 309 | 12,960 | − | 12 | 86,692 |
| | 훈련인원 | 1,220,334 | 7,756 | 18,590 | 252 | − | 1,246,932 |
| | 지원금 | 140,475 | 5,589 | 34,626 | 59 | 7,978 | 188,727 |
| 2001 | 사업장 | 80,860 | 271 | 13,273 | − | 6 | 94,410 |
| | 훈련인원 | 1,555,402 | 8,611 | 21,722 | 40,045 | − | 1,625,780 |
| | 지원금 | 170,414 | 10,145 | 43,037 | 3,543 | 7,349 | 234,488 |
| 2002 | 사업장 | 62,066 | 223 | − | − | 4 | 62,293 |
| | 훈련인원 | 1,584,823 | 5,963 | 24,444 | 35,537 | − | 1,650,767 |
| | 지원금 | 176,192 | 11,075 | 52,188 | 3,434 | 3,468 | 246,357 |
| 2003 | 사업장 | 64,225 | 240 | − | − | − | 64,465 |
| | 훈련인원 | 1,661,978 | 5,665 | 27,772 | 29,177 | 4 | 1,724,596 |
| | 지원금 | 180,838 | 6,869 | 63,476 | 4,224 | 3,671 | 259,078 |
| 2004 | 사업장 | 81,349 | 463 | − | − | 3 | 81,815 |
| | 훈련인원 | 1,958,130 | 6,425 | 30,978 | 38,908 | − | 2,034,441 |
| | 지원금 | 198,243 | 8,021 | 74,799 | 5,873 | 6,250 | 293,186 |

자료: 노동부. 2005a.

직업능력개발훈련은 2000년 이후 훈련인원과 지원금이 계속 증가하고 있으며, 사업장에 있어서도 2002년과 2003년에는 감소하였으나 2004년에는 다시 8만 1,349개소로 증가하였다. 유급휴가훈련은 사업장은 2000년에 309개소에서 2002년에 223개소로 감소하였다가 다시 증가하여 2004년에는 463개소 크게 증가하였다. 유급휴가 지원인원은 2000년 7,756명에서 2004년 6,425명으로 감소하였으나, 지원금은 55억 8,900만 원에서 80억 2,100만 원으로 증가하여, 1인당 지원금액은 증가하였음을 알수 있다. 근로자 학자금 대부의 경우 훈련인원과 지원금이 꾸준히 증가하고 있으며, 근로자 수강지원금 역시 훈련인원과 지원금이 2000년에 비해 2004년에는 크게 증가하였다.

이를 종합해 보면, 2000년 이후 재직근로자 훈련에 있어서 훈련인원과 지원금은 꾸준히 증가하였으며, 재직근로자 훈련 사업장의 수는 2001년에 9만 4,410개소로 정점에 올랐다가 2002년과 2003년에 크게 감소하였지만 2004년에 다시 회복세를 보이고 있다.

### (2) 실업자 대책 훈련

연도별 실업자 대책 훈련 현황을 제시하면 〈표 5-6〉과 같다. 실업자 대책 훈련은 크게 재취업훈련과 인력개발훈련으로 구분되며, 유급휴가훈련은 2001년도부터 재직근로자 훈련에 포함되고 있다.

재취업 훈련 인원은 2000년 이후 계속 감소하고 있으며, 2004년에는 2000년에 비해 1/2 이하로 감소한 것으로 나타났다. 더 구체적으로 살펴보면 실업자 재취직 훈련 인원과 고용촉진훈련 인원은 2000년 이후 크게 감소한 반면, 취업훈련은 2000년 6,666명에서 2004년 1만 8,056명으로 크게 증가한 것으로 나타났다.

한편, 재취업 훈련의 인원이 크게 감소한 반면 인력개발훈련 인원은 훈련 참여인원수가 꾸준히 유지되다가 2004년에 다소 증가한 것으로 나타났다. 특히 기능사양성훈련이 2000년 1만 3,311명에서 2004년 1만 673명으로 다소 감소한 반면, 우선직종훈련은 2000년 6,885명에서 2004년 1만 6,014명으로 1만 명 가까이 증가하여, 우선직종훈련의 참여인원 증가가 인력개발훈련 참여인원 증가에 크게 기여하고 있음을 알 수 있다.

| 〈표 5-6〉 연도별 실업자 대책 훈련 현황 | | | | | (단위: 명) |
|---|---|---|---|---|---|
| 구 분 | 2000년 | 2001년 | 2002년 | 2003년 | 2004년 |
| 재취업훈련 | 194,490 | 158,312 | 129,813 | 86,405 | 81,561 |
| - 실업자재취직훈련 | 120,296 | 104,559 | 88,372 | 57,662 | 53,710 |
| - 고용촉진훈련 | 52,683 | 37,657 | 25,153 | 11,700 | 9,795 |
| - 취업훈련 | 6,666 | 4,276 | 16,288 | 17,043 | 18,056 |
| - 취업유망분야훈련 | 10,146 | 8,656 | - | - | - |
| - 창업훈련 | 4,699 | 3,164 | - | - | - |
| 인력개발훈련 | 20,196 | 22,049 | 22,488 | 22,422 | 26,687 |
| - 기능사양성훈련 | 13,311 | 12,260 | 11,578 | 10,760 | 10,673 |
| - 우선직종훈련 (정부위탁) | 6,885 | 9,789 | 10,910 | 11,662 | 16,014 |
| 유급휴가훈련 | 7,257 | - | - | - | - |
| 총 계 | 221,943 | 180,361 | 152,301 | 180,827 | 108,248 |

주: 유급휴가훈련은 2001년도부터 실업대책훈련에서 제외하고 재직근로자훈련에 포함.
자료: 노동부. 2005a.

### (3) 직업능력개발훈련 참여기관 현황

연도별 직업능력개발훈련 참여기관 현황을 제시하면 다음의 〈표 5-7〉과 같다.

직업능력개발훈련 참여기관은 2000년 이후 꾸준히 증가하다가 2003년에 4,208개소로 정점에 올랐다가 2004년에 다소 감소한 것으로 나타났다. 더 구체적으로 살펴보면 공공훈련기관의 경우에는 2000년 이후 직업능력개발훈련 참여기관 수의 변동이 거의 없지만, 민간훈련기관의 경우 2003년까지 꾸준히 증가하다가 2004년에 다소 감소하였다.

민간훈련기관의 경우에도 여성인력개발센터와 노동부지정 시설의 경우에는 2000년 이후 꾸준히 증가해 온 반면, 훈련법인은 2002년 이후부터 그리고 지정시설 외 훈련기관은 2003년 이후부터 감소하는 경향을 보이고 있다.

| 〈표 5-7〉 연도별 직업능력개발훈련 참여기관 현황 | | | | | | | | | | | (단위: 개소) |
|---|---|---|---|---|---|---|---|---|---|---|---|
| 구분 | 공공훈련기관 | | | | | | 민간훈련기관 | | | | | 계 |
| | 산업인력공단 직업전문학교 | 기능대학 | 대한상공회의소 | 장애인공단 | 기타 | 소계 | 훈련법인 | 여성인력개발센터 | 노동부 지정시설 | 지정시설 외 훈련기관 | 소계 | |
| 2000 | 22 | 21 | 8 | − | 1 | 52 | 84 | 24 | 278 | 2,154 | 2,540 | 2,592 |
| 2001 | 21 | 23 | 8 | − | 1 | 53 | 77 | 46 | 138 | 2,540 | 2,801 | 2,854 |
| 2002 | 21 | 23 | 8 | − | 2 | 54 | 119 | 45 | 372 | 2,600 | 3,136 | 3,190 |
| 2003 | 21 | 23 | 8 | − | 1 | 53 | 67 | 51 | 601 | 3,436 | 4,155 | 4,208 |
| 2004 | 21 | 23 | 8 | − | 1 | 53 | 63 | 51 | 627 | 2,775 | 3,516 | 3,569 |

주: 2003년과 2004년 기타는 한국기술교육대학교임.
자료: 노동부. 2005a.

## 2. 자격제도의 이해

### 1) 자격의 개념 및 기능

#### (1) 자격의 개념

자격(qualification)은 일반적으로는 일정한 기준과 절차에 따라 평가 또는 인정된 능력(지식, 기술 및 소양 등)을 말한다. 여기에는 직무수행과 직접 관련이 있는 직업자격(vocational qualification) 또는 기술자격(technical qualification) 그리고 구체적인 직업·직무에 관련되지는 않지만 직업생활에 공통적으로 요구되는 기초소양 등이 포함될 수 있으며, 또한 학업(교육훈련)의 이수결과나 일부 부처에서 시행하고 있는 명장제도나 무형문화재 등과 같은 능력평가인정제도 등도 모두 자격의 범주에 포함될 수 있다.

그러나 우리사회에서 자격이란 주로 직업자격에 한정되어 있는 경우가 많으며, 특히 일반검정(testing service)을 통하여 취득하는 자격에 익숙해져 있는 상황이다.

한편, 자격과 유사한 개념으로 자격증 또는 자격제도가 혼용되어 사용하기도 한다. 자격제도는 인간의 능력(예, 지식, 기술 및 소양 등)을 일정한 기준과 절차에 따라 평가 또는 인정하기 위한 시스템을 의미하며, 자격증은 이러한 시스템을 통해 능력이 있다고 평가 또는 인정받은 사람에게 수여되는 증서다. 즉, 자격증, 학위증, 이수증은 바로 이러한 자격이 자격제도를 통해 외부화·외현화된 것이라고 할 수 있다.

### (2) 자격의 기능

자격의 기능은 크게 직업능력의 신호기능, 직업능력의 개발기능, 인력수급의 불일치(mismatching) 감소 기능, 교육·훈련 가이드 기능으로 구분될 수 있다.

#### ① 직업능력의 신호 기능

자격은 노동시장에서 근로자의 직업능력을 제대로 보여 주는 신호기능을 갖는다. 개인에게 있어서 자격은 근로자가 어느 수준의 직업능력을 갖추고 있는지를 증명하는 기제며, 따라서 신규 근로자에게 자격은 노동시장으로의 진입을 용이하게 하고, 재직 근로자에게는 고용유지 혹은 고용안정(종사상의 지위개선) 및 직무만족을 가져올 뿐만 아니라 임금효과로 소득안정을 가져올 수 있는 기능을 갖고 있다. 기업의 입장에서 볼 때 자격은 전문인력을 선발할 때 필요한 중요한 기능으로 간주된다.

#### ② 직업능력의 개발 기능

자격은 직업능력을 개발하거나 혹은 향상시키는 기능을 갖는다. 자격을 취득하기 위하여 학습을 하는 동안 학습자의 직업능력은 개발되며, 따라서 지속적으로 직업능력을 개발하기 위해서는 자격등급을 포함한 자격체계가 평생학습 차원에서 설계되어야 한다. 그리고 현장의 인적자원관리가 자격을 근거로 평가와 보상이 이루어진다면 자격에 대한 수요는 증가하고, 이로 인해 개인의 직업능력개발은 지속될 것이며, 따라서 자격은 개인의 경력 개발, 인사정책의 사회화를 받쳐 주는 중요한 인프라 역할을 하게 된다.

#### ③ 인력수급의 불일치 감소 기능

자격은 인력의 수요와 공급의 불일치(mismatching)를 감소시키는 기능을 갖는다.

왜냐하면 자격에 대한 수요는 필요한 인력의 수준과 분야를 좀 더 구체적으로 제시하게 되며, 자격취득자의 구직은 노동공급의 정보가 구체화되기 때문이다. 자격은 근로자의 능력을 증명하는 역할을 하므로 불완전한 노동시장 정보를 축소시켜 인력수급의 매칭(matching)을 높이는 역할을 하며, 아울러 불완전한 노동시장에서 좀 더 구체적인 정보를 제공함으로써 기업의 채용 및 해고할 때 드는 비용, 즉 전직비용(turnover cost) 및 거래비용(transaction cost)을 축소시킨다.

### ④ 교육 · 훈련 가이드 기능

자격은 직업교육의 질을 관리하고 인적자원개발의 방향을 가이드 하는 기능을 갖는다. 과거 생산현장의 기술 · 기능 인력을 양성하여 공급하는 시기에는 자격이 나름대로의 적절한 기능을 수행하였다. 그러나 이제 자격은 정규교육뿐만 아니라 계속교육을 유인하여, 학력과 더불어 교육 · 훈련을 이끄는 양대 축으로 발전되어야 한다.

## 2) 자격제도의 유형

### (1) 자격이 발휘하는 기능에 따른 분류

자격은 자격이 발휘하는 기능에 따라 업무독점형 자격과 능력인정형 자격으로 구분할 수 있다. 업무독점형 자격은 구직자가 노동시장으로 진입하는 것을 통제하는 자격으로 일명 면허성 자격으로 불리며, 능력인정형 자격은 단순히 개인의 능력을 인정하는 데 그치는 자격이다. 완전경쟁적인 노동시장에서는 노동의 수요와 공급에 의하여 임금과 고용량이 결정되지만, 면허성 자격이 존재하는 경우에는 노동공급을 통제하여 공급독점형 노동시장을 형성시키므로 고용효과나 시장임금의 결정에 영향을 주게 된다(이동임, 2004).

### (2) 자격의 관리 주체에 따른 분류

자격은 자격의 관리 주체에 따라 크게 국가자격과 민간자격으로 나눌 수 있다. 국가자격은 국가가 법률에 따라 부여하는 자격으로, 국가기술자격법에 의한 국가기술자격과 개별법령에 의한 국가자격으로 분류된다.

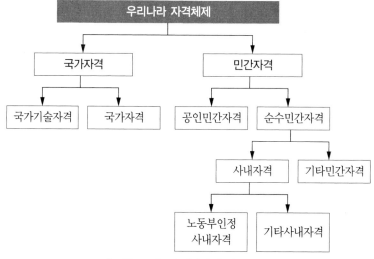

[그림 5-2]  우리나라의 자격체제

자료: 이동임. 2004.

민간자격은 자격기본법에 근거한 공인민간자격과 순수민간자격(민간단체가 임의
로 부여하는 자격)으로 분류되며, 순수민간자격에는 사업주가 근로자를 대상으로 검
정을 하는 사내자격이 포함된다. 또한 사내자격 중에서 우수한 사내자격을 노동부가
일정한 절차를 거쳐 인정하는 노동부 인정사내자격이 있다. 자격의 관리 주체에 따
라 우리나라 자격체제를 제시하면 [그림 5-2]와 같다.

### 3) 자격제도의 현황

자격제도의 현황을 국가기술자격과 국가자격 및 민간자격으로 나누어 살펴보고, 이
에 더하여 순수민간자격에 포함되는 사내자격에 대해 더욱 구체적으로 살펴보았다.

### (1) 국가기술자격

국가기술자격은 정부의 19개 소관부처 및 청이 관장하고 있으나, 제도의 총괄운
영은 노동부가 국가기술자격법에 근거하여 담당을 하고 있는 상황이다. 국가기술자
격의 신설 · 폐지, 검정방법 등 국가기술자격의 관리 · 운영에 관한 사항은 '기술자

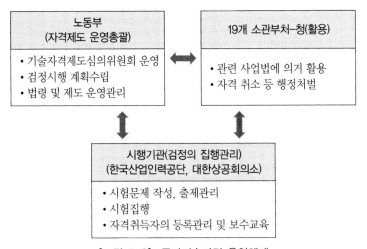

[그림 5-3] 국가기술자격 운영체제

자료: 김덕기, 2004.

격제도심의위원회'에서 심의하는데, 기술자격제도심의위원회는 노동부장관의 심의 기구로 정부 공무원 및 전문가로 구성된다. 주무부처는 검정시행 계획의 수립, 검정의 시행 공고, 합격자 결정, 등록, 자격취소 및 정지 등의 권한을 행사하게 된다.

한편, 시험문제 출제, 검정 실시 등 기술자격 검정에 대한 업무는 한국산업인력공단(기술 및 기능분야 자격과 서비스 분야 자격)과 대한상공회의소(서비스 분야 자격)가 위탁받아 운영하고 있다. 현재 한국산업인력공단에서는 기술·기능 분야와 서비스 분야의 557종목에 대한 검정을 시행하고 있으며, 대한상공회의소에서는 서비스 분야의 18종목에 대한 검정을 시행하고 있다.

우리나라 국가기술자격의 운영 체제를 그림으로 제시하면 [그림 5-3]과 같다.

국가기술자격의 등급체계를 살펴보면 [그림 5-4]와 같다. 현행 국가기술지격의 체계는 크게 기술·기능계 분야와 서비스 분야로 구성된다. 기술·기능계 분야의 경우 직무분야 별로 기술사, 기능장, 기사, 산업기사, 기능사의 5단계 등급체계로 구성되며, 서비스 분야는 기초사무와 전문사무로 구분되는데, 기초사무는 1·2·3급의 등급체계로 이루어지고, 전문사무는 2등급 체계로 구성되어 있다.

국가기술자격의 등급별 응시요건을 살펴보면 [그림 5-5]와 같다. 국가기술자격의

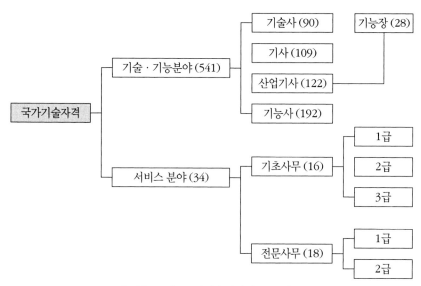

[그림 5-4]　국가기술자격의 등급체계

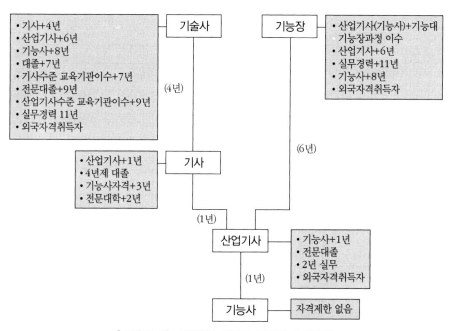

[그림 5-5]　국가기술자격의 등급별 응시요건

주: (　)는 요구되는 최소실무경력 연수임.

응시요건은 등급에 따라 다르나, 산업기사 이상은 학력 또는 경력 요건이 있다. 자격의 검정방법은 기술사의 경우 필기와 면접시험을 시행하며, 기능장·기사·산업기사·기능사는 필기와 실기시험 그리고 서비스 분야는 필기와 실기시험을 실시한다.

기술분야별 자격종목 현황을 제시하면 〈표 5-8〉과 같다. 모두 27개 직무분야로 구분되며, 총 575개 종목(사무분야 제외 시 541개 종목)으로 구성되어 있다. 등급별로 살펴보면 기능사가 192개 종목(35.5%)으로 가장 많이 차지하고 있으며, 그 다음으로 산업기사 122개 종목(22.6%), 기사 109개 종목(20.1%), 기술사 90개 종목(16.6%), 기능장 30개 종목(5.5%)순이었다. 직무 분야별로는 기계 분야가 107개 종목(18.6%)으로 가장 많이 차지했으며, 그 다음으로 금속 44개 종목(7.7%), 농림 39개 종목(6.8%) 등의 순이었다.

한편, 최근까지의 자격검정 현황을 살펴보면 〈표 5-9〉와 같다. 자격취득 총인원

| 구 분 | 총계 | 기술사 | 기능장 | 기사 | 산업기사 | 기능사 |
|---|---|---|---|---|---|---|
| 계 | 575(541) | 90 | 30 | 109 | 122 | 192 |
| 1. 기계 | 107 | 9 | 9 | 14 | 2 | 49 |
| 2. 금속 | 44 | 6 | 6 | 9 | 7 | 16 |
| 3. 화공및세라믹 | 15 | 2 | 1 | 2 | 3 | 7 |
| 4. 전기 | 18 | 5 | 1 | 4 | 5 | 3 |
| 5. 전자 | 14 | 3 | 1 | 3 | 4 | 3 |
| 6. 통신 | 20 | 1 | 1 | 5 | 6 | 7 |
| 7. 조선 | 6 | 1 | – | 1 | 1 | 3 |
| 8. 항공 | 8 | 2 | – | 1 | 1 | 4 |
| 9. 토목 | 30 | 11 | – | 5 | 5 | 9 |
| 10. 건축 | 32 | 4 | 2 | 3 | 6 | 17 |
| 11. 섬유 | 21 | 4 | – | 3 | 7 | 7 |
| 12. 광업자원 | 17 | 3 | – | 3 | 3 | 8 |
| 13. 정보처리 | 7 | 2 | – | 2 | 2 | 1 |

〈표 5-8〉 국가기술자격 등급별 자격종목 현황

(계속)

| 구 분 | 총계 | 기술사 | 기능장 | 기사 | 산업기사 | 기능사 |
|---|---|---|---|---|---|---|
| 14. 국토개발 | 12 | 4 | – | 4 | 2 | 2 |
| 15. 농림 | 39 | 6 | 1 | 11 | 9 | 12 |
| 16. 해양 | 23 | 4 | – | 9 | 6 | 4 |
| 17. 산업디자인 | 10 | 1 | – | 3 | 3 | 3 |
| 18. 에너지 | 5 | 2 | – | 2 | 1 | – |
| 19. 안전관리 | 23 | 8 | 1 | 7 | 6 | 1 |
| 20. 환경 | 20 | 6 | – | 8 | 5 | 1 |
| 21. 산업응용 | 31 | 5 | – | 9 | 7 | 10 |
| 22. 교통 | 3 | 1 | – | 1 | 1 | – |
| 23. 공예 | 16 | – | 1 | – | 1 | 14 |
| 24. 음 · 식료품 | 15 | – | 2 | – | 5 | 8 |
| 25. 위생 | 5 | – | 2 | – | – | 3 |
| 26. 기초사무 | 16 | 워드프로세서, 한글속기, 비서, 컴퓨터활용능력, 전산회계운용사 | | | | 1~3급 |
| | | 전자상거래운용사 | | | | - |
| 27. 전문사무 | 18 | 직업상담사, 사회조사분석사, 전자상거래관리사 켄벤션기획사, 소비자전문상담사, 임상심리사, 텔레마케팅관리사, 게임프로그래밍전문가, 게임기획전문가, 멀티미디어콘텐츠제작전문가, 스포츠경영관리사 | | | | 1~2급 |

자료: 노동부. 2005b.

수를 보면 기술 · 기능계(기술사, 기능장, 기사, 산업기사, 기능사) 국가기술자격취득자의 총 누계는 2004년 기준으로 783만 5,458명에 이르고, 사무관리를 포함할 경우 2,436만 5,595명에 이른다.

또한 기술 · 기능계 자격 중 기능사가 60만 2,643명으로 가장 많이 차지하고 있으며, 반면 기능장은 8,967명으로 가장 적은 것으로 나타났다. 2004년의 경우 총 합격률은 25.1%를 나타내고 있으며, 기능사가 32.3%로 가장 높은 합격률은 보인 반면, 기술사는 7.5%로서 가장 낮은 합격률을 나타내었다.

| 〈표 5-9〉 | 자격검정 현황 | | | | (단위: 명) |
|---|---|---|---|---|---|
| 구 분 | 자격취득 총인원수 | 원서접수 | 2004년 실적 | | |
| | | | 응 시 | 합 격 | 합격률(%) |
| 계 | 24,365,595 | 5,211,554 | 4,119,046 | 1,034,234 | 25.1 |
| 기술사 | 27,197 | 22,091 | 15,639 | 1,167 | 7.5 |
| 기능장 | 8,967 | 10,690 | 9,430 | 1,458 | 15.5 |
| 기 사 | 832,428 | 527,344 | 379,102 | 87,253 | 23.0 |
| 산업기사 | 964,223 | 431,793 | 324,184 | 70,421 | 21.7 |
| 기능사 | 6,002,643 | 1,260,612 | 1,052,992 | 340,473 | 32.3 |
| 사무관리 | 16,530,137 | 2,959,024 | 2,337,699 | 533,462 | 22.8 |

주: 자격취득 총 인원수: 1967~2004.12. 31까지의 총 자격취득자수임.

　원서접수: 2004. 12. 31까지 최초 원서 제출자

　응시: 2004. 12. 31까지 최초 시험에 수검한 자(필기 또는 실기중 최초 수검자)

　합격: 2004. 12. 31까지 최종 합격한 자(필기시험을 거쳐 실기시험에 최종 합격한 자)

자료: 노동부. 2005b.

## (2) 국가자격

국가기술자격이외 112종목의 국가자격은 22개의 부·처·청에 의해 관리·운영되고 있다. 이 자격은 전문서비스 분야 등의 자격으로 개별 부처의 필요성에 의해 신설·운영되고 있으며 주로 면허적 성격을 갖고 있다.

주무부처별로 관장하고 있는 112개 국가자격종목을 살펴보면, 보건복지부가 가장 많은 25개 종목을 관리·운영하고, 다음으로 건설교통부(15개 종목), 해양수산부(12개 종목), 문화관광부(11개 종목) 순서다.

| 〈표 5-10〉 | 주무부처별 국가자격의 종목 및 직종 | (단위: 명) |
|---|---|---|
| 소관부처 | 종목수 | 국가자격 명칭 |
| 건설교통부 | 15 | 감정평가사, 건축사, 공인중개사, 교통안전관리자, 물류관리사, 사업용조종사, 운송용조종사, 항공공장정비사, 운항관리사, 항공교통관제사, 항공기관사, 항공사, 항공정비사, 자가용조종사, 주택관리사 |
| 경찰청 | 3 | 경비지도사, 기능검정원, 강사 |

(계속)

| 소관부처 | 종목수 | 국가자격 명칭 |
|---|---|---|
| 과학기술부 | 7 | 방사선동위원소취급자특수면허, 방사선동위원소취급자일반면허, 방사선취급감독자면허, 원자로조정감독자면허, 원자로조정사면허, 핵연료물질취급감독자면허, 핵연료물질취급면허 |
| 관세청 | 2 | 관세사, 관보사 |
| 교육인적자원부 | 7 | 사서교사, 평생교육사, 실기교사, 보건교사, 전문상담교사, 정교사, 준교사 |
| 국세청 | 2 | 주소사, 세무사 |
| 금융감독위원회 | 3 | 보험계리사, 보험중개사, 손해사정사 |
| 노동부 | 2 | 공인노무사, 산업안전지도사, 산업위생지도사, 직업능력개발훈련교사 |
| 농림부 | 15 | 가축인공수정사, 경매사, 수의사, 전통식품명인, 환지사 |
| 문화관광부 | 9 | 경기지도자, 국내여행안내원, 관광통역안내원, 지배인, 사서, 생활체육지도자, 접객종사원, 청소년지도사, 무대예술전문인 |
| 문화재청 | 2 | 문화재수리기능자, 문화재수리기술자 |
| 법무부 | 1 | 변호사 |
| 법원행정처 | 1 | 법무사 |
| 보건복지부 | 26 | 간호사, 간호조무사, 물리치료사, 방사선사, 사회복지사, 안경사, 안마사, 약사, 영양사, 위생사, 위생시험사, 응급구조사, 의무기록사, 의사(전문의포함), 임상병리기사, 작업치료사, 정신보건간호사, 정신보건사회복지사, 정신보건 임상심리사, 조산사, 치과기공사, 치과위생사, 치과의사, 한약사, 한약업사, 한의사 |
| 산림청 | 2 | 산림토목기술자, 영림기술자 |
| 산업자원부 | 3 | ISO9000 인증심사원, ISO14000 인증심사원, 판매관리사 |
| 재정경제부 | 1 | 공인회계사 |
| 정보통신부 | 2 | 아마추어무선기사, 무선통신사 |
| 중소기업청 | 2 | 경영지도사, 기술지도사 |
| 특허청 | 1 | 변리사 |
| 해양수산부 | 12 | 검량사, 감정사, 검수사, 기관사, 도선사, 소형선박조정사, 운항사, 의료관리사, 위험물적재선박승무원, 구명정수, 항해사, 통신사 |
| 행정자치부 | 2 | 소방시설관리사, 행정사 |
| 계 | 112 | — |

주: 노동부(2005)의 직업능력개발사업 현황(2001~2004)에 따르면 국가자격은 현재 67개 기관 114개 종목임.
자료: 이동임. 2004.

## (3) 민간자격

### ① 순수 민간자격

순수 민간자격은 특별한 법적인 배경이 없이 민간에 의해 관리·운영되어 왔다. 1959년 주산·부기·타자 등 사무관리 분야에서 검정이 시작되어 오다가 점차 부분적으로는 국가기술자격에 흡수되었으며, 1997년 자격기본법이 제정되면서 민간자격에 대한 관심이 증가하기 시작하였다. 현재 민간자격의 규모는 약 500~600여 개인 것으로 추정되고 있다.

### ② 국가공인 민간자격제도

1997년 제정·공포된 자격기본법은 우수한 민간자격을 국가가 공인할 수 있도록 규정하고 있다. 자격기본법에 의거 2000년도 3월 이후 시행되어 2004년 2월 현재 총 47개 종목이 국가공인을 받은 상태며, 신청종목 수 대비 국가공인율은 8.5% 수준에 불과하다.

〈표 5-11〉 **연도별 국가공인 민간자격 공인현황**

| 연도 \ 구분 | 신청종목 수 | 공인종목 수 | 비율(%) |
|---|---|---|---|
| 2000년 | 217 | 28 | 12.9 |
| 2001년 | 114 | 7 | 8.0 |
| 2002년 | 110 | 5 | 1.0 |
| 2003년 | 113 | 7 | 6.1 |
| 계 | 554 | 47 | 8.5 |

주: 공인자격 중 1개는 공인 취소, 1개는 유효기간 만료로 2004년도 현재 공인자격은 45개 종목임.
자료: 서준호. 2004.

## (4) 사내자격

사내자격이란 사업주 또는 사업주 공동(경우에 따라서는 사업주 단체 또는 그 연합단체도 가능)이 그 사업과 관련한 직종에 대하여 고용된 근로자의 직업에 필요한 능력개발과 향상 등을 위해 근로자가 가지고 있는 직업능력의 정도를 일정한 검정 기준을 가지고 일정한 절차에 의하여 평가하여 인정하는 자격이다.

사내자격의 운영은 기업의 생산성 제고와 근로자의 업무수행능력을 지속적으로 개발해 나갈 수 있다는 점에서 의의가 있으며, 근로자의 직무수행능력에 대한 평가 결과를 인사관리정책에 연계시켜 인적 자산을 축적시키기에 용이하다.

　　사내자격에 대한 지원이 본격적으로 실시된 것은 '사업내자격 검정사업지원규정' (1999. 2. 4. 노동부예규 제416호)이 제정되면서부터며, 이것은 사업주가 근로자의 직업능력개발 및 기술향상을 위하여 실시하는 자격검정사업에 대한 인정기준 및 지원금 범위 등을 규정하는 규정이다.

　　현재 이 규정에 의해 인정받은 사내자격은 〈표 5-12〉와 같이 15개 기업에서 49종목이며, 이들 기업은 개발비와 검정운영비를 일정한 범위 내에서 지원받고 있다.

| 〈표 5-12〉 | 사내자격검정 인정현황 | |
|---|---|---|
| **사업체명** | **검정종목** | **인정 연도(년)** |
| 삼성SDS(주) | INNOVATOR(1) | 2000 |
| (주)혜인 | 건설기계정비(전기, 엔진, 유압, 동력전달(4) | 2000 |
| 삼성에버랜드(주) | 방재관리사(1) | 2000 |
| | Building Facility Management(1) | 2001 |
| | SIX SIGMA(1) | 2001 |
| | Hygienics & Safety Instruction | 2004 |
| 한전기공(주) | 기계, 전기, 계측제어, 핵연로장전, 품질, 비파괴검사, 용접, 공업세정, 송전정비, 크레인운전(10) | 2000 |
| LG전자(주) | SIX SIGMA(1) | 2000 |
| | 기술력우수감동사(1) | 2004 |
| (주)삼영검사엔지니어 | 비파괴검사(1) | 2000 |
| 삼성전기(주) | SIX SIGMA(1) | 2001 |
| | AMEE(1) | 2002 |
| 삼성전자(주) | SIX SIGMA(1) | 2001 |
| 삼성전자서비스(주) | 가전서비스, AV서비스, 통신서비스, PC서비스(4) | 2001 |
| 아남전자서비스(주) | TV, VCR, AD/가전(3) | 2002 |
| LG엔시스(주) | SIX SIGMA(1) | 2002 |
| | ATM, CD, BP, 통합단말(4) | 2002 |

(계속)

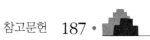

| 사업체명 | 검정종목 | 인정 연도(년) |
|---|---|---|
| 제일화재해상보험(주) | Assistant(1) | 2003 |
| 현대중공업(주) | 취부사, 마킹전달사, 배관조립사, 전기조립사, 목의장사, 중방식도장사, 기관설치사, 목형사, 조형사(9) | 2003 |
| 대림자동차(주) | 이륜차정비기술자격(1) | 2004 |
| (주)신도리코 | Sindo Certified Engineer(1) | 2004 |
| 15개 기관 | 49종목 | 2003 |

자료: 이동임. 2004; 노동부. 2005b.

## 참고문헌

교육부(1998). 1998 평생교육백서. 서울: 교육부.

김미숙 외(1999). 훈련기관 및 훈련과정 인정 · 지정 개선방안. 서울: 한국직업능력개발원.

김덕기(2004). 국가기술자격제조의 현황과 개선방안. 서울: 한국직업능력개발원.

노동부(1999). 1998 노동백서. 서울: 노동부.

노동부(2005a). 직업능력개발사업현황(2000~2004). 서울: 노동부.

노동부(2005b). 노동백서. 서울: 노동부.

서준호(2004). 민간자격제도의 현황과 개선방안. 서울: 한국직업능력개발원.

이동임(2004). 자격제도의 현황과 과제. 서울: 한국직업능력개발원.

# 제6장

# 의사결정의 이해

　진로상담과 진로지도의 최종적인 결과는 대부분 '의사결정'으로 나타난다. 따라서 진로상담에 있어서는 의사결정이 매우 핵심적인 사항으로 자리 잡고 있다. 이 장에서는 진로의사결정에 대한 기초사항을 먼저 논의하고, 이어서 진로의사결정에 대한 모델을 기술적인 모델(descriptive model)과 처방적인 모델(prescriptive model)로 구분하여 살펴보고자 한다.

　기술적인 모델들은 사람들이 실질적으로 어떻게 결정하는지에 관심을 두고 있다. 그리고 처방적인 모델들은 결정이 어떻게 이루어져야 하는지를 설명해 주고 있다.

　여기에서는 기술적 모델로서 Vroom의 기대모델 그리고 Janis와 Mann의 갈등모델을 제시하고자 한다. 다음으로 처방적 모델에 속하는 Mitchell의 재개념화된 선택모델, Mitchell과 Beach의 주관적 기대효용 모델, Tversky의 관점에 따른 배제모델 등을 차례로 살펴보고자 한다. 마지막 부분에서는 의사결정유형에 관한 기본적인 사항들을 논의해 보고자 한다. 이 장의 내용 중 의사결정 모델에 관한 부분의 작성에 있어서는 Brown(1990)의 글을 주로 참고하였다.

## 1. 진로의사결정 모델의 배경

진로의사결정 모델들은 직업을 선택하는 실질적인 과정을 설명하기 위하여 개발되어 왔다. 선택의 개념은 직업에 대한 선호의 개념에서 설명되어야 한다. 그러나 직업적 선호는 실제로 행해진 선택과는 상당히 다를 수도 있다. 예를 들어, 어떤 사람이 컴퓨터 프로그래머를 사업가보다 더 좋아할지도 모르지만 여러 가지 이유 때문에 사업가의 길을 선택할 수도 있는 것이다. Vroom(1964)은 직업적 선택(occupational choice)과 직업적 획득(occupational attainment)을 구별해야 한다고 지적하였다. 한 사람이 어떤 직업을 선택했을 때, 그 직업에 요구되는 교육훈련과 경제적 상황 등 여러 가지 이유로 그 직업에 들어가는 데 어려움이 따를 수 있다. 그러나 진로를 선택했지만 실천에 옮기지 못하는 사람의 경우, 그 이유가 여러 가지 있을 수 있지만 그중에서도 잘못된 의사결정 과정을 경험했을 가능성이 크다. 이 장에서 논의될 모델들은 직업에 대한 선호나 직업적 획득보다는 직업적 선택에 초점을 두고 있다.

Harren(1979)은 진로의사결정 모델을 "개인이 정보를 조직하고, 여러 가지 대안들을 신중하게 검토하며, 행동과정에 전념하는 심리학적인 과정에 대한 설명"으로 정의한다. Jepsen과 Dilly(1974)는 선택과정은 몇 가지 요소들, 즉 의사결정자와 둘 혹은 그 이상의 대안들이 있는 결정 상황들을 포함한다고 지적한다. 따라서 진로의사결정 모델들은, 의사결정자가 가치를 부여할 수 있을 만큼 진로의사결정의 결과가 명확하게 예상될 수 있는 것이어야 한다는 것을 전제로 한다. 반대로 만약 한 문제에 단 하나의 해결책만 있다면, 의사결정 과정은 전혀 요구되지 않을 것이다. 그러나 만약 두 개의 선택들이 동일한 발생 가능성을 지니고 있고 매력이나 가치 등의 측면에서 균등하다면 틀림없이 의사결정 과정이 요구될 것이다.

의사결정 과정에 있어서는 의사결정자가 매우 중요한 변수가 된다. 이러한 이유 때문에 의사결정자의 나이, 성별, 성격적 특성, 사회경제적 지위 등과 같은 요소들이 의사결정에 미치는 영향이 광범위하게 연구되어 왔다. 따라서 현장에서 학생이나 내담자들을 지도하고 상담하는 교사나 상담자들은 내담자의 특성이 의사결정 과정에 미치는 영향에 대해서 정확하게 알고 있어야 한다.

# 2. 기술적 진로의사결정 모델

## 1) Vroom의 기대모델

### (1) 주요내용

Vroom(1964)의 기대모델(expectancy model)은 일과 관련된 개인의 행동 설명에 초점을 맞추고 있으며, 인간의 행동은 내부로부터 동기화된다는 가정을 전제로 하고 있다. 그는 일(work)이 모호한 용어라고 생각했기 때문에, 대신 일역할(work role)이라는 개념을 사용하였다. 그는 일역할을 '역할 종사자에 의하여 행해진 일련의 기능'이라고 정의했다. Vroom의 이론에서 또 다른 중요한 개념인 동기(motivation)는 '자발적인 행동을 조절하는 과정'으로 정의된다. 유인가(valence)와 기대(expectancy)라는 두 개념은 Vroom의 이론을 이해하는 데 매우 중요하다. 유인가는 '특정한 결과에 대한 정서적 방향성'으로 정의되며, 선호(preference)라는 말과 동의어로 사용된다. 결과(outcome)는 긍정적, 부정적 혹은 중성적 유인가를 갖게 된다. 동기는 유인가와 관계가 있다. 사람들은 긍정적, 부정적 혹은 중성적 동기를 가질 수 있는데, 그것은 특정한 결과에 대해 다가가거나 물러서려는 또는 움직이고 싶어 하지 않는다는 것을 뜻한다. Vroom은 결과의 유인가와 의사결정자가 목적으로 하는 가치가 동등하다고 생각하지 않는다. 결과에 대한 유인가는 실질적으로 주어지는 만족에 기반을 두고 있지 않다. 오히려 그것은 개인이 그 결과에서 주어질 것으로 기대하는 만족에 기반을 두고 있다. 즉, 결과에 대한 유인가의 크기는 특정한 결과에서 얻을 것으로 예상되는 만족의 정도에 기반을 두고 있다. Vroom은 우리가 어떤 목적이나 목표(에, 안정, 지위, 혹은 수입 등)를 획득하기 위하여 직업을 선택하는 것임을 인정할 것을 제안한다. 직업의 유인가는 목표의 유인가의 총계와 직접적으로 연관되어 있다. 목표는 직업이 선택된다면 개인이 획득할 것이라고 인식하는 것들이다. 선택의 결과는 개인의 의사결정에 단순히 관련되어 있는 것이 아니다. 즉, 외적인 힘도 또한 의사결정자에게 영향을 미친다. 각 의사결정자는 이러한 외적인 사건들이 의사결정에 미치는 영향에 대하여 어느 정도 아이디어를 가지고 있다. 그러므로 의사결정자는 어느 정도 결과에 대한 선호와 기대에 기반을 두고 결정을 내리게 된다. Vroom 은 선택이 현실화될 수 있다는 믿음을 기대(expectancies)라고 정의한다. 이러한 기 대는 주관적인 것인데, 왜냐하면 어떠한 의사결정자도 진로선택의 달성에 대한 실질 적인 가능성을 완전히 알 수는 없기 때문이다.

Vroom은 유인가와 기대가 진로선택을 결정하는 데 어떻게 상호 작용하는지를 상 술하기 위해서 Lewin(1951)의 힘의 개념을 인용하였다. 이에 따르면 행동은 힘들이 상호 충돌하는 곳에서 일어나는데, 이것은 어떤 대안에 다가서거나 물러서도록 사람 을 움직인다. Vroom은 힘을 유인가와 기대들의 결과로 설명한다. 그는 의사결정자 들이 특정한 진로를 선택하게 만드는 힘은 모든 결과들에 대한 유인가의 총합과 기 대(주어진 진로에 대한 선택이 바라는 결과의 획득을 가져올 것이라는)의 강도와 직접적으 로 연관되어 있다고 주장한다.

Vroom은 상호 작용하는 기대와 유인가의 성질을 논의함으로써 이를 상세히 설명 한다. 예를 들어, 어떤 사람이 진로선택을 달성하는 것에 높은 기대를 가지고 있으 면, 만약 그 선택의 유인가가 0 혹은 매우 낮을지라도 진로를 선택하도록 하는 힘에 거의 영향을 미치지 않을 것이라고 하였다. 또한 만약 그 진로에 들어서려는 기대가 낮다면, 높은 유인가는 선택하도록 하는 힘을 증가시키지는 못할 것이다. 그러나 이 두 가지 요소를 연결하면 한 개인을 노력하도록 만드는 힘을 예상할 수 있다. 만약 특정한 진로선택에 대한 유인가가 높고 그 선택을 달성하려는 기대가 높다면, 개인 이 진로를 선택하려는 데 있어 실질적인 노력을 광범위하게 할 것이라는 것을 예상 할 수 있다. Vroom의 이론은 성취(performance)를 예상하는 것이 아니라, 단지 노 력만을 예상하는 것이다(Mitchell, 1974).

### (2) 시사점

Vroom의 진로의사결정 모델은 실무자들에게 많은 시사점을 주고 있다. 우선 상담 자들은 진로선택이 다양한 목적에 이르는 수단이며, 그 자체에 목적이 있는 것이 아 니라는 것을 이해해야 한다. 이것은 진로선택이 개인을 광범위한 결과배열의 출발점 에 둔다는 것이며, 어떤 결과는 진로 그 자체에 일차적으로 관련되지만 또 다른 결과 는 진로에 이차적으로 관련된다. 진로선택의 첫 번째 결과는 일하는 장소의 지리적인 위치, 작업환경, 그 작업에 소요되는 시간과 에너지의 양에 관련되고, 일의 가치는 강화에 의해 등급화된다. 진로선택의 두 번째 결과는 지위, 가족관계에 미치는 영향, 사회적 책임 등에 관련된다. Vroom의 진로의사결정 모델은 개인들이 이러한 점 모두를 주의 깊게 고려해야 할 필요가 있음을 시사한다. 왜냐하면 이러한 것들은 유인가 또는 특정한 진로에 대한 정서적인 편향을 결정짓기 때문이다.

앞서 언급되었듯이 기대는 결과에 대한 주관적 평가에 기반을 둔다. 이러한 평가는 직업의 유용성과 미래의 전망에 대한 자료 등의 정보에 의해서 어느 정도까지 향상될 수 있다. 그러나 기대는 개인에 의해서 생성되고, 정보에 대한 개인의 지각에 기초한 지식들 간의 상호작용에 의해서 형성된다. 따라서 상담자들은 개인들이 정보를 효율적으로 습득하도록 도와주어야 한다. 정보는 내담자의 기대를 형성하는 데 도움을 줄 것이고, 기대에 영향을 미치는 내담자의 고유한 특성들을 규명하는 데 도움을 준다.

힘(force)의 개념 또한 상담자들에게 유용하다. 만약, 기대 혹은 유인가 중 하나가 낮다면 노력은 하찮은 것이 될 것이다. 상담자들은 두 가지 모두를 동등하게 연구할 필요가 있는데, 이는 내담자들이 진로에 대하여 긍정적 혹은 부정적 요소들을 확인하고, 그러한 진로에 들어서는 것에 대한 실질적인 기대를 형성할 수 있도록 도움을 주기 위해서다.

## 2) Janis와 Mann의 갈등모델

### (1) 주요내용

Janis와 Mann(1977)의 갈등모델(conflict model)은 각 개인이 의사결정을 하려고 할 경우에는 언제나 갈등이 발생한다는 것을 가정한다. 이 갈등은 의사결정에 직면해 있는 각 개인 내부에 "주어진 행동과정을 수용 혹은 거부하려는 상반되는 경향이 동시에 존재하기 때문에" 일어나는 것이다. 이러한 모순되는 힘의 결과는 불확실성을 느끼게 하고, 행동을 망설이게 하며, 심지어는 정서적 혼란을 겪게 한다. 의사결정 과정에서 야기된 갈등은 스트레스를 유발한다. 스트레스란 "높은 수준의 유쾌하지 못한 감정"(불안, 죄의식, 수줍음. 이러한 것들은 정상적인 정보처리과정의 패턴에 영향을 준다.)으로 정의된다. Janis와 Mann은 스트레스와 의사결정상의 갈등 간의 관계에 대해서 다음과 같은 네 가지 기본가정을 상정하고 있다.

- 의사결정의 갈등에서 야기된 스트레스의 양은 개인의 목표, 그러한 목표와 관련된 욕구들 그리고 어떤 욕구들은 의사결정의 결과로는 채워지지 않을 것이라는 예상과 관련된다. 욕구들이 채워지지 않을 것이라는 예상이 커지면 커질수록 스트레스도 증가한다.
- 위협과 기회는 의사결정을 촉진한다. 의사결정의 스트레스는 위협이나 기회가 생길 때마다 의사결정자가 현재 행동의 방향을 얼마나 분명히 하느냐 하는 정도와 상관이 있다.
- 문제와 위협에 대한 모든 형태의 대안들이 심각한 위험을 수반한 것으로 지각되었을 때, 바람직한 대안이 선택될 가능성은 없어진다. 그리고 방어적인 회피가 일어난다. 방어적인 회피는 대안들에서 야기될 손실의 축소나 이익의 과장, 지연, 다른 것들에 대한 의존 그리고 자료에 대한 선택적 주의집중 등으로 특징지어진다.
- 의사결정상의 갈등으로 적당한 스트레스가 야기되었을 경우, 합리적인 대안들이 찾아질 것이라는 희망이 있는 한 유용한 대안들을 평가하거나 확인하기 위하여 세심한 노력을 기울인다.

의사결정 과정은 의사결정자에 대한 일종의 위협으로 시작된다. 따라서 목적을 달성하기 위한 기회로 인식되는 상황에서는 행동할 것을 강요당한다고 느낀다. Janis와 Mann은 의사결정자가 의사결정의 기회에 직면했을 때 스스로에게 일련의 질문을 던진다고 생각했다. 첫 번째 질문은 '만약 내가 변화하지 않는다면 위험이 따르는가?'다. 만약 이 질문에 대한 답이 '아니다.'라면, 아무런 스트레스도 발생되지 않는다. 그리고 그 결과로 인해 갈등이 일어나지 않는다.

두 번째 질문은 '만약 내가 변화한다면 심각한 위험이 있는가?' 하는 것이다. Janis와 Mann은 이 질문에 대한 답이 '아니다.'라면, 갈등 없이 변화가 일어날 것이라고 생각했다. 그러나 스트레스가 미미하기 때문에 의사결정자는 모든 대안 또는 확실한 대안에 관한 정보조차도 신중하게 고려하지 않을 것이다.

만약 의사결정상의 갈등이 크다면, 의사결정자가 직면하고 있는 세 번째 질문은 '그 문제에 대한 실행 가능한 해결책을 찾을 수 있겠는가?' 다. 그 답이 '아니다.' 라면, 회피적 방어가 생겨난다. 만약 그 답이 '그렇다.' 라면 네 번째 질문이 생긴다. '실행 가능한 대안들을 탐색할 시간이 충분한가?' 다. 이 질문에 대한 답이 '아니다.' 라면, 과도한 경계가 나타난다. 의사결정 과정에 있어서 과도한 경계적 접근은 긴박한 상황에서 발생하는데, 그 상황에서 개인은 실제로 시간적 한계에 직면한다. 이 상황에서는 다양한 대안을 고려하거나 대안에 대한 정보를 세심하게 탐색하는 것이 불가능하다.

앞서 언급하였듯이, 방어적 회피를 사용하고 있는 사람들은 꾸물거리게 되고, 다른 사람에게 의존적으로 되어 가고 또는 여러 가지 대안들의 긍정적, 부정적 결과들을 객관적으로 고려할 수 없게 된다.

Janis와 Mann은 의사결정에 있어서 세심한 접근을 하는 것은 그 의사결정자에게 결정후의 스트레스를 최소화시키는 경향이 있다고 가정한다. 만약 세밀하게 모든 대안들을 고려한다면, 결정에서 생겨나는 문제들을 더 잘 처리할 수 있고, 최선의 결정에 이를 것이라고 가정하는 것이다.

## (2) 시사점

Janis와 Mann의 진로의사결정 모델로부터 얻을 수 있는 가장 큰 시사점은 그들이 제안한 대차대조표 활용법에서 찾을 수 있다. 그들은 대차대조표를 활용하는 절차를 다음과 같이 열여섯 가지 단계로 제시하고 있다.

① 직업에 대한 대안들을 만든다.
② 이러한 대안들에 대해서 중요한 순서대로 +5부터 −5까지 할당한다.
③ 각각의 대안에 대해 자신이 얻게 되는 유용성을 목록화한다.
④ 이 유용성들에 대해서 중요한 순서대로 +5에서부터 −5까지 할당한다.
⑤ 다른 사람이 얻게 되는 유용성을 목록화한다.
⑥ 이러한 유용성에 대해서 중요한 순서대로 +5에서부터 −5까지 할당한다.

⑦ 잃게 되는 유용성에 대해 ③~⑥번과 같은 방법으로 반복한다.

⑧ 각각의 대안에 대한 사회적 인정의 원인들을 목록화한다.

⑨ 그러한 인정에 대해 중요한 순서대로 +5부터 −5까지 할당한다.

⑩ 각 대안에 대한 사회적 불인정의 원인을 목록화한다.

⑪ 그러한 불인정에 대해 중요한 순서대로 +5에서 −5까지 할당한다.

⑫ 각 대안에 대한 자신의 인정의 원인과 유형을 목록화한다.

⑬ 그러한 자기인정에 대해 중요한 순서대로 +5에서 −5까지 할당한다.

⑭ 각 대안에 대한 자기불인정의 유형과 원인들을 목록화한다.

⑮ 그러한 자기불인정에 대해 중요한 순서대로 +5에서 −5까지 할당한다.

⑯ 긍정적, 부정적 가중치들을 종합해서 각 대안의 가치를 산출한다.

이러한 접근의 단점은 여러 진로를 섣부르게 배제하는 것에 대한 안전장치가 없다는 것이다. 의사결정과정에 있는 사람들이 여러 대안의 수를 줄이기 위해서는 상황(관점)에 따른 배제모델(eliminaton by aspects, EBA)을 사용하고 난 이후에 대차대조표 활용법을 이용하는 것이 더욱 현명하다고 할 수 있을 것이다. EBA모델은 본 장의 후반부에서 소개될 것이다.

| ⟨표 6-1⟩ 대차대조표 | | | | | | |
|---|---|---|---|---|---|---|
| 구        분 | 행동의 대안적 방향 | | | | | |
| | 대안 1 | | 대안 2 | | 대안 3 | |
| | + | − | + | − | + | − |
| A. 자신에게 주어지는 이득과 손실 | | | | | | |
| 　1. 개인적 수입 | | | | | | |
| 　2. 일의 가치에 대한 관심 | | | | | | |
| 　3. 좀 더 좋은 도시에 살 기회 | | | | | | |
| 　4. 사회적 지위 | | | | | | |
| 　5. 교육기회 | | | | | | |
| 　6. 여가기회 | | | | | | |
| 　7. 그 외의 것 | | | | | | |

(계속)

| 구　　분 | 행동의 대안적 방향 | | | | | |
| --- | --- | --- | --- | --- | --- | --- |
| | 대안 1 | | 대안 2 | | 대안 3 | |
| | + | − | + | − | + | − |
| B. 중요한 타인에게 주어지는 이득과 손실 | | | | | | |
| 　1. 개인적 수입 | | | | | | |
| 　2. 일의 가치에 대한 관심 | | | | | | |
| 　3. 좀 더 좋은 도시에 살 기회 | | | | | | |
| 　4. 사회적 지위 | | | | | | |
| 　5. 교육기회 | | | | | | |
| 　6. 여가기회 | | | | | | |
| 　7. 그 외의 것 | | | | | | |
| C. 자신의 승인, 거부 | | | | | | |
| 　1. 도덕적, 법적 고려 | | | | | | |
| 　2. 타인에 대한 봉사 | | | | | | |
| 　3. 자기 이미지 | | | | | | |
| D. 사회적 승인, 거부 | | | | | | |
| 　1. 아내나 남편으로부터 | | | | | | |
| 　2. 가까운 친구로부터 | | | | | | |
| 　3. 동료로부터 | | | | | | |
| 　4. 타인들로부터 | | | | | | |

# 3. 처방적 진로의사결정 모델

## 1) Mitchell의 재개념화된 선택모델

### (1) 주요내용

　Mitchell(1975)의 모델은 특별한 경우의 진로의사결정 과정에 적합하도록 Restle 의 선택모델을 재개념화했기 때문에 재개념화된 선택 모델(reconceptualized choice model)로 불린다. Restle의 원모델은 의사결정자가 결정상황의 함의들을 마음속에 있는 이상적인 상황과 비교한다고 가정한다. 따라서 의사결정의 결과는 이상적인 상황이나 결과에 가장 가까울 것이라는 것이 예상된다. Mitchell은 Restle의 모델에 대해서 한 가지 문제점을 제시했는데, 수많은 진로의사결정의 과정에 있는 사람들이 마음속에 이상적인 대안들을 가지고 있지 않고, 대신 '어떤 특성들과 우수성에 대한 선호'를 가지고 있다는 것이다. 여러 대안적 진로를 고려해 볼 때, 어떤 의미에서 선호는 전부 아니면 전무일 수도 있다. 분명한 것은, 여기서의 목적은 여러 가지 대안들에서 선택을 하는 것이다. 어떠한 선택을 하기 위해서 의사결정자는 대안적 진로의 여러 측면들을 명백하게 구분할 수 있어야 한다.

선호(preferences)의 요소들은 아래의 방법으로 분류할 수 있다.

- **절대적 강제성(Absolute constraints)**: 진로의 어떤 특성들은, 대안을 실행 가능화하기 위해서 제시되거나 또는 제시되지 않아야 한다. 제시되어야 하는 것들은 긍정적 절대성(positive absolutes)이라고 하고, 제시되지 말아야 하는 것들은 부정적 절대성(negative absolute)라고 부른다.
- **부정적인 특성들(Negative characteristics)**: 이 특성들은 진로선택의 바람직하지 않은 측면들이다. 그러나 바람직하지 못한 것의 정도는 다양하다.
- **긍정적인 특성들(Positive characteristics)**: 이 특성들은 진로선택의 바람직한 측면들이다. 그리고 이 바람직한 것의 정도 또한 가지각색이다.
- **중성적인 특성들(Neutral characteristics)**: 이 요소들은 당장은 선택과 무관하다.

이 특성들은 다음과 같이 표현된다.

　　K=부정적 절대성
　　K´=긍정적 절대성
　　C=부정적 특성들
　　P=긍정적 특성들
　　N=중성적 특성들

Mitchell(1975)은 진로선택에 관한 원리를 제시하였다. 이 원리들 중 가장 눈에 띄는 것은 만약 주어진 진로선택의 대안이 대안으로서의 절대성을 만족시키지 못한다면 그것이 선택될 가능성은 제로(0)라는 것이다. 그리고 그 두 번째 원리는 만약 주어진 대안이, 진로의사결정자가 진로선택을 하는 데 있어 긍정적인 요소라고 생각하는 것에 부합하는 긍정적 특성을 가졌다면, 그 진로가 선택될 가능성은 제로보다 커질 것이다. 그리고 만약 부정적 특성을 지닌 A 진로와 부정적인 특성을 지니지 않은 B라는 진로가 있다면 이러한 진술의 역도 성립될 것이다. 즉, A 진로에 비교해 볼 때 B 진로를 선택할 가능성이 제로보다 크다는 것이다.

Mitchell(1975)은 진로결정자는 실제로는 다음과 같은 여러 가지 방법으로 의사결정을 할 수도 있다는 것을 제안한다.

- 단지 대안들의 긍정적인 특성들만 비교할 수도 있다.
- 부정적인 특성에 대비되는 긍정적인 특성에 가중치를 주는 방법으로, 한 번에 한 가지 대안만을 고려할 수도 있다.
- 대안의 장점 때문이 아니라 부정적 특성 때문에 어떤 대안을 선택할 수도 있다. 이런 상황에서의 선택은 회피적 행동이다.
- 오직 부정적인 특성만을 가지고 대안들을 탐색할 수도 있다. 이런 경우 의사결정자는 선택의 부정적인 영향을 최소화하는 것이다.
- 긍정적 특성과 부정적 특성을 둘 다 가지고 있는 것으로 대안을 볼 수도 있고, 이러한 측면들이 동시에 고려될 수도 있다.
- 의사결정자는 긍정적인 특징만 지닌 것으로 어떤 대안을 볼 수도 있고, 다른 대안은 부정적인 특징만 가진 것으로 볼 수도 있으며, 또 다른 대안은 양쪽 특성을 모두 가진 것으로 생각할 수도 있다.

만약 의사결정자가 활용 가능한 대안들의 여러 가지 특성들에 부여하는 가중치의 크기를 안다면, 이 모델을 통해 예견이 가능할 것이다. 분명한 것은, 절대적 강제성이 없거나(긍정적) 혹은 있을 때(부정적) 어떤 대안은 배제될 것이다. 그러나 만약 의사결정자가 오직 대안의 긍정적인 특성들에만 초점을 둔다면, 우리는 그 선택이 그 대안의 여러 가지 측면에 매겨지는 계수(coefficients)의 크기에 관련될 것이라는 것을 예견할 수 있다. 이러한 가중치는 특유한 것이기 때문에 개개인에게서 도출되어야 한다. Mitchell은 이것은 인터뷰나 질문지법으로도 가능하다고 제안했다.

### (2) 시사점

Restle의 의사결정 모델에 대한 Mitchell의 수정안은 상담자들에게 여러 가지 흥미 있는 시사를 준다. 그중 가장 관심을 끄는 것은 긍정적, 부정적 성질을 모두 지니고 있는 절대적 강제성이라는 개념이다. 진로탐색과정의 시작단계에서 이것들을 결정하는 것은 매우 유용한 시작의 방법일 수 있다. 또 다른 유용한 아이디어는 진로의사결정자가 긍정적, 부정적인 특성들에 대해 다양하게 초점을 맞추거나 양자를 적절히 조합하여, 다른 시기에 다른 방법으로 여러 진로를 고려할 수 있다는 것이다. 진로에 관련된 어떤 특성을 고려할 것인가를 결정하는 것은 상담 실제에 있어서 유용하다. Mitchell(1975)은 의사결정자의 성숙도에 대해서는 언급하지 않았다. 하지만 우리는 미성숙한 의사결정자는 어떤 특정한 대안에 대한 제한적인 자료만을 고려할 것이라는 것을 상정할 수 있다. 또한 의사결정자가 진로에 관한 광범위한 정보들을 탐색할 경우, 어떠한 때에 이러한 긍정적이고 부정적인 특성들에 관심을 두게 되는지에 대해서 아는 것 또한 도움이 될 것이다. Janis와 Mann은 의사결정자가 어떤 행동의 긍정적 결과를 과장하고 부정적 결과를 최소화할 수도 있다고 제안했다.

## 2) Mitchell과 Beach의 주관적 기대효용 모델

### (1) 주요내용

의사결정의 처방적 모델은 사람들이 어떻게 의사결정을 해야 하는가를 보여 주기 위해 개발되었다. 여러 수학적인 원리에서부터 파생된 의사결정의 주관적 기대효용(subjective expected utility, SEU) 모델은 의사결정자들이 바람직한 결과를 얻을 수 있는 가능성의 극대화를 도와주는 것이라고 할 수 있다. 가능성의 극대화(maximization of expectancies)라 불리는 이 원리는 의사결정자가 여러 결과들에 직면했을 때, 각 결과의 가치나 효용, 그 결과 발생의 가능성에 따라서 취하게 될 행동을 예상할 수 있다는 것이다(Mitchell & Beach, 1976; Wright, 1984). 어떤 경우는 실제적인 가치와 가능성이 그 결과에 연결될 수도 있다. 그러나 진로결정의 영역에서 주관적인 가치와 가능성은 별도로 고려되어야 한다. 특정한 대안적 진로에 대한 주관적 기대효용(SEU)은 아래와 같다(Mitchell & Beach, 1976).

SEU = (Pk × Uk) + (1 − Pk) ( −Uk )

- Pk = 특정한 진로의사결정이 이루어지면 생길 수 있는 결과 K가 발생할 수 있는 가능성(0~1)
- Uk = 결과 K를 받아들이는 것에 대한 효용(1~10)
- 1 − Pk = 동일한 진로의사결정이 이루어져도 결과 K가 발생하지 않을 가능성
- −Uk = K를 받아들이지 않은 것에 대한 비효용(1~10)

예를 들어, 어느 대학생들이 '미술사'와 '경영'이라는 두 개의 전공을 놓고 선택에 직면했을 때 다음과 같은 상황이 발생할 것이다.

예상되는 결과 (K) = 대학졸업 후 일하게 될 영역

미술사의 주관적 기대 효용 SEU  = (0.1×10 ) + ( 1−0.1) (−4 )

= 1 + (−3.6 )

= −2.6

경영의 주관적 기대 효용 SEU  = (0.6×10 ) + ( 1−0.6) (−4 )

= 6 + (−1.6)

= 4.4

이 절차는 먼저 학생들에게 여러 상이한 변수들의 중요성에 대한 주관적인 평가에 따라 가중치를 매기도록 한다. 여기에서는 '경영'이 선택될 것이라는 것을 예견할 수 있다. 특정한 진로선택에 대한 주관적 기대효용은 그 진로와 관련된 주관적 가치와 그 진로가 선택되었을 때 바람직한 결과가 얻어질 가능성의 곱에 의해서 산출된다(Pk×Uk). 이렇게 얻어진 수치에 만약 그 선택이 결정되더라도 희망하는 결과가 나타나지 않을 것이라는 것과, 그 결과를 받아들이지 않음으로써 일어나는 비효용의 곱에 의해 산출된 숫자가 더해진다[(1−Pk) (−Uk)]. 이 등식에서 볼 수 있듯이, 실제적으로 첨가되는 것은 부정적인 계수다. 이 모델에서 진로결정자는 각각의 진로선택

사항에 대한 주관적 기대효용을 계산해야 한다. 그리고 높은 계수를 가진 대안이 선택되도록 해야 한다(Mitchell & Beach, 1976).

　Wright(1984)는 올바른 의사결정을 하기 위한 좀 더 간단한 대수적 접근을 제안한다. '미술사'와 '경영' 사이에서 고민하는 대학생의 예에서 그의 전공과 관련된 직장을 갖지 못하게 될 때의 비효용성은 부정적인 요인이 된다. 이어서 선택의 상황에 직면하여 모든 긍정적인 효용에 관심을 두는 예와, 부정적인 효용성을 더욱 간단한 방식으로 그 공식에 연결시키는 예를 살펴보자. 먼저 의사결정자가 '수학교사'와 '엔지니어' 중 하나를 선택해야 할 상황에 직면해 있다면, 그는 이 선택의 결과로서 어떤 성과가 있기를 바랄 것이다. 그것은 다음과 같이 예시될 수 있다.

| 효용(1~10) | 획득하게 될 가능성(0~1) | |
|---|---|---|
| | 수학교사 | 엔지니어 |
| 직업적 안정성(9) | 1.0 | 0.8 |
| 높은 보수(10) | 0.1 | 1.0 |
| 지위(6) | 0.2 | 0.6 |
| 지리적 유동성(6) | 1.0 | 0.9 |
| 도전성(7) | 0.4 | 0.8 |
| 여가시간(4) | 1.0 | 0.4 |
| 가족과 지낼 수 있는 시간(7) | 1.0 | 0.4 |

- 수학교사의 SEU = 9 + 1 + 1.2 + 6 + 2.8 + 4 + 7 = 31.0
- 엔지니어의 SEU = 7.2 + 10 + 3.6 + 5.4 + 5.6 + 1.6 + 2.8 = 36.2

　SEU 의사결정 모델로 예상할 수 있는 것은, 이 사람이 엔지니어의 길을 선택하게 될 것이라는 것이다.

　앞의 예에서 효용성들(직업선택에 관련된 어떤 결과들에 연합된 가치들)은 모두 긍정적이지만 부정적인 것이 있을 수도 있다(Mitchell & Beach, 1976). 예를 들어, 어떤 의사결정자들은 위험한 환경에서 일하는 것에 −8의 가중치를 줄 수도 있고, 대도시로 통근하는 것에 −10의 가중치를 할당할지도 모른다. 부정적인 가중치가 할당되면, 두 가지 진로선택에 대한 주관적 기대효용에 대한 평가는 아래와 같이 나타날 것이다.

| 효용(1~10) | 획득하게 될 가능성(0~1) | |
| --- | --- | --- |
| | 세일즈맨 | 회계사 |
| 높은 보수(8) | 0.9 | 0.9 |
| 직업적 자율성(10) | 0.8 | 0.2 |
| 안정성(4) | 0.3 | 0.8 |
| 자유시간(8) | 0.9 | 0.3 |
| 통근거리(−8) | 0.9 | 0.5 |
| 배우자를 만날 기회(7) | 0.8 | 0.7 |

- 세일즈맨의 SEU = 7.2 + 8.0 + 1.2 + 7.2 − 7.2 + 5.6 = 22.0
- 회계사의 SEU = 7.2 + 2.0 + 3.2 + 2.4 − 4.0 + 4.9 = 15.7

이 모델에 의한 평가 결과, 의사결정자는 세일즈맨이 되는 것이 더 나은 선택이라고 볼 수 있다.

### (2) 시사점

훌륭한 의사결정자들은 원하는 결과들을 이끌어 낼 수 있는 실행 가능한 대안들을 창출해 낼 수 있어야 한다. Pitz와 Harren(1980)이 언급하였듯이, 상담자의 역할 중 하나는 내담자들이 그들의 진로선택을 분석하고, 분석한 것들과 함께 앞서 기술된 여러 가지 분석을 참조할 수 있도록 도와주는 것이다.

진로의사결정의 여러 결과들에 관한 주관적 가치를 잘 설정하는 것이 최상의 결정을 내리는 데 있어서 매우 중요하다. 이를 위해서는 내담자들이 가치를 명료화하고, 그렇게 함으로써 진로선택의 어떤 결과에 대한 가치를 사정하는 능력을 향상시키는 것을 도와줄 수 있는 심리측정도구를 활용하는 것도 큰 도움이 될 것이다. 그러나 내담자들에게 어떤 것이 현재직업에서 가치 있는 것인가를 묻는 것처럼 직업가치에 대한 명료화를 꾀하는 것도 이러한 과정을 촉진시키는 유용한 방법이 될 수도 있다.

어떠한 선택이 어떤 결과를 가져올 것이라는 가능성은 다양한 직업정보를 평가해 봄으로써 알 수 있다. 그러나 필요한 정보를 찾는 것이 어렵기도 하지만 개인이 가지고 있는 정보의 형태와 양도 중요한 문제가 된다. 가능성을 확고히 하는 데 도움이 되는 정보는 의사결정자가 추정한 모든 결과들에 관한 자료를 제공해 줄 수 있어야 한다(Slovic & Mac Phillamy, 1974). 개인에게 직업정보의 보유와 사용을 극대화시키도록 도와주기 위해서는 다음과 같은 점들이 고려되어야 한다. 첫째로 개개인은 자신에 대한 잘 발달된 시야를 가지고 있어야 하고(특히 가치관), 직업정보는 이러한 개인적 참조체제의 관점에서 해석될 수 있어야 한다. 둘째로 정보는 특정한 선택의 기대되는 결과들과 관련된 자료를 제공해 주어야 한다. 셋째로 정보는 가장 그럴듯해 보이는 대안 하나로 단순화되는 것이 아니라, 모든 가능한 대안을 알려 주는 방식으로 제공되어야 한다.

### 3) Tversky의 관점에 따른 배제 모델

#### (1) 주요내용

주관적 기대효용(SEU) 모델은 단순히 확실하고 가중치가 큰 대안을 선택한다는 것으로 논의되었다. 즉, 선택되는 대안은 가장 가중치가 큰 것이다. 그러나 이 진로의사결정 모델은 선택과 관련된 가치들이나 원하는 결과들의 획득 가능성이 불확실할 경우 한계를 가지고 있음이 드러났다. Tversky(1972)는 동료들과 함께 불확실한 상황에서 더욱 효과적인 의사결정모델을 개발했다. 관점에 따른 배제(elimination by aspects, EBA) 모델은 동시에 모든 선택들에 초점을 맞춘다. 각 선택은 수많은 특성과 관점을 가지고 있다. 예를 들어, 어떤 한 직업이 만족할 만한 임금, 적절한 작업환경, 좋은 지리적 위치 그리고 미래에 관한 가능성 있는 기회를 제공하는 반면, 다른 직업은 다른 특성이나 관점을 제공할 수도 있다. Tversky에 따르면, 의사결정과정의 각 단계마다 특정한 측면이나 직업의 특성이 고려된다. 예를 들어, 일단 일련의 잠재적 진로선택이 이루어지면 의사결정자는 월급에 주의를 기울일 것이고, 그러한 최소한의 기대를 충족시킬 것 같지 않은 대안들은 배제할 것이다. Tversky는 배제의 원칙에서의 주요한 흐름은, 보유하고 있는 대안들이 실제로 배제된 대안들보다 더 우수하다는 것을 보장하지 못하는 것에 있다고 경고한다. Gati(1986)는 Tversky의 모델을 '순차적 배제 접근(sequential elimination approach)' 이라고 부르면서 SEU모델과 대비시키고 있다. EBA모델이 진로발달 이론들과 양립할 수 없는 것으로 보일지도 모르지만, 이것은 그러한 경우가 아니라고 그는 제안한다. 진로의사결정은 순차적으로 이루어진다. 즉, 다양한 선택의 시점에서 어떤 대안들은 배제된다. 그는 진로의사결정의 과정에서 다양한 직업들의 상이한 관점들이 고려되면 될수록 진로선택의 구체성이 증가될 수 있다고 제안한다. 그는 진로의사결정 과정을 다음과 같이 이야기했다.

① 고려해야 할 진로들에 관련된 여러 관점(측면)이나 특징들을 확인하라. 이러한 확인의 과정은 진로상담의 맥락 내에서 발생되는 단일 사건이나 혹은 계속되는 과정의 연속으로서 고려될 수 있다.
② 중요성에 따라 여러 가지 측면들의 등급을 분류하라. 이 과정은 주관적인 평가(예, 가치), 객관적인 강제(예, 물리적 필요와 태도) 그리고 직업 그 자체의 성질(예, 작업환경, 월급, 명성)에 기반을 두고 등급화해야 한다.
③ 가장 중요한 관점의 등급이(가장 높게 분류된) 수용할 만한지 확인하라.
④ 고려되고 있는 관점에 대해 수용할 만한 등급에서 벗어난 진로들을 배제하라.
⑤ 고려되고 있는 일련의 진로들이 수용할 만큼 짧게 될 때까지 ③, ④단계를 반복하라.
⑥ 남아 있는 직업들에 대해 더 깊이 탐구하라.

탐구가 계속됨에 따라 직업의 관점들에 대한 더 많은 지식이 획득될 것이며, 유일한 선택이 남아 있을 때까지 연속적인 배제가 행해질 것이다.

### (2) 시사점

Gati(1986)는 진로의사결정에 관한 EBA모델이 SEU모델보다 더 유용하다고 생각한다. 왜냐하면 후자의 접근은 의사결정의 인지적 구조에 일치하지 않기 때문이며,

몇몇 가정들은 많은 사람에 의해 거부되었기 때문이다. 그는 SEU모델이 의사결정자가 적은 수의 대안들(다섯이나 그보다 더 적은)을 대상으로 탐색할 경우 유용할 것이라고 본다. 이에 대해 EBA모델은 많은 진로선택들을 줄여 가는 데 있어서 매우 유용하다.

EBA모델은 개인이 특정한 진로선택의 긍정적 혹은 부정적인 측면들을 확인하고, 그것들의 등급을 설정하고, 각 관점에 대해 수용할 만 한 등급을 설정할 것을 요구한다. 그런 다음에 한 번에 한 측면씩 고려하여 선택들이 배제된다. 이 과정은 사람들의 인지적 한계에 부합되고 불확실한 상황에서 의사결정이 가능하도록 해 준다. 그러나 이 모델에서는 의사결정자가 세운 기준을 잠재적으로 만족시킬 가능성이 있는 대안들을 배제하지 않을 것이라고 보장해 주지는 못한다. 그러나 상담자는 내담자가 직업의 수용할 만한 특성들을 확인하고, 직업정보를 분석하는 과정을 도와줄 수 있다.

## 4. 의사결정유형

의사결정상의 개인차는 일반적으로 지금까지 개발된 다양한 분류체계를 통해 볼 때 몇 가지의 공통된 주제들로 구성되어 있음을 알 수 있다. 특히 Harren(1979)은 의사결정 양식을 합리적 · 직관적 · 의존적이라는 세 가지로 분류한 바 있다. 그의 모델에서 합리적 양식(rational style)이란 의사결정 과업에 대해서 논리적이고 체계적으로 접근하는 것을 의미한다. 또한 결정에 대한 책임을 수용하며, 이후의 결정들을 위해서 이전 결정들의 결과를 평가할 수 있는 능력을 소유하고 있고, 미래의 의사결정의 필요성을 예견하고 자신 및 기대되는 상황에 대한 정보를 수집하는 등의 준비를 한다. 따라서 결정은 매우 신중하고 논리적으로 행해지는 것이 특징이다.

직관적 양식(intuitive style)은 의사결정에 있어서 개인 내적인 감정적 상태(internal affective states)에 의존하는 것을 나타낸다. 결정에 대한 책임은 수용하지만 미래에 대해서 예견을 거의 하지 않고 정보수집을 위한 활동도 별로 없으며, 사실에 대해서 논리적인 비중을 거의 두지 않는다. 오히려 환상(fantasy)을 활용하고 현재의 느낌(feeling)에 주의를 기울이는 것으로 특징지어진다. 이 양식을 채택하는 사람들은 결정과정에 대한 각 단계의 선택과 수용이 비교적 빨리 이루어지며, 종종 어떻게 결정에 도달하였는가를 명백하게 진술하지 못하는 경향이 있다.

한편 의존적인 양식(dependent style)은 위의 두 경우와는 달리 결정에 대한 자신의 책임을 거부하며, 그 책임을 자신 이외의 가족이나 친구 그리고 동료 등에게 전가하는 특징이 있다. 이와 같은 양식을 활용하는 사람들은 타인들의 기대에 크게 영향을 받고 수동적, 복종적이며 사회적인 승인에 대한 욕구가 높고 환경을 제한된 선택을 제공하는 것으로 지각한다.

Harren의 견해를 토대로 개발된 '의사결정유형검사'의 문항은 다음과 같은 내용으로 구성되어 있다.

**〈표 6-2〉　의사결정유형검사 문항**

1. 나는 중요한 의사결정을 할 때 한 단계 한 단계 체계적으로 한다.
2. 나는 내 자신의 욕구에 따라 매우 독특하게 의사결정을 한다.
3. 나는 얻을 수 있는 정보를 수집하지 않고는 중요한 의사결정은 거의 하지 않는다.
4. 의사결정을 할 때 친구들이 내 결정을 어떻게 생각할 것인가를 매우 중요시한다.
5. 나는 의사결정을 할 때, 이 의사결정과 관련된 결과까지 고려한다.
6. 나는 다른 사람의 도움 없이는 중요한 의사결정을 하기가 힘들다.
7. 나는 어려운 문제에 부딪치면 재빨리 결정을 내린다.
8. 나는 의사결정을 할 때, 내 자신의 즉각적인 느낌이나 감정에 따른다.
9. 나는 내가 하고 싶은 것보다 다른 사람이 어떻게 생각하느냐에 영향을 받아 의사결정을 한다.
10. 어떤 의사결정을 할 때, 나는 시간을 갖고 주의 깊게 생각해 본다.
11. 나는 문제의 본질에 대해 찰나적으로 떠오르는 생각에 의해 결정을 한다.
12. 나는 친한 친구에게 먼저 이야기하지 않고는 의사결정을 거의 하지 않는다.
13. 나는 중대한 의사결정 문제가 예상될 때, 그것을 계획하고 생각할 시간을 충분히 갖는다.
14. 나는 의사결정을 못한 채 뒤로 미루는 경우가 많다.
15. 의사결정을 하기 전에 올바른 사실을 알고 있나 확인하기 위해 관련된 정보들을 다시 살펴본다.
16. 나는 의사결정에 관해 실제로 생각하지는 않지만 갑자기 생각이 떠오르면서 무엇을 해야 할지를 알게 된다.
17. 어떤 중요한 일을 하기 전에 나는 신중하게 계획을 세운다.

(계속)

---

18. 의사결정을 할 때 나는 다른 사람의 많은 격려와 지지를 필요로 한다.

19. 나는 의사결정을 할 때, 마음이 가장 끌리는 쪽으로 결정을 한다.

20. 나는 인기를 떨어뜨릴 의사결정은 별로 하고 싶지 않다.

21. 나는 의사결정을 할 때, 예감 또는 육감을 중요시한다.

22. 나는 조급하게 결정을 내리지 않는데, 그 이유는 올바른 의사결정임을 확신하고 싶기 때문이다.

23. 어떤 의사결정이 감정적으로 나에게 만족스러우면 나는 그 결정을 올바른 것으로 본다.

24. 올바른 의사결정을 할 수 있는 능력에 자신이 없기 때문에 주로 다른 사람의 의견에 따른다.

25. 종종 내가 내린 각각의 의사결정을 일정한 목표를 향한 진보의 단계들로 본다.

26. 내가 내리는 의사결정을 친구들이 지지해 주지 않으면 그 결정에 대해 확신을 갖지 못한다.

27. 의사결정을 하기 전에, 나는 그 결정을 함으로써 생기는 결과에 대해 가능한 한 많이 알고 싶다.

28. 나는 '이것이다' 라는 느낌에 의해 결정을 내릴 때가 종종 있다.

29. 대개의 경우 나는 주위 사람들이 바라는 방향으로 의사결정을 한다.

30. 여러 가지 정보를 수집하거나 검토하는 과정을 갖기보다, 나에게 떠오르는 생각대로 결정을 내리는 경우가 자주 있다.

자료: 고향자. 1992.

위의 문항들 중 1, 3, 5, 10, 13, 15, 17, 22, 25, 27은 합리적 유형을 재는 문항이고, 2, 7, 8, 11, 16, 19, 21, 23, 28, 30은 직관적 유형을 측정하는 문항이며, 4, 6, 9, 12, 14, 18, 20, 24, 26, 29는 의존적 유형을 재는 문항들이다.

한편, Johnson(1978)은 의사결정 양식에 관한 그의 이론에서 정보는 체계적(systematic) 혹은 임의적인(spontaneous) 방식으로 수집될 수 있으며, 정보의 처리는 내적(internal) 혹은 외적인(external) 방식으로 이루어질 수 있다고 제시하였다.

체계적인 방식을 채택하는 사람은 신중한 방식으로 한 목표에서 다음 목표로 이동해 가며, 목표나 과업을 설정할 때 매우 신중할 뿐만 아니라 그것이 달성될 때까지는 목표에서 이탈하지 않는다. 반면 임의적인 사람들은 깊이 생각하지 않고 한 목표에서 다음 목표로 쉽게 이동하며, 설정된 목표는 쉽게 잊히거나 변경된다. 외적인 의사결정자는 겉으로 나타나게 생각을 하며, 선택에 대해서 이야기할 기회를 갖지 못하면 자신들의 선택에 대해서 확신을 갖지 못한다. 내적인 의사결정자는 선택의 과정을 이야기하기 이전에 사적(私的)으로 행하는 것을 선호한다. 결국 외적인 사람은 생각하기 위해서 말을 하고, 내적인 사람은 먼저 생각을 하고 난 후에 말을 한다고 볼 수 있다.

## 참고문헌

고향자(1992). 한국 대학생의 의사결정유형과 진로결정수준의 분석 및 진로결정상담의 효과. 숙명여자대학교 박사학위논문.

Brown, D. (1990). Models of career decision making. In D. Brown & L. Brooks, *Career choice and development*. San Francisco: Jossey-Bass Publishers.

Gati, I. (1986). Making career decision-A sequential elimination approach. *Journal of Counseling Psychology, 33*, 408-417.

Harren, V. A. (1979). A model of career decision making for college students. *Journal of Vocational Behavior, 14*, 119-133.

Janis, I. L., & Mann, L. (1977). *Decision making: A psychological analysis of conflict, choice, and commitment*. New York: Free Press.

Jepsen, D. A., & Dilly, J. S. (1974). Vocational decision-making models: A review and comparative analysis. *Review of Educational Research, 44*, 331-349.

Johnson, R. H. (1978). Individual styles of decision making: A theoretical model for counseling. *Personnel and Guidance Journal*, 56, 530-536.

Lewin, K. (1951). *Field theory in social science*. New York: Harper & Row.

Mitchell, T. R. (1974). Expectancy models of job satisfaction, occupational preference, and effort. *Psychological Bulletin, 81*, 1053-1077.

Mitchell, T. R., & Beach, L. R. (1976). A review of occupational preference and choice research theory. *Journal of Occupational Psychology, 49*, 231-248.

Mitchell, W. D. (1975). Restle's choice model: A reconceptualization for a special case. *Journal of Vocational Behavior, 6*, 315-330.

Pitz, G. F., & Harren, V. A. (1980). An analysis of career decision making from the point of view of information processing and decision theory. *Journal of Vocational Behavior, 16*, 320-346.

Slovic, P., & Mac Phillamy (1974). Dimensional commensurability and cue utilization in comparative judgement. *Organizational Behavior and Human Performance, 11*, 172-194.

Tversky, A. (1972). Elimination by aspects: A theory of choice. *Psychological Review, 79*, 281-299.

Vroom, V. H. (1964). *Work and motivation*. New York: Wiley.

Wright, G. (1984). *Behavioral decision theory*. Newbury Park, Calif.: Sage.

# 제3부 | 진로정보와 검사의 활용

제7장

# 진로정보의 활용

진로정보는 진로탐색, 진로계획, 진로선택 등 모든 진로발달의 단계에서 중요하다. 특히 변화의 속도가 빠른 현대사회에서는 자신이 필요한 정보를 정확하고 신속하게 수집해야 한다. 이 장에서는 진로정보의 개념과 유형, 진로정보의 전달체제 그리고 진로정보를 다루는 진로정보센터에 대하여 살펴보고자 한다.

## 1. 진로정보의 의미

### 1) 진로정보의 개념과 성격

진로정보는 개인이 진로에서 어떤 선택이나 결정을 할 때 또는 직업적응이나 직업발달을 꾀할 때 필요로 하는 모든 자료를 총칭하는 개념(김충기, 1986; 김충기, 김현옥, 1993)으로, 일과 관련된 교육적(educational) · 직업적(occupational) · 심리사회적(psychosocial)인 정보를 의미한다. 진로정보는 주로 직업과 관련된 사실들로 구성되며, 사람들이 직업세계에 관한 통찰과 이해를 얻도록 도와주는 기능을 지니고 있다.

즉, 진로정보는 직업인들이 무엇을 행하고 있으며, 이와 관련된 사항은 무엇인가에 관한 사실적인 정보로 구성되어 있다. 경우에 따라 정보의 내용이 직업의 동향이나 산업의 구조 등에 관한 것일 때, 진로정보는 노동시장 정보를 의미하기도 한다(Isaacson & Brown, 1997). 그러나 원활한 진로발달을 위해 필요한 교육적인 정보나 개인적인 정보도 진로정보에 포함되고 있다. 즉, 진로정보는 개인의 진로나 직업에 관한 정보를 모두 포괄하는 개념으로 사용되고 있는 것이다. 또한 진로정보는 일반적으로 진로상담이나 진로교육과정과 같은 진로지도 활동에서 한 부분으로 다루어지기도 하지만, 최근 컴퓨터 보조 진로지도 프로그램(Computer-Assisted Career Guidance System)의 발달로 인해 진로정보 그 자체가 독특한 진로지도를 제공하는 것으로 간주되기도 한다.

진로발달에 있어서 진로정보는 매우 중요한 역할을 수행한다. 기본적으로 인간은 자기가 모르는 것을 선택할 수 없는데, 많은 직업들은 대부분의 사람들에게 잘 알려지지 않은 상태로 있는 것이 사실이다. 물론, 사전의 정보가 없이 선택한 직업이 운 좋게 자신에게 적합한 것이 될 수도 있다. 그러나 현명하게 직업을 선택하기 위해서는 어떤 직업이 자신의 선택범위 내에 있고, 그 직업이 요구하는 것이 무엇이며, 그 직업을 통해서 제공받을 수 있는 것이 무엇인지에 관한 정확한 자료가 필요하다.

물론 진로정보 그 자체만으로 모든 것이 충분하다고 말할 수는 없다. 자기 자신의 능력이나 적성, 욕구, 흥미, 가치, 감정 등에 관한 지식과 더불어 이들 중 자신이 어디에 더 비중을 두는가 등에 관한 것들도 필수적으로 중요하다. 따라서 진로정보는 단지 그 정보가 개인이 자기 자신에 대해 이해하는 준거체제 속에서 평가될 때, 그 정보의 의미를 지닌다(Herr & Cramer, 1996). 즉, 진로정보를 활용하여 직업세계를 충분히 이해하기 위해서는 여러 영역에서의 장·단점 등의 자신에 대한 명확한 이해가 선행되어야 한다는 것이다. 자신을 분명히 알고 있을 때, 받아들이는 정보를 진정으로 평가할 수 있다.

진로정보를 활용할 때, 진로상담가나 진로지도 교사는 그 내용이 잘못되어 있는지, 왜곡된 것인지, 부정확한 것인지 아니면 모호한 것인지를 주의 깊게 살펴야 한다. 특히 우리나라 청소년들은 TV나 라디오 등의 대중매체나 친구·선배와 같은 주변 인물에서 직업에 대한 정보를 주로 얻고 있는데(김병숙 외, 1998), 이러한 정보는 구체적이지 못할 뿐만 아니라 왜곡되어 있을 수도 있다는 점을 유념해야 한다. 또한 진로정보자료를 활용할 때에는 직업세계의 역동적인 성격, 즉 항상 변화하고 있다는 점에 유념해야 한다.

## 2) 진로정보의 영역 및 유형

진로정보는 매우 다양하고 방대하며 꾸준히 새롭게 형성되고 재편되고 있다. 따라서 적절한 진로정보를 탐색하고 수집하며, 이를 체계적으로 관리·활용하는 것은 용이하지 않다. 특히 진로상담가나 진로지도 교사는 내담자나 학생들이 요구하는 진로정보를 효과적으로 제공해야 하며, 따라서 이들에게 진로정보가 어떻게 분류될 수 있고 어떠한 내용으로 구성되는지에 관한 사항은 실제적으로 큰 의미가 있다고 할 수 있다. 吉田辰雄(1985)은 진로정보를 내용, 이용대상, 제공방법 및 형태 등에 따라 다음과 같이 분류하면서, 이들이 서로 밀접하게 관련되어 있으므로 정보를 수집하고 정비·활용할 때에는 실제적으로 재편성할 필요가 있다고 강조하였다.

〈진로정보의 내용에 따른 분류〉
- 내용의 폭과 깊이에 따른 분류: 일반적 정보, 구체적 정보
- 내용의 종류에 따른 분류: 학교정보(상급 교육기관 등에 관한 일반적 정보), 직업정보(직업·산업에 관한 일반적 정보)
- 진로별 필요한 내용에 따른 분류: 진학정보, 취업정보, 가사·가업 정보

〈진로정보의 이용대상자에 따른 분류〉
- 학생이 이용하는 정보
- 교사가 이용하는 정보
- 학부모가 이용하는 정보

〈진로정보의 제공방법에 따른 분류〉
- 진로지도의 장소와 방법에 따른 분류: 집단지도용 정보, 개별지도용 정보
- 진로정보의 표시 형태에 따른 분류: 도표 등으로 표시된 정보, 문장·언어 등으

로 표시된 정보, 사진 등으로 표시된 정보
- 진로정보의 이용형태에 따른 분류: 시청각기기를 이용하는 정보, 인쇄물을 이용하는 정보, 강의나 토론과 같이 언어를 이용하는 정보, 컴퓨터와 같은 정보장치를 이용하는 정보

한편 Norris, Zeran, Hatch(1960)는 진로정보를 교육정보, 직업정보, 개인·사회적 정보로 분류하였는데, 교육정보란 진학을 위한 자료와 학교교육을 통한 교육활동을 모두 포괄하는 정보며, 직업정보는 직업의 세계에 관한 자료, 즉 직업이나 직무또는 취업에 관한 타당하고 유용한 자료를 의미한다. 개인·사회적 정보는 대체로인간관계에 작용하는 심리적이고 물리적인 영향을 미치는 다양한 정보 자료로, 각종심리검사 결과나 학업성적 등과 같은 자기 이해를 위한 정보와 인간관계나 성역할,윤리규범, 가치관과 같은 자기 발달에 관한 정보로 구성되어 있다(이춘식, 1999; 이효자, 1993).

장석민(1997)은 이러한 세 가지 영역으로의 분류방식에 따라 학교가 제공해야 할진로정보의 내용을 다음과 같이 예시하였다.

〈교육정보〉
- 학교생활을 규제하는 모든 규칙
- 각급 학교의 교육과정 및 교과활동에 관한 자료
- 교과와 직업, 교과와 흥미, 교과와 적성 등의 관계에 관한 정보
- 학교 내에 존재하는 클럽과 사회적 활동
- 해당 학교에서 중요시하는 교육적 가치 및 교육관에 관한 정보
- 상급 학교의 안내를 위한 자료
- 상급 학교 진학자를 위한 과정과 비진학자를 위한 과정
- 진학에 필요한 비용, 경제적 조건을 제시하는 자료
- 상급 학교 출신의 직업선택 및 사회진출에 대한 자료
- 학교가 갖고 있는 면학을 위한 시설과 설비
- 학습 습관과 기술에 관련된 자료
- 특정한 과정의 학습 요령

- 학교 도서관의 이용과 기타 시설의 사용법
- 장학 제도 및 기타 학비 조달에 관한 정보
- 가정과 학교와의 통신 방법
- 졸업 후의 계속교육에 관한 편의 제공 방법
- 현직 훈련에 대한 기회와 계획
- 상급 학교 교육프로그램 안내
- 일하면서 공부하는 것을 계획하고 있는 학생들을 위한 야간학교, 통신교육제도, 각종 전문 기술학교에 관한 정보
- 가정학습 프로그램을 위한 정보
- 생활지도에 관련된 문제별 영역에 대한 지도 자료
- 기타 교육활동에 관련된 정보

〈직업정보〉
- 인력에 관한 것: 인원, 지역별 · 성별 분석, 직종별 분석
- 직업 구조: 주요 직업 진단, 직업군의 분류
- 취업의 경향: 취직과 실직률, 앞으로의 전망
- 직업 분류와 직종
- 각종 직업에서의 의무와 업무의 성질, 신분 보장
- 각종 직업에 취업하기 위한 자격
- 각종 직업별 필요한 준비와 훈련
- 승진에 필요한 방법과 지식
- 각종 직업에서의 작업 조건
- 직업 연구에 필요한 정보의 원천
- 기술고시 및 기술자 등록에 관한 사항
- 직업정보를 평가하기 위한 기준
- 고용과 취업을 담당하고 있는 기관에 관련된 정보

〈개인 · 사회적 정보〉
- 자기 이해와 자기 통찰의 성취

- 이성 또는 동성과의 성숙된 관계 형성
- 남성적 또는 여성적 역할의 이해
- 건전한 인성(예, 성격, 품성, 기질 등)의 발달
- 개인의 행동과 특성 및 개인차의 이해
- 가정의 조건과 부모의 기대에 대한 이해와 적응, 수용 및 이해
- 이성 관계, 성, 결혼에 대한 책임
- 정신적, 신체적 건강과 발달
- 외모, 예의와 에티켓
- 사회적 기술, 여가생활의 건전한 활동, 용돈의 조달

## 2. 진로정보의 전달체계 및 평가

### 1) 진로정보의 전달체계

진로정보 전달체계는 서적, 청각자료 등의 비상호작용적 매체(noninteractive media)와 컴퓨터 보조 진로지도 시스템이나 면담 등의 상호작용적 매체(interactive media)로 구분이 되며, 진로정보를 전달하는 방법은 인쇄물이나 시청각 자료를 이용하는 방법, 면담을 통한 방법, 역할극이나 견학 또는 교과과정을 통한 방법, 실습, 컴퓨터를 이용하는 방법, 직업박람회의 참석을 통한 방법 등 다양하다. 그러나 지식과 정보의 폭발로 직업구조가 계속 변화하고 있으며 새로운 직업이 꾸준히 창출되고 있으므로, 진로정보의 획득 · 저장 · 활동 · 보급에 관한 새로운 방법의 모색이 계속 요구되고 있다(Herr & Cramer, 1996). 진로정보를 전달하는 방법을 살펴보면 다음과 같다.

### (1) 인쇄물

인쇄물은 가장 일반적이며 전통적인 형태의 자료다. 우리나라에서도 진로정보가 제공되는 가장 기본적인 전달매체로 인쇄물이 활용되고 있다. 인쇄물은 자료의 제

작·보관·유통이 용이하고 빠르게 회복될 수 있다는 장점을 가지고 있다. 그러나 개인에게 동기를 부여하기 힘들고, 읽는 데 소요되는 노력이 너무 많고, 무미건조하며, 내담자에게 어떠한 영감도 주지 못한다는 단점을 지니고 있다. 또한 자료를 활용하는 사람의 역할이 수동적이라는 단점도 있다(Herr & Cramer, 1996; Isaacson & Brown, 1997). 여기에서는 진로정보를 제공하는 몇 가지의 인쇄자료에 관하여 살펴보았다.

우리의 경우, 진로정보를 전달하는 가장 대표적인 인쇄매체는 직업사전이다. 중앙고용정보원에서 발행하는 『한국직업사전』은 우리나라의 대표적인 직업사전이다. 2003년에 발행된 이 직업사전에서는 1997~2002년 동안 현장직무조사를 거쳐 각 산업별 직업을 한국표준직업분류에 따라 직업을 10개의 영역으로 분류하여, 각 직업의 직업코드, 본직업명칭, 직무개요, 수행직무, 직무 수행에 필요한 교육 및 자격, 작업강도, 조사산업, 산업분류, 관련 직업, OES 코드 등에 관한 정보를 제공하고 있다.

이와 같은 정보와 함께 한국직업사전에 새롭게 등재된 직업과 수록된 직업 중 업무 수행과정이 색다른 직업 등을 소개하는 『신생 및 이색직업 50선』을 발간하여 최근에 등장하였거나 부각되고 있는 직업들의 명칭, 개요, 주요직무, 준비과정, 전망 등의 정보를 소개하고 있다(중앙고용정보원, 2005).

한국산업인력공단의 『한국직업사전』은 직무기술(job description)에 초점을 둔 것이다. 비록 관련자격이나 요구되는 교육훈련의 정도 등의 정보가 함께 제공되고 있지만, 특정한 직종과 관련하여 직업과 교육에 관한 다양한 정보를 포함하고 있지 않다. 따라서 개인이 진로탐색이나 진로선택을 위하여 이를 활용하기에는 어려운 측면이 있다. 이러한 이유 등으로 인하여 한국산업인력공단에서는 『한국직업사전』과 관련한 다양한 자료를 발간하였는데, 그 대표적인 것이 2005년에 발행된 『한국직업전망』(중앙고용정보원, 2005)이다.

『한국직업전망』은 진로탐색이나 진로선택 등에 필요한 직업정보를 제공하기 위하여 만들어진 것이라 할 수 있다. 한국고용직업분류(KECO), 직업조사가능성, 청소년 및 성인 구직자의 선호도, 전문가 의견 등을 토대로 14개 분야의 218개 직업을 선정하여 관련 정보를 제공하고 있다(중앙고용정보원, 2005). 『한국직업전망』에서는 이들 218개 직종에 대해 하는 일, 근무환경, 되는 길, 적성 및 흥미, 종사현황, 수입, 직업전망, 관련 정보처, 관련 직업 등의 내용이 수록되어 있는데, 좀 더 구체적으로 살펴보면 다음과 같다.

- 하는 일: 해당 직업 종사자들이 일반적으로 수행하는 업무내용과 과정을 수록하고 있다. 여러 직업을 하나의 직업으로 통합하여 수록한 경우 포함된 각각의 세부직업에 대한 정보를 수록하여서, 해당 직업에 대한 지식이 전혀 없는 사람일지라도 업무의 특성을 포함한 직업에 대한 개략적인 이해를 높일 수 있도록 하고 있다.
- 근무환경: 해당 직업 종사자들의 일반적인 근무시간, 초과근무, 교대근무 여부를 비롯해 작업복 및 안전장비 착용 여부, 상해와 질병 노출 정도, 육체적·정신적 스트레스 여부, 근무장소의 온·습도, 위생상태, 소음 등의 물리적 환경 등의 여러 환경적 정보가 수록되어 있다.
- 되는 길: 해당 직업에 종사하기 위해 갖추어야 할 제반 자격 요건들에 대한 설명으로 교육 및 훈련, 관련학과, 관련 자격 및 면허, 입직 및 진출 분야, 승진 및 경력개발로 나누어 제시하고 있다.
  - 교육 및 훈련: 해당 직업에 종사하는 데 유리한 학력과 전공 그리고 세부 전공별 교육과정 및 내용과 직업훈련기관이나 사설학원의 양성프로그램과정 등을 소개하였고 또한 업무수행을 위해 갖추어야 할 지식, 기술 등을 수록하였다.
  - 관련학과: 고등학교, 전문대학, 대학교에 개설되어 있는 관련 학과를 수록하였다.
  - 관련 자격 및 면허: 해당 직업에 종사하기 위해 반드시 취득해야 하거나 취득 시 취업에 유리한 면허와 국가(기술)자격, (공인)민간자격, 외국자격을 수록하였다.
  - 입직 및 진출 분야: 해당 직업에 입직하기 위한 방법, 주요 채용기관들의 채용전형 등을 소개하고 해당 직업 종사자들의 진출 분야 등을 수록하였다.
  - 승진 및 경력개발: 해당직업의 일반적인 승진체계를 설명하고 경력을 쌓은 후 이·전직하는 분야 및 직업 등을 수록하였다.

- **적성 및 흥미**: 직업에 종사하는 데 유리한 성격, 흥미, 적성 등을 수록하였다.
- **종사현황**: '산업 · 직업별 고용구조조사' 와 '한국직업정보시스템' 의 표본 조사를 통해 해당 직업의 종사자 수, 연령분포, 성별분포, 학력분포, 전공분포를 수록하였다.
- **수입**: '산업 · 직업별 고용구조조사' 와 '한국직업정보시스템' 의 임금조사 자료를 바탕으로 해당 직업 종사자의 월평균임금, 임금순위 상위 25%, 하위 25% 등 3개 영역으로 구분하여 제시하였다.
- **직업전망**: 향후 5년간 해당직업의 고용전망을 중심으로 기술되었으며, 고용증가 또는 감소에 영향을 주는 요인들, 인력의 수요와 공급에 따른 입직 경쟁률, 이 · 전직 정도 등을 고려하여 제시되었다.

이와 같은 정보와 함께, '한국직업전망' 에서는 우리나라를 대표하는 14개의 대분류 직업별로 향후 5년의 일자리 수 변화, 입직 경쟁률, 고용안정성, 추가로 필요한 능력 등을 비교 · 분석한 정보도 함께 제공하고 있다.

또한 노동부 중앙고용정보관리소(1998)에서는 '직업연구' 라는 자료를 통하여 『한국직업사전』에 수록된 직업의 자격요건을 검토, 분석하여 유사한 자격요건별로 362개의 직종으로 분류, 자격요건기준을 제시하고 있다. '직업연구' 는 수행하는 일, 직업명칭목록, 자격요건명세, 적성 및 능력, 훈련 및 입직 요건 등의 자세한 설명과 안내로 구성되어 있다.

한국직업능력개발원(2005)에서는 직업에 대한 상세한 정보와 앞으로의 전망 그리고 전문대학과 대학교의 학과정보를 제공하기 위하여 『미래의 직업세계 2005』를 발간하였다. 『미래의 직업세계 2005』는 크게 직업에 대한 개요, 필요한 교육 · 훈련 및 자격, 근로자에게 요구되는 특성, 취업 현황, 재직자가 본 일자리 전망 등의 직업에 대한 상세한 내용을 기술한 '직업편' 과 전문대학 및 대학교 졸업생의 학과별 소개, 사회 진출의 현황, 취업 및 소득, 학과 전망 등을 소개하는 '학과편' 으로 나눌 수 있다. 특히 직업편과 학과편을 상호 연계하여 기술함으로써 원하는 직업을 갖기 위해서는 어떤 학력수준과 교육이 필요한 지에 대한 정보를 체계적으로 제공하고 있다.

이러한 직업사전 외에도 국내에서 진로정보를 제공하는 자료는 매우 다양하다. 특

히 IMF 구제금융으로 인하여 틈새직종 등 다양한 취업경로가 강조됨에 따라 취업정
보를 다룬 자료가 다수 출판되었다. 다음의 [그림 7-1]은 현재 국내의 직업정보를 제
공하는 인쇄물을 예시한 것이다. 이 외에도 학교현장에서 활용할 수 있도록 다양한

- 한국산업인력공단 중앙고용정보원, **이공계학과 및 직업전망**, 한국산업인력공단 중앙고용
  정보원, 2005년
- 한국산업인력공단 중앙고용정보원, **고령자 취업가이드**, 한국산업인력공단 중앙고용정보
  원, 2005년
- 한국산업인력공단 중앙고용정보원, **2004 학과정보**, 한국산업인력공단 중앙고용정보원,
  2004년
- 한국산업인력공단 중앙고용정보원, **유망직업 33선**, 한국산업인력공단 중앙고용정보원,
  2002년
- 한국산업인력공단 중앙고용정보원, **영화로 보는 직업이야기**, 한국산업인력공단 중앙고용
  정보원, 2001년
- 한국직업능력개발원, **국가자격요람**, 한국직업능력개발원, 1998년 6월
- 이기대, **21c 직업구조론**, 백산서당, 2001년 8월
  - 21세기 사회의 의미, 직업구조, 성장직업 등에 대해 구체적으로 기술했고 직업을 구조적
    관점에서 살피고 현대인들이 선택해야 할 직업과 사회적으로 개인적으로 어떻게 준비해
    야 할지에 대해 정리된 책
- 전도근, **자격증 이야기**, 일진사, 2003년 1월
  - 유망 자격증 소개와 쉽게 따는 비결을 저자의 체험 이야기 형식으로 구성하였으며, 특히
    국가 자격증이나 민간 자격증, 또는 유망한 IT 자격증까지 총망라하여 소개하였다.
- 김한준, **알쏭달쏭 직업이야기 51**, 을파소, 2004년 9월
  - 초등학생 500명에게 묻고 직업 전문가가 답한, 어린이를 위한 직업 입문서. 아이들의 51
    가지 호기심에서 출발해서 자연스럽게 진로적성과 직업에 대해 생각해 볼 수 있도록 도와
    주는 책
- 이진재 외, **세상이 무너져도 살아남을 직업 71**, 인화, 2005년 1월
  - 전문직업 컨설턴트가 추천하는 미래 유망직종 가이드로서, 참고가 될 만한 인터넷사이트와
    유망직종(컴퓨터 정보통신분야는 물론 매스미디어 분야까지 총 열 가지 분야의 전문직종)
    을 분석한 책
- 우영춘, **다양한 직업세계와 선택**, 건국대학교 출판부, 2005년 9월
  - 직업의 의의, 직업구조의 변화, 21C 유망직업, 신기술 6대 분야와 유망직업 등의 정보를
    제공하는 책

[그림 7-1]  도서로 발행된 국내 진로정보자료(예)

진로교육 자료가 각 시도교육청에서 배포되는 등의 여러 진로정보 인쇄물이 발행되고 있다.

이와 같이 인쇄매체를 이용하여 일방적으로 진로정보를 전달하는 방법 외에 모듈 (module)로 제작된 진로정보 자료도 인쇄물을 이용한 방법으로 간주할 수 있다. 모듈로 제작된 자료는 일반적으로 진로정보와 함께 자기탐색의 기회도 제공하는데, 이용자가 학습속도를 조절할 수 있다는 장점이 있다. 자료의 제작비용도 저렴하고 보관이 용이하지만, 학습자가 수동적이라는 단점도 고려해야 한다.

### (2) 다양한 매체를 활용하는 방법

게시판, 전시회, 상업용 · 교육용 CCTV, 비디오테이프, 슬라이드, 영화, 마이크로필름 등의 매체를 통하여 진로정보를 전달할 수 있다. 이들 매체를 이용하는 것은 인쇄매체를 이용하는 것보다 효과적이다. 특히 각종 직업에 대한 인식이나 태도를 형성하는데 효과적이다(이정근, 1988). 또한 멀티미디어를 이용하는 방법은 동기화 정도가 낮은 내담자나 성인에 그 가치가 높다(Herr & Cramer, 1996).

다양한 시청각 매체를 활용하여 진로정보를 제공하는 경우, 학습자의 감각에 호소함으로써 이들의 동기를 유발할 수 있다는 장점이 있다. 미국의 경우, 진로교육 운동의 영향으로 멀티미디어를 이용하여 직업정보를 제공하는 방법이 다각적으로 모색되었다(Herr & Cramer, 1996 참고). 국내에서도 최근 들어 시청각 매체를 이용하여 진로정보를 제공하는 시도가 많이 이루어지고 있다. 예를 들어, 한국산업인력공단에서는 2005년 9월부터 직업관련 프로그램을 제공하는 Job TV를 개국하여 현재의 직업, 미래의 직업, 유망 직업 등을 조명하거나 면접요령, 직장예절 등과 같은 직업과 관련된 다양한 정보를 제공하고 있다. 또한 다매체시대에 발맞춰 Job TV의 콘텐츠를 케이블방송, 위성방송, 인터넷, DMB, IPTV, VOD 서비스 등 다양한 모든 매체를 통해 방송을 제공하고, 인터넷직업방송인 JBS, 자격검정 원서접수 사이트인 Q-net과 고용정보시스템인 Work-net 등의 인터넷과 연계하여 직업정보를 제공하게 될 예정이다. 또한 EBS 교육방송에서도 직업정보라는 분야를 신설하여, 직업을 갖기 위한 준비 및 과정을 소개하는 '직업탐구', 직업세계의 실용적 정보를 제공하는 '성공예감! 직업속으로', 직업과 관련한 다양하고 실속있는 정보를 전달해 주는 '직업정보뱅크' 등을 제공하고 있으며, 학교 현장에서도 다양하게 활용되고 있다.

### (3) 면담을 통한 방법

여러 가지의 다양한 진로나 직업을 대표하는 인사와의 면담을 통해서 진로정보를 수집할 수 있다. 일반적으로 면담을 통한 방법은 크게 네 가지로 구분할 수 있다 (Herr & Cramer, 1996).

첫째, 다양한 직업이나 직무, 또는 교육기관을 대표하는 사람과 일의 세계와 교육기회에 관해 탐색하는 사람과의 다양한 개인 대 개인 또는 개인 대 집단의 상호작용을 통한 정보수집 활동방법이다. 이 방법을 적용한 가장 대표적인 사례는 각급 학교에서 운영하고 있는 진로의 날(career day)일 것이다. 학생들이 관심을 갖는 분야의 대표적인 인사를 초빙하여 학생들과 만남의 자리를 마련함으로써, 학생들에게 그 진로 분야에 대한 다양한 정보를 제공할 수 있다. 그러나 이러한 방법은 어떤 직업영역을 피상적으로 또는 선택적으로 다루게 될 수 있고, 기능적 요소만을 지나치게 강조하여 개인적 요소를 배제할 수 있다. 또한 가장 부정적인 의미로 전향할 수 있고 소란스러운 분위기가 될 수 있으며, 면담에 참여하는 내담자가 이미 그 직업에 관한 지식을 갖고 있을 수도 있다는 단점을 지니고 있다.

둘째, 다양한 직무를 직접 수행하는 직업인이나 폭넓은 직업의 요구조건에 관하여 잘 알고 있는 인사관리자를 직접 방문하는 방법이다. 이 방법은 내담자가 그 직업에 관한 선험적인 흥미를 가지고 있다고 가정하여 내담자의 직업에 관한 지식의 폭을 넓히려는 것을 목적으로 한다.

셋째, 직무분석을 통한 방법이다. 이 방법이 하나의 직업에 대한 포괄적이고 전문적인 관점을 제공할 수 있는 장점이 있지만 학생들에게는 다소 지루한 방법으로, 만약 그들의 동기화가 그다지 강하지 않다면 학생들의 흥미가 감소될 수 있다는 단점을 지니고 있다.

넷째, 직업상담소(job clinic)를 활용하는 방법이다. 이것은 직업정치(職業定置)와 같은 단기간의 목적을 강조하는 방법이다.

### (4) 시뮬레이션을 이용하는 방법

시뮬레이션 방법은 다양한 대리 경험을 통하여 진로뿐만 아니라 교육적 기회도 탐색할 수 있는 방법이다. 그러나 이 방법은 반드시 적절하게 이용되어야 한다. 즉, 그 자체가 목적으로 고립되어 있는 것이 아니라 의미 있는 토의, 추수활동, 보충설명자료 등과 함께 제공되어야 한다. 시뮬레이션 방법에는 몇 가지의 유형이 포함되어 있다. 첫째, 역할극, 역할모형 등과 같이 일이 지니는 개인적인 의미(만족감이나 좌절감 등)를 제공하여 주고, 내담자가 반성적(反省的)인 사고를 통하여 자신에 관하여 알고 있는 것과 이러한 방법을 통하여 터득한 일에 관한 지식을 비교·대조하게 하는 방법이 있다. 둘째, 고등학생이나 대학생에게 미래의 윤곽에 대해 생각할 기회를 제공해 줄 뿐만 아니라, 직업적·교육적 대안이나 기회에 관한 정보 또는 한 개인의 전 생애에 대한 느낌 등을 제공하는 게임이 있다. 셋째, 미래의 교사를 위한 모임(Future Teachers of America)과 같은 진로를 위한 모임(Career Club)을 활용하는 방법이 있다. 넷째, 내담자가 스스로의 노력으로 직업의 몇 가지 기능을 탐색하는 동안 상담자가 동시에 내담자의 적성이나 태도, 흥미 등을 평가하는 방법(job sampling)이 있다.

국내에서도 이러한 시뮬레이션을 이용한 진로정보를 제공하는 프로그램들이 도입되고 있다. 한국산업인력공단 중앙고용정보원에서는 직업체험 게임인 잡게임(Job game)을 제공하고 있는데, 자신이 설정한 캐릭터를 통해 직업체험 마을에서 퀴즈, 애니메이션, 플래시 게임 등을 통해 특정 직업에 관한 다양하고 실제적인 정보를 제공받을 수 있다.

### (5) 견 학

학생들이 공장이나 회사 또는 학교 등을 방문하게 하여 필요한 직업정보나 교육정보를 얻게 하는 방법이다. 실제 작업 상황에서 수행되는 일을 직접 관찰하고, 그러한 일에 종사하는 사람들과 이야기를 나누며, 그 직장의 분위기에 젖어 볼 수 있는 기회를 갖게 한다. 그러나 흔히 학생들의 흥미나 취향, 요구 등을 고려하지 않고 무계획적으로 견학을 시킬 수도 있다는 단점도 갖고 있다. 견학 후, 학생들에게 '자신이 필요로 하는 정보를 얻었는가?'나 '관찰한 사항이 자신의 의사결정에 어떤 영향을 미치리라고 생각하는가?' 와 같은 질문으로 평가를 행하는 것이 좋다.

### (6) 교과과정을 통한 방법

진로발달을 위한 경험을 현존하는 교육과정 내에서 학습하도록 하는 방법을 통합적 전략(infusion strategy)이라고 하고, 진로발달을 위한 경험을 학습하기 위해 기존의 교육과정과는 다른 진로교육과정을 활용하는 것을 개별적 전략(separate strategy)이라고 한다. 비록 통합적 전략이 학습자의 성취능력을 향상시키는 잠재력을 지니고 있지만, 어느 것이 바람직하다고 할 수는 없다. 여러 관련 연구에 따르면, 초등학교나 중학교 단계에서는 통합적 전략이 효율적이지만, 교사에 대한 저항성이 두드러지게 나타나는 고등학교 이상의 단계에서는 통합적 전략이 성공적이지 못하는 것으로 나타났다. 그러나 어떤 전략을 택하든지, 중요한 점은 프로그램이 체계적으로 계획되어야 한다는 것이다.

현재 국내의 초 · 중학교 단계에서는 실과(기술 · 가정), 사회, 도덕 교과의 일부 단원에서 미흡하게나마 진로정보를 제공하고 있으며, 고등학교 단계에서는 교양 일반 선택과목으로 '진로와 직업(4단위)' 가 존재하여, 더욱 다양한 진로정보를 제공하고 있다.

### (7) 실 습

직접적인 현장경험은 어떤 직업에 대하여 많은 정보를 제공하게 된다. 따라서 현장경험은 진로지도에서 매우 가치 있는 전략 중의 하나다. 대다수의 고등학교에서는 산학협동 체제를 통하여 학생들에게 직업현장에서의 학습을 제공하려 한다. 그러나 다른 방법에서처럼 실습참가자에게 진로학습을 강호 또는 자극할 수 있는 피드백(feedback)이 보장되어야 그 가치가 있다고 할 수 있다.

### (8) 컴퓨터를 이용하는 방법

컴퓨터가 진로지도에 이용될 수 있는 측면은 다음과 같이 몇 가지로 살펴볼 수 있다.

- 내담자에 대한 자료와 진로정보를 저장하였다가 필요한 때에 적당한 형태로 찾아 쓰는 자료처리 도구로 이용하는 방법
- 상담가의 몇 가지 단순기능을 컴퓨터가 대행하는 방법
- 상담가의 기능의 대체 기구로 사용하는 방법

Pinder와 Fitzgerald(1984), Garis(1982), Glaze와 Myrick(1984) 등의 연구결과처럼, 진로지도에서 컴퓨터 이용의 효과성에 관한 연구는 대체로 긍정적인 반응을 보였다. 컴퓨터의 효과성에 관한 연구가 긍정적인 반응을 나타낸 이유는 사용자가 평가할 때의 타당도가 후광효과(halo effect)에 의해 영향을 받고, 성패 여부를 나타내기 위해 사용된 준거 측정이 종종 정보전달 체계의 목표와 관계가 거의 없기 때문이라고 할 수 있다. 따라서 개인별 처치나 차별화되지 않은 집단에 대한 처치의 결과에 대한 연구, 사용자의 개인적 특성과 완화시키는 영향에 대한 더욱 세밀한 기술, 교육기관뿐만 아니라 성인과 같은 다양한 환경에서 사용되는 컴퓨터 중재 방법의 개발 등이 요구된다고 할 수 있다.

1997년말 IMF의 구제금융체제로 인한 실업자의 증가, 이로 인하여 급속한 취업정보에 대한 요구도 증가 그리고 전국적인 인터넷망의 확대 등의 요인으로 최근 인터넷을 통하여 진로정보를 제공하는 사례가 증가하고 있다. 특히 단순히 취업정보만을 전달하는 것이 아니라 인터넷을 활용하여 종합적인 진로정보를 제공하려는 노력이 최근에 이루어지고 있는데, 그 대표적인 사례가 한국직업능력개발원의 커리어넷(CareerNet)과 한국산업인력공단 중앙고용정보원에서 운영하는 고용정보안정망인 워크넷(Work-Net)과 한국직업 정보시스템은 노우(KNOW)다. 이외에도 인터넷을 이용하여 교육정보, 직업정보, 진로정보를 제공하는 웹사이트는 계속 증가하고 있다.

① 한국직업능력개발원의 커리어넷(CareerNet)

'커리어넷(CareerNet, http://careernet.re.kr)'은 한국직업능력개발원에서 인터넷을 통하여 다양한 진로정보를 제공하기 위하여 1999년 12월 교육인적자원부의 국고보조금을 받아 개설한 것이다([그림 7-2] 참고). 여기에서는 기본적으로 직업사전, 학과정보, 학교정보, 자격정보, 진로지도자료, 사진·동영상을 제공하고 있는데(〈표 7-1〉 참고), 각 영역에서는 직업이나 학과, 자격 등을 검색할 수 있도록 구성되어 있다.

[그림 7-2] 커리어넷의 초기화면

| 〈표 7-1〉 | 한국직업능력개발원의 '커리어넷'에서 제공하는 진로정보의 내용 |
|---|---|
| 항 목 | 구체적으로 제공하는 진로정보 |
| 직업사전 | 대상자에 따라 초등학생용, 중학생용, 성인용 직업사전으로 구분하고, 각각의 직업사전은 직업의 개수와 정보의 내용 등에도 차이를 두고 있다. |
| 학과정보 | 전국의 고등학교, 대학교, 대학원에 설치되어 있는 대표학과의 교육목표, 교육내용, 전공 교과목, 장래 진로, 적성 및 능력, 전문가의 학과소개, 취업률, 관련 자격증 등의 정보를 제공하며, 유사학과 검색 기능도 제공하고 있다 |
| 학교정보 | 전국의 고등학교, 대학교, 대학원의 정보를 제공하는데, 학교에 대한 기본 사항, 설립사항, 입시정보, 교육여건, 기숙사 정보, 설치학과 등의 정보를 제공하고 있으며, 설치학과의 경우 학과정보와 연계되어 있다. |
| 자격정보 | 국가 자격, 공인 민간자격, 비공인 민간자격, 국제통용 자격 등 총 1,212개의 자격에 대한 정보를 제공한다 |
| 진로지도자료 | 진로지도 및 진로상담에 관련되는 단행본, 학위논문, 연구보고서, 학술지, 프로그램, 학습자료, 교수자료, 단행본, 멀티미디어 자료 등에 대한 정보를 제공한다. |
| 사진·동영상 | 직업에 대한 이해를 높일 수 있도록 250장의 직업 현장사진 및 186개의 직업 소개 동영상 자료를 제공한다. |

## 상담가

◆ 유사직업명: 상담가, 청소년상담가, 심리치료사, 상담심리전문가, 상담지도사, 상담심리사,
  • 특성
  • 상담활동을 통해 의뢰자가 현재 상황을 직시하고, 스스로 생활을 꾸려 나갈 수 있도록 도와주는 일을 함
  • 상담의뢰자의 성격, 적성, 지능, 진로 및 신체적·정서적·행동적 증상을 평가하기 위한 각종 검사의 실시
  • 다양한 프로그램에 따른 상담활동 전개
  • 깨끗하고, 아늑한 상담실 등에서 근무하며, 1회 평균 상담시간은 50분
  • 육체적 및 정신적 스트레스가 큰 편이나 정신적인 만족감도 큼
◆ 적성 및 능력: 인간의 심리 및 성격에 대한 전문 지식, 인간에 대한 긍정적 관점, 자신에 대한 각성, 용기, 창의적 사고, 끈기, 약간의 유머감각, 신뢰와 수용의 태도
◆ 준비방법
  • 정규교육과정: 석사 이상의 학력 필요, 4년제 대학 및 대학원의 교육학과, 심리학과
  • 직업훈련과정: 별도의 직업훈련과정 없음
  • 관련 자격증: 전문상담교사
◆ 전망: 향후 5년간 고용증가 전망
◆ 관련학과: 교육학과, 심리학과, 교육심리학과
◆ 관련자격: 전문상담교사
◆ 채용현황
  • 채용방법: 공채, 개인적 소개.
  • 고용현황: 학교 등 교육기관, 상담기관, 연구기관, 의료기관 등에서 근무. 2004년 현재 상담전문가는 총 3,128명(자료: 산업, 직업별 고용구조조사)
  • 임금수준: 2004년 현재상담전문가의 월평균 수입은 173.7만 원
◆ 문의기관
  • 한국카운슬러협회: 02-2253-5051~3, http://www. k.coa. or.kr
  • 한국임상심리학회: 02-3376-5800, http://kcp.or.kr
  • 한국상담심리학회: 02-498-8293, http://krcpa.or.kr
  • 한국청소년상담원: 02-2253-3811, http://www.kyci.or.kr
◆ 분류
  • 커리어넷 직업분류: 서비스(전문직)
  • 표준직업분류: 1721 사회복지전문가

[그림 7-3] '커리어넷'에서 제공하는 직업사전(예)

주: 관련학과와 관련자격은 각각 학과정보와 자격정보의 내용과 연계됨.

[그림 7-3]은 커리어넷에서 상담가에 관한 직업정보를 예로 제시한 것이다.

'커리어넷'에서는 이와 같은 진로정보와 함께, 대상에 따른 진로정보를 구분하여 제시하고 있다. 즉, 대상을 ① 초등학생, ② 중학생, ③ 고등학생, ④ 대학생, ⑤ 성인, ⑥ 교사/연구자로 분류한 뒤, 대상별로 차별화된 컨텐츠를 탑재하여 서비스를 실시하고 있다(〈표 7-2〉 참고). 이러한 정보에는 직업사전, 학과정보, 학교정보, 자격정

| 〈표 7-2〉 커리어넷의 대상별 진로정보 내용 | | | | |
|---|---|---|---|---|
| 대상 | 학교/ 학과정보 | 직업사전 | 심리검사 | 기타 |
| 초등학생 | - 학교정보 | - 초등이 직업사전 | - | - 자격정보<br>- 사진/동영상<br>- 자유게시판 |
| 중학생 | - 학과정보<br>  (고교/대학교)<br>- 학교정보<br>  (고교/대학교) | - 중학생용 직업사전 | - 직업적성검사<br>- 직업흥미검사<br>- 진로성숙도검사<br>- 직업가치관검사 | - 자격정보<br>- 사진/동영상<br>- 자유게시판 |
| 고등학생 | - 학과정보<br>  (대학교/대학원)<br>- 학교정보<br>  (대학교/대학원)<br>- 입시정보 | - 성인용 직업사전 | - 직업적성검사<br>- 직업흥미검사<br>- 진로성숙도검사<br>- 직업가치관검사 | - 자격정보<br>- 사진/동영상<br>- 자유게시판<br>- 진학 가이드<br>- 취업 가이드 |
| 대학생 | - 학과정보(대학원)<br>- 학교정보(대학원)<br>- 입시 및<br>  편입학 준비 | - 성인용 직업사전 | - 진로개발준비도검사<br>- 이공계전공적합<br>  도 검사<br>- 주요능력효능감 검사<br>- 직업가치관검사 | - 자격정보<br>- 사진/동영상<br>- 자유게시판<br>- 인턴십 체험하기<br>- 취업준비 |
| 성인 | - | - 성인용 직업사전 | - 직업전환<br>  준비도검사<br>- 직업기초능력검사<br>- 직업가치관검사 | - 취업 및 경력개발<br>- 학부모를 위한<br>  진로지도<br>- 자유게시판 |
| 교사 및 연구자 | -추천 진로지도 프로그램<br>-현장체험 학습 프로그램<br>-진로지도자료<br>-지역진로정보망<br>-진로지도교사연수 | | -진로지도 정책동향<br>-중고생 진로상담방법<br>-진로관련 해외사이트<br>-자유게시판<br>-교사카페 | |

보 등과 함께, 교사나 연구자를 위한 진로지도자료 등이 포함되어 있다. 또한 커리어넷에서는 인터넷을 통하여 상담을 받을 수 있는 '사이버상담' 코너도 마련하고 있다.

### ② 중앙고용정보원의 고용안정 정보망 워크넷(Work-Net)

워크넷은 인터넷을 이용하여 구인자와 구직자를 연계시켜 줌으로써 기존에 취업알선기관의 고용안정기능을 강화하도록 한 것이다. 1999년 4월 1일에 개통된 워크넷은 노동부의 지방노동관서, 시·군·구 취업알선센터 그리고 노동부와 독립적으로 운영되던 중소기업청·경총 등의 취업정보망을 상호 연계하여 국가적인 차원에서의 고용안정 인프라 구축을 목표로 하고 있다(그림 7-4 참고). 워크넷에서는 인터넷을 통해 신청된 구인·구직자료를 각 취업알선기관의 전문상담원들이 신뢰성 등을 파악하는 인증절차 후 즉시 등록하여 처리할 뿐만 아니라 일자리 정보를 업·직종별, 지역별, 산업단지별 등으로 구분하여 제공함으로써 전문적인 취업알선 서비스가 되도록 하고 있다. 따라서 개인과 기업을 유기적으로 연결시키면서 모두에게 도움이 되는 실질적인 진로정보를 제공하고 있다고 할 수 있다.

또한 이러한 일자리 정보와 함께 직업심리검사, 직업사전, 직업전망, 학과정보 등의 직업정보, 고용동향, 인재정보 등의 다양한 자료를 제공하여 취업 및 직업선택에

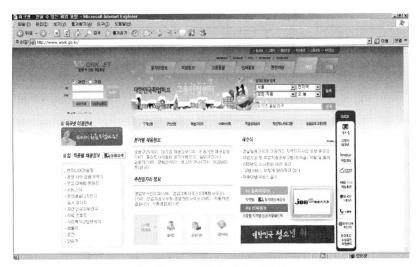

[그림 7-4] 워크넷의 초기화면

도움이 될 수 있도록 하고 있다.

### ③ 중앙고용정보원의 한국직업정보시스템 노우(KNOW)

한국직업정보시스템(korean network for occupations and workers, KNOW)은 기존의 한국직업사전에서 발생하는 문제점을 보완하고, 최신의 진로정보를 제공하기 위해 2001년 중앙고용정보원에 의해 구축되었다([그림 7-5] 참고). 한국직업정보시스템에서 제공하는 정보는 전문대학 및 대학교의 대표학과 170개에 대한 학과정보, 600여 개 대표직업에 관한 상세 내용, 진로상담서비스의 세 가지로 크게 구분된다. 학과정보에는 관련직업, 학과 개요, 영역, 주요교과목, 개설대학, 진출분야, 자격증 및 면허 등의 정보가 제공되며, 직업정보에는 관련학과, 수행직무, 지식, 성격, 흥미, 임금, 전망, 되는 길, 관련 자격 등의 정보가 제공된다.

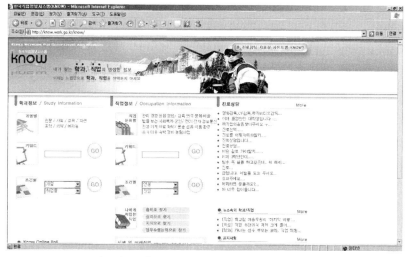

[그림 7-5]  한국직업정보시스템의 초기화면

## 2) 진로정보의 평가

진로정보는 여러 가지 다양한 형태로 발견할 수 있다. 따라서 진로상담가나 학생들은 자신이 습득한 진로정보가 얼마나 정확하고 신뢰도가 높은지를 평가해 보아야 한다. 진로정보에 대한 일반적인 평가기준은 다음과 같은 것을 들 수 있다(Hoppock, 1976).

첫째, 언제 만들어진 것인가? 직업세계는 하루가 다르게 변화하고 있기 때문에 진로정보도 수시로 보완되어야 한다. 진로정보의 생산년도가 최신에 가까운 것을 참고해야 올바른 도움을 받을 수 있다.

둘째, 어느 곳을 대상으로 한 것인가? 일반적으로 1차적인 정보는 지역적인 한계를 갖게 마련이다. 즉, 어떤 정보는 어느 한 회사나 도시 또는 지역에만 국한된 것일 수 있다. 같은 직업을 다룬 정보내용이라 할지라도 지역 간의 빈부의 격차, 도시와 농촌 간의 특성상의 차이 등에 따라서 상이할 수 있다.

셋째, 누가 만든 것인가? 직업정보를 누가 만들었는가에 따라서 그 신뢰성에 차이가 있을 수 있다. 현장을 잘 알지 못하는 사람이 여러 가지 자료를 토대로 피상적으로 만든 정보는 신뢰도가 낮을 가능성이 크다. 일반적으로 가장 좋은 정보는 전문적으로 진로를 연구하는 사람들에 의해서 만들어진 것이라고 할 수 있다.

넷째, 어떤 목적으로 만든 것인가? 어떤 진로정보는 연구 전문가가 오직 연구목적으로 만든 것이 있고, 또 다른 경우 주간지 등에 흥미 위주로 소개되는 경우도 있다. 이런 경우는 구직자나 상담가에게 주는 도움이 적을 뿐만 아니라, 그 내용도 보수를 최고 액수를 기준으로 제시한다거나 작업내용의 흥미 있는 부분만을 부각시키는 경우가 있다. 때로는 자서전적인 진로정보도 있는데, 이 경우 가끔은 매우 오래된 경험적 사실을 바탕으로 쓰인 사례가 있어 그 직업에 대한 최신정보를 간과할 수 있다.

다섯째, 자료를 어떤 방식으로 수집하고 제시했는가? 대부분의 직업정보는 질문지를 사용해서 자료를 수집한다. 질문의 문항을 구성할 때, 응답할 대상자를 미리 예견해서 그들이 정확히 답할 수 있는 문항들을 선별해야 한다. 예컨대, 어떤 직업에 종사하는 근로자를 대상으로 할 경우, 그들이 실제로 수행하는 작업내용, 수입 등에 대해서는 정확히 답할 수 있지만, 작업을 성공적으로 수행하는 데 필요한 적성요인이 무엇인가에 대해서는 잘 모르는 경우가 많다. 같은 내용의 직업정보라 해도 그것을 이용할 대상자의 제 특성(예, 연령별, 신체적 조건의 정상유무별 등)에 따라 제시형태를 달리해야 소기의 목적을 달성할 수 있다.

## 3. 진로정보센터

### 1) 진로센터의 개념 및 성격

진로센터 또는 진로정보센터는 일반적으로 진로와 관련된 정보를 제공하기 위한 필요성에 의하여 강조되고 있다. 특히 최근에 교육적, 직업적, 사회적 정보가 현저하게 증가함에 따라, 폭주하는 정보를 수집, 처리하고 제공하는 정보유통체계가 요구되고 있으며(김해시교육청, 1989), 또한 어떠한 정보이든지 일단 수집·분류·정리된 정보는 잘 보관하고 있으며 누가, 언제, 어디에서도 결국 활용하게 될 것이라는 미래대비적인 태도에서 상담가나 진로지도 교사가 진로정보의 활용에 많은 관심을 두어야 한다(이정근, 1978)는 점에서도 진로센터의 필요성은 증가하고 있다.

진로정보센터(career information center)는 진로센터(career center), 진로자료센터(career resource center), 교육정보센터(educational information center) 등의 용어로 사용되어 왔는데, 이들 개념의 기초적인 특징은 모든 교육적·직업적·재정적 지원정보를 교육기관 내의 한 장소에 수집, 보관함으로써 진로관련 정보의 활용도를 높이기 위한 것이라는 점이다. 따라서 진로센터의 기본적인 준거 중의 하나는 이용자가 원하는 정보를 용이하게 얻을 수 있도록 진로관련 정보가 잘 조직되었느냐는 점이라고 할 수 있다.

또한 진로센터에서는 진로관련 정보제공과 함께 진로상담가의 조언, 교육 및 훈련기관의 대표나 기업체 대표와 면담할 수 있는 공간의 제공 기능도 수행한다(Herr & Cramer, 1996). 즉, 진로센터는 각종 진로정보를 다양하게 수집·보관·이용·배포하는 장소로서, 이용자가 원하는 정보를 수시로 자유롭게 이용할 수 있는 기회를 최대한 제공하며, 정보열람과 함께 상담가가 개별면접을 통해 내담자들의 진로를 구체적으로 안내해 주는 곳을 의미한다고 할 수 있다(김충기, 1986). 따라서 많은 진로센터에서는 단순히 진로관련 정보만을 제공하는 것이 아니라, 센터가 위치하고 있는 기관에서의 전체적인 진로지도를 담당하는 중심적인 기능을 수행하기도 한다.

진로센터는 상황에 따라 서로 상이한 기능을 수행하겠지만, 일반적으로 진로센터가 갖는 기능은 다음과 같이 크게 아홉 가지로 제시될 수 있다(김충기, 1983, 1993;

Meerbach, 1978: 31-33).

- **진로정보와 자료의 수집 · 분석 · 보관**: 지역사회 그리고 국가적인 상황에 관련된 직업적, 교육적 정보는 진로계획에서 필수적인 요소다. 즉, 진로센터의 중요한 기능은 가능한 모든 정보와 자료를 수집하고 평가하며 이를 적절히 보관하는 데 있다.
- **진로정보와 자료의 보급 및 안내**: 진로센터는 진로정보를 이용하려는 사람과 그들이 원하는 정보를 연결시켜 주는 기능을 수행한다. 따라서 진로정보의 효율적인 보충, 재생 그리고 보급을 위한 기술 개발이 필요하다.
- **상담 및 개인평가**: 진로센터는 진로지도 프로그램의 하나로 개인상담, 집단상담, 또래상담의 핵심으로 고려되어야 한다. 특히 진로계획에서의 상담은 자신과 직업, 진로결정 그리고 관련된 개인적 · 사회적 문제에 관한 정보를 제공하고, 해석하며 평가하는 방향으로 인도되어야 한다.
- **정치(定置)활동(Placement)**: 정치활동은 학생들에게 시간제, 전일제 등의 취업을 도와주고, 학교생활 안에서 학생들의 이동을 촉진하는 업무를 포함하고 있다. 따라서 진로지도 담당자들은 정치기능의 필요성을 인식해야 한다.
- **산학협동(Work-study coordination)**: 진로센터는 산학협동 조정관이나 장학관을 수용하기에 적합하고 합리적인 장소다. 상담이나 정치활동과의 연계성은 이러한 인사들에게 이상적인 위치를 제공해 주고 있다.
- **교육과정 개발**: 진로와 관련된 교육과정이나 교육자료를 개발하는 데 진로센터는 충분한 기능을 수행해야 한다.
- **교사지원**: 진로센터는 학생뿐만 아니라 교사를 위해서도 자료를 고안하고 자료실의 운영을 돕기 위해 지도교사의 연수를 운영해야 한다.
- **지역사회 인사의 협조**: 진로정보의 근원 중의 하나는 지역사회인사의 현장경험이다. 따라서 진로센터에서는 이러한 가치 있는 진로정보의 목록을 작성할 수 있는 합리적인 장소를 제공해야 한다.
- **지역사회에 대한 지원**: 진로센터에서는 학생들의 진로발달에 도움을 줄 수 있는 정보를 찾는 부모들이나 진로 또는 직업을 바꾸려는 사람들을 포함하여 지역사

회의 성인에 이르기까지 유용해야 한다.

우리나라에서는 시·도 교육청 또는 교육연구원에서 운영하는 진로상담실이나 개별 학교에서 설치하는 상담실에서 진로센터의 일부 기능을 수행하고 있다고 할 수 있다. 대학의 경우에는 학생생활연구소나 취업보도기관에서 그 기능을 담당하고 있다. 여기에서는 진로정보센터의 운영에서 고려해야 할 사항을 살펴보았다.

## 2) 진로센터의 운영방안

각급 학교에서 진로센터를 설치·운영함에 있어서 가장 기본적인 기준이 되는 사항은 가능한 많은 학생들이 진로센터를 이용할 수 있도록 자료준비, 위치선정, 설계 등을 실천해야 한다는 점이다. 이와 함께 진로센터에는 학생들이 개인연구, 집단모임, 정보의 검색 등을 할 수 있는 공간이나 시청각 기구, 컴퓨터 프로그램 등이 구비되어야 한다(Zunker, 1996).

진로센터의 기본적인 기능 중의 하나는 진로관련 정보를 풍부하게 그리고 체계적으로 준비하여 필요한 사람들에게 제공하는 것이다. 따라서 기본적으로 ① 직업을 기술하거나 취업업종 또는 이력서 작성요령과 같은 취업기술을 다루는 직업정보, ② 계열·전공이나 졸업 후의 진로정보를 포함하는 진학정보, ③ 군대정보, ④ 학생들이 자신을 이해하거나 진로의사결정을 할 수 있도록 하는 정보나 직업적응에 관련된 정보 등을 갖추어야 한다.

또한 진로센터는 이용대상자의 특성, 운영기관이나 주변의 여건, 경제적 상황, 고용 가능한 인적자원, 진로지도에 대한 철학적 기반 등 다양한 요인에 의해서 그 기능이나 역할이 서로 상이하게 나타날 수 있음을 유념해야 한다. 예를 들어, 중학교나 일반계 고등학교 학생들을 대상으로 하는 진로센터 또는 진로상담실은 기본적으로 학생들의 진로탐색이나 진로계획을 돕는 데 초점을 둔다. 그러나 실업계 고등학교나 대학의 진로센터에서는 학생들의 취업을 위한 활동에 많은 비중을 할애한다.

우리나라의 중·고등학교의 경우, 진로센터 기능의 대부분을 (진로)상담실에서 담당하고 있다. 그런데 현재 대부분의 학교가 일반교실도 확보하기 어려운 형편이므로

상담실을 따로 구하기란 쉽지 않은 일이다. 따라서 이상적인 기준만을 내세워 모든 학교가 전용 상담실을 쓰도록 기대한다는 것은 현실적으로 지나친 요구다. 오히려 기존 시설을 상담실에 맞도록 변형하여 꾸미는 일이 현실적이다. 각급 중 · 고등학교에서 (진로)상담실을 설치, 운영하려 할 때에는 다음과 같은 사항이 고려되어야 한다 (한경희, 1998).

- 상담실은 학교 행정자의 직속 기관이어야 한다.
- 상담실의 조직은 학교의 특수성과 지역사회의 실정, 학생의 필요와 요구를 조사하여 이에 알맞게 업무내용이 결정되어야 한다.
- 조직은 현실적이고 합리적으로 이루어져야 한다.
- 상담활동에 대한 교직원의 이해와 협조가 요구된다.
- 일의 능률을 도모하고 활동상의 중복을 피하며 책임 한계가 불분명함으로써 상호 간의 회피를 피하고자 임무 부서의 명확한 한계가 요구된다.
- 카운슬러의 연구실과 상담실은 독립되어야 한다.

중 · 고등학교에서 (진로)상담실을 효율적으로 운영하는 데에는 몇 가지 제반 문제가 있게 된다. 한경희(1998)는 상담실 운영의 책임 소재와 그 한계, 상담실에 소속된 교사의 업무 분담, 상담실과 타부서와의 관계, 시간의 배정문제 등의 네 가지 사항을 중심으로 (진로)상담실의 운영방안을 다음과 같이 제시하였다.

### ① 상담실 운영의 책임

상담실 운영의 책임은 말할 것도 없이 진로상담주임이 맡아야 한다. 그 명칭이 상담주임이 되든 진로 주임이 되든 카운슬러의 자격을 취득한 사람이어야 한다. 경우에 따라서는 임시로 책임을 맡은 교사일 수도 있으나 반드시 생활지도에 관하여 깊은 이해와 능력을 소유한 사람이어야 한다. 상담주임 밑에 상담의 일부 업무를 맡은 교사를 배치하여 그의 업무를 돕게 하는 것이 요망된다. 상담실 운영의 책임이 있는 상담주임의 주된 업무내용은 다음과 같다.

- 개인 및 집단 상담
- 상담실의 업무 기획

- 학교의 생활지도 계획과 운영의 자문
- 정보활동의 계획과 지도
- 정치(定置) 및 추수(追隨)지도 활동의 실시 등이다.

업무내용은 이와 같이 방대하여 이 업무를 제대로 수행하려면 적어도 상담주임만은 수업(授業)을 담당하지 말아야 할 것이다. 그러나 업무의 범위가 넓고 다른 교무(校務)도 보는 가운데, 타 부서와 갈등이나 마찰이 생길 수 있다. 그런 가운데서도 학생지도의 중요한 정책을 결정하는 데 있어서 가장 타당한 자료를 제출하고, 상담실 자체의 연간계획과 그에 따르는 운영의 책임을 합리적으로 수행해 나가야 한다.

② 상담실의 업무분담

상담실에서 필수적으로 수행해야 할 업무로 개인 및 집단 상담, 심리검사 및 심리진단, 진학 및 취업에 관한 정보활동 그리고 특정한 학생들의 정치활동(定置活動) 등이다.

③ 타부서와의 관계 정립

상담실은 어디까지나 투철한 철학과 생활지도 활동의 기능을 수행하는 곳이므로 학생과의 갈등이 생기는 문제에 대해서는 다음과 같은 점에 유의하여 업무를 추진하는 것이 효과적이다.

- 상담실은 학생들의 문제를 진단하고 치료하는 곳이다.
- 치료는 본인이 희망하고 받으려는 의사가 생겼을 때 이루어진다.
- 처벌과 치료와는 별개의 문제다. 처벌된 학생도 치료의 대상으로 포함된다.
- 상담실은 처벌의 문제가 생기기 전에 일차적으로 예방을 위하여 활동을 한다.
- 상담실은 교칙이나 학칙을 준수하는 범위 내에서 활동한다. 따라서 처벌이 되면 그대로 그것을 인정하고, 처벌된 학생의 전인적인 인성의 변화 발달을 위해 노력한다.
- 상담실에서는 상담활동의 본연의 임무와 본질을 살린다는 데 초점을 둔다.

④ 상담시간의 배정

상담실에서 수행하는 상담시간이 많으면 많을수록 상담실을 설치한 목적에 부합되므로 환영할 만한 일이다. 그러나 전임 상담교사가 없는 경우에는 오전부터 상담에 임할 수는 없을 것이다. 또 수업시간에 상담하는 것을 반대하는 학교장의 방침 때문에 방과 후에만 실시하는 경우도 있다. 그러나 학생 수가 많을수록 상담의 건수도 많아지게 되므로 1,000여 명의 학생이 있는 학교에서 하루에 한두 시간밖에 상담을 하지 못한다면 상담실 설치의 의의는 없어지고 말 것이다. Rogers 등은 50~100명의 학생당 1회의 상담을 하는 비율로 잡으면 비교적 합당하다고 지적하고 있다. 수업도 겸해서 해야 하는 우리의 형편으로는 한 명의 상담교사가 하루에 2~3시간의 상담을 하도록 하는 것이 바람직하다. 하루의 상담시간을 언제 배정하느냐의 문제는 대부분의 학교가 하고 있듯이 교과 후나 오후로 정하는 것이 좋겠으나, 불가피한 경우에는 상담의 중요성을 참작하여 수업시간 중에도 배정해야 할 것이다. 다만, 이때 학생이 수업을 회피하기 위한 수단으로 상담실을 이용하는 폐단이 생기지 않도록 유의해야 한다.

## 참고문헌

김병숙 외(1998). 한국인의 직업의식 조사 [기본연구 97-]. 서울: 한국직업능력개발원.

김충기(1983). 진로정보자료센터의 기능과 역할. 직업교육연구, 2(1), 23-37.

김충기(1986). 진로교육의 본질. 서울: 배영사.

김충기(1993). 진로상담의 이론과 실제. 서울: 성원사.

김충기, 김현옥(1993). 진로교육과 진로상담. 서울: 건국대학교출판부.

김해시교육청(1988). 교육력 제고를 위한 교육 및 진로정보자료실 운영. 교육경남, 109, 171-180. 경남: 경상남도교육위원회.

노동부 중앙고용정보관리소(1999b). 국내 최대 고용안정 정보망 Work-Net 완전 개통 [보도자료]. 서울: 노동부 중앙고용정보관리소.

노동부 중앙고용정보관리소(1998). 직업연구. 서울: 노동부 중앙고용정보관리소.

장석민 역(1996). 진로지도의 이론과 실천. 吉田辰雄 外(1985). 서울: 한국교육개발원 직업기술 교육연구본부.

중앙고용정보원(2003). 한국직업사전. 서울: 중앙고용정보원

중앙고용정보원(2005). 신생 및 이색직업 50선. 서울: 중앙고용정보원

중앙고용정보원(2005). 한국직업전망. 서울: 중앙고용정보원.

여종구(1990). 진로정보센터의 효율적 운영. **충북교육, 98**, 17-30. 충북: 충청북도교육위원회.

이정근(1978). 진로정보의 효율적 운영 방안. **상담과 지도, 13**. 서울: 한국카운슬러협회.

이정근(1988). **진로지도의 실제**. 서울: 성원사.

이춘식(1999). 진로정보 수집과 진로정보센터의 설계. 한국진로교육학회(편), **진로교육의 실제**, pp. 95-116. 서울: 교육과학사.

이효자(1993). 개인 · 사회적 정보 자료의 활용방안. **진로교육연구, 1**, 3-17.

장석민(1997). 진로교육의 실천 방향과 과제. 김병석 외, **진로상담 모형개발 연구**, pp. 147-180. 서울: 청소년대화의 광장.

한경희(1998). 진로상담실 운영의 실제. 경기: 경기도교육연구원. **WWW**에서 인용한 자료임. http://www.kerinet.re.kr/edu/index.html.

한국직업능력개발원(1998). 유망직 찾아보기 [연구자료 98-8]. 서울: 한국직업능력개발원.

한국직업능력개발원(2005). 미래의 직업세계 2005. 서울: 한국직업능력개발원.

허판례(1990). 진로정보센터 운영에 관한 연구. 건국대학교 교육대학원 교육학 석사학위논문.

홍인기(1996). 미래사회를 여는 진로상담실 운영방안. 대한사립중고등학교장회(편), **진로상담의 이론과 실제: 진로상담교사 연수자료집**, pp. 305-323. 서울: 대한사립중고등학교장회.

Heppner, M. J., & Johnston, J. A. (1994). Evaluating elements of career planning centers: Eight critical issues. *Journal of Career Development, 21*(2), 175-183.

Herr, E. L., & Cramer, S. H. (1996). *Career guidance and counseling through the life span: Systematic approach (5th ed.)*. New York: HarperCollins.

Hoppock, R. (1976). *Occupational information*. New York: McGraw-Hill.

Isaacson, L. E., & Brown, D. (1997). *Career information, career counseling, and career development (6th ed.)*. Boston: Allyn and Bacon.

Norris, W., Zeran, F. R., & Hatch, R. N. (1960). *The information service in guidance*. Chicago: Rand McNally & Company.

Zunker, V. G. (1994). *Career counseling: Applied concepts of life planning (4th ed.)*. Pacific Grove, CA: Brooks/Cole Publishing.

제8장

# 검사의 활용

상담장면에서는 여러 가지 목적으로 다양한 검사들이 활용되고 있다. 진로상담에 있어서도 검사의 활용은 필수적이다.

가장 기본적인 이유를 들자면 진로상담이 제대로 이루어지기 위해서는 먼저 내담자에 대한 정확한 이해가 중요한데, 이를 위해서 가장 큰 도움을 줄 수 있는 것이 바로 검사이기 때문이다.

이 장에서는 먼저 검사에 대한 기초적인 이해로서 검사의 목적과 난점, 기본가정, 좋은 검사노구의 조건 등을 살펴보고자 한다. 이어서 진로상담에서 필요한 심리검사의 영역을 가치관, 흥미, 성격, 적성 등으로 구분하여 알아보고 진로상담과 직접적으로 관련되는 진로성숙도와 진로결정수준 등의 측정에 대한 것을 좀 더 구체적인 수준에서 탐색해 볼 것이다. 끝으로 검사결과의 해석과 활용에서 유의할 사항들을 살펴보고자 한다.

## 1. 검사의 기초

### 1) 검사의 목적

상담과 지도의 장면에서 활용되는 심리검사의 목적은 매우 다양하지만, 이를 몇 가지로 요약해서 제시해 보면 다음과 같이 정리될 수 있다(박성수, 1992).

첫째, 검사의 목적은 예측에 있다. 개인이나 집단이 여러 가지 결정을 할 때 능력, 성취, 기타 변인을 근거로 미래에 어떻게 행동하게 될 것인가를 예측 내지 예언할 필요가 있다. 여러 가지 검사를 통하여 획득된 수량화된 자료에 근거하여 이루어지는 예언이나 예측은 단순한 짐작이나 바람에 근거하여 판단하는 것보다 훨씬 더 신뢰도가 높고 타당하다.

둘째, 검사의 목적은 선발에 있다. 학교나 회사 또는 공공기관에서 어떤 사람을 선발하여야 될 경우, 검사는 개인 간의 차이를 수량적으로 제시할 수 있다.

셋째, 아동·학생·성인들을 어떤 집단으로 분류하거나 또는 정치(定置)하기 위한 목적으로도 검사가 활용된다. 정신적 질환의 진단, 학교나 교육과정의 선택, 직업적성의 판단 등을 위하여 검사가 광범위하게 활용될 수 있다.

넷째, 검사의 또 다른 목적은 측정과 평가에 있다. 프로그램, 교수방법, 실험처치의 효과, 학습과 발달의 정도 등을 평가하는 데 검사가 활용되고 있다. 이러한 평가는 인간행동을 이해하는 것 그 자체에 의미를 부여하는 것이라고 할 수 있다. 개인과 집단의 심리적 특성을 정확하게 이해하는 것은 교육의 과정에서 무엇보다도 중요하다.

### 2) 검사의 난점

인간 이해를 위한 여러 가지 검사, 특히 심리검사에서의 측정은 자연과학의 측정과 같이 과학적인 엄밀성과 정확성을 '이상(理想)'으로 하고 있다. 그러나 이는 어디까지나 이상이지 아직 그 수준에 도달하기에는 넘어야 할 벽이 너무나도 많다. 왜냐하면 심리검사에서의 측정은 인간의 내적인 정신기능 내지 행동을 대상으로 하기 때문이다. 이처럼 심리검사에서의 측정이 어려운 이유는 다음과 같다(여광응 등, 1992).

## (1) 측정대상의 불명확

인간의 태도 가운데 특히 고등정신작용에 속하는 사고력, 응용력, 비판력, 종합력 내지 정의적 영역에 속하는 감상력, 창작력, 가치관 등은 파악하기가 어려우며 정확히 측정할 수 없는 불분명한 대상이다.

## (2) 측정방법의 불분명

심리적인 문제를 측정하는 것은 신장이나 체중을 측정하는 것처럼 측정방법상의 문제가 간단하지 않다. 즉, 여러 가지 심리적인 특성들을 측정하기 위해서 어떤 측정도구를 사용할 것인지를 결정하는 것은 어려운 문제다.

## (3) 간접적인 측정

건물의 높이나 장대의 길이를 측정하기 위해서는 건물의 옥상에 올라가서 줄자를 늘어뜨려서 재거나 막대에 직접 자를 가져다 대 보면 된다. 그러나 사람이 얼마만큼 우수한 사고력을 가지고 있으며, 흥미가 어디에 있는가에 대한 측정은 우리의 눈에 직접 보이지 않고 다만 그것이 작용한 여러 가지 흔적을 수집하고 이를 관찰하고 측정하여 간접적으로 미루어 볼 수밖에 없다.

## (4) 수량화의 위험성

심리측정은 본질적으로 인간행동의 증거를 수량화하는 방법이다. 그러나 불분명한 대상에 대한 간접적인 측정의 결과에 숫자를 부여하는 일은 그리 간단하지가 않다.

## 3) 검사의 기본가정

검사한다는 것(testing)은 정확히 말한다면 '이미 알려져 있는 특성들에 대하여 기지(既知)의 측정도구를 적용함으로써 특정한 개체의 행동을 알아보기 위한 통제된 관찰'이라고 할 수 있다. 여러 가지 검사도구를 사용하는 과정 속에 내포되어 있는 가정들은 다음과 같다(여광응 등, 1992).

### (1) 검사자에 대한 가정

대상자가 효율적으로 반응할 수 있도록 친밀한 관계, 즉 라포(rapport)를 형성시켜 주는 일, 검사문항을 적용하는 일, 대상자의 반응을 기록하는 일 그리고 표준화된 지시에 따라 그 반응을 채점하는 일 등에서 검사자는 적절히 훈련되어 있고 또 이에 숙달되어 있는 것으로 가정한다.

### (2) 행동표집에 관한 가정

검사에서의 행동표집은 검사하려는 그 분야의 행동을 대표하는 동시에 표집의 크기에 있어서도 적절하다는 가정이 받아들여져야 한다. 인간의 행동을 측정의 대상으로 할 경우 수많은 모든 행동을 빠짐없이 측정한다는 것은 불가능하다. 따라서 서로 다른 모든 영역의 행동들을 모두 표집할 수는 없지만 통계학적으로 신뢰할 수 있고, 또 타당하다고 인정되는 것들을 표집해 낼 수는 있는 것이다.

### (3) 문화환경에 관한 가정

검사를 받는 대상들은 반드시 꼭 같지는 않더라도 서로 비슷한 문화환경 속에서 지내 왔다는 것이 가정되어 있다. 따라서 어떤 특정한 문화권에서 만들어진 심리검사들은 다른 문화권에서 직접적으로 사용할 수가 없다.

### (4) 측정오차에 관한 가정

인간의 행동을 측정하는 데에는 오차가 있게 마련이라는 것이 가정되고 있다. 그러나 통계적인 절차에 의해서 측정의 오차범위를 알 수가 있고 또 일정한 범위의 오차를 허용해 주고 있다. 따라서 검사결과 나타난 지수를 절대시 하거나 극히 정확한 것으로 생각하는 것은 문제가 있다.

### (5) 현재 행동에 관한 가정

오직 현재의 행동만이 관찰검사의 대상이 된다는 것이 가정되어 있다. 어떤 검사에 의해 측정된 행동은 그 검사가 실시된 그 당시의 행동이기 때문에, 그것은 비교적 긴 시간 속에서 표집된 하나의 행동이라 할 수 있다.

### (6) 미래 행동의 예언에 관한 가정

측정 대상자의 미래행동은 현재행동으로 미루어 추측된다는 것이 가정되어 있다. '모든 진단은 예진(prognosis)' 이라는 말은 현재의 행동을 측정함으로써 그 측정의 결과를 미래 행동의 예언에 활용한다는 의미를 잘 나타내고 있다.

## 4) 좋은 검사도구의 조건

좋은 검사도구가 갖추어야 할 기본적인 조건에는 다음과 같이 타당도, 신뢰도, 객관도, 실용도 등이 포함된다.

### (1) 타당도

타당도란 특정의 개인 또는 집단에 관하여 그 도구가 평가하고자 계획하고 있는 평가목표를 놓치지 않고 명확하게 잴 수 있는 성질을 의미한다. 즉, 이 검사가 실제 무엇을 재고 있는가, 우리의 목적을 위해서 얼마나 적합하게 이용될 수 있는가, 또 능력, 성질, 특성을 어느 정도로 재고 있는가라는 질문들이 모두 타당도에 관련된다. 따라서 '무엇' 이라는 개념과 밀접하게 관련된다. 타당도를 종류별로 구분해 보면 내용타당도, 준거타당도, 구인타당도 등이 있다.

### (2) 신뢰도

신뢰도는 검사하려는 것을 '어떻게' 정확히 측정하고 있느냐를 문제 삼는 것이다. 따라서 신뢰도는 믿음성, 일관성, 예측성, 정확성 등과 동의어로 볼 수 있다.

신뢰도 계수를 산출하는 방법으로는 검사-재검사 신뢰도, 동형검사 신뢰도, 반분신뢰도, 문항 내적 합치도 등이 있다.

### (3) 객관도

객관도란 측정의 결과에 대해 여러 검사자나 채점자가 어느 정도로 일치된 평가를 하느냐의 정도를 의미한다. 여러 채점자가 자기의 편견, 의견, 감정을 완전히 제거하고 채점을 하게 되면 이는 객관성을 기하는 것이라고 할 수 있다. 그래서 객관도를 검사자 신뢰도라고도 한다.

### (4) 실용도

실용도는 하나의 평가도구가 얼마나 경비와 시간과 노력을 적게 들이고 소기의 목적을 달성할 수 있느냐의 정도를 말한다. 아무리 훌륭한 평가도구라 할지라도 실제 채점이 복잡하다든지 활용하기가 대단히 곤란할 경우에는 문제가 된다.

실용도의 내용으로는 실시의 용이성(시간제한, 실시과정과 방법의 명료성), 채점의 용이성, 해석의 용이성, 비용의 저렴성 등이 있다.

## 2. 진로상담과 심리검사

올바른 진로상담을 위해서는 내담자의 여러 가지 특성을 정확하게 알아야 한다. 진로상담을 위해서 알아야 할 개인의 심리적 특성 중 중요한 것들을 선별하여 제시해 보면 다음과 같다.

### 1) 가치관의 탐색

#### (1) 가치관의 개념

가치관이란 개인이 특정 상황에서 선택이나 결정을 내려야 할 때, 어떤 특정한 방향으로 행동하게 하는 원리나 믿음 또는 신념을 말한다. 따라서 가치관은 우리에게 아름다움과 추함 또는 옳고 그름에 대한 판단을 내리게 할 뿐만 아니라 어떤 방향이나 방식으로 행동하도록 이끄는 역할을 한다.

이러한 가치관은 단시간 내에 형성되는 것이 아니라, 어린 시절부터 그가 접하는 환경과 접촉하는 사람들에 의하여 형성되는 것이다. 특히 동일시 기제가 발달하는 어린 시절의 개인은 부모나 그가 좋아하는 사람들의 행동을 내면화함으로써 그의 가치체계를 형성하는데, 이렇게 형성된 가치관은 일정한 시기가 되면 비교적 정형화된다.

### (2) 가치관을 알아보는 방법

가치관을 측정하는 데 가장 많이 쓰이는 방법으로는 표준화 검사법과 가치명료화 프로그램을 통한 측정방법이 있다. 우리나라에서 개발된 가치관 검사에는 개인 가치관 검사, 대인 가치관 검사, 가치관 검사 등이 있다.

한국교육개발원에서 개발된 가치명료화 프로그램은 ① 집단형성 단계, ② 자신의 가치관 인식 단계, ③ 가치갈등 상황의 명료화와 대안탐색 단계, ④ 가치의 선택단계, ⑤ 가치존중 및 확신의 단계, ⑥ 가치관의 행동화 단계 등의 여섯 단계를 통해 가치를 탐색하고 행동화하도록 구성되어 있다.

| 〈표 8-1〉 | 가치관 검사 목록 | | | |
|---|---|---|---|---|
| 검사명 | 대 상 | 저 자 | 발행처 | 발행 연도 |
| 개인가치관검사 | 고, 대, 일반 | 황웅연, 이경혜 | K. T. C | 1987 |
| 대인가치관검사 | 고, 대, 일반 | 황웅연, 이경혜 | K. T. C | 1987 |
| 가치관검사 | 대, 일반 | 김인자, 황웅연 | 서강대 사회문제연구소 | 1974 |

## 2) 흥미의 탐색

### (1) 흥미의 개념

흥미란 어떤 종류의 활동 또는 사물에 대하여 특별한 관심이나 주의를 가지게 하는 개인의 일반화된 행동경향을 말한다. 즉, 개인이 그에게 잠재적으로 가치 있다고 생각하는 것에 주의를 기울이고 그것을 향해서 나아가려는 일반적인 정서적 특성이다. 흥미는 동기와 달라서 특수화된 목표보다는 광범위한 목표에 관련된 것이다.

이와 같은 흥미는 성장함에 따라 변화한다. 어릴 때는 흥미가 구체적, 수동적, 단편적, 비항상적이고 미분화된 형태지만 성장함에 따라 구체적인 것에서 추상적인 것으로, 수동적인 것에서 능동적인 것으로, 단편적인 것에서 체계적이고 종합적인 것으로, 비항상적인 것에서 항상적인 것으로 그리고 분화되지 못한 것에서 분화된 형태로 변화하게 된다.

### (2) 흥미를 알아보는 방법

흥미를 알아보는 데 가장 많이 이용되고 있는 방법은 표준화 검사법이다. 우리나라에서 개발된 흥미검사에는 일반흥미검사, 직업흥미검사 그리고 학습흥미검사 등 여러 가지가 있다.

흥미검사를 통해 자기가 가지고 있는 흥미를 알고자 할 때에 유의할 점은 흥미검사에 나타난 한두 가지 흥미의 점수를 따지기보다 흥미검사에 나타난 흥미의 전체적인 유형과 수준을 중심으로 하여 전체적인 흥미도를 파악해야 한다는 것이다.

| 〈표 8-2〉 흥미검사 목록 | | | | |
|---|---|---|---|---|
| 검사명 | 대 상 | 저 자 | 발 행 처 | 발행 연도(년) |
| Strong 직업흥미검사 | 대, 일반 | 김정택 외 2인 | 한국심리검사연구소 | 2001 |
| 직업흥미검사 | 중2~고 | 노동부 | 노동부 | 1994 |
| 흥미검사 | 중, 고 | 행동과학연구소 | 행동과학연구소 | 1992 |
| KIB흥미검사 | 중, 고 | 행동과학연구소 | 행동과학연구소 | 1992 |
| 표준흥미검사 | 중 | 서울대 사범대 | 교학사 | 1982 |
| 학습흥미검사 | 중 | 진위교 | 사립중고등학교장회 | 1979 |
| 직업흥미검사 | 고 | 진위교 | 사립중고등학교장회 | 1978 |
| 흥미검사 | 중, 고, 대 | 김인수 | 중앙대 심리연구실 | 1974 |
| 직업흥미검사 | 중~일반 | 이상노 | 중앙적성연구소 | 1972 |
| 학습흥미검사 | 초4~6, 중~일반 | 이상노, 변창진 | 중앙적성연구소 | 1972 |

## 3) 성격의 탐색

### (1) 성격의 개념

진로상담을 합리적으로 실행하기 위해서는 사전에 청소년들의 성격 또는 인성을 파악하여야 한다. 성격을 정의하는 관점은 학자에 따라서 다소 차이가 난다. Allport는 "환경에 대한 한 개인의 독특한 적응방식을 결정하는 정신, 물리적 제조직의 역동적 체제"라고 규정하였으며, Sullivan은 인간관계에 중점을 두고 "인간 상호 간에서 나타나 그의 행동을 특징지어 주는 비교적 지속적인 유형"이라고 보았다. Hilgard는 "환경에 독자적으로 적응하도록 하게 하는 개인의 특성이나 행동양식의 전체적 통합체"라고 정의하였다.

성격에는 개인의 욕구, 자아개념, 성취동기, 포부수준, 대인관계 등의 여러 가지 요인들이 포함되어 작용한다. 이러한 성격은 선천적으로 부모의 유전적 요인을 닮아갈 수 있으나 후천적으로 자녀양육 방식에 따라 다르게 나타날 수 있다.

### (2) 성격을 알아보는 방법

성격을 알아보는 가장 일반적인 방법은 성격검사를 통한 것이다. 우리나라에서는 이미 오래 전부터 비교적 다양한 성격검사들이 개발, 활용되어 오고 있다. 검사대상의 특성과 검사의 목적에 따라 적합한 것을 취사선택하는 것이 중요하다.

〈표 8-3〉 **성격검사 목록**

| 검사명 | 대상 | 저자 | 발행처 | 발행 연도 |
|---|---|---|---|---|
| KPTI일반인성검사 | 중, 고 | 김인수 | 한국심리검사연구소 | 1993 |
| KPI성격검사 | 대 | 행동과학연구소 | 행동과학연구소 | 1993 |
| MMTIC | 8세~13세 | 김정택, 심혜숙 | 한국심리검사연구소 | 1993 |
| KPI성격검사 | 중, 고 | 행동과학연구소 | 행동과학연구소 | 1992 |
| KIPA인성검사 | 중, 고 | 염태호, 김정규 | 한국심리적성연구소 | 1990 |
| MBTI | 고~성인 | 김정택 외 2인 | 한국심리검사연구소 | 1990 |
| 간편 PPMI | 중, 고 | 임인재, 정상호 | 사립중고등학교장회 | 1979 |
| 다면적인성검사 | 중~일반 | 이상노, 김경린 | 중앙적성연구소 | 1974 |
| 성격차원검사 | 고, 대, 일반 | 행동과학연구소 | 능력개발사 | 1972 |
| 인성진단검사 | 중, 고 | 황응연 | 행동과학연구소 | 1972 |
| 인성진단검사 | 중3~일반 | 정범모 | K.T.C. | 1971 |
| 인성진단검사 | 중 | 정범모 | K.T.C. | 1971 |
| 인성검사 | 중 | 이성진, 이상주 | 능력개발사 | 1970 |
| 일반성격검사 | 중~일반 | 김기석 | K.T.C. | 1970 |

인성을 활동성, 사려성, 사회성, 안정성, 지배성, 예술성 등의 유형으로 분류하기도 하는데 이러한 인성특성 유형에 따라 여기에 적합한 학과나 직업을 선택하도록 도와준다면 더욱 현명할 것이다. 따라서 내담자의 성격유형이 어느 곳에 적합한지를 알아보기 위해 검사를 실시해 본 후 정확히 파악하여 적합한 진로탐색과 선택을 해야 합리적이다.

### 4) 적성의 탐색

#### (1) 적성의 개념

적성이란 어떤 과제나 임무를 수행하는 데 있어서 개인에게 요구되는 특수한 능력이나 잠재능력을 의미한다. 일반적으로 적성은 개인이 가지고 있는 일반 능력인 지능과 구분되는 특수한 능력을 말하는 것이다. 즉, 어떤 특수부문에 대한 능력이나 그 능력의 발현 가능성을 말한다. 따라서 적성은 개인이 어떤 직업에서 얼마만큼 그 직무를 성공적으로 수행할 수 있을지를 예측하게 해 주는 요인이다.

개인의 적성을 구성하는 요인으로는 일반적으로 일반적성능력, 언어능력, 수리능력, 공간지각능력, 수공능력, 운동조절능력, 사무지각능력, 형태지각능력 등 여러 가지가 있다.

일반적으로 적성은 타고난 능력이나 소질이라고 알려진 바와 같이 유전적인 성향이 강하다. 그러나 학습경험이나 훈련으로 계발될 수도 있으므로 다양한 학습경험을 해 보는 것이 좋다. 또 적성은 청소년 전기 이후에는 큰 변화가 없으므로 조기에 계발해야 한다.

#### (2) 적성을 알아보는 방법

적성을 파악하는 주요 방법에는 두 가지가 있는데, 하나는 표준화검사법이고 다른 하나는 관찰에 의한 방법인데, 가장 일반적인 방법은 표준화검사법이다. 이러한 적성검사에는 일반적성검사와 특수적성검사가 있다. 일반적성검사는 개인의 적성을 아홉 가지 요인으로 분류하여 만든 검사로서 진학이나 직업지도에 사용하고, 특수적

| 〈표 8-4〉 적성검사 목록 | | | | |
|---|---|---|---|---|
| 검 사 명 | 대 상 | 저 자 | 발 행 처 | 발행 연도(년) |
| 종합적성 및 진로검사 | 유아~중 | 문용린 | 대교교육과학연구소 | 1996 |
| 진로 및 적성탐색검사 | 13세 이상 | 안창규 | 한국가이던스 | 1995 |
| 일반직업적성검사 | 중, 고 | 노동부 | 노동부 | 1994 |
| KAT-M적성검사 | 중 | 행동과학연구소 | 한국가이던스 | 1994 |
| 진로흥미·적성검사 | 초등~고 | 김충기, 정채기 | 한국적성연구소 | 1993 |
| 직업적성진단검사 | 중~일반 | 김재은 | 한국심리적성연구소 | 1990 |
| 진학적성진단검사 | 중, 고 | 김재은 | 한구심리적성연구소 | 1990 |
| 기초적성검사 | 중 | 서울대 사범대 | 교학사 | 1982 |
| 진로적성검사 | 중, 고 | 임인재 | 사립중고등학교장회 | 1982 |

성검사는 음악이나 미술 또는 수학이나 과학 등 특수 분야에서의 능력을 진단하기 위하여 만든 검사다. 적성검사를 받으면 적성의 유무뿐만 아니라 그 수준까지 알려 주지만 검사결과를 지나치게 맹신해서는 안 된다.

다음으로 관찰이란 개인의 특성이나 능력을 관찰자가 직접 살펴봄으로써 개인의 적성을 파악하는 방법인데, 여기에는 자연적 관찰법과 실험적 관찰법이 있다.

# 3. 진로성숙도의 이해와 측정

## 1) 진로성숙의 개념과 정의

### (1) 진로성숙의 개념

1955년 Super가 직업성숙(vocational maturity)을 소개한 이후, 미국에서 광범위하게 진로성숙(career maturity)에 관한 개념을 연구하게 되었고, 그 결과 진로성숙이란 개념이 더욱 포괄적인 상위개념으로 정착되기에 이르렀다. 그러나 아직까지도 진로성숙에 관한 개념 정의는 학자마다 약간씩 다르게 사용되고 있다.

Super는 한 개인이 속해 있는 연령단계에서 이루어야 할 직업적 발달과업(vocational tasks)에 대한 준비도로 주장하는 반면에, Crites는 진로성숙을 동일한 연령층의 학생들과의 비교에서 나타나는 상대적인 직업준비 정도로 개념화하고 있다. Gribbons와 Lohnes는 진로성숙을 진로선택이나 진로계획에서의 준비도로 생각하고, Hoyt는 직업세계를 잘 이해한 바탕에서 이를 자신과 잘 통합할 수 있는 준비도로 보고 있다.

이상에서 살펴본 여러 학자들의 입장은 진로성숙이란 발달적 개념이면서 다음 단계로 이행하기 위한 준비 정도의 개념으로 종합할 수 있을 것이다.

한편, 진로성숙과 관련된 유사한 개념들을 정리할 필요가 있다. 진로성숙과 유사한 개념들로는 직업성숙, 진로의식성숙 등 '성숙'과 관련된 것과 진로발달, 직업발달, 진로의식발달, 직업의식발달 등 '발달'과 관련된 개념들이 있다.

Zunker(2002)는 진로발달과 직업발달은 상호 교환적으로 사용해도 무방하다고 주장하면서 그 이유를 일의 세계에 관한 믿음, 가치, 기능과 능력, 성격, 지식 등을 발달시키는 것은 생애를 통한 과정이라는 점 때문이라고 설명하고 있다. 이는 흡사 일과 직업에 관한 용어, 즉 'Vocation', 'Occupation' 그리고 'Job'이란 용어를 고용의 입장이나 활동을 지칭한다는 점에서 상호 바꿔 쓸 수 있는 것과 마찬가지라는 것이다.

미국의 직업정보관리위원회(NOICC)는 직업발달을 하위개념으로 하고 진로발달을 상위개념으로 사용하고 있다. 즉, 진로발달은 일생을 통하여 어떤 개인의 진로(career)를 형성하기 위하여 동원되는 심리학적, 사회학적, 교육적, 경제적 요인들, 심지어는 우연적 요인들까지를 망라하는 총체적 개념으로 보았고, 직업발달은 효율적인 직업활동으로 유도하는 지식, 기술, 가치 등의 획득을 돕는 요인들 및 그 과정으로 정의하고 있다. 직업성숙이 진로성숙과 다른 점은 진로성숙은 진로의 계획과 선택이란 점에서, 직업성숙은 직업생활, 즉 직업의 선택과 결정이란 점에서 다를 뿐이고 측정하는 준거는 거의 유사하다는 것이다.

### (2) 진로성숙의 정의

앞에서 살펴본 바와 같이 진로성숙이란 자아의 이해, 일과 직업세계의 이해를 바탕으로 자신의 진로계획과 진로선택을 통합, 조정해 나아가는 발달단계의 연속으로 요약할 수 있으며, 각 발달단계마다 수행해야 할 발달과업이 있는데 이 발달과업의 인지 및 수행 여부가 다음 단계로의 발달을 촉진시키며 이해하는 데 중요한 조건으로 간주된다.

한국교육개발원(1992)에서는 진로성숙의 개념을 위와 같은 관점에서 연속적인 발달개념으로 보되, 부분적으로는 각 발달단계에서 수행해야 할 발달과업의 수행 정도를 동일한 연령집단과 비교하여 개인이 차지하는 위치로 보고 있다. 다시 말하면, "진로성숙이란 자아의 이해와 일과 직업세계의 이해를 기초로 하여 자기 자신의 진로를 계획하고 선택하는 과정에서 동일 연령이나 발달단계에 있는 집단의 발달과업 수행 정도에서 차지하는 개인의 상대적인 위치"로 정의하고 있다.

여기서 자아의 이해라는 면은 자기의 능력, 적성, 흥미, 가치관, 신체적 조건, 환경적 조건 등 자아의 이해와 관련된 많은 변인들을 고려할 수 있어야 하며, 일과 직업세계의 이해라는 면은 직업정보, 일과 작업의 조건, 직업관 및 직업윤리 등 많은 변인들을 종합적으로 통정할 수 있어야 함을 의미한다.

## 2) 진로성숙도 검사도구

진로성숙 또는 진로발달 정도를 측정하기 위해 외국에서 개발된 대표적인 검사도구로는 ACDM(assessment of career decision making), CDI(career development inventory), CMI(career maturity inventory) 등을 꼽을 수 있다. 그리고 국내에서 개발된 대표적인 검사도구로는 한국교육개발원(1992)에서 제작한 『진로성숙도검사』와 한국직업능력개발원(2001)에서 개발한 『진로성숙도검사』를 들 수 있다. 여기에서는 대표적인 검사 세 가지만 살펴보도록 하겠다.

### (1) 진로성숙도검사(CMI)

#### ① 배경

CMI는 객관적으로 점수화되고 표준화된 진로발달 측정도구로서 최초로 출판된 것이다(Crites, 1973). 이것은 직업성숙의 개념과 진로유형연구의 영향을 많이 받았다. CMI 측정모델은 Stanford-Binet 지능검사와 Wechsler가 지능을 측정하기 위하여 만든 성인지능검사척도에서 사용한 연령에 따른 점수화 방법을 사용하고 있다.

CMI는 진로선택에 관한 태도와 의사결정능력의 관점에서 학생들의 진로성숙 정도를 측정하기 위하여 개발된 척도로서, 처음에는 직업발달검사(vocational development inventory)였는데 진로란 말이 직업이란 말보다 포괄적이고 성숙이 발달이란 개념보다 적절하다고 생각해서 진로성숙도 검사로 수정·보완하게 된 것이다.

### ② 검사도구 유형 및 대상

CMI는 태도척도(attitude scale)와 능력척도(competence scale)로 구성되어 있으며, 태도척도에는 선발척도(screening form)와 상담척도(counseling form) 두 가지가 있다. 선발척도는 직업발견 및 진로설정과 관련된 긍정적 진술과 부정적 진술 50개로 이루어져 있다. 이 척도는 상담을 위하여 학생들을 분류하거나 또는 진로교육의 결과를 평가할 때 적합하다. 피검사자들은 각 문항에 대하여 진(true) 또는 위(false)로 반응하면 된다.

태도척도 가운데 상담척도는 75개의 문항으로 구성되어 있는데 그 가운데 50개 문항은 선발척도의 문항과 동일하다. 이들 75개의 문항들은 진로결정성(decisiveness), 참여도(involvement), 독립성(independence), 성향(orientaion) 그리고 타협성(compromise) 등 5개 하위영역으로 나누어져 있다.

CMI는 초등학교 6학년부터 고등학교 3학년을 대상으로 표준화를 실시하였다. 그러나 성인들에게도 적용 가능하다.

### ③ 검사도구의 하위 영역

이미 앞에서 언급된 것처럼 CMI는 태도와 능력 척도로 구성되어 있는데, 이들 양 척도에 사용된 문항들은 실제생활(real life)을 토대로 선정되었다. 예를 들면, 진로상담시 상담자가 진술한 내용, 진로상담 사례 그리고 직업정보 자료 등을 근거로 문항들이 제작되었다.

태도척도는 진로선택 과정에 대한 피험자의 태도와 진로결정에 영향을 미치는 성향적 반응경향성을 측정하는 것으로 문항내용을 예시해 보면 〈표 8-5〉와 같다.

능력척도는 진로의사결정에서 가장 중요한 것으로 간주되는 지식영역으로 자기평가(self-appraisal), 직업정보(occupational information), 목표선정(goal selection),

| 〈표 8-5〉 태도척도의 문항내용 | | |
|---|---|---|
| 영 역 | 측정 내용 | 문항의 예 |
| 결정성(decisiveness) | 선호하는 진로의 방향에 대한 확신의 정도 | 나는 선호하는 진로를 자주 바꾸고 있다. |
| 참여도(involvement) | 진로선택 과정에의 능동적 참여의 정도 | 나는 졸업할 때까지는 진로선택 문제에 별로 신경을 쓰지 않겠다. |
| 독립성(independence) | 진로선택을 독립적으로 할 수 있는 정도 | 나는 부모님이 정해 주시는 직업을 선택하겠다. |
| 성 향(orientation) | 진로결정에 필요한 사전 이해와 준비의 정도 | 일하는 것이 무엇인지에 대해 생각한 바가 거의 없다. |
| 타협성(compromise) | 진로선택 시에 욕구와 현실을 타협하는 정도 | 나는 하고 싶기는 하나 할 수 없는 일을 생각하느라 시간을 보내곤 한다. |

계획(planning) 그리고 문제해결(problem solving)등 5개 영역을 측정하는 문항들로 구성되어 있다. 각 영역은 20개의 문항으로 구성되어 있어 전체 100개의 문항이 능력척도를 구성하고 있다. 각 문항은 4개의 선택답지와 1개의 '모른다' 답지로 구성되어 있다.

### (2) 진로성숙도검사(한국교육개발원)

#### ① 개념모형

한국교육개발원에서 제작한 이 검사에서는 진로성숙이라는 개념을 '태도'와 '능력'으로 대별하고, 태도영역에는 계획성, 독립성, 결정성 등을, 능력영역에는 직업세계 이해능력, 직업선택능력, 의사결정능력 등을 포함시키고 있다.

먼저 태도영역의 '계획성'이란 자신의 진로방향 선택 및 직업결정을 위한 사전 준비와 계획의 정도를 말하고, '독립성'이란 자신의 진로를 탐색, 준비, 선택하는 데 있어서 스스로 할 수 있는 정도를 의미하며, '결정성'은 자신의 진로방향 및 직업선택에 대한 확신의 정도를 뜻한다.

다음으로 능력영역에서 먼저 '직업세계 이해능력'이란 직업의 종류, 직업의 특성, 작업조건, 교육수준, 직무 및 직업세계의 변화경향과 직업정보 획득 등 6개 분야에 대한 지식과 이해의 정도를 말한다. 이어서 '직업선택능력'이란 자신의 적성, 흥미,

학력, 신체적 조건, 가정환경 등과 직업세계에 대한 지식과 이해를 토대로 자신에게 적합한 직업을 선택할 수 있는 능력을 의미한다. 끝으로 '의사결정능력'은 자기 자신 및 직업세계에 대한 올바른 이해와 지식을 바탕으로 진로와 관련된 의사결정과정에서 부딪치는 갈등상황을 합리적으로 해결하는 능력을 뜻한다.

### ② 검사대상

이 검사는 중학교 2, 3학년 그리고 고등학교 1, 2, 3학년들에게 활용할 수 있다.

### ③ 영역별 검사문항수와 특징

먼저 태도검사는 총 36문항인데, 이는 다시 계획성을 재는 문항 13개, 독립성을 재는 문항 13개, 결정성을 재는 문항 10개로 세분된다.

다음으로 능력검사는 총 60문항인데, 이는 다시 직업세계 이해능력을 재는 문항 30개, 직업선택능력을 재는 문항 15개, 의사결정능력을 재는 문항 15개로 세분된다.

이 검사를 활용함에 있어서 주목해야 할 사항은 다음과 같다.

첫째, 내담자 개개인의 진로선택에 관한 태도(정의적 영역)와 능력(인지적 영역)이 동일한 연령집단에 비해서 어느 정도 발달해 있느냐를 진단하고 기술할 목적으로 개발된 검사이므로 이 검사의 결과를 가지고 학생들의 진로방향을 미리 결정하거나 예측해 주는 예언적 성격으로 활용해서는 곤란하다.

둘째, 내담자들의 진로성숙도 진단결과에 따라서 상담자가 내담자 개인별로 어느 영역에 더 많은 지도와 조언이 필요한가를 판단할 수 있는 근거를 제시한다는 점에

| 〈표 8-6〉 영역별 검사 문항수 | | |
|---|---|---|
| 검 사 | 하위영역 | 문항수 |
| 태도검사(36) | 계획성 | 13 |
| | 독립성 | 13 |
| | 결정성 | 10 |
| 능력검사(60) | 직업세계의 이해 | 30 |
| | 직업선택 | 15 |
| | 의사결정 | 15 |
| 합 계 | | 96 |

서는 진단적 성격을 지녔다고 할 수 있다.

셋째, 진로성숙도검사는 내담자들의 진로선택에 관한 인지적 영역과 정의적 영역을 측정하는 진로 종합검사의 성격을 지닌다.

### (3) 진로성숙도검사(한국직업능력개발원)

한국직업능력개발원(2001)에서 개발된 이 검사는 중학교 2학년 이상의 청소년이 진로에 대하여 계획하고 준비하는 데 필요한 태도나 능력을 어느 정도 갖추고 있는 가를 알아보기 위한 것이다. 총 105문항으로 구성되어 있으며, 예상소요시간은 약 30분 정도다.

이 검사의 결과는 〈표 8-7〉과 같이 제시된다. 즉, 검사점수는 백분위와 T점수로 제시된다. 백분위는 그 점수 미만에 놓여 있는 사례의 전체 사례에 대한 백분율을 말한다. T점수는 평균이 50 표준편차가 10인 표준점수로서 집단 내에서의 상대적인 위치를 알려 준다.

| 〈표 8-7〉 진로성숙도검사 결과표 | | | 백분위 | T점수 |
|---|---|---|---|---|
| 순위 | 하위검사 | | 백분위 | T점수 |
| 태도 | 계획성 | | | |
| | 일에 대한 태도 | | | |
| | 독립성 | | | |
| 능력 | 자기이해 | | | |
| | 정보 활용 및 합리적 의사결정 능력 | | | |
| | 일반적 직업에 대한 지식 | 하는 일 | | |
| | | 임금/근무환경 | | |
| | | 필요한 능력과 환경 | | |
| | 선호직업에 대한 지식 | | | |
| 행동 | 진로탐색 및 준비활동 | | | |

## 4. 진로결정수준의 이해와 측정

### 1) 진로결정수준의 개념

진로결정수준에 관한 개념을 분명히 하기 위해서는 이 용어가 사용되는 맥락에서 동시에 등장하고 있는 진로미결정, 진로결정, 결단성 부족 등의 개념들을 함께 살펴보아야 한다.

먼저 진로미결정이라는 개념이 사용되기 시작한 계기는 왜 어떤 사람들은 자신의 진로에 대해서 확실한 결정을 하는 반면, 다른 사람들은 불확실한가를 규명하고자 하는 데에서 출발된 것으로 보인다. 아마도 사람들은 전형적으로 이분법(dichotomies)을 구성하는 것에 의해서 의미를 부여하기 때문에, 상담자는 우선 진로에 관련된 내담자를 결정한 사람과 결정하지 않은 사람으로 구분하게 된다. 여기에서 진로를 결정했다 함은 일반적으로 현재 상태 이후에 자신의 진로와 관련된 방향을 분명히 설정했음을 의미하며, 더 구체적으로는 대학에서의 전공 선택에 대한 확신 혹은 졸업 후에 자기가 종사할 구체적인 직업 분야의 선택 등을 뜻한다고 볼 수 있다.

한편 진로미결정에 관한 여러 가지 문헌에서는 더욱 구체적으로 진로를 미결정한(undecided) 사람들과 천성적으로 결단성이 부족한(indecisive) 사람들을 구별하고 있다. 진로를 미결정한 사람들은 정상적이고 일시적인 것으로서 발달단계를 따라 나아가고 있는 중인 것으로 간주된다. 이들은 진로와 관련된 결정을 하는 데 있어서 큰 압박을 받지 않을 뿐만 아니라 자기 자신, 직업의 세계 및 의사결정 과정에 대한 추가적인 정보를 얻을 때까지 결정의 과정을 연기시키는 것으로 보인다. 반면 결단성이 부족한 사람들은 자신의 진로에 관련된 결정뿐만 아니라 일상생활에서 직면하는 여러 가지 결정들에 대해서 쉽사리 접근하지 못하도록 하는 어떤 특성을 소유하고 있는 것으로 간주된다. 이와 같은 문제는 만성적인 미결정(chronic indecision)으로 불려 왔다.

요약하자면 일단 진로와 관련된 결정에 대해 결정자와 미결정자를 구분하고, 미결정자는 다시 진로에 국한된 미결정자와 만성적인 미결정자로 구분되는 것으로 정리할 수 있을 것이다. 따라서 진로결정수준이란 진로미결정과 진로결정을 양 극단으로 하는 연속선상의 어느 한 지점을 지칭하는 것으로 볼 수 있다.

## 2) 진로결정수준의 측정

진로결정수준과 관련된 연구에 가장 많이 사용된 측정도구는 Osipow 등(1980)이 개발한 CDS(career decision scale)다. CDS는 18개 문항으로 구성되어 있으며, 진로결정의 정도(1~2번 문항)와 진로미결정에 대한 16개(3~18번 문항)의 서로 구별되는 선행요인들(distinct antecedents)을 측정하도록 되어 있다(〈표 8-8〉 참조).

Holland와 Holland(1977)는 진로미결정의 측정을 위해서 13개 문항으로 구성된 도구를 개발하였다. 그들이 만든 VDMD(vocational decision making difficulty scale)는 연구의 대상으로서 큰 관심을 끌지는 못했지만 진로결정수준을 측정하는 데 있어서 매우 도움이 되는 것으로 보인다. 이들은 지금까지 연구자들은 몇몇 변인들을 탐색하여 미결정을 설명하려는 데 과도하게 집착했다고 지적하면서 앞으로는 미결정의 서로 다른 타입을 밝히는 일로 관심을 전환해야 한다고 주장하였다(김봉환 외, 1995, 1997).

VDMD의 점수는 개인이 경험하고 있는 미결정의 정도를 나타내 주고 있으므로 이 같은 타입을 밝히는 데 도움을 준다. 또한 '나는 지금 당장 결정할 필요가 없다'는 문항에 대한 응답은 상담자에게 내담자가 지각한 변화에 대한 필요의 강도를 알게 해 준다.

Jones와 Chenery(1980)는 결정성, 결정수준에 대한 편안함의 정도(comfort with decidedness level), 미결정에 대한 원인 등을 측정하기 위해서 VDS(vocational decision scale)를 개발하였다. VDS는 후에 CDP(career decision profiles)라는 이름으로 모습을 바꾸었다.

도구들의 활용빈도와 관련하여 Chartrand와 Camp(1991)는 1971년부터 1990년까지 『Journal of Vocational Behavior』에 발표된 관련 논문들 중 CDS를 활용한 연구가 22편, 연구자가 자체 개발한 도구를 사용한 경우가 14편, VDMD를 활용한 연구가 5편 그리고 VDS는 2편의 연구에서 활용되었음을 밝히고 있다.

| 〈표 8-8〉 | 진로결정수준검사 문항 |
|---|---|

1. 나는 진로를 결정했으며 그 결정에 대해 편안함을 느낀다. 그리고 어떻게 수행해 나갈지를 알고 있다.

2. 나는 내가 선택한 전공에 대해 편안함을 느끼며 어떻게 수행해 나갈지를 알고 있다.

3. 나에게 재능이 있고 기회도 주어진다면 나는 ~이(가) 될 수 있다고 믿지만, 실제로 그것은 불가능한 일이다. 그렇다고 나는 다른 어떤 대안을 생각해 보지도 않았다.

4. 나는 똑같이 호감이 가는 직업 중에서 하나를 결정하느라고 애를 먹고 있다.

5. 나는 결국 직업을 가져야 하지만 내가 아는 어떤 직업에도 호감을 느끼지 못한다.

6. 나는 ~이(가) 되고 싶지만 나에게 관심을 갖고 있는 사람들의 생각과 다르기 때문에 당장 진로결정이 어렵다. 내 자신과 그들의 생각이 일치되는 직업을 발견하고 싶다.

7. 지금까지 나는 진로 선택에 관해 많이 생각해 보지 않았다. 내 스스로 결정해 본 경험이 별로 없고 또 당장 진로결정을 할 정도의 충분한 정보가 없기 때문에 혼란스럽다.

8. 진로선택에 관한 모든 것이 너무 모호하고 불확실해서 당분간 결정하는 것을 보류하고 싶다.

9. 나는 내가 어떤 진로를 원하는지 알고 있다고 생각했지만 최근에 그것을 추구하는 것이 불가능하다는 것을 알게 되었다. 그래서 이제 가능한 다른 진로를 모색하려고 한다.

10. 나의 진로 선택에 확신을 갖고 싶지만 내가 아는 어떤 진로도 나에게 이상적으로 생각되지 않는다.

11. 진로 선택을 해야 한다는 것이 부담스럽기 때문에 빨리 결정해 버리고 싶다. 내가 어떤 진로를 택해야 할지 알려 줄 수 있는 검사라도 받고 싶다.

12. 나의 전공 분야가 내가 만족할 만한 진로를 제공해 줄 수 있는지 잘 모르겠다.

13. 나는 나의 적성과 능력을 잘 모르기 때문에 진로결정을 당장 할 수 없다.

14. 나는 나의 관심 분야가 어떤 것인지 모른다. 흥미를 끄는 분야가 몇 가지 있지만 나의 진로 가능성과 어떤 관계가 있는지 모르겠다.

15. 나는 많은 분야에 관심이 있으며, 어떤 진로를 선택하든지 잘할 수 있다는 것을 안다. 그러나 내가 원하는 하나의 직업을 찾기가 힘들다.

16. 나는 진로 결정을 했지만 그것을 어떻게 수행해 나갈지 확실하지 않다. 내가 선택한 ~이(가) 되기 위해 어떤 준비가 필요한지 모르겠다.

17. 진로결정을 하기 전에 여러 가지 직업들에 관해 더 많은 정보가 필요하다.

18. 나는 어떤 직업을 선택해야 할지 알고 있지만 나 스스로 결정을 내리기 위해서는 도움이 필요하다고 느낀다.

## 5. 검사결과의 해석과 활용

### 1) 검사결과 해석의 관점

심리검사를 해석하기 이전에 심리검사 결과의 점수를 어떤 각도에서 어떠한 의미를 부여할 것인지를 결정해야 한다. 왜냐하면 검사점수는 수치에 불과하고 그것을 해석하는 사람의 입장 또는 관점에 따라 검사결과는 달리 해석될 수 있기 때문이다. 검사결과를 해석하는 관점을 열거해 보면 다음과 같다(변창진, 1996).

#### (1) 검사결과의 정확성과 혼합성

측정한 결과의 점수가 애초에 목적한 내용만을 순수하게 잰 것이라고 볼 것인가, 아니면 다른 요소도 섞여서 측정되었는가를 따진다면 우리는 후자의 주장을 따라야 한다.

#### (2) 검사결과의 전체성과 부분성

우리는 검사결과를 가지고 그 점수가 한 사람이 가지고 있는 어떤 특성의 전부를 완전하게 측정했다고 볼 것이 아니라 어느 특성의 일부분을 설명한다고 보아야 할 것이다.

#### (3) 검사결과의 요소성과 역동성

어떤 특성에 대한 검사결과의 점수는 그것이 하나의 독립된 요소로서 의미를 갖기보다는 오히려 개인이 가지고 있는 다른 특성이나 조건과 상호 역동적이며 유기적인 작용을 할 때 비로소 어떤 의미를 갖는다는 것을 염두에 두어야 한다.

#### (4) 검사결과의 절대성과 상대성

어떤 검사의 점수는 개인이 가지고 있는 어느 특성을 다른 개인이나 집단에 비교해서 상대적으로 설명하고 있는 것이지 결코 어떤 개인이 가지고 있는 어느 특성 그 자체를 절대적으로 설명하고 있는 것은 아니다.

### (5) 검사결과의 특수성과 일반성

개인차를 밝히려는 검사가 오히려 표준화된 기준에 따라 개개인의 특수성을 무시하고 보편적인 평균인을 요구하는 일반성을 무의식적으로 강요하는 해석을 할 때가 많다.

### (6) 검사결과의 질적 평가와 양적 평가

인간의 행동을 양적으로 혹은 숫자로 설명할 수 있다. 그러나 우리가 검사를 통해서 알아보고자 하는 것은 대부분의 경우 어느 특성의 질적 내용이지 양적 평가가 아님에도 불구하고 우리는 종종 양적 평가를 통해서 질적 내용을 설명하고 있다는 사실을 잊어버리기 쉽다.

### (7) 검사결과의 결정성과 설명성

한 검사내용의 결과 점수가 어떤 개인의 행동을 설명하고 있는 것이지 그 점수 자체가 어느 개인의 행동을 결정하지는 못하고 있다. 만약 검사내용 그 자체가 완벽하고 또 검사점수에 영향을 미치는 라포(rapport), 동기(motivation), 검사불안(test-anxiety) 등 모든 조건이 완전히 통제되어서 문자 그대로 표준화된 상태에서 실시된 검사라면 그 점수결과를 우리는 액면대로 해석할 수 있는 것인가를 생각해 보아야 한다.

## 2) 검사해석의 일반원칙

심리검사 결과를 해석할 때 고려해야 할 원칙은 매우 다양하지만 중요한 것들을 간추려서 제시해 보면 다음과 같다.

첫째, 검사결과는 절대적인 것이 아니다. 직접적인 검사 방법을 사용한 신체검사나 체력검사 등을 제외하고서는 거의 간접적인 측정 방법을 사용함으로써 실제와는 상당한 차이가 있을 가능성이 많다는 점을 유의해야 한다.

둘째, 검사가 간접적인 측정방법을 사용하기는 하지만 현재로서는 가장 신뢰도가 높다는 사실을 받아들여야 한다. 앞으로 측정 방법이 계속적으로 발전하고 개선되어 나아가긴 하겠지만, 더 나은 검사도구가 나오기 전까지는 현재의 검사도구가 최선의 것일 수밖에 없다. 따라서 검사결과를 너무 무시하거나 가볍게 보아서도 곤란하다.

셋째, 검사가 갖는 한계로서 '지필검사'의 단점을 고려해야 한다. 즉, 검사도구 거의 전부가 인쇄물로 되어 있으므로 독해능력이 높은 피검사자는 그렇지 못한 피검사자보다 더 높은 점수를 받게 될 가능성이 높아진다. 이러한 현상은 학업성취도가 높은 학생의 경우에서 흔히 발견되는 현상인데, 성적이 상위권에 있는 몇몇 학생들은 적성검사의 거의 모든 영역에서 높은 적성을 보이게 된다. 이와 반대로 학업 성취도가 낮은(특히 독해력이 낮은) 학생의 경우는 거의 모든 영역에서 낮은 적성을 보이게 되는데, 이것은 그 학생의 적성이 모두 낮기 때문이 아니라 검사문항의 이해 부족으로 나타난 결과이기 때문이다.

넷째, 표준화된 검사의 결과를 해석할 때에는 피검사자의 검사 결과와 실제 생활을 관찰한 결과와의 일치되는 부분을 먼저 찾아내는 것이 필요하다. 일치되는 부분이 많을수록 해석과 예견이 용이한 반면, 적을수록 해석과 예견, 적용이 어렵기 때문이다. 검사결과와 경험, 관찰 결과 간의 일치를 판정하는 한 가지 방법으로는 피검사자를 비교적 오랜 기간 동안 관찰해 온 가족이나 친구들, 과거의 담임교사들, 친지들의 의견을 들어 보는 것이 좋다.

다섯째, 각종 검사들의 결과는 학생을 이해하기 위한 수단일 뿐이지 학생을 규정짓는 판결이 아니라는 점을 명심해야 할 것이다. 예컨대 IQ가 150이니까 천재며, 성적이 좋은 것은 너무나 당연한 일이라고 규정하기보다는 지능 지수가 높으니까 학업성취도가 높을 가능성이 크지만 특별히 어떤 영역에서 재능, 적성이 높은가와 그 분야에서 성공하기 위하여 그 학생을 어떻게 지도해야 할 것인가를 계획하는 편에 서야 할 것이다.

## 3) 검사해석 상담

### (1) 검사결과 해석 시 주의할 사항

심리검사 활용과정의 가장 중요한 측면 중의 하나가 그 검사의 결과를 내담자에게 전달하는 것이다. 상담자들은 흔히 내담자와 다른 사람들에게 검사 결과를 해석해 주도록 요구받는다.

이때 상담자의 이론적 경향에 따라 검사 점수가 내담자에게 어떻게 해석될 것인가가 보통 결정된다. 내담자 중심의 경향을 가진 상담자는 내담자에게 검사점수를 제시하고 해석과정에 내담자가 참여하도록 격려한다. 이들은 내담자가 검사 결과와 해석에 대해 어떻게 느끼는가에 특히 주의를 기울인다. 내담자가 해석을 하고 검사결과에 반응하도록 돕는 것은 상담자가 내담자에 관한 더 많은 통찰을 얻을 수 있도록 돕는다. 또한 내담자가 토론에 참여함으로써 결과를 더 잘 받아들일 수 있게 되고 의사결정을 하는 데 그 정보를 이용하게 될 수 있다. 심리검사 결과를 해석할 때 특히 주의할 사항은 다음과 같다.

첫째, 검사해석의 첫 단계는 검사 매뉴얼을 알고 이해하는 것이다. 매뉴얼은 검사가 이용될 수 있는 한계와 함께 결과 해석을 위한 제안에 관한 정보를 제공해 준다.

둘째, 검사결과를 해석할 때 내담자가 받은 검사의 목적과 제한점, 장점 등을 검토해 보는 것이 중요하다.

셋째, 결과를 해석할 때 백분위나 표준점수가 해석에 포함된다면, 이와 함께 검사가 채점되는 과정이 설명되어야 한다.

넷째, 결과가 확실성이나 구체적 예언보다는 가능성의 관점에서 제시되어야 한다.

다섯째, 내담자의 이해를 증가시키는 것이 강조되어야 하며, 내담자가 스스로 해석을 할 수 있도록 격려해야 한다.

여섯째, 검사결과는 내담자가 이용 가능한 다른 정보와 관련하여 제시되어야 한다.

일곱째, 상담자는 내담자가 검사해석의 내용을 이해하는지 확인해야 하며, 내담자가 그 정보에 대한 반응을 표현할 수 있도록 격려해야 한다.

여덟째, 검사결과로서 나타난 장점과 약점 모두가 객관적으로 검토되어야 한다.

### (2) 검사해석 상담 시 주의할 사항

검사해석을 위한 상담 시에 주의할 사항들을 정리해 보면 다음과 같다.

첫째, 내담자가 검사결과를 이해하고 이용할 수 있는 능력이 있음을 보여 주고, 내담자가 자신에 대해 이미 가지고 있는 정보에 검사 자료를 추가하는 것과 내담자가 직면한 의사결정에 도움을 얻기 위해 검사 정보를 직접 이용하는 것이 중요함을 강조한다.

둘째, 해석과정이 시작되기 전에 자신이 받은 검사에 관해서 어떻게 느끼는지 내담자에게 물어본다. 이렇게 함으로써 검사에 대한 내담자의 태도에 관한 정보와 검사 결과에 대한 유용성과 타당성에 관한 정보를 얻을 수 있다. 내담자가 해당 검사를 어떻게 지각하는가를 이해하는 것은 해석과정에서 매우 유용하다.

셋째, 논의될 검사가 어떤 것인가를 내담자에게 상기시키고 검사결과를 논의하는 것이 좋다. 예를 들면, '두 세트의 이름들과 숫사들이 같은지 다른지를 체크했던 검사를 기억하세요? 그것은 사무직의 적성이나 능력을 측정하기 위해 설계된 검사였어요.'

넷째, 검사의 결과를 내담자가 가진 다른 정보와의 관계 속에서 논의한다. 특히 검사결과를 과거, 현재, 미래의 행동과 관련시키고, 과거의 정보와 현재의 검사 결과를 현재의 의사결정과 미래의 좀 더 장기적인 계획과 관련지어야 한다.

다섯째, 전문적인 용어를 피하고 이해하기 쉬운 용어로 검사의 목적을 제시한다. 설명과 해석의 속도를 내담자의 능력과 이해에 맞추고 결과가 내담자에게 이해되고 있는지 확인하기 위해 가끔 내담자에게 요약해 보도록 한다.

여섯째, 언어적인 해석과 함께 결과의 도식적인 제시를 병행한다. 내담자가 검사 프로파일을 직접 볼 수 있게 하고, 복잡한 여러 장의 프로파일 용지는 분류하여 요약해야 한다. 이렇게 하면 수많은 점수라도 내담자가 더 쉽게 소화할 수 있을 것이다.

일곱째, 내담자의 검사 결과를 지나치게 규정짓는 것을 피한다. 내담자가 낮은 점수를 거부하는 것을 논의하고, 낮은 수행점수는 정직하게 제시하여야 한다. 이 점수들이 무시되거나 잘못 측정되었다거나 우연 때문이라고 해서는 안 된다.

여덟째, 면접이 끝날 무렵 전체 면접의 결과를 요약하되 내담자가 직접 요약하도록 한다. 이 요약을 논의하고 불일치나 오해하는 점들을 해결하기 위해 충분한 시간을 갖는다. 면접에서 내담자가 유쾌한 정보를 얻지 못했다 할지라도 긍정적인 지적으로 끝마무리를 하도록 시도한다.

## 참고문헌

김봉환, 김계현(1995). 진로미결정에 관한 연구동향과 향후의 연구과제. 한국심리학회지: 상담과 심리치료, 7(1), 20-43.

김봉환, 김계현(1997). 대학생의 진로결정수준과 진로준비행동의 발달 및 이차원적 유형화. 한국심리학회지: 상담과 심리치료, 9(1), 311-333.

김현옥(1989). 청소년의 진로성숙과 관련 변인과의 상관관계. 건국대학교 박사학위논문.

박성수(1992). 생활지도. 서울: 정민사.

변창진(1996). 집단검사의 실제. 대구: 대구교원연수원.

여광응, 전영길, 정종진, 조인수(1992). 교사를 위한 교육심리학. 서울: 양서원.

한국교육개발원(1992). 진로성숙도검사 표준화 연구. 서울: 한국교육개발원.

한국직업능력개발원(2001). 진로성숙도검사 개발 보고서. 서울: 한국직업능력개발원.

Chartrand, J. M., & Camp, C. C. (1991). Advances in the Measurement of Career Development Constructs: A 20-year review. *Journal of Vocational Behavior, 39*, 1-19.

Crites, J. O. (1973). *Theory and Research Handbook for the Career Maturity Inventory.* Monterey, Calif.: CBT/McGraw-Hill.

Holland, J. L., & Holland, J. E. (1977). Vocational Indecision: More Evidence and Speculation. *Journal of Counseling Psychology, 24*, 404-414.

Jones, L. K., & Chenery, M. F. (1980). Multiple Subtypes among Vocationally Undecided College Students: A Model and Assessment Instrument. *Journal of Counseling Psychology, 27*, 469-477.

Osipow, S. H., Carney, C. G., Winer, J., Yanico, B., & Koschier, M. (1980). *The Career Decision Scale.* Columbus, OH: Marsthon Consulting and Press.

Zunker, V. G. (2002). *Career Counseling: Applied Concepts of Life Planning.* Ca. Brooks/Cole Pub. Co.

# 제4부 | 진로상담의 방법

# 제9장

# 진로상담의 과정

이 장에서는 진로상담의 과정이 실제로 어떻게 진행될 수 있는지를 알아본다. 현재 우리나라에서는 진로상담이 입시지도의 일환으로 진학을 위한 정보제공이나 흥미 혹은 적성을 확인하여 학생에게 알맞는 직업을 선택할 수 있도록 정보를 제공하는 일이 진로상담의 주 업무가 되어 왔기 때문에 이 장에서 소개할 진로상담의 과정이 처음부터 끝까지 충실히 이루어지지 않고 있다. 그러나 우리 사회에서 학교가 획일적인 입시준비중심의 진로지도에서 벗어나고 있으며, 학생의 능력을 최대한 살리기 위한 진학지도가 점점 활발하게 이루어지고 있기 때문에 교사의 진로상담 과제가 점점 더 전문적인 생활지도 활동으로 인식될 것이다. 특히 학생생활지도가 중심 업무인 전문 상담교사들에게는 진로상담의 전반적 과정에 대한 이해가 상담교사로서의 전문성을 결정짓는 중요한 능력으로 인식될 것이다.

## 1. 진로상담의 조건

진로상담의 과정이 효과적으로 진행되기 위해서는 조건이나 환경이 형성되어야 하며, 현재 우리가 안고 있는 진로상담의 여러 가지 과제들이 해결되어야 한다. 물론 이런 것들은 하루 아침에 완비되지 않는다. 그러나 진로상담자들은 효과적인 상담을 수행하기 위해 어떤 것들이 더 필요한지를 의식해야 하며 동시에 그런 것들을 구비하고 개발하려는 노력을 적극적으로 해 나가야 한다.

## 1) 진로상담의 과제

진로상담이 활성화되기 위해서 현재 우리 학교나 사회가 안고 있는 여러 가지 과제가 있다. 인용한 '청소년대화의 광장'의 조사연구(김병석, 김현주, 박승민, 1997)에서 나타난 현장 교사들이나 상담자들이 경험하고 있는 몇 가지 과제들을 살펴보자.

- 전반적으로 진로상담에 대한 연구가 더 활발하게 진행되어야 한다. 특히 대학에서는 실제로 진로상담을 중점적으로 다룬 사례가 성격상담보다 훨씬 부족하다. 진로상담에서는 의사결정과정이나 행동화하는 단계가 중요한데, 그에 따른 구체적인 유형이나 특성의 연구가 부족하다.
- 진로발달 단계에 적절하게 진로와 관련된 다양한 심리검사 혹은 상담을 통해서 자신에 대한 이해가 촉진되도록 도와야 한다.
- 초 · 중 · 고 · 대학에 따른 진로탐색의 과제가 따로 있어야 하며, 연령별 선행과제가 먼저 수행되어야 한다.
- 상담실에 진로정보자료를 보완하여야 하며 특히 실업계 고등학교의 현실적인 취업현황에 대한 정보가 제공되어야 한다.
- 새로운 진로상담을 위한 심리검사의 개발이 요구된다.
- 더 좋은 대학이 아닌 자신에게 맞는 학과선택을 할 수 있는 교육의 분위기가 형성되어야 한다. 인문계와 실업계에 대한 편견도 강하게 작용하고 있으며, 직업의 귀천을 따지는 편견을 지양하고 자신에게 적합한 진로를 결정할 수 있는 의식을 길러야 한다.
- 실제적으로 진로상담은 담임교사에 의해 실시되므로 모든 담임교사들에게 진로상담에 대해 교육할 필요가 있다. 특히 상담교사는 진학이나 취업의 문제에

있어서 지원 내지는 보조자의 기능을 맡고 있어서 주도적인 상담자의 역할을 하기 위해서는 동료교사와의 협력체계를 잘 형성할 수 있어야 한다.

- 심리학과 같은 과목을 교과과정에 포함시켜 청소년의 자기에 대한 이해와 진로의식의 발달을 촉진시켜야 한다.
- 진로상담의 여건이 나아지기 위해서는 진로선택 가능성의 폭이 확장되고 기성세대의 진로에 대한 사고의 폭도 넓어져야 한다.
- 진로상담은 진로문제뿐만 아니라 여러 문제들이 복합적으로 작용하므로 내담자의 문제에 효과적으로 개입할 수 있는 상담과정에 대한 연구가 필요하다.
- 진로문제의 특성이나 내담자 특성에 따른 차별적 접근이 필요하며 이론적 연구와 실제 적용 사례에 관한 연구물이 필요하다.
- 진로상담에 대한 적절한 방법과 지침이 부족하므로 진로상담을 위한 적절한 기법이 개발되어야 하며, 정보제공이나 의뢰의 측면에서 다른 기관의 협력이 절대적으로 필요하다.
- 학생들이 진로와 관련된 다양한 경험을 통해 자신을 알 수 있고 직업정보를 충분히 접할 수 있도록 해야 한다.
- 결정된 진로 의사에 따라 진학이나 취업을 위한 학교교육이 차별적으로 이루어져야 한다.
- 초 · 중 · 고 · 대학에 이르기까지 각각의 단계에 맞게 진로성숙도의 점검이 이루어져야 한다.
- 인문계 청소년 위주로 실시되는 진로상담이 아니라 실업계, 인문계, 근로 청소년 등의 청소년들이 처한 특수한 상황에 따라 적절한 진로상담이 이루어져야 한다.
- 충분한 심리평가에 대한 검도, 전문 상담자의 확보와 재교육, 직업 관련 기관의 사전 연수제도 마련이 필요하다.
- 학생의 능력과 정의적 차원의 특성을 고려한 변별적인 진로상담이 이루어져야 한다.

이상에서 제안된 과제들을 살펴보면 검사도구, 전문가 양성, 학생의 특성과 과제에 맞는 진로상담 프로그램의 개발, 진로 정보의 개발과 구비, 일반적 성격 상담과 다른 진로상담의 활성화와 그것을 위한 전문가 양성이 진로상담의 발달을 위해 중요한 과제임을 확인할 수 있다. 이러한 과제와는 달리 진로상담이 어떻게 운영되어야 하는지에 대해서도 살펴봄으로써 진로상담자들이 더욱 포괄적인 진로상담에 대한 조망을 가질 수 있게 된다.

## 2) 진로상담의 방법

진로상담이 원활하게 이루어지기 위해서 여러 가지 진로 정보들을 쉽게 활용할 수 있어야 한다. 앞에서 언급한 '청소년대화의 광장'의 설문조사를 통하여 현직 교사와 상담자들이 제안한 진로정보의 효율적인 이용방법을 살펴보면 다음과 같다. 그 조사에서 나타난 진로상담의 효과적인 방안들은 다음과 같다.

- 초등학교 때부터 다양한 현장 경험의 기회를 제공하여 자질과 흥미에 맞는 진로 선택의 폭을 넓혀 준다.
- 현재 그 직업 세계에 종사하는 사람을 만나거나 직접 그 직업의 일을 체험해 본다.
- 직업의 준비 과정으로서 재학시 그 직업을 얻기 위한 기능 습득을 할 수 있는 산학협동 체제를 구축한다.
- 진로 탐색 및 준비를 하기 위한 교육과정을 마련한다.
- 청소년 진로문제를 구체적으로 분류한다.
- 컴퓨터를 이용한 정보 탐색을 활성화한다.
- 진로 탐색 워크숍, 강연회 혹은 집단을 통해 진로지도를 한다.
- 진로 정보에 대한 데이터베이스를 구축하고, 다양한 정보 자료의 비치 및 다양한 정보 제공원에 대한 정보를 확보한다.
- PC 통신이나 인터넷을 통해 원하는 정보를 쉽게 제공한다.
- CD 롬 등의 매체로 직업목록 사전을 마련한다.
- 일선 중·고등학교에서도 특강이나 집단상담을 통해 진로와 관련된 프로그램

을 마련한다.

이상의 방안들은 효과적으로 진로상담을 하기 위한 진로 정보와 교육과정, 산학협동체제와 같은 진로 지원체계를 갖추는 일로 요약될 수 있다. 현재 우리나라에서도 진로상담을 위한 여러 가지 진로정보가 풍부하게 생산되고 있으며, 노동부를 비롯하여 교육부, 문화관광부에서 진로지도의 활성화를 위해 여러 가지 지원체제를 가동 중이며 이런 진로상담 지원체계는 점점 개발되어 갈 것으로 예상된다. 현재에도 여러 가지 진로정보를 인터넷이나 CD 롬으로 쉽게 탐색할 수 있다.

성공적인 진로상담을 위해서는 각종 진로정보자료를 활용하는 것이 필수적이며, 기업체 현장방문 혹은 기업체의 신입사원 충원활동을 학교에서 개최하는 일 등 현장과 밀접한 관계를 맺는 일이 필수적이다. 예를 들어, 필자가 공부한 미국 플로리다 주립대학교의 진로센터에서는 진로상담에서 필요한 정보와 도구가 한 장소에 마련되어 있다. 또한 진로문제의 유형에 따른 진로상담의 과정과 방법이 표준화되어 있다. 표준화된 방법과 정보 및 자료가 한자리에 있기 때문에 문제의 평가에서 진로 의사결정이 집약적으로 이루어진다. 각종 진로 검사가 컴퓨터에 수록되어 있어서 내담자들은 간단한 접수면접을 한 후 필요한 검사를 컴퓨터 모니터 앞에서 스스로 해 보고 해석이 담긴 결과지를 프린트할 수 있다. 이것을 가지고 다시 진로상담을 계속하여 진로 의사결정에 필요한 정보는 인터넷이나 구비된 자료를 열람하게 한다. 각종 기업체의 리크루트활동이 매주 개최되기 때문에 직접 구직이 필요한 학생뿐만 아니라 관심을 가지고 있는 학생들도 각종 직업에 대한 구체적인 정보를 접할 수 있다.

더 포괄적으로 보아 성공적인 진로지도를 위해서는 교과 내용이 진로의식의 성숙, 진로 의사결정, 진로의 탐색과 시도를 허용하는 여러 가지 경험으로 구성되어 있어야 할 것이다. 한마디로 학습경험이 직업능력으로 자연스럽게 연결될 필요가 있다는 뜻이다. 실제 이것은 미국의 2000년대 교육의 핵심적인 방향이며 동시에 과제다. 미국은 세계 경제의 우위를 유지하기 위해서 교육이 더욱더 실용적인 경험이 되어야 한다는 결론을 내린 셈이다. 우리 사회의 우선 과제가 경제발전임을 부정할 수 없을 때 학교 교육은 학생들의 직업능력을 개발하기에 유리한 방향으로 개편되어 나가야 할 것이다.

이상에서 논의한 여러 가지 조건과 환경 그리고 진로상담 프로그램을 갖추어 나갈 때 진로상담의 과정이 풍부해진다는 사실을 염두에 두어야 한다. 동시에 다음에 논의되는 진로상담 과정의 각 단계와 과제를 수행할 때, 반드시 현재 이용 가능한 지원체계를 충실히 활용할 뿐만 아니라 필요한 자료나 프로그램을 개발하는 노력을 해야 한다.

## 2. 진로상담의 과정

진로상담이 전개되는 방식은 일반 상담이 전개되는 방식과 전혀 다르지 않다. 이런 이유로 진로상담에도 상담에 일반적인 여섯 가지의 과정을 생각해 볼 수 있다. 즉, 진로상담의 과정은 관계 수립 및 문제의 평가, 목표의 설정, 문제의 해결을 위한 개입 과정, 훈습 그리고 종결 및 추수지도 등의 다섯 가지 요소로 나누어 볼 수 있다. 각 과정에서 중요한 과제들과 유의점들을 살펴보겠다.

진로상담의 과정은 두 가지 요인이 동시에 고려되어야 한다. 첫째, 전 생애 발달의 측면에서 진로상담의 기본 절차 및 과정을 논의하는 일과 내담자의 진로 결정의 정도에 따른 차별적인 진로상담을 논의하는 일이다.

### 1) 관계수립 및 문제의 평가

관계의 수립과 문제 평가는 주로 접수면접에서 이루어진다. 그러나 여기에서는 주로 관계의 수립과 내담자의 분류에 대해서 다루고 평가는 다음 절에서 독립적으로 다루기로 한다. 관계의 형성을 위해 제일 먼저 고려할 것은 내담자의 정서 상태를 고려하고 조절하는 일이다. 내담자들이 처음 찾아오면 나름대로 기대와 불안이 있다. 그러한 감정의 종류와 정도는 내담자가 가져오는 문제에 따라 다르다. 그러나 처음 만나는 내담자의 정서 상태를 고려하는 일은 상담자의 기본적인 의무다. 만약 내담자가 지나치게 긴장이 되어 있거나 불안해한다면 그러한 감정을 어느 정도 약화시키는 작업이 필요하다. 다음으로 내담자가 왜 찾아왔는지를 파악하는 일이다. 내담자의 문제를 이해하고 평가하기 위해서는 일반 상담에서 수행하는 상담의 기본 기술이 충실하게 실천되어야 하고 앞에서 설명한 이론을 적용하여 문제를 체계적으로 파악하여야 한다. 상담의 기본 기술이란 주의집중행동, 무조건적 존중, 수용, 공감적 반영, 탐색, 요약의 기술을 말한다. 이러한 과정에서 내담자가 호소하는 문제를 중심으로 상담의 과제를 설정하는 일은 내담자의 상담 동기를 개발하고 유지하는 데 필수적인 과제다.

## (1) 진로 의사결정 수준에 따른 내담자의 분류

평가에서 중요한 과제는 문제 자체를 파악하는 일과 내담자를 진로 의사결정 수준에 따라 분류하는 일이다. 내담자를 이렇게 분류하는 이유는 진로상담을 원하는 내담자들이 다양한 특성과 욕구를 가지고 있기 때문에 효과적인 상담을 위해서는 획일적인 진로상담 모형이나 단순한 진로상담기법을 적용시킬 수 없기 때문이다. 이와 비슷하게 김봉환(1997)도 차별적인 진단과 차별적인 처치를 기본 원리로 할 때 개인의 진로 욕구에 적절한 상담 효과를 기대할 수 있다고 말한다. 이와 같은 진로상담에 대한 견해는 이제 거의 보편적으로 주장되고 있다(Isaacson, 1985; Larson, 1988; Lucas, 1992; Sampson, Peterson, & Reardon, 1992; Salomon, 1982; Savickas, 1989; Wanberg, 1992).

Sampson, Peterson, Reardon들은 진로 욕구의 성격에 따라 내담자의 상태를 다음과 같이 세 가지로 분류하였다.

〈진로 결정자(the decided)〉
- 자신의 선택이 잘 된 것이니 명료화하기를 원하는 내담자
- 자신의 선택을 이행하기 위해 도움이 필요한 내담자
- 진로 의사가 결정된 것처럼 보이나 실제로는 결정을 하지 못하는 내담자

〈진로 미결정자(the undecided)〉
- 자신의 모습, 직업 혹은 의사결정을 위한 지식이 부족한 내담자
- 다양한 능력으로 지나치게 많은 기회를 갖게 되어 진로 결정을 하기 어려운 내담자

• 진로 결정을 하지 못하지만 성격적인 문제는 없는 내담자

〈우유부단형(the indecisive)〉
• 생활에 전반적인 장애를 주는 불안을 동반한 내담자
• 일반적으로 문제 해결 과정에서 부적응적인 성격을 지니고 있는 내담자

여기서 진로 미결정자와 우유부단형을 좀 더 자세하게 이해할 필요가 있다. 미결정자들은 정상적으로 발달하고 있는 사람들로서, 비록 진로 선택을 구체화할 수 없지만 진로 선택의 과업으로 압력이나 스트레스를 받지 않는다(Holland & Holland, 1977; Wanberg, 1992). 그러나 우유부단형들은 그렇지 않다. 이들은 일반적으로 결정을 쉽게 하지 못하는 성격적인 특징을 가지고 있으며 높은수준의 우유부단함, 불안, 좌절, 불분명한 개인적 정체감, 낮은 수준의 자신감이나 자기존중감을 지니고 있다. 또한 이들은 외적 요인에 의해 통제되는 경향과 자신의 상황을 다른 사람의 탓으로 돌리는 경향을 지니고 있다(Salomone, 1982). 이런 특징들을 살펴볼 때 우유부단형들이 진로문제보다도 성격적인 문제를 가지고 있다고 이해될 수 있다. 그러므로 이들의 진로문제를 이해할 때는 그들의 성격적 특징을 고려하는 일이 필수적이다.

우유부단형이 성격적인 문제로 진로 의사결정을 할 수 없다면 미결정자는 자신이나 직업세계 또는 의사결정의 과정에 대해 더 많은 정보를 수집하기 때문에 진로 의사결정이 연기된다(Salomone, 1982). Wanberg(1992)는 미결정자들이 진로 결정을 하지 못하는 이유를 더욱 구체적으로 설명한다. 그는 자기 명료화의 부족, 직업에 관한 정보의 부족, 결단성의 부족, 진로 선택에 대한 주관적인 중요도를 네 가지 중요한 이유라고 설명한다. 여기서 결단성의 부족은 성격적 요인이기 때문에 이 문제가 심각하면 우유부단형과 다를 바 없다고 보면 미결정자와 우유부단형은 질적인 차이라기보다 양적인 차이라는 생각을 할 수도 있을 것이다. 이것은 차후의 연구에서 더욱 자세하게 밝혀져야 할 것이다. Wanberg의 설명은 진로 의사결정이 이루어지기 위해서는 자기의 장단점, 흥미, 성격 등에 대한 이해와 충분한 직업정보 그리고 어느 정도 통합된 성격, 현실적인 선택 능력 등을 갖추고 있어야 함을 시사한다. 이는 또한 진로상담에서 내담자의 평가 영역이기도 하다.

특히 관계를 형성하고 유지하는 데 유의해야 할 내담자는 우유부단형들이다. 그들

은 종종 성격적인 문제를 가지고 있기 때문에 상담이 진행되지 않고 주로 관계를 형성하는 일 자체가 어려운 사람들이다. 이들은 주로 지나치게 경쟁적이거나 타인을 의식하기 때문에 자발적인 의사결정을 하기 어렵다. 심한 경우에는 자신을 전혀 신뢰할 수 없고 우울증과 실천력이 결여되어 있으며 감정이 자주 바뀌기 때문에 한 가지 결정을 유지하기가 어렵다. 또한 이들이 대체로 사고보다도 감정에 지배되는 행동 양식을 지니고 있기 때문에 한 번 결정한 것을 유지할 수 없다. 여기에 대해서는 이들을 위한 개입을 설명할 때 자세히 논하게 될 것이다.

### (2) 문제의 평가

일반적으로 상담자가 처음으로 부딪히는 문제는 내담자의 문제를 파악하는 일이다. 단순히 호소문제를 확인하는 수준을 넘어 왜 호소문제가 발생하였는지를 이해하는 일은 상담의 과정에서 가장 중요한 일이다. 왜 이 대학생은 전공을 정하지 못하고 있는가? 왜 이 변호사는 자기의 일을 즐겁게 하지 못하고 있는가? 이런 문제에 대해 어떤 답을 하는가에 따라 개입방법이 결정된다. 이 단계에서 유익한 것은 여러 가지 이론적 지식이다. 한 가지 이론보다는 다양한 이론에 대한 통합적 관점을 개발하는 일이 더 유익하다.

문제를 평가하기 위해서는 여러 가지 영역의 정보가 필요하다. 진로문제에 관한 것뿐만 아니라 내담자의 성격, 지능과 학업성적, 사고 · 정서 · 행동을 포함하는 내담자의 심리상태, 가정 환경, 진로성숙도, 진로를 포함하는 여러 영역에서의 자아 정체감, 의사결정 양식, 진로 의사결정의 상태, 자기에 대한 이해 정도 등을 평가해야 한다. 이를 위해 여러 가지 정보를 수집해야 한다. 내담자에 대한 정보에는 일반적인 정보, 진로 계획과 관련된 정보, 진로발달에 관한 정보가 있다.

### ① 일반적인 성보

내담자가 가지고 있는 진로문제나 목표를 이해하기 위해 필요한 정보로서 학업성적, 지능, 적성, 흥미, 직업가치관, 직업정체감 수준, 내담자가 진술하는 직업적 · 교육적 · 개인적 · 사회적 영역의 문제, 불안의 정도, 자신감의 정도, 정서 상태 등에 대한 정보를 말한다.

② 진로 계획과 관련된 정보

진로상담이 필요한 내담자의 유형을 분류하기 위해 필요한 정보로서 진로문제 해결 능력, 진로 신화 혹은 편견, 진로 결정에 대한 압력, 학업능력에 대한 자신감 부족, 일의 세계에 대한 지식의 부족, 기타 진로 방해 요소(예, 미성숙한 성격, 가정에서의 심각한 갈등)들에 대한 정보를 말한다. 이 범주에 속하는 정보를 바탕으로 내담자의 진로 의사결정 유무를 평가한다.

③ 진로 발달에 관한 정보

이 범주에 속하는 정보는 내담자의 진로 경험이나 의식, 진로탐색이나 실천을 하는 데 필요한 능력이나 준비도 등을 평가하기 위한 것으로서, 내담자가 가지고 있는 일에 대한 경험, 교육이나 훈련 경험 그리고 여가 이용 방식 등을 평가한다. 일의 경험에 관해서는 마지막 일, 가장 좋았던 일, 가장 싫었던 일, 일간의 비교 등을 써 보게 하며, 교육 경험이나 준비 과정에 대해서는 현재까지의 교육이나 훈련 경험에 대한 기록표를 작성하게 한다. 이때 자신의 과거, 현재의 경험이 진로 선택, 진로문제와 어떤 연관성이 있는지 스스로 탐색할 수 있는 기회가 되도록 한다. 그 다음으로 여가 시간을 보내는 방법이나 교우관계 등을 알아볼 수 있고, 생활양식에 대한 정보도 확인한다. 여기에는 독립적 혹은 의존적 정도와 보수적 혹은 혁신적인 정도에 관한 정보가 포함된다. 이 정보는 의사결정 양식이 의존적인지, 합리적인지, 즉흥적인지를 평가할 때에도 활용될 수 있다. 또한 내담자의 강점이나 자원을 탐색하고 극복해야 할 장애 요소를 확인한다. 마지막으로 내담자가 동의할 수 있는 진로문제를 확인하며, 내담자 스스로 진술하는 진로문제를 확인한다.

평가의 과정에서 필요한 경우 검사들을 실시하고, 또한 교사나 부모 혹은 다른 가족을 면담한다. 일단 진로 정보가 확보되면, 진로 의사결정의 정도와 유무에 따라 내담자를 분류하고 이론적 배경에 따라 문제를 규정한다. 이에 대해서는 조금 후에 논의하겠다.

그러나 평가의 과정을 너무 강조하다 보면 내담자와 촉진적 관계를 형성하기 어려운 경우가 있기 때문에 이를 방지하기 위해 상담의 기본 기술이 충실히 실천되어야 한다. 이 점에 대해서는 다른 상담 교과서를 참조하길 바란다. 그 외에도 접수면접의 과정에서 상담자가 주의해야 할 사항들을 Sampson과 그의 동료들(1995)은 진로상 담의 초기 과정에서 상담자가 범할 수 있는 실수의 형태로 설명하고 있다.

- 평가를 지나치게 강조하는 것
- 정보의 이용을 소홀히 하는 것
- 상담의 초점을 내담자의 특성과 상관없는 정보를 제공하는 일에 두는 것
- 내담자가 진로 선택을 위해 도구(예, 각종 검사)를 적절하게 사용하도록 돕지 못 하는 것
- 진로상담을 받으러 온 내담자가 비슷한 문제를 가지고 있다고 가정하여 내담자 들의 욕구를 부정확하게 평가하는 것
- 진로상담이 일률적이고 단순하다고 생각하는 것
- 진로상담을 하면서 개인 심리 상담을 지나치게 강조하는 것
- 때로 내담자의 문제를 발달적 과제로서 이해하지 못하고 치료의 과제로만 생각 하는 것
- 사회적, 경제적, 교육적, 조직적인 관점을 배제하고 심리학적 관점만을 적용하 는 것

여기서 첨언하고 싶은 것은 접수면접을 효과적으로 수행하기 위해서는 평가 항목 을 양식으로 미리 만들어 두는 것이 좋다는 것이다.

앞에서도 언급했지만 문제를 규정하기 위해서는 확보한 정보를 의미 있게 조직해 야 한다. 물론 이론적으로 규정된 문제를 내담자에게 직접 설명할 필요는 없다. 내담 자에게는 자신이 호소한 구체적 문제가 의미 있기 마련이고 상담자는 그 문제들을 중 심으로 상담과정을 진행하게 된다. 각 이론이 진로 선택의 문제를 설명하는 방식이 다르기 때문에 이론에 따라 문제를 평가하는 방식도 달라지게 된다. 그러나 이론들은 서로 다른 한편, 공통적인 지향을 가지고 있기도 하다. 이론들은 대체로 다음 네 가지 중 한 가지 방식으로 진로문제를 설명한다고 볼 수 있다. 첫째, 내담자의 흥미, 욕구, 혹은 기술과 그것에 맞는 직업을 대응시키는 문제로서 특성-요인 이론, Holland, Bordin, Roe의 이론들이 이 범주에 속한다. 둘째, 발달이나 직업 성숙도의 문제로서 Ginzberg나 Super의 이론이 여기에 속한다. 셋째, 의사결정과정의 문제로서

Tiedeman과 Krumboltz의 이론이 여기에 속한다. 넷째, 사회환경으로 인해 발생한 장애 요소와 관련된 문제로서 사회학적 관점의 이론이 여기에 속한다.

만약 내담자가 진로를 정하지 못하는 문제를 호소한다면, 이 중에서 특성-요인 이론이 내담자의 문제를 가장 단순한 방식으로 분류하게 된다. 특성-요인 이론을 따르는 상담자는 먼저 내담자의 문제를 미결정, 잘못된 선택, 선택에 대해 불확실한 태도 혹은 흥미와 적성의 불일치의 문제 중 한 가지로 평가하게 될 것이다. 이런 방식은 유익하지만 충분하지 않다. 문제를 더욱 구체적으로 평가하는 과정이 필요하다. 예를 들어, 왜 내담자가 잘못된 선택을 했는지 혹은 왜 내담자가 선택을 하지 못하는지를 파악해야 한다. 이 단계에서 특성-요인 이론을 적용하면 의사결정의 문제는 정보의 부족, 즉 자기 이해와 직업세계에 대한 정보가 부족하거나 혹은 이 둘을 대응시키는 방법을 모르기 때문에 발생한 것으로 이해된다. 결과적으로 진로의 문제는 심리검사나 진로 정보 혹은 자신에 대한 이해가 부정확하여 첫 단계의 선택이 잘못되었기 때문이라고 설명된다. 그러나 상담자는 잘못된 선택 이외에 다른 문제의 요인들을 살펴볼 필요가 있다. 내담자의 욕구가 변하였는가? 직무가 달라졌는가? 만약 그렇다면 현재의 직업에서 만족할 수 없다는 것은 충분히 있을 수 있는 일로서 이해된다.

Holland의 이론도 특성-요인 이론처럼 진로를 정하지 못하는 이유가 정보의 부족이라고 설명한다. 그러나 개인적인 특성과 직무보다는 성격 유형이나 그것에 알맞는 일의 환경에 대한 정보나 이해의 부족으로 설명한다. 그러므로 내담자가 현재 직업에 만족하지 못하는 이유는 성격 유형과 환경이 일치하지 않기 때문으로 이해될 수 있다. 이후에 Holland는 진로 의사결정의 문제를 더욱 포괄적으로 설명했다. 그는 직업정체감의 결여, 직무나 훈련에 대한 정보의 결여, 환경적 혹은 개인적 장애를 진로 의사결정 문제의 발생 원인으로 간주했다(Holland, Daiger, & Power, 1980).

Bordin의 대응이론은 Holland나 특성이론과는 달리 의사결정 문제를 심리학적인 개념으로 설명한다. 그는 진로 의사결정 문제의 원인으로서 정체감 문제, 불만족, 내적 욕구에 대한 불분명한 인식 그리고 직업이 자신의 욕구를 만족시키는 방식에 대한 이해 부족을 들었다. 그의 주장에는 분명하게 나타나 있지는 않지만 심한 성격 문제가 진로 결정 문제의 원인으로 고려될 수 있다. Roe도 Bordin과 유사하게 성격적인 욕구를 중시한다. Roe의 입장에서 내담자의 문제를 이해하면 문제는 진로와 관련된 욕구에 대한 이해 부족, 직업이 자신의 욕구를 만족시키는 방식에 대한 이해 부족 혹은 현재 직업에서의 불만족 때문에 발생한다고 이해된다.

지금까지의 이론들은 주로 진로 선택에 초점을 두고 있지만 Ginzberg와 Super의 이론은 진로 발달 과정에 관심을 둔다. 이들은 발달적 개념으로 진로문제를 설명한다. Super는 진로 성숙도를 평가함으로써 상담을 시작한다. 이를 위해 Super와 동료들(1981)이 개발한 진로 발달 검사(career development inventory, CDI)를 사용하여 진로 계획, 진로 탐색, 의사결정 기술, 일의 세계에 대한 정보, 선호하는 직업군에 대한 지식을 평가한다. Super는 일의 중요성과 일에 대한 동기와 관련하여 진로 성숙도를 해석한다. 만약 내담자에게 일이 중요하게 인식되지 않으면 진로 성숙도 점수는 별로 의미가 없다. 진로 성숙도는 또한 내담자가 처한 현재 삶의 단계에서 중요한 주제를 중심으로 해석된다. 예를 들어, 장년기에는 직업선택보다는 더 젊은 사람과의 경쟁적 상황에서 직업에 적응하는 일이 더 중요한 과제가 된다.

Krumboltz와 Tiedeman의 이론에서는 진로 발달 과정이 무시되거나 적어도 강조되지 않는다. 이들의 이론에서는 진로 의사결정의 어려움이 강조된다. Krumboltz는 사회학습이론으로 내담자의 문제를 이해한다. 즉, 의사결정을 못한다는 것은 부적응적이거나 부정확한 자기관이나 세계관 혹은 과업중심으로 일을 처리하는 기술의 부족 등으로 야기된다고 본다. Mitchell과 Krumboltz(1979)는 자기관의 문제를 확인하는 방법으로 사고 목록(thought listing)과 상상하는 동안 큰 소리로 말하며 생각하기(thinking aloud during imagery)를, 과업중심 기술을 평가하는 방법으로 흥미검사, 진로성숙도 지수, 진로 탐색 검사, 모의 의사결정 방법을 제안했다.

Tiedeman은 내담자의 문제가 의사결정을 방해하는 요인 때문에 발생한 것으로 이해한다. 그러나 사회학습 이론과는 달리 발달론적 개념은 자아정체감을 통합적으로 받아들였다. Tiedeman과 Miller-Tiedeman(1979)은 내담자의 문제를 다음 중 한 가지로 이해한다. 첫째, 개인적 현실에 대한 이해 부족, 둘째, 일반적 현실이 개인적 현실을 압도하는 것, 셋째, 자기 정체감이 충분히 발달하지 않아 자율성과 책임감이 부족한 것, 넷째, 의사결정 양식이 효과적이지 않은 것, 다섯째, 의사결정 과정을 사용할 줄 모르거나 기술이 부족한 것이다. 이런 결함들을 가지고 있으면 의사결정 단계에서 문제가 생겨 진로 탐색을 하지 못하게 된다. Harren(1980)의 의사결정 평가를 대학생 내담자에게 사용하여 내담자의 의사결정 양식과 의사결정의 발달 단계를 확인할 수 있다.

Hotchkiss(1979)와 Borrow(1980)의 사회학적 이론도 내담자의 문제를 평가하는 데 유용하게 활용될 수 있다. 특히 지위 획득 이론은 내담자가 선호하는 직업을 볼 때, 자기 능력과 사회적 계급이나 성별로 선택할 수 있는 것 사이의 괴리가 있는 내담자를 이해하는 데 도움이 된다. 예를 들어, 사회적 수준이 낮고 능력 수준은 높으면서 포부 수준이 낮은 내담자와 사회적 수준이 높고 능력 수준이 낮으면서 포부 수준은 높은 내담자의 경우, 능력과 사회적 수준 사이의 불일치가 문제 원인이 된다(Gottfredson, 1981). 이런 불일치는 사회적으로 문제가 되어 온 성차별이나 비교집단의 가치 기준이 내담자가 도달하거나 얻기 어려울 때 생기기 쉽다.

마지막의 지위 획득 이론을 제외한 다른 이론들은 Crites(1981)의 3차원 진단체계에서 통합될 수 있다. 간단히 설명하면, 첫째, 변별진단(differential diagnosis)에서는 내담자의 문제가 무엇인지를 다룬다. 즉, 내담자의 문제가 결정을 할 수 없는 문제인지 혹은 비현실적인 판단이나 태도인지를 평가한다. 둘째, 역동적 진단(dynamic diagnosis)에서는 내담자가 왜 그 문제를 경험하고 있는지를 다룬다. 그것이 단순히 일회적으로 의사결정을 하지 못해서 일어난 문제인지 혹은 만성적인 우유부단의 문제인지를 평가한다. 결정적 진단(decisional)에서는 진로 미성숙과 같은 진로선택과정의 문제를 다룬다. 그러나 Crites의 진단 방식의 한계는 사회 체제가 주는 장애를 다루지 않는다는 점이다.

지금까지의 논의를 요약하면, 진로 의사결정의 문제는 이론에 따라 정보의 문제, 발달상의 문제 혹은 의사결정의 문제가 된다. 정보의 문제로는 Holland의 이론이 대표적이고, 발달적 문제로는 Super의 이론이 대표적이며, 의사결정의 문제로는 Tiedeman의 이론이 대표적이다.

## 2) 목표의 설정

일단 문제가 확인되고 규정되면 내담자와 더불어 진로상담의 목표를 설정하는 작업을 하게 된다. 일단 목표가 설정되면 그것을 내담자와 합의하는 과정을 거쳐야 한다. 그렇게 되면 내담자들은 자기가 진로상담을 하는 이유와 방향을 인식하고 상담에 참여하게 된다. 이는 또한 상담 밖에서의 활동에 대해서도 영향을 준다. 상담 목표는 종종 그 목표를 달성하기 위해 필요한 과제의 형태로 제시되는 일이 많다. 이러한 예로 김계현(1995)은 다음과 같이 내담자의 의사결정 수준에 따라 상담의 과제가 다르게 규정될 수 있다고 설명한다.

〈진로 결정자〉
• 진로를 결정하게 된 과정 탐색
• 충분한 진로 정보 확인
• 합리적인 과정으로 명백하게 내린 결정인지 확인
• 결정된 진로를 준비
• 내담자의 잠재 가능성을 확인

〈진로 미결정자〉
• 진로에 대한 탐색
• 구체적 직업정보의 활용
• 현재 자신의 능력에 대한 구체적인 파악
• 자기 탐색
• 직업 정보의 제공
• 의사결정의 연습

〈우유부단형〉
• 불안이나 우울의 감소
• 불확실감의 감소
• 동기의 개발
• 기본적 생활습관의 변화
• 긍정적 자아개념의 확립
• 자아 정체감의 형성

- 타인의 평가에 대한 지나친 민감성의 극복
- 자존감의 회복
- 열등감 수준의 저하
- 가족의 기대와 내담자 능력간의 차이 인정
- 가족 갈등의 해소
- 부모나 사회에 대한 수동−공격성의 극복

우유부단형은 진로와 관련된 의사결정 능력의 부족뿐만 아니라 성격상의 문제에서 진로문제가 기인하는 경우가 많다. 따라서 단순히 진로정보를 제공하거나 진로 의사결정 과정을 연습하기보다는 심층적인 심리상담과 관련된 과제가 많다.

위에 열거된 과제들은 내담자의 우유부단이란 문제와 관련된 심리적인 영역의 문제들이라고 할 수 있다. 따라서 우유부단형의 내담자들은 진로상담자가 다루기 어려울 때 일반 상담전문가 특히 성격문제를 전문으로 하는 상담자에게 의뢰하여 성격적인 문제를 먼저 다루는 것이 좋다.

목표를 다룰 때 유의할 사항은 목표를 구체적이고도 그 결과를 가시적으로 평가할 수 있는 형태로 진술해야 한다는 점이다. 목표가 그렇지 못하면 상담의 효과를 평가할 수 없을 뿐 아니라 내담자가 자기의 노력을 조직할 구심점을 제공하지 못하게 되어 종종 상담의 과정이 방향을 잃게 된다. 또한 구체적이고 가시적인 목표는 내담자가 자기의 문제가 해결될 수 있다는 희망을 가지게 하는 효과를 가지고 있다.

## 3) 문제해결을 위한 개입

상담자의 이론적 배경에 따라 문제의 평가가 달라지듯이 상담방법도 달라지게 된다. 만약 상담자가 한 가지 이론을 신봉한다면 더욱 그럴 수밖에 없다. 여기에서는 각 이론이 가지는 상담의 목표나 상담과제 그리고 상담방법들을 논의해 보겠다.

특성−요인 이론과 Holland의 인성이론에 따른 상담의 초점은 내담자가 최적의 선택을 할 수 있도록 충분한 정보를 모으는 과정을 돕는 데 있다. 이때 자기에 대한 지식과 직업에 대한 정보가 같은 정도로 중요하게 취급된다. 특성−요인 이론이나

Holland의 이론에서는 내담자 자신에 대한 정보를 수집하는 방법으로 주로 표준화된 검사도구를 활용한다. 한편, 직업에 대한 정보는 여러 가지 인쇄물을 읽거나 자원봉사를 하거나 혹은 그 분야에서 일하는 사람을 만나 면접을 통해서 알아본다.

전형적인 특성-요인 이론을 적용하는 상담에서 상담자는 적극적인 역할을 한다. 이 범주의 상담자는 자료수집 방법이나 평가도구를 결정하고 자료를 검토하고 해석해 주며, 내담자의 행동을 예측하는 일을 한다. 특성-요인 이론의 대표자인 Williamson은 검사 결과와 상담자가 모두 권위를 가진다고 말한다. Holland의 경우는 자기지시방법(self-directed search, SDS)과 자료의 제공을 강조하고 내담자 스스로의 자료 해석을 허락함으로써 Williamson의 지시적 상담과 다르다.

이 두 이론은 본질적으로 객관적인 정보 수집을 중요시한다고 말할 수 있다. 이러한 이론적 입장에서 볼 때 진로상담이란 내담자의 특성과 직무의 요건을 직접적으로 대응시키는 인지적인 진로 선택의 과정이라고 할 수 있다. 이 경향의 상담에서 문제가 될 수 있는 유일한 원천은 정보와 검사의 타당성이다. Williamson도 정서적 불안정의 가능성을 인식했지만 정보를 대응시키는 과정에서 내담자가 생각을 명료하게 할 수 있도록 조력함으로써 그것이 다루어진다고 믿었다. Holland도 진로상담의 초점을 진로 선택에 두었기 때문에 상담과정이 인지적이라는 점에서 마찬가지여서 VEIK(vocational exploration and insight kit)가 있긴 하지만 심리적인 문제를 가진 내담자를 위한 별도의 조력 방식이 거의 없다고 봐야 한다. Holland는 불필요하게 상담과정이 복잡할 필요가 없다고 생각했으며 개인상담이 요구되는 경우는 많지 않고 생각했다(Holland, 1974c, 1978a, 1978b).

특성-요인 이론과 Holland의 이론은 표준화 도구의 개발을 통해 상담에 아주 유익한 기여를 했다. 예를 들어, Holland의 성격유형과 작업 환경 모형은 상담자와 내담자 모두 경제적으로 자료를 조직할 수 있게 한다. 그러나 Holland의 경우 성격 유형과 직업과의 관계를 결정하는 과정이 모호하고 심한 문제를 가진 내담자를 돕는 방법이 별로 없다는 단점이 있다(Brooks, 1984). 특성-요인 이론과 Holland의 성격유형 이론은 진로 선택의 문제를 가진 내담자를 상담하는 데 가장 적합한 이론이라고 요약할 수 있다. 따라서 많은 성인 내담자들이 가진 진로문제를 해결하기에는 적합하지 않은 점이 많다.

Lofquist와 Dawis(1978)의 이론은 욕구나 직업에서의 요구가 바뀜으로써 야기된 일에 대한 불만을 다루는 데 유용하다. 이런 경우 새로운 직업을 탐색하기 전에 환경의 요구를 변화시키기 위한 전략을 개발하도록 내담자를 조력하는 일에 상담의 초점을 두는 것이 좋다. Roe와 Bordin의 대응이론 역시 의사결정 모형이 없는 한계를 지니고 있지만, 이 접근에서는 상담의 초점이 정보의 수집보다는 더 넓어야 한다는 것을 인정하고 있다. 말하자면, 이 두 접근에서는 심리적인 욕구와 진로의 선택과의 관계를 다른 것보다 중요시한다.

이론적으로 볼 때, Roe의 이론을 따르는 상담자는 내담자의 흥미뿐만 아니라 중요한 욕구를 밝히고 그것들을 직업과 연관시킨다. 그러나 욕구를 밝히기 위한 구체적인 기법이나 평가도구는 개발되지 않았다. Roe 이론이 진로상담에 가장 크게 공헌한 점은 그녀의 분류체계다. 이 분류체계는 내담자가 대응을 시도할 준비가 되어 있을 때 가장 유용하게 적용될 수 있다. 그러나 실제 이 분류체계는 자주 사용되지 않는 편이다.

Bordin은 Roe의 이론을 한 단계 더 발전시켜 욕구가 분명히 밝혀져야 하며 그런 심리적 문제가 진로문제의 원인이 되거나 더 심화시킨다고 생각한다. 이런 이유로 Bordin은 진로 선택의 맥락에서 내담자의 정체감 문제를 다룬다. 예를 들어, 내담자가 자신과 부모를 충분히 변별하지 못했기 때문에 내적인 욕구나 동기들 간에 갈등을 겪고 있을 때, 혹은 부모의 영양 때문에 내담자가 일을 '노동과 유희'를 통합하는 기회로 보기보다는 강박으로 잘 해내야 하는 것으로 생각하고 있을 때는 내담자의 욕구를 충분히 충족시킬 수 있는 대안을 찾기 전에 심리적 갈등을 해결하려고 노력한다. Bordin 이론의 장점은 이처럼 진로상담 문제에 얽힌 복잡한 심리적 문제를 인식하고 해결하려고 노력한 점이다. 그러나 이런 문제를 해결하는 방법이 반드시 정신분석적인 것은 아니다. 그러나 Bordin의 이론을 충실하게 적용하기 위해서는 이론이 밝힌 욕구에 따라 직업을 분류할 수 있어야 하는데 그렇지 못하다. 뿐만 아니라 내담자가 욕구를 명료화하는 데 도움이 되는 도구도 개발되어 있지 않다는 점에서 한계를 가지고 있다고 할 수 있다.

Ginzberg와 Super의 이론을 따르는 진로상담은 내담자의 진로 발달 과정을 촉진시키는 것이 목적이다. Ginzberg의 이론은 개인상담에 적용되지 않았으므로 Super

의 이론을 중심으로 발달적 진로상담을 살펴보자. Super의 주 관심은 내담자의 진로 성숙의 정도에 있다. 만약 내담자의 진로 의식이 성숙해 있고 일에 대한 동기가 발달되어 있다면, 대응 이론을 적용하여 상담을 진행할 수 있다. 그러나 내담자의 진로의식이 미성숙하다면 상담의 초점은 진로 계획에 대한 내담자를 준비시키는 일이 된다.

내담자가 자율감, 시간 의식, 자존감을 가지고 있을 때 진로 계획을 할 수 있기 때문에 진로상담에서는 먼저 이런 특성을 증진시킬 수 있는 기법들이 사용된다. 내담자가 미래의 발달 과제를 알게 하는 것은 내담자가 진로를 탐색하려는 욕구를 가지게 도와줄 수 있는 유용한 방법이다. 이 방법은 시간 의식을 가지게 하는 것에도 도움이 된다. 그러나 상담자는 어떤 발달적 과제는 나이와 관계가 있다는 점을 인식해야 할 필요가 있다. 자율성이나 시간 의식 같은 것은 나이가 어린 내담자에게서는 충분히 기대할 수 없다. 이런 이유로 어린 내담자에게는 진로 선택보다는 진로 탐색에 더 큰 비중을 두어야 한다. 탐색의 기능은 나이에 따라 다르다. 어린 사람들에게 있어서 탐색은 가능한 삶의 가능성을 발견하는 것이고 좀 더 성숙한 내담자에게는 흥미를 지닌 특정 직업에 대해 더욱 깊은 이해를 하게 하는 것이다. 성인 내담자들을 상담할 때 인생의 발달 단계와 직업생활의 특질에 따라 상담의 초점이 달라진다. 쇠퇴기에 있는 성인 내담자는 일이 주는 부담을 줄이는 방식을 찾고 다른 가치로운 일들과 역할을 추구할 수 있도록 조력해 주어야 한다.

Super는 모든 발달 단계에서 진로 탐색의 중요성을 강조했고, 상담자의 역할 중 하나는 내담자가 탐색 경험을 확인하고 의미 있게 정리하도록 돕는 것이라고 생각한다. 이런 이유로 그는 상담자가 상담의 맥락과 방법에 대한 견해를 넓혀 나가야 한다고 주장한다. 이런 입장에서 보면 상담자는 상담이 상담실에서만 일어나는 것이 아니라는 점을 받아들여야 할 것이다. 그리고 상담자는 면접에만 의존하기보다는 척근 점점 더 풍부해지고 있는 멀티미디어를 적극적으로 활용해야 할 것이다.

Super가 공헌한 점을 요약하면 첫째, 발달 단계에 주의를 환기시켰으며, 둘째, 진로의 역할과 삶의 다른 역할들과의 상호작용을 인식했다는 점이다. 그 결과 내담자가 일과 다른 삶을 단순히 이분하지 않고 삶을 계획할 수 있도록 조력할 수 있게 했다. 셋째, 성인기의 발달적 변화와 각 단계의 새로운 과업을 인식했으며, 성인의 진로문제가 진로 선택의 문제 이상임을 인식하게 하는 데 도움을 주었다. 발달단계와 과업들을 요약하고 '삶의 무지개(Life Rainbow)'를 도식적으로 나타냄으로써 상담자에게 유용한 도구를 제공하였다. 이런 도구들을 내담자와 함께 검토함으로써 미래의 발달 과제를 이해하게 하고 변화하는 삶 속에서 일이 차지하는 역할이나 의미를 이해하게 할 수 있다. 그러나 앞으로 Super의 이론을 충실히 적용하기 위해서는 각 단계의 문제와 과제를 해결하기 위한 각각의 기법들이 개발되어야 한다는 점을 지적하며, Krumboltz와 Tiedeman의 이론을 적용하는 상담에 대해 논의해 보자.

Krumboltz와 Tiedeman의 이론은 진로 발달보다는 의사결정과정에 상담의 초점을 둔다. Krumboltz는 의사결정과정을 다루기 위해 먼저 일과 진로에 대한 잘못된 생각을 바로잡는 일이 상담의 과제가 되어야 한다고 생각한다. 이를 위해 Mitchell과 Krumboltz는 주로 '인지적 재구성기법(cognitive restructuring techniques)'을 사용한다. 일단 일에 대한 잘못된 개념들이 수정되면 의사결정에 필요한 과제 중심적 기술을 개발하고 사용하도록 훈련된다. Krumboltz의 방법은 내담자가 정보 수집에 착수하도록 동기화시키는 데 특히 효과가 있다.

Tiedeman과 Miller-Tiedeman의 이론의 초점은 의사결정 과정을 가르치는 데 있다. 이것을 가르치는 동안 의사결정 양식의 비효율성, 부적절한 자아 정체, 개인적 현실의 인식 부족의 문제가 개선된다.

Hotchkiss와 Borow와 같은 사회학적 상담의 초점은 진로 선택이나 승진을 방해하는 요인들을 제거하거나 극복하는 일에 있다. 그 예를 살펴보면, 부모와 같은 중요한 사람들의 반대, 계급, 지방적 편견, 성별과 관련된 제한적 요소, 직장에서의 차별 대우, 기타 사회 체제, 정치 체제, 경제 체제에 있어서의 장애요소들을 생각해 볼 수 있다. 이 범주에 속하는 이론이 제시한 상담의 방법은 상담자들이 내담자들에게 이런 장애 요소들이 미치는 심리적·사회적 영향을 알게 하고 그것들을 극복하는 방법을 가르치는 것이다.

결론적으로 말해서 어느 한 가지 이론으로 모든 문제를 다룰 수 없기 때문에 내담자들이 제시하는 문제를 제대로 다루기 위해서는 절충적 입장과 유사하게 이상의 이론들을 적절히 조합해서 적용하는 것이 요구된다.

한편, 개입은 내담자의 의사결정 수준에 따라 차별적으로 이루어져야 한다. 세 유형의 내담자들에게 어떤 개입 활동이 유용한지 살펴보기로 하자. 모든 방법을 한 내

담자에게 모두 실천할 필요는 없을 것이다. 내담자의 문제 상황에 따라 제시된 방법
들을 선택적으로 활용할 수 있다.

### (1) 진로 결정자

- 자신의 진로 결정을 구체적으로 준비할 수 있도록 현장 견학이나 실습의 기회를
  가지게 한다.
- 결정한 목표를 향하여 더 치밀하게 정보를 수집하고 구체적인 실천방안을 모색
  하게 한다.
- 진로 결정을 재확인하고 구체적인 직업탐색을 할 수 있도록 한다.
- 진로 결정 과정에서 따르는 불안을 줄이고 자신감을 향상시키는 개입이 이루어
  져야 한다.
- 결정된 진로를 실천하는 과정에서 부딪히는 문제들을 해결하도록 조력한다.
- 잠재된 능력을 개발해 효과적으로 진로에 적응할 수 있도록 조력한다.
- 목표로 하는 직업에 도달할 수 있는 가능한 방법을 알아오게 하거나 알려 주고
  그것들을 실천할 수 있도록 내담자와 함께 계획을 세운다. 때로는 그 직업에 종
  사하고 있는 사람을 만나 더 구체적이고 자세한 정보를 얻게 하는 것도 유익한
  방법이다.

### (2) 진로 미결정자

- 진로를 결정하지 못하는 것이 단순한 정보의 부족인지 심층적인 심리적인 문제
  인지를 확인한다.
- 경우에 따라 체계적인 개인 상담이 수행되어야 하며 실제 결정 과정을 도와준다.
- 자기 이해, 즉 흥미와 적성 그리고 다른 필요한 정보를 수집하여 결정의 범위를
  점점 좁히고 스스로 진로를 결정할 수 있도록 조력한다.
- 진로 결정의 필요성을 인식시키고 자신의 능력과 바램을 일깨워 줌으로써 진로
  의사결정을 할 수 있도록 준비시킨다.
- 지나치게 많은 관심 분야를 가지고 있을 때(예, 모라토리엄의 단계에 있는 청소년)
  는 의사결정 기술을 익히게 한다.

### (3) 우유부단형

Larson 등(1988)은 우유부단형을 계획 없는 회피형과 정보를 가지고 있는 우유부단형으로 나누었다. 이 두 유형 중에 전자가 더 심각한 문제를 가지고 있어서 더욱 장기적이고 체계적인 상담이 요구된다고 할 수 있다. 이 두 가지 우유부단형에 대한 개입도 다소간 차별을 이룬다.

우선 계획 없는 회피형의 특징은, 첫째, 비적응적인 대처 양식 및 태도를 보이며 진로 계획 행위가 부족하다. 둘째, 스스로 자신의 문제 해결 능력을 매우 부정적으로 평가하며, 특히 진로와 관련된 문제 해결에 큰 어려움을 보인다. 셋째, 진로 정보가 부족하여 문제 해결에 더욱 어려움을 가지게 된다. 넷째, 의사결정을 하기 위한 도구가 부족하다. 이들을 위한 개입방법으로는 다음과 같다.

- 단기적 비구조화된 개입보다는 구조화된 개입에서 도움을 제공한다.
- 문제와 관련된 심리적인 장애(예, 우울증이나 낮은 자아개념) 등을 다루기 위한 심리 상담을 한다.
- 진로 계획을 수립하는 일을 조력한다.

다음으로 정보를 가진 우유부단형의 특징은, 첫째, 진로 계획 행위에 대해서 충분한 정보를 가지고 있으나 자신들을 부정적으로 지각하기 때문에 진로 의사결정을 하지 못한다. 둘째, 동기 수준이 높고 정보를 많이 가지고 있기 때문에 좌절을 경험하기도 한다. 이들을 위한 개입방법은 다음과 같다.

- 추가적인 정보를 제공해도 도움을 받지 못하기 때문에 자기에 대한 부정적인 지각을 중심적으로 다룬다.
- 내담자 자신의 의사결정 과정이나 방법에 초점을 맞춘다.

## 4) 훈 습

훈습(Working Through)의 과정은 개입과정의 연장이라고 할 수 있다. 이 단계에서는 자기 이해를 더욱 공고히 하고 진로 탐색과 준비 과정을 효율성으로 실천할 수 있는 태도와 정보 그리고 방법을 재확인하고 점검한다. 필요한 경우 새로운 평가 과정을 수행할 수도 있다.

### 5) 종결과 추수지도

이 과정의 과제는 내담자와 합의한 목표를 충분히 달성하였는지를 확인하고 앞으로 부딪힐 문제를 예측하고 대비하는 것이다. 그러므로 목표의 수립이 분명하고 가시적이어야 한다는 점을 다시 강조하는 것이 좋다. 이 과제를 구체적으로 살펴보면 다음과 같다.

- 내담자의 변화에 대해 평가한다.
- 진로상담 과정에서 일어났던 변화를 내담자 스스로 요약하게 하고 상담자의 의견을 첨가한다.
- 목표 달성의 정도를 평가한다.
- 남아 있는 문제에 대한 예측과 논의
- 종결에 대한 내담자의 태도를 평가한다.

추수지도는 상담 후에 내담자가 진로 선택과 의사결정에 대해 만족감을 유지하고 있는지를 확인하며, 필요한 경우 그것이 지속되도록 지도하는 것을 말한다. 예를 들어, 다음과 같은 요소가 포함될 수 있다.

- 결정한 학과를 선택했는가?
- 결정한 진로 준비를 하고 있는가?
- 진로상담이 실제의 진학이나 취업에 도움이 되었는가?
- 의사결정을 실제 생활에서 실천하고 있는가?

## 3. 진로상담의 효과

마지막으로 진로상담으로 어떤 효과를 거둘 수 있는지를 알아본다. 이 지식은 진로상담자가 상담의 과제를 파악하고 상담의 본질을 이해하기 위해서 알아 두어야한다.

상담의 구체적인 효과 혹은 결과는 이론에 따라 달라진다. 일반적으로 모든 이론들이 제시하는 진로상담의 효과는 내담자가 최적의 만족스러운 진로 선택을 하게 되는 것이다. 이론들은 발달을 촉진시키거나 의사결정 기술을 익히게 하거나 혹은 진로 선택을 용이하게 하거나 하는 등 강조하는 목표가 다르다.

특성이론이나 Holland의 이론에서 기대되는 결과는 내담자가 구체적인 진로 선택을 하게 되는 것이다. Super나 Ginzberg의 이론에서 기대되는 결과는 진로 발달을 촉진시키는 것이다. 한편, Krumboltz나 Tiedeman에게 있어서 가장 중요한 것은 의사결정과정의 촉진이다. Krumboltz의 사회학습 이론에 따르면 성공적인 진로상담의 결과로 자기 관찰 기술의 증진, 의사결정과 같은 과제 수행기술의 증진, 진로 탐색 기술이나 면접 기술의 향상 등이 이루어진다. Tiedeman은 진로 의사결정 과정에 초점을 두기 때문에 성공적인 진로상담이 이루어지면 내담자는 미래에 대한 자발적인 책임감이 향상된다. Roe의 욕구이론을 적용하여 성공적인 상담이 이루어지면 욕구를 가장 잘 만족시키는 진로 선택을 할 수 있을 뿐만 아니라 일의 내용이나 일의 세계에 대한 기호를 더욱 분명하게 인식하게 되며, 진로 탐색이 활발해지고 진로 발달에 대한 이해가 더 커진다. Bordin의 이론에서는 만족을 주는 선택이 가능해진다는 점에서 다른 이론과 같지만 내담자가 목표추구를 향해 노력하지 못하게 방해하는 요인들을 확인하고 줄일 수 있도록 조력하는 일이 상담의 목표가 된다.

이상에서 보는 바와 같이 진로상담의 목표는 세 가지라고 할 수 있다. 즉, 발달의 촉진, 의사결정 기술의 향상, 최적의 진로와 관련된 선택이 그것이다. 목표를 정할 때는 적용하는 이론과 내담자 자신이 원하는 목표를 함께 고려한다. 실제로 세 가지 목표를 모두 고려한다는 것은 아주 숙련된 상담자라고 해도 쉬운 일이 아니다. 성인들의 진로문제는 최적의 진로 선택이라기보다 일에의 적응이라고 할 수 있는데 지금까지 진로상담에서는 이점이 다소간 소홀히 취급되어 왔다고 생각된다. 그러나 직업이동이 점점 활발해지고 최근에는 신입사원의 나이제한마저 없어지고 있어서 성인들의 진로문제에 대한 관심과 연구가 더욱 활발해져야 할 것이다.

이 장에서는 진로상담 과정의 각 요소에 대해 알아보았다. 진로상담에서는 진로

정보를 수집하는 일, 내담자가 진로의 중요성을 인식하게 하는 일, 스스로 자신과 직업에 대한 정보를 확보하는 일, 확보한 정보를 바탕으로 진로 탐색을 하는 일 그리고 진로 의사결정을 하는 일과 진로 준비를 하는 일 등 내담자가 직접 노력해야 하는 과제들이 많다. 일반 상담과 진로상담이 다른 점은 바로 이런 점에 있다고 볼 수 있다. 그러므로 진로상담자들은 성공적인 상담을 위해 내담자의 진로 탐색과 선택의 의지를 공고히 하는 기술을 개발해야 한다. 또한 진로 선택을 하지 못하는 우유부단형의 내담자를 다루는 기술은 일반 상담의 능력에서 개발되기 때문에 진로상담자들은 진로문제를 다루는 상담 훈련을 받는 데 그칠 것이 아니라 일반 상담의 훈련도 충실히 받아야 할 것이다. 진로상담이 상담의 핵심적 영역이지만 그렇다고 진로상담이 일반 상담과 무관한 독립적 영역은 결코 아니다. 결국 진로상담은 일반 상담의 맥락속에서 이루어지는 것이다.

## 참고문헌

김계현(1995). 상담심리학. 서울: 학지사.

김봉환, 김계현(1995). 진로미결정에 관한 연구동향과 향후의 연구과제. 한국심리학회지: 상담과 심리치료, 7(1), 20-43.

김봉환, 김계현(1997). 대학생의 진로결정수준과 진로준비. 행동의 발달 및 이차원적 유형화. 한국심리학회지: 상담과 심리치료, 9(1), 311-333.

청소년대화의 광장(1997). 청소년 실태조사. 서울: 청소년대화의 광장.

Borow, H. (Ed.) (1964). *Man in the world at work*. Boston: Houghton Mifflin.

Brolin, D. E. (1991). *Life centered career education· A competency based approach(3rd ed.)*. Reston, VA: Council for Exceptional Children.

Crites, J. O. (1981). *Career counseling: Models, methods, and materials*. New York: Mcgraw-Hill.

Gottfredson, L. S. (1981). Circumscription and compromise: A developmental theory of occupational aspirations. *Journal* of *Counseling Psychology, 28*(6), 545-579.

Harren, V. A (1979). A model of career decision making for college students. *Journal of Vocational Behavior, 14,* 119-133.

Holland, J. H. (1992). *Making vocational choices: A theory of vocational personalities and work environments(2nd ed.).* Odessa, FL: Psychological Assessment Resources.

Holland, J. L. (1973). *Making vocational choices: A theory of careers.* Englewood Cliffs, N.J.: Prentice-Hall.

lsaacson, L. E., & Brown, D. (1997). *Career information, career counseling, and career development(6th ed.).* Boston: Allyn and Bacon.

Krumboltz, J. D., Mitchell, A., & Gelatt, H. G. (1975). Applications of social learning theory of career selection. *Focus on Guidance, 8*(3), 1-16.

Mitchell, L. K., & Krumboltz, J. D. (1990). Social learning approach to career decision making: Krumboltz's theory. In D. Brown, et al., *Career choice and development: Applying contemporary theories to practice(2nd ed.).* SanFrancisco: Jossey-Bass.

Mitchell, T. R., & Beach, L. R. (1976). A review of occupational preference and choice research theory. *Journal of Occupational Psychology, 49,* 231-248.

Peterson, G. W., Sampson, J. P., & Reardon, R. C. (1991). *Career development and services: A cognitive approach.* Pacific Grove, CA: Brooks/Cole.

Peterson, J. V., & Nisenholz, B. (1987). *Orientation to counseling* (2nd Ed.) Boston: Allyn & Bacon.

Reiman, J., & Bullis, M. (1994). *T. C. B-Transition Competence Battery for Deaf and Hard of Hearing Adolescents and Young Adults.* Santa Barbara, CA: James Stanfield Co., Inc.

Roe, A. & Lunneborg, P. W. (1990). Personality development and career choice. In D. Brown, L. Brooks, and associates, *Career choice and development: Applying contemporary theories to practice (2nd ed.),* pp. 68-144. SF: Jossey-Bass.

Sampson, J. P., Jr., Peterson, G. W., Lenz, J, G., & Readon, R. C. (1999). A cognitive information processing approach to employment problem solving and decision making, *The Career Development Quarterly, 48,* 3-18.

Savickas, M. L. (1997). The spirit in career counseling: Fostering self completion through work. in D. P. Bloch, & l. J. Richmond (Eds.), *connection between spirit and work in career development*, pp. 3-26. Palo Alto, CA: Davies-Black.

Wagner, M. (1989). The transition experiences of youth with disabilities: A report from the National Longitudinal Transition Study. Paper presented at the annual meeting of the Council for Exceptional Children, San Francisco, CA.

**제10장**

# 장애인 진로상담

이 장에서는 장애인들을 위한 진로상담에 대해 알아보기 위해 특수상담의 본질, 특수 상담자의 바람직한 장애인관, 전환을 위한 행동적 상담 등을 다룰 것이다.

## 1. 특수아 상담

현재까지 우리 나라에서는 장애인에 대한 상담보다는 치료교육이 훨씬 더 활발하다. 아직도 우리는 장애인에게 체계적이고 신뢰로운 상담 서비스를 제공하지 못하고 있는 것 같다. 그것은 특수교육 내에서나 일반상담에서나 마찬가지일 것이다. 즉, 현재까지 특수교육자들이나 교육상담자들 모두 특수아에 대한 상담의 가능성이나 효과에 대해 진지한 관심을 가지거나 연구를 하고 있지 않는 것 같다. 특수아 상담은 사회적으로 요구되고 있지만 아직 전문적으로 연구되지도 않았고 또한 전문인도 양성되지 못하고 있기 때문에 미개척 분야라고 할 수 있다. 가령 현재 교육대학원의 '전문상담교사 양성과정'의 교과목 중에는 '특수아 상담'이 포함되어 있지만 이 과목을 제대로 감당할 수 있는 전문강사를 찾기가 대단히 어렵다. 미국에서도 1980년대 이전에는 공립학교에서 특수아 상담이 빈번히 이루어지지 않았는데 가장 큰 이유는 현재의 우리나라 사정과 유사하게 당시 미국 특수교사들이 특수학생을 위한 상담 훈련을 받지 못했기 때문이었다. 그 결과 당시의 특수교사들은 학생의 독특성을 고려하지 않고 장애인이라는 고정관념으로 그들을 다루었으며, 그들을 과잉보호하였다. 또한 학생의 기술, 목표, 욕구를 세밀하게 평가하지 않고 그들을 프로그램이나 직업에 배치하였으며, 그들에 대한 거부감을 지니는 경우가 많았다. 그때의 특수교사들은 장애학생들이 일반학생보다 열등하다고 생각하여 그들에 대해 동정심이나 슬픔을 느끼는 일이 많았다. 지금 우리의 경우에는 이와 얼마나 다를지 생각해 볼 일이다. 특수아 상담을 이해하기 위해 먼저 일반 상담을 간단히 정리해 보기로 하자.

　보통 혹은 심한 정도로 적응상 어려움을 지닌 학생들을 위한 상담의 본질은 다음과 같이 설명될 수 있다.

- 상담과정의 특징은 상담자와 학생간의 독특한 조력관계다.
- 상담과정은 언어적 및 비언어적 의사소통으로 이루어진다.
- 상담은 경도에서 중도에 이르는 일반적인 적응 문제와 최중도의 행동적, 정서적 불안정을 보이는 학생들에 대한 서비스다.
- 상담은 합리적인 계획, 문제해결, 지지 활동을 강조한다.
- 상담은 무의식적 동기, 과거 사건, 비현실적인 꿈이나 상징보다는 일상의 현실과 의식적 관찰에 초점을 둔다.
- 상담은 진단과 성격의 결함을 치유하는 것보다는 내담자 개인의 문제 해결 능력이나 의사결정 능력을 더 소중하게 활용한다.
- 상담은 구체적인 문제가 확인되고 일정한 시간 내에 성과를 볼 수 있는 단기과정이다.

효율적이고 성공적인 상담에는 다음의 네 가지 특징이 있다.

- 상담자는 내담자에 대해 참된 관심을 가지고 있어야 한다. 상담자는 말, 몸짓, 자세, 표정으로 수용과 이해 그리고 진실함을 전달함으로써 내담자와 라포를 형

성하여야 한다.

- 상담자는 반드시 공감적 반응을 보여야 한다. 공감이란 간단하게 말해 내담자의 입장에서 현실이나 문제를 이해하는 것이다.
- 내담자가 상담과 상담자에 대해 신체적인 면은 물론 정서적으로도 안전하게 느낄 수 있게 하여야 한다. 내담자가 약점이나 무능함을 보이면 그것과 관련된 가장 내면적인 개인적 감정을 표현해 주어야 한다. 그럴 때 내담자는 상담자를 신뢰하게 된다.
- 상담관계는 분명한 한계를 지니고 있다. 이 한계를 지킴으로써 개인적, 인간적, 사회적, 정서적 발달과 독립성이 증진된다. 가장 중요한 한계는 내담자의 문제해결과 성장의 책임이 내담자에게 있음을 분명히 하는 것이다.

한편, 효과적인 상담관계를 형성하기 위해 주의집중을 실천해야 한다. 다음의 원리를 실천할 때 생산적인 주의집중이 이루어진다.

- 상담자와 내담자 사이에 책상이나 탁자와 같은 방해물이 없도록 한다.
- 상담자와 내담자 사이에 서로 편안한 거리를 유지한다.
- 내담자와 얼굴을 맞대고 눈을 응시한다.
- 개방적 자세를 취하여 내담자의 생각이나 감정을 수용하는 모습을 보인다.
- 상체를 내담자 쪽으로 약간 기울여 관심과 주의를 기울이고 있음을 보인다.

이와 같은 기본적인 상담의 원리를 알고 있다고 해도 장애인에 대한 이해가 부족하면 그들을 위한 상담을 할 수 없다. 따라서 특수아 상담 능력을 갖추기 위해서는 장애와 장애인에 대한 지식을 갖추고 있어야 한다. 또한 장애인 개인 간에 따른 차이뿐만 아니라 장애의 종류나 정도에 따라서 그들의 강점, 약점 등의 능력이나 특성의 차이가 심하다는 것을 인식해야 한다.

현존하는 장애 연구를 통해 장애인이 느끼는 삶에 대한 만족감이나 심리적 적응에 관해 다음과 같은 공통적인 입장을 파악할 수 있다(Marshak & Seligman, 1993).

- 장애와 삶의 만족감의 관계는 흔히 생각하는 것보다 훨씬 복잡하다. 그러나 일반적으로 어떤 장애는 만족의 정도를 떨어뜨린다고 말할 수 있다. 삶에서 만족

이란 장애 이외에 많은 요인에 의해 결정된다는 것을 알아야 한다. 그리고 많은 장애인들이 자기 삶에 대해 깊은 만족감을 가지고 살고 있다는 것을 기억해야 한다.

- 장애인의 자아개념은 일반인에 비해 느리게 발달한다. 장애인들은 청소년기에 가장 심각하게 자아개념이 낮아지기도 한다. 그러나 많은 장애인들이 성인기에 이르러 충분한 자존감을 형성하게 된다.
- 심리적인 부적응의 정도는 우리가 흔히 생각하는 것과 달리 장애인보다 일반인에게서 더 빈번하다.

장애인들은 일반인들과 다른 점보다는 같은 점을 더 많이 가지고 있다. 그들도 삶의 여러 단계에서 어려움을 겪고 상담을 필요로 한다는 것은 너무나 당연한 사실이다. 장애인들은 흔히 직업을 구하거나 유지하는 데 관련된 갈등, 편견과 실패에 자주 시달리며 건강하고 현실적인 자아개념을 발달시키는 데 방해가 되는 타인들의 태도, 양식 있는 가족이나 부모의 과잉보호와 그로부터 조장되는 의존성이나 학습된 무력감으로 어려움을 겪는다. 일반 상담자가 장애인에게 상담 서비스를 제공하기 어려운 이유는 이런 장애인이 겪는 어려움을 제대로 인식하기 어렵다는 점과 일반인 상담에서 사용하는 원리와 기술을 장애인에게는 쉽게 적용할 수 없기 때문이다. 이것을 보다 구체적으로 살펴보면 다음과 같다(Litton & Atkins, 1995).

- **부정확한 지각**: 장애로 인해 내담자의 개인적 특성을 정확하게 지각하는 능력이 저하된다. 결과적으로 장애인 내담자를 과소평가함으로써 과잉보호를 하거나 적극적인 상담과정을 추구하기 어렵게 된다.
- **소극적 상담 태도**: 장애로 인해 문제가 충분히 해결될 수 없다는 믿음으로 모든 상담 기술을 활용하지 않는다.
- **정신병리의 과장**: 장애인의 심리적 적응력을 과소 평가하여 부적응 행동을 적응을 위한 노력 혹은 대응 기제로 이해하지 못한다. 심리적 요인보다는 환경적 요인을 주의 깊게 검토하면 장애인의 부적응 행동을 더 정확히 이해할 수 있다.
- **심리적 거리**: 장애인을 상담할 때 일반인들보다 심리적 거리를 더 많이 둠으로써 효과적인 상담을 하지 못하는 일이 있다. 장애인도 일반인과 마찬가지로 효과적

인 상담에 필요한 만큼의 적절한 심리적 거리를 유지하는 것이 필요하다.

- 장애 자체에 지나친 초점을 둔다.

이정근(1988)은 일반 상담의 원리를 장애인 상담에 적용하는 방식으로 장애인 상담에서 유념할 사항을 다음과 같이 설명한다. 이것들은 다음에 소개할 Buscaglia의 권고 사항이 내포하고 있다.

- 너무 지나치게 장애자를 이해하려고 애쓰지 말아야 한다. 장애자가 가지고 있는 문제를 해결하는 데 도움이 될 만한 정보 이외에는 지나치게 알려고 해서는 안 된다. 만일 그렇게 되면 장애자는 자신에 대해서 위협감을 느껴 방어적으로 변할 수 있다.
- 상담과정에서 장애자가 보이는 작은 반응이라도 놓치지 말고 관찰하여 그 의미를 찾아야 한다. 경우에 따라서는 아주 작은 반응이라도 중요한 의미를 가질 수가 있으며, 때로는 침묵도 그 속에 여러 가지 의미를 내포하고 있다는 점을 명심해야 한다.
- 서두르지 말고 장애자의 보조에 맞추어 상담을 진행시켜야 한다. 장애자가 자기 문제의 해결을 위해서 필요하다고 생각될 때 상담자에게서 필요한 정보를 얻을 수 있도록 배려하는 것이 바람직하다. 장애자가 정보를 문제 해결에 이용할 준비가 되어 있지 않은 상태에서 정보를 제공하게 되면 오히려 혼란에 빠질 수도 있다.
- 장애자의 욕구가 상담자의 상담과정을 결정하도록 조치해야 한다. 상담자가 일방적으로 장애자의 문제를 인지하고 그 문제를 해결하려는 행동을 보이기보다는 장애자 스스로 자기 문제를 인식하고 그 문제를 해결하고자 하는 의욕을 보일 때 상담에 임하도록 한나.
- 상담자는 자기 자신을 인지하고 있는 그대로 장애자에게 드러내 놓을 수 있어야 한다. 상담자가 자신의 한계를 솔직히 시인하고 그가 원하는 정보를 다른 전문가에게서 받을 수 있도록 조치를 해야 한다.

## 2. 특수상담자의 장애인관

일반적으로 정신지체, 시각장애, 청각장애, 정서장애(자폐성 장애 포함), 지체장애로 분류되는 장애의 각 영역의 교육목표는 일반교육의 목표와 마찬가지로 자아실현과 자립이다. 특수학생을 상담할 때 상담자는 이들의 자아실현 가능성과 자립의 가능성에 대한 믿음을 가지고 있어야 한다. 이들이 가진 장애에도 불구하고 이들을 한 사람의 온전한 인격체로 이해하고 받아들이는 능력이야말로 이들을 돕는 상담자들이 가장 먼저 길러야 하는 과제다.

유능한 특수상담자인 Buscaglia(1975)는 특수상담자의 인간관을 설명하기 위해 특수상담자들이 장애인을 대할 때 다음과 같은 지침을 제안하였다.

- 장애인은 스스로 인격을 갖춘 독립적인 사람들이다. 그들은 당신이나 가족, 의사 혹은 사회에 소유되지 않음을 기억하라.
- 장애를 지닌 각 개인은 모두 다르다. 그들에게 사회의 편리를 위해 어떤 명칭이 붙어있다 해도 그들은 여전히 전적으로 '독특한' 사람이다. 어떤 두 명의 정신지체 아동도 같지 않고 어떤 두 청각장애를 지닌 성인도 같지 않다는 것을 기억하라.
- 장애인을 생각할 때 그들이 인간임을 먼저 기억하라. 장애인이라는 것은 그 다음이다. 이들은 다른 어떤 사람과 다름없이 자기를 실현할 권리를 가지고 있다. 그들은 자기의 속도로, 자기 방식으로 자기 자신이 가진 수단으로 자기를 실현할 수 있다. 그들은 자신일 수 없을 때나 자기를 발견할 수 없을 때 고통을 받는다.
- 장애인들도 사랑하고, 사랑받고, 배우고, 나누고, 성장하고, 경험할 욕구를 당신과 마찬가지로 가지고 있으며, 또한 당신이 사는 바로 그 세계에서 그런 것들을 경험하고 싶은 똑같은 욕구를 가지고 있음을 기억하라. 그들은 별개의 세상에서 살고 있지 않다. 오직 한 가지 세상이 있을 뿐이다.
- 장애인들이 넘어지고, 실패하고, 고통받고, 울며 부르짖고, 저주하고, 절망할 권리를 당신과 꼭 같이 가지고 있음을 기억하라. 그들이 이런 경험을 하지 못하게 보호하는 것은 그들에게서 삶을 빼앗는 것과 같다.

- 장애인 자신만이 자기에게 가능한 것을 보여 주거나 말해 줄 수 있음을 기억하라. 우리가 그들을 사랑한다는 것은 주의 깊게 그들의 입장에서 관찰할 수 있다는 말이다.

- 장애인들은 자신의 힘으로 살아야 한다는 것을 기억하라. 우리는 대안, 가능성 그리고 필요한 도구를 마련해 줄 수 있다. 그러나 그것들을 활용하는 사람은 우리가 아니고 그들일 뿐이다. 우리는 우리가 할 수 있는 만큼 그들을 굳건하게 지켜보면서 강화하고, 격려하고, 희망을 주며, 도움을 줄 수 있을 뿐이다.

- 장애인들도 우리처럼 우리가 알고 있는 삶에 대한 권리를 가지고 있다. 그들도 우리처럼 평화롭고, 즐겁고, 사랑하는 마음으로 삶을 살지, 혹은 정열 없이 슬픔에 젖어 죽음을 기다리고 살지를 결정해야 한다는 것을 기억하라.

- 장애인들은 어떤 장애를 가지고 있다해도 우리가 그들에게 바라는 것이 아니라 자기 스스로 원하는 사람이 될 수 있는 무제한적인 능력을 가지고 있음을 기억하라.

- 장애인들은 일을 어떤 식으로 할 것인지 독자적인 방식을 찾아내야 한다. 우리의 기준을 그들에게 적용한다는 것은 현실적인 태도가 아니며, 심지어는 파괴적일 수 있다. 신발 끈을 매는 방식, 물 컵으로 물을 마시는 방식, 버스 정류소를 발견하는 방식은 여러 가지다. 학습하는 방식과 적응하는 방식은 다양하므로 그들은 자신에게 가장 알맞는 방식을 찾아내야 한다.

- 장애인들도 배우기 위해 세상과 다른 사람이 필요하다는 것을 기억하라. 많은 사람이 믿는 것처럼 가정이나 학교 교실과 같은 보호된 상황에서만 학습이 가능한 것이 아니다. 세상이 교실이며, 모든 인류가 다 교사다. 어떤 경험도 의미 없는 것은 없다. 우리의 의무는 그들이 넘어졌을 때 언제나 정서적이 일회용 밴드를 가지고 있는 사랑하는 사람으로 행동하는 것이다. 그러나 우리가 그들에게 새로운 모험을 할 수 있도록 새로운 지도를 제공하는 일은 더욱 중요한 의무다.

- 장애인들은 자신과 타인에 대해, 그리고 자기의 조건에 대해 정직할 수 있는 권리가 있음을 기억하라. 자기에게 정직하지 못하는 것은 우리에게 전혀 이롭지 않다. 정직할 때만이 우리는 성장할 수 있다. 무엇보다도 장애인들은 당신의 최상의 모습을 필요로 한다는 것을 기억하라. 그들이 자신이 되고 성장하고, 자유

롭고, 배우고, 변화하고, 발전하고, 경험하는 인간이 되기 위해서는 바로 당신이 그런 사람이 되어야 한다. 만약 당신이 성장하고 자유롭게 배우고, 변화하고 발전하고, 경험하고 있다면 당신은 그들이 그렇게 하는 것을 허용하게 될 것이다.

위의 권고들을 요약하면 장애인은 우리가 흔히 생각하는 것보다 더 많은 자립 가능성이 있다는 것을 염두에 두어야 한다는 말이 될 것이다. 비록 특수학교 전체에 대한 말은 아니지만 김승국(1997)은 특수학급 인원의 다수를 차지하는 경도 정신지체 학생 중 대다수는 성인으로서 독립생활을 할 수 있으며, 많은 정신지체 학생은 학교를 졸업한 후 더 이상 정신지체란 말을 듣지 않을 수 있고, 정신지체로 인식되지도 않는다고 하였다. 이런 이유로 김승국(1994)은 경도 정신지체인을 위한 진로교육은 중도 정신지체인을 위한 진로교육과 구분할 필요가 있다고 설명한다. 그러나 이것은 방법상의 차이를 주장한 것이지 중도 정신지체인과 같은 심각한 장애를 지닌 사람들을 위한 진로교육을 포기해야 한다는 말은 결코 아니다.

## 3. 특수아 진로상담

### 1) 행동적 진로상담

장애학생을 위한 진로상담의 과정은 제9장의 진로상담의 과정에서 설명한 내용을 그대로 따르면 된다. 그러나 장애아의 능력, 동기, 장애의 정도, 가정 및 사회적 자원 등을 평가하는 과정은 다른 전문가의 개입을 필요로 한다. 일반적인 진로교육의 과정에서 진로 성숙도나 자기에 대한 이해와 조절, 대인관계를 비롯한 사회생활 능력 등을 체계적으로 기를 수 있기 때문에 장애인의 진로상담은 진로교육에 포함된 과제 중 내담자가 호소하는 부분적인 과제에 작업의 초점을 맞추어야 할 것이다. 즉, 장애인 진로상담은 진로 탐색, 의사결정, 대인관계 능력의 향상, 통학이나 계좌관리 등 진로에 관련된 부분적인 과제를 다룸으로써 전체적인 진로교육의 효과를 향상시키기 위한 보조적인 기능을 수행하는 것이 바람직할 것이다. 장애인들은 개인 간에 따른 차이뿐만 아니라 장애의 종류나 정도에 따라서도 진로 의식이나 진로 의사결정 능력 등에서 차이가 심하다는 사실을 염두에 두어야 한다. 예를 들어, 이광웅(1995)은 초등학생의 진로 성숙에 관한 연구에서 지능이 낮은 학생은 높은 학생보다 진로 성숙도가 낮다고 보고했으며, 김우동(1997)은 학습부진아보다 학습우수아의 진로 성숙도가 높다고 보고하였다. 따라서 장애인을 위한 진로상담에서도 장애인 내담자의 여러 가지 영역의 능력을 평가하는 일이 중요하다고 하겠다.

한편으로 장애인을 위한 진로상담은 앞 장에서 설명한 전환교육의 맥락에서 실천될 수 있다. 여기에서는 전환교육의 맥락에서 진로상담자의 역할과 기능을 중심으로 장애인을 위한 진로상담을 살펴볼 것이다.

장애학생의 성공적인 진로상담에는 행동적 접근이 더 유용한 것으로 인정되어 왔다. 행동상담은 부적응 행동을 변화시키기 위해 실험적으로 확립된 학습원리를 적용하여 부적응적 습관을 약화시키거나 소거시키고 적응적 습관을 형성하게 하거나 강화시키는 것을 목적으로 한다(Wolpe, 1969). 문제가 있다고 판단되면 행동 평가와 진단을 한다. 행동적 접근에서는 학생의 문제를 객관적이고 측정 가능하며, 관찰 가능한 용어로 명료하게 확인한다. 만약 선행사건이나 문제를 유지하는 요인이 있는지 확인해 보아야 한다. 장애 청소년의 문제는 행동적으로 볼 때 지나치거나 부족하다는 성격을 띠고 있어서 상담자는 빈도나 심각도를 줄이거나 증가시키기 위한 개입을 한다. 장애아에게 직업에 대해 가르치거나 사회적 기술을 가르칠 때 유용한 행동적 상담 기법은 행동 시연과 문제해결의 방법이다(Foss, Auty, & Irvin, 1989). 행동 시연은 상담자의 직접적인 감독하에서 적절한 행동을 연습하는 과정을 말한다. 이 기법의 목적은 부적절한 행동을 보다 적절한 행동으로 대체하는 것이다.

행동 시연의 절차는 다음과 같다.

- 내담자가 상황을 간단히 기술하게 한다.
- 내담자 문제를 다루기 위해 스스로 바라는 행동을 기술하게 한다.
- 내담자 스스로 상황 속에서 상대방이 실제로 어떻게 한다는 것을 말하게 한다.
- 장면을 구성한다.
- 짧은 문장으로 실험해 본다. 상대방의 역할을 하는 상담자는 처음에는 협조적으

로 반응한다. 상황을 악화시키지 않는다.

- 내담자가 자기 행동에 대한 긍정적인 피드백을 하도록 한다. 즉, 자신의 어떤 행동이 효과적이었는지를 말하게 한다.
- 상담자는 그외의 긍정적 피드백을 한다.
- 내담자 스스로 변화를 위한 제한을 하게 한다. 한 번에 두 가지 이상을 말하지 않게 해야 한다.
- 내담자가 두 가지를 제안하지 못하면 두 가지 이내에서 제안을 한다.
- 5단계에서 9단계를 반복한다. 내담자가 점점 더 익숙해지면 점점 더 긴 상황을 설정한다. 그리고 상대방 역할을 하는 상담자는 내담자가 다루기를 좀 더 어려워하는 방식으로 행동한다.

또 다른 기법은 행동 계약이다. 이것은 내담자와 상담자가 구체적인 문서 계약서를 만드는 것이다. 계약서에는 강화를 받게 되는, 바라는 행동을 구체적으로 명시한다. 다음은 행동 계약을 하는 절차다.

- 계약서에 명시되는 행동은 구체적이어야 한다.
- 바람직한 행동을 했을 때 주어지는 강화는 계약서에 명료하게 진술되어야 한다. 오직 요구되는 행동을 했을 때에만 강화를 제공해야 한다.
- 상담자와 내담자는 연습되는 행동, 연습 장소와 시간, 연습의 양을 합의하여야 한다.
- 처음에 상담자는 촉구를 하고 바라는 행동을 하는지 관찰해야 한다. 계약이 준수될 때는 즉시 강화를 제공하여야 한다.

## 2) 전환 서비스에서의 진로상담

여기서는 진로의 문제로 찾아오는 장애인의 상담과 상담자의 역할에 대해서는 다루지 않고 학교나 기관에서 장애인의 전환 서비스의 맥락에서 상담을 이해하고 그에 따라 상담자가 할 일을 논의해 볼 것이다.

### (1) 전환 서비스와 상담자의 역할

중등부에 속하는 장애학생을 다루는 상담자들은 전환교육 혹은 전환 서비스의 의미와 법률적 목적 등을 잘 알고 있어야 한다. 이것은 상담자들이 전환 교육의 정의, IEP에 포함될 전환교육의 내용과 평가는 물론 학생을 격려해서 진로 성숙과 진로 탐색을 하도록 동기화시키는 방법 등을 잘 알고 있어야 한다는 것이다. 전환교육에서 상담자의 역할은 관리나 운영자라고 할 수 있다. 전환 서비스 과정에서 상담자의 역할은 전환 전과정을 계획하고 여러 전문가들에 의한 개입적 활동을 조절하며, 관리하는 역할을 하게 된다. 전환 서비스에서 상담의 중요성은 미국 하원의 교육과 노동위원회의 보고서에도 잘 나타나 있다.

재활상담은 학교에서 일로의 성공적인 전환에 필요한 광범위한 지식을 실천하는 일이다. 즉, 장애가 직업에 미치는 영향, 진로 발달, 장애인 진로상담, 직업 배치, 직업 변화 등에 대한 지식을 말한다. 그러므로 재활 상담자들은 장애 학생들에게 효과적이고 계획된 전환 서비스를 보장하기 위하여 적절한 상담을 제공하고 여러 분야의 특수교육 전문가, 성인에 대한 서비스를 제공하는 사람들, 대학이나 고교졸업 후의 교육기관의 서비스를 조정, 관리할 수 있도록 전문적으로 훈련되어야 한다(미 하원, 1990).

### (2) 미국의 전환 서비스 모형

미국에서는 세 가지 장애인을 위한 전환 서비스가 모형이 있다. 그것은 OSERS (office of special education and rehabilitative services) Model(Will, 1984), Halpern Model(1985) 그리고 LCCE(life-centered career education transitional model; Brolin, 1991)을 말한다. 각 모형에 따라서 진로싱팀자의 역할노 다소간 달라진다.

OSERS 모형은 전환 과정을 시각적으로 설명하기 위해 그것을 학교에서 취업 사이에 있는 세 가지 단계 중에 한 단계를 성공적으로 협상하는 것으로 본다. 어떤 단계가 가장 적합한지는 전환 팀이 결정한다. 세 가지 단계는 다음과 같이 설명된다. 이 비유는 9장에서 진로상담을 설명할 때 의사결정의 유무를 기준으로 내담자를 분류한 것과 유사하다. 여기서는 의사결정 유무 대신 내담자의 직업적 유능성이 적용되었다는 것이 다르다.

- **특별한 서비스가 제공되지 않음**: 이 범주에 속하는 학생들은 이미 충분한 직업적 유능성이 갖추어져 있기 때문에 경쟁적 고용 시장에서 경쟁을 통해 취업할 수 있다. 이 학생들에게는 다른 모든 학생에게 제공되는 일반적인 조력만이 필요하다.
- **제한된 시간의 서비스**: 이것은 경도나 중도의 장애 학생들이 경쟁적으로 얻을 수 있는 직업을 성공적으로 얻도록 특별히 고안된 서비스다.
- **지속적인 서비스**: 이것은 중증 장애를 지닌 학생들에게 제공되는 계속적인 진로 서비스를 말한다. 이 범주의 서비스는 특수한 형태의 지원 고용 서비스다.

Halpern 모형은 OSERS 모형의 대안이라고 할 수 있다. 이 모형에서는 고용이 중심이 아니라 지역사회에의 적응이 중심이 된다. 지역사회에의 적응은 고용뿐만 아니라 주거환경과 사회적 인간망에의 적응으로 정의된다.

LCCE 모형에서는 장애인의 성공적인 전환을 가능하게 하기 위해 효과적인 기능적 교과과정을 조직하는 원리로서 LCCE 교육과정이 기본 틀로 사용된다. 이 모형에는 4단계가 있다. 그 4단계에는 첫째, 진로 인식, 둘째, 진로 탐색, 셋째, 진로 준비, 넷째, 각급 학교를 통해 진로에 동화되는 것과 학생의 교육 및 서비스를 책임지는 사람을 명시하는 것들이 있다. 이 모형은 다음의 열두 가지 원리를 따라 실천된다.

- 직업성격의 발달은 출생과 더불어 시작된다.
- 진로는 직업보다도 더 중요하다.
- 진로 발달은 인식, 탐색, 준비, 동화의 4단계를 거쳐서 이루어진다.
- 주요 교수 영역은 학문적 기술, 일상 생활 기술, 개인적–사회적 기술, 직업기술 네 가지로 나뉜다.
- 진로 교육이나 유능성은 대부분 교과 과목을 통해 가르칠 수 있다.
- 성공적인 진로 발달과 전환을 위해서는 학교, 학부모, 기업체 그리고 지역사회의 서비스 기관이 밀접한 연대를 가져야 한다.
- 특수교육이 필요한 학생들에게는 현장 경험을 통해 배워야 한다.
- 통합교육에 의해 정상화를 시도하는 것은 결정적으로 중요하다.

- 협동적 학습환경이 구비되어야 한다.
- 공식적 및 비공식적으로 직업 평가를 하는 것이 중요하다.
- 전환 과정을 도울 수 있는 자원들을 조정할 사람이 필요하다.
- 각 기관들이 적절하게 합의하는 일이 중요하다.

이 모형에서는 전환 프로그램이 초등학교에서부터 중요한 진로나 직업적, 사회적 개념들을 정규 교과과정을 통해 가르치게 된다. 또한 이 접근은 전인적 인간을 강조한다.

어떤 모형을 따르든지 전환팀이 학교 내에 구성되어 전환 서비스를 계획하고 조정해야 한다. 전환팀은 대체로 학교 인사, 직업재활기관의 인사, 발달 센터의 인사, 부모, 변호사, 학생 당사자, 고용 가능성이 있는 기업체 인사로 구성한다. 전환팀의 주요 목표는 다음과 같은 활동이라고 할 수 있다.

- 현존하는 서비스들을 조사하는 일
- 전환 계획의 지침을 제공하는 일
- 지역사회의 서비스 기관들 간의 합의를 이루는 일

### (3) 전환 서비스의 과제

전환 계획을 수립할 때 고려되어야 할 다섯 가지 영역의 과제가 있다.

#### ① 고용(지원 고용을 포함)

전환 계획을 수립할 때 미래의 고용은 중요한 고려 사항이다. 미래의 구체적인 고용을 계획할 때는 다음과 같은 질문을 탐구해야 한다.

- 학생의 직업 흥미는 무엇인가?
- 장애의 특징과 심각도는 어떤가?
- 학생의 직업 흥미를 실현시키려면 일에 관한 어떤 기술이 필요한가?
- 현재 학생이 지니고 있는 최소한의 일에 관한 행동은 어떤 것들이 있는가?
- 학생의 직업 개발을 조력하기 위해서 어떤 학교 활동이 활용될 수 있는가?
- 졸업하기 전에 어떤 학문적, 사회적, 직업적 훈련 프로그램이 필요하며, 그것들

을 어디에서 훈련받을 수 있는가?

- 학교는 어떤 시설을 구비해야 하며 학생 스스로 자기에게 필요한 시설을 요구할 수 있는 기술이 있는가?

위의 질문에서 알 수 있듯이 고용을 계획하는 데 있어서 가장 중요한 일은 장애 학생의 직업 흥미를 정확히 파악하는 일이다. 따라서 학생의 흥미를 정확히 평가하기 위한 검사도구를 구비하는 일은 전환 서비스를 조정, 운영하는 진로상담자에게는 대단히 중요한 과제라고 할 수 있다. 직업 흥미 검사의 종류는 제9장에서 소개되어 있지만 그것들은 결코 충분하지 않다. 상담자는 일상적으로 보다 다양한 유형의 장애인들을 평가할 수 있는 검사도구를 발굴, 제작하는 일에 힘써야 한다.

### ② 고등부 졸업 후의 교육이나 훈련

모든 장애인들이 고교졸업을 하는 즉시 취업을 추구하는 것은 아니다. 그들 중에는 대학이나 다른 훈련기관을 택하는 학생들이 있다. 이들에 대해 상담자는 학생과 부모를 모두 만나 그들의 지적 및 정서적 발달 상황을 평가하여 그들이 가진 학문적 능력과 약점, 구체적인 학습장애, 학습 양식 등에 대한 종합적 의견을 마련해야 한다. 이 집단의 장애학생들에 필요한 전환 서비스의 목적과 목표를 생각해 보면 다음과 같다.

- 효과적인 학습 습관을 배우는 것
- 효과적인 시간 관리 능력을 배우는 것
- 진로 탐색 계획과 실천
- 필요한 시험 준비를 하는 것
- 원하는 교육이나 훈련을 받을 수 있는 고등교육 기관을 확인하는 것
- 그런 교육 기관에서 제공하는 지원 서비스를 조사하는 것
- 선택한 학교에 지원하는 것

### ③ 독립생활

장애인들에게는 미래의 궁극적인 목표는 독립생활이다. 독립생활을 준비하기 위해 고려되는 두가지 과제는 첫째, 학생이 어디에 살 것인가와 독립적인 일상생활을

하는 데 필요한 기술은 어떤 것인가다. 어떤 학생들은 계속 집에서 살고 어떤 학생은 대학이나 훈련기관에 살며, 어떤 학생은 지역사회에 산다. 지역사회에서 선택할 수 있는 독립생활은 능력의 수준에 따라 다음과 같은 것들을 선택할 수 있다.

- **완전 독립생활**: 지원이나 감독이 거의 없이 혼자 사는 것
- **후원자 가정**: 어느 정도로 도움을 주는 후원자 가정에서 사는 것
- **집단 가정(그룹 홈)**: 지원, 감독, 훈련을 제공하는 집단 가옥에서 사는 것
- **반독립생활**: 아파트와 같은 한 건물 내의 독립 공간에서 거주 직원과 함께 사는 것
- **감독이 있는 기숙사**: 잠과 식사를 기숙사에서 하거나 혹은 잠은 기숙사에서 자고 식사는 집에서 하는 것
- **양육 시설**: 직원이 있는 양육시설에서 옷 입기, 목욕하기, 설겆이, 청소, 요리, 장보기, 금전관리 등 필요한 기본적인 조력을 받는 것
- **시설**: 장애인에게 필요한 모든 도움을 제공하는 곳

### ④ 성인 장애자 복지 서비스에의 적합성

교육체제에서 직업으로의 성공적인 전환은 학교에서 의무적으로 제공하는 서비스를 받는 생활로부터 필요에 따라 서비스가 제공되는 성인 복지 서비스로의 성공적인 전환에 달려 있는 경우가 많다. 즉, 학교를 졸업한 후 미국의 경우 사회보장국과 직업재활국에서 어떤 서비스를 판정받느냐에 따라 장애인의 성공적인 전환이 좌우되는 일이 많다. 현재 우리나라에서는 장애 판정과 그것에 따른 혜택과 지원 외에는 고등부 졸업 이후 성인생활을 독립적으로 운영하기 위해 필요한 지원의 종류와 정도를 결정하는 과정이 없다. 미국의 사회보장국은 각 장애자에 대해 보조적 안전보험 (supplemental security insurance, SSI)과 완전의료보험(medicaid)을 판정하며, 직업재활국은 직업 능력 평가, 직업 훈련, 직업배치, 배치 후 지원 서비스를 담당한다.

### ⑤ 지역사회 참여

전환 서비스의 최종 목표는 장애인이 지역사회에서 성공적으로 살게 되는 것이다. 이 목적을 위하여 오락 및 여가 기술과 사회적 기술이 훈련되어야 한다. 성인 장애인은 여러 가지 지역사회의 여가나 오락 활동을 만족스럽게 하지 못하는 경우가 많다.

이런 이유로 전환 서비스에는 지역사회에서 성공적으로 적용하기 위해 오락과 여가를 건설적으로 활용하는 능력을 훈련하는 계획이 포함되어 있어야 한다. 장애인이 여가와 오락을 즐기는 능력을 가지게 되면 첫째, 다양하게 지역사회의 생활에 참여할 수 있고, 둘째, 신체적으로 또 정서적으로 유익하며, 친구를 가지게 되는 일 등 다양한 사회적 상호작용을 할 수 있는 기회를 갖게 된다.

성인으로서 장애인이 성공적인 삶을 살려면 개인적 및 사회적 기술을 개발해야 한다. 학문적 능력이나 기술적 능력을 가지고 있더라도 능력을 개인적 및 사회적 기술이 없다면 대인관계를 형성하기 어렵고, 다양한 서비스 제공자들과의 의사소통이 어렵게 되며, 취업을 하더라도 유지하기가 어렵다.

다음에는 이상의 다섯 가지 요인들을 잘 고려하여 IEP를 작성하고 실천할 때 참고할 수 있는 방법적 전략을 소개한다(Rusch & DeStefano, 1989; Rush, DeStefano, Chadsey-Rush, Phels, & Szymanski, 1992).

- 전환 계획을 가능한 일찍 수립한다.
- 각 장애학생을 위한 전환팀을 구성한다.
- 각 장애학생을 위한 계획을 세운다.
- 학교와 지역사회에서 통합의 기회를 마련한다.
- 지역사회에서 사는 기술을 가르친다.
- 직업을 가지고 사는 기술을 가르친다.
- 부모, 지역사회의 지도자, 기업체 사용자를 적극 활용한다.
- 승진 기회가 있는 직업에 장애학생을 배치한다.
- 변화와 향상을 주기적으로 평가한다.

전환계획이 완성되었을 때는 이를 평가하여 적합성을 검토해야 한다. 그것을 평가하기 위해서는 다음의 네 가지 질문을 고려한다.

- 계획이 적절한가?
- 계획 속에 책임성이 분명한가?
- 계획이 실현 가능한가?

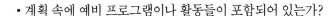

• 계획 속에 예비 프로그램이나 활동들이 포함되어 있는가?

### (4) 전환계획과 서비스를 위한 평가

진로상담자가 전환팀의 일원으로 혹은 조정자로서 활동할 때 상담 과정의 일부로서 중요한 과제는 장애인의 전환 서비스를 계획하기 위해 장애인의 여러 가지 특성을 평가하는 일이다. 이 활동은 현재 일반 상담자들이 장애인을 비롯한 특수아 상담을 할 때 훈련을 거쳐야 할 부분이다. 이 과제는 특수아 상담의 체계와 방법이 마련되어 있지 않은 만큼 앞으로 마련되어야 할 중요한 학문적 그리고 실제적 과제다. 우선 장애아에게 전환교육을 하기 위해서 무엇을 평가해야 하는지를 결정하는 것이 한 가지 과제다. 그 다음으로는 각 평가 과제를 어떤 도구로 평가해야 할 것인지를 결정해야 할 것이다. 마지막으로는 어떤 전문가가 평가를 해야 하는지를 결정하는 문제가 있다.

무엇을 평가할 것인가를 결정하는 기준으로서 전통적인 방식인 인지 기능, 정서 기능, 운동 기능, 가족관계, 교우관계, 사회적 기술, 흥미, 적성, 진로 성숙도, 진로 의사결정 유무와 방식, 현재의 심리적 혹은 정신적 문제, 강점 혹은 약점 등을 필요에 따라 적절하게 평가 영역으로 선택할 수 있을 것이다. 또 다른 기준으로는 앞에서 논의한 전환 서비스의 과제를 중심으로 필요한 영역을 평가하는 방법이 있을 수 있다. 그러나 이것 역시 우리 나라 사정에 정확하게 맞지 않는 것이어서 많은 수정이 필요할 것이다. 무엇을 평가할 것인지는 장애인과 전화 서비스의 목적 혹은 그 기관의 성격에 따라 항목이나 강조점이 달라지게 될 것이다. 여기서 브레인스토밍 수준에서 제안해 보면 다음과 같다.

• **고용 계획 영역**: 흥미검사, 장애 판정과 기능 및 심각도 평가를 생각할 수 있다. 이 때 장애 판정은 장애의 종류에 따라 상담자가 할 수 있는 평가의 범위가 달라질 것이다. 그러나 그 범위가 어떻든 관계없이 장애의 평가에는 특수교육자, 치료 교육 전문가, 의사, 재활의학 전문가 등 여러 분야의 전문가들이 필요하다. 단지 상담자는 이러한 평가 자료들을 종합하여 전환팀에 제시하고 전환계획을 세우는 과정에 적절한 방식으로 활용될 수 있도록 조력해야 할 것이다.

- **고등부 졸업 후의 교육이나 훈련**: 인지적 능력, 학문적 능력, 정서 발달 상태 등
- **독립생활**: 이동 능력, 취사 능력, 옷 입기와 세탁 능력, 구매 능력, 금전 관리 능력, 대인관계 능력 및 의사 소통 능력, 필요한 것을 요구하거나 부탁하는 능력, 편지 쓰고 부치는 능력, 청구서를 처리하는 능력, 약을 복용하거나 약속된 치료 시간을 시키는 능력 등이다.
- **성인 장애자 복지 서비스에의 적합성**: 이미 있는 자료를 일정한 양식에 알맞게 조직하여 지원서를 작성한다.
- **지역사회 참여**: 위에서 나열된 영역의 기능 평가 이외에 취미나 흥미활동, 여가생활에 대한 태도, 여가 생활에 대한 동기 등을 평가할 수 있다.

다음으로 어떤 도구를 사용할 것인지에 대해서 살펴보자. 주요 검사의 영역으로 지능, 학업 성취도, 사회 성숙도, 운동 기능, 흥미, 적성, 직업 가치관, 자조 능력, 시지각, 청각 능력 등을 평가하는 검사들 중에서 장애아의 장애 특질을 고려하여 적합한 검사를 택한다. 이외에도 신경계 발달 및 기능, 정신 상태 등이 평가될 필요가 있을 때에는 의사나 심리학자와 같은 다른 분야 전문가에게 의뢰한다. 여기서는 한국에서 현재 사용되고 있는 각 영역별 검사들은 이름만 소개하고 전환계획 과정에서 유용한 평가 도구로서 외국에서 사용되고 있는 세 가지 검사를 간단히 소개한다.

먼저 우리 나라에서 현재 사용되고 있는 검사를 본다. 지능검사 도구로는 잘 알려진 고대-비네 지능검사, 한국 웩슬러 유아지능검사, 한국 웩슬러 아동용 지능 검사, 한국 웩슬러 성인용 지능검사, 강남 솔로몬 지능검사, 사회성숙도 검사로는 바인랜드 사회성숙척도를 기준으로 한국에서 재표준화한 한국판 사회성숙도 검사, 직업흥미검사로는 Valpar Goe 직업흥미검사, Holland SDS, AAMD 비언어성 직업흥미검사 등이 있다. 좀 특이한 것으로는 그림을 통해 직업흥미를 평가하는 흥미선택 검사(wide range interest and option test, WRIOT)가 있다. 이들 직업흥미검사는 서울시 장애인종합사회복지관에서 현재 활발하게 사용되고 있다. 적성검사로는 GATB 검사가 있는데, 이 검사는 학업성적과는 상관이 없이 적성만을 평가하는 검사다.

다음에는 전환 평가에 유익한 세 가지 도구를 살펴본다. 먼저, 전환 행동 척도(the transition, behavior scale, TBS; McCarney, 1989)이다. 이것은 일, 대인관계, 사회적

기대의 세 영역을 평가하기 위한 62개의 항목으로 구성되어 있다. 이 검사의 지침서 (transition behavior scale IEP and intervention manual; McCarney, 1989)에는 각 행동에 대한 목적, 목표, 전략의 목록이 마련되어 있어서 전환팀에서 활동하는 상담자에게는 유익한 검사다. TBS는 미국의 미주리 주에 있는 Hawthorne Eduational Services에서 출판되었다. Enderle-Severson 전환평가 척도(the enderle-severson transition rating scale; Enderle, 1992)는 여섯 가지 영역, 즉 직업훈련, 오락과 여가, 가정생활, 지역사회 참가, 고등부 졸업 후 훈련, 종합적 수행에 대한 점수를 제공한다. 만 14~21세 사이의 모든 종류의 장애인들에게 사용될 수 있는 136개의 문항으로 구성된 검사다. 이것도 앞의 TBS처럼 IEP 작성을 위한 목적과 목표를 제공하고 있다. 이 검사는 미국의 미네소타 주에 있는 Practical Press에서 출판되었다. 마지막으로 시각 혹은 청각장애 청소년과 성인을 위한 전환 능력 배터리(the transition competence battery for deaf and hard of hearing adolescents and young adults, TCB; Reiman & Bullis, 1994)가 있다. 이것은 시각 혹은 청각장애 청소년과 성인이 성공적으로 직업생활과 지역사회생활을 하는 데 필요한 일과 사회적 기술을 평가하는 검사다. 이 검사는 고용에 관한 세 가지의 하위 검사와 독립생활에 관한 세 가지의 하위 검사로 구성되어 있다. 고용 관련 하위검사로는 직업 찾기 기술, 직업 적응 기술, 직업 관련 사회적 기술이 있고, 독립생활 관련 하위검사로는 금전관리 기술, 건강과 가정관리 기술, 지역사회인식 기술 등이 있다.

## 참고문헌

김승국(1994). 장애인 진로교육연구. 서울: 단국대학교 특수교육연구소.
김승국(1997). 특수교육학. 서울: 양서원.
김우동(1997). 초등학교 학습부진아와 학습우수아의 진로성숙도 비교연구. 건국대학교 교육대학원 석사학위논문.
이정근(1989). 진로지도의 실제. 서울: 성원사.

Brolin, D. E. (Ed.) (1991). *Life centered career education: A competency based approach (3rd ed.).* Reston, VA: Council for Exceptional Children.

Buscaglia, L. (1975). *The disabled and their parents: A counseling Challenge.* Thorofare, NJ: Charles B. Slack.

Enderle, J. (1992). *The Enderle-Severson transition rating scale.* Moorhead, MN: Practical Press.

Foss, G., Auty, W., & Irvin, L. (1989). A comparative evaluation of modeling, problem-solving, and behavior rehearsal for teaching employment-related interpersonal skills to secondary students with mental retardation. *Education and Training in Mental Retardation, 24*(1), 17-27.

Halpern, A. S. (1985). transition: A look at the foundations. *Exceptional Children, 51,* 470-486.

Marshak, L. E., & Seligman, M. (1993). *Counseling persons with physical disabilities: Theoretical and clinical perspectives.* Austin, TX: Pro- Ed.

McCarney, S. E. (1989). *The transition behavior scale and IEP and intervention manual.* Columbia, MO: Hawthorne Educational Service.

Reiman, J., & Bullis, M. (1994). *T.C.B.-Transition Competence Battery for Deaf and Hard of Hearing Adolescents and Young Adults. Santa Barbars,* CA: James Stanfield Co., Inc.

Rusch, F. R., & DeStefano, L. (1989). Transition from school to work: Strategies for young adults with disabilities. *Interchange, 9,* 1-2.

Rusch, F. R., DeStefano, L., Chadsey-Rusch. J., Phelps, A., & Szymanski, E. (1992). *Transition from school to adult life.* Sycamore, IL: Sycamore Publishing Company.

Will, M. (1984). *OSERS programming for the transition of youth with disabilities: Bridges from school to working life.* Washington, DC: Office of Special Education and Rehabilitative Services.

Wolpe, J. (1969). *The practice of behavior therapy,* New York: Pergamon Press.

제11장

# 컴퓨터를 활용한 진로상담

진로지도 및 진로상담 장면에 컴퓨터를 사용할 수 있는 가능성을 탐색하려는 선구적인 노력이 1960년대 초반부터 이루어지기 시작하였다. 개인상담이나 집단상담의 과정, 자료분석 그리고 문제를 용이하게 해결하기 위해 컴퓨터를 이용하려는 연구들이 시도되었다. 이런 노력들은 특히 상담이나 생활지도, 진로지도 그리고 심리검사와 평가 등의 분야에서 주도적으로 이루어졌다.

컴퓨터가 진로상담에 이용될 수 있는 측면은 세 가지로 집약할 수 있다. 첫째는 학생에 대한 자료나 진로정보를 컴퓨터에 수록해 두었다가 필요한 때에 적당한 형태로 찾아쓰는 자료처리 도구로 이용될 수 있고, 둘째는 상담자가 소지하고 있는 몇 가지 단순기능(예, 사례관리, 검사실시와 채점)을 컴퓨터에 맡기는 방법이 있으며, 세 번째는 상담자의 역할을 컴퓨터가 대행하도록 하는 방법(예, 진로지도 시스템) 등이다.

이 장에서는 먼저 진로지도와 진로상담에서 컴퓨터 활용에 관한 일반적인 사항들을 알아보고, 이어서 외국과 국내에서 활용되는 대표적인 컴퓨터 진로지도 시스템을 소개할 것이며, 끝으로 컴퓨터 활용에 수반되는 여러 가지 고려사항들을 제시하고자 한다.

## 1. 진로상담과 컴퓨터

컴퓨터는 사회의 많은 분야에서 활용되는 주요 정보 매체로 우리 청소년에게는 이미 TV나 전화기만큼 친숙한 일상생활의 도구가 되어 있다. 전자우편을 교환하고, 원하는 물건을 사고팔고, 좋아하는 음악을 듣고, 사람들과 이야기를 나누고, 게임도 하고, 공부할 자료도 찾는 등 인터넷은 우리의 일상생활 깊숙히 파고들고 있으며, 개인용 컴퓨터의 활발한 보급과 더불어 그 사용 추세가 급증하고 있다. 따라서 상담자와 교사들은 인터넷이 무엇이며 진로지도를 위해 컴퓨터를 어떻게 사용할 수 있는지에 대한 준비가 되어 있어야 한다.

컴퓨터는 정보를 전자화하여 자동적으로 처리하기 위한 기계에 불과하지만, 컴퓨터를 통해서 처리되는 정보의 양은 급속도로 증가하고 있으며 그 성능과 용량에서 하루가 다르게 발전하고 있다. 나아가 이렇게 빠르게 처리되는 다량의 정보를 컴퓨터 통신을 이용하여 공유하고 전달할 수 있게 되었다. 컴퓨터 통신이란 서로 떨어져 있는 컴퓨터와 컴퓨터 사이에 정보를 주고받을 수 있도록 하는 방법이다. 서로 떨어져 있는 컴퓨터 간에 정보를 교환하려면 서로 간에 어떤 연결이 필요하다. 일반적으로 컴퓨터 통신을 위해서 연결된 컴퓨터들의 집합을 컴퓨터 네트워크(computer network)라고 한다. 결국 컴퓨터 통신 이용자는 컴퓨터 네트워크를 통하여 통신(전자우편, 전자게시판, 전자회의, 대화 등), 전자거래(홈뱅킹, 온라인 쇼핑, 주식매매 등), 정보검색(뉴스, 통계정보 등) 등의 다양한 서비스를 이용할 수 있다. 이런 네트워크가 다른 네트워크와 연결되어 네트워크의 네트워크인 인터넷이 구성되는 것이다(송주석, 1998).

컴퓨터를 활용하여 다량의 정보를 신속하게 탐색하고 수집할 수 있으며 쌍방향의 의사소통이 가능하기 때문에 컴퓨터의 발달과 더불어 진로지도에서의 컴퓨터 활용도 함께 발달해 왔다. 상담자에게는 신속하고 정확하며 많은 양의 진로 관련 정보의 수집, 분석, 가공, 활용 등의 활동이 필수적이다. 따라서 상담자는 이러한 정보를 얻기 위해 컴퓨터를 잘 다룰 수 있어야 할 뿐만 아니라, 어떤 웹사이트에서 혹은 어떤 CD-ROM 타이틀이 어떤 진로 정보를 제공하고 있으며 누가 어떻게 그 프로그램을 개발했는지, 그리고 그 질을 어떻게 평가하고 나아가 어떻게 내담자들의 진로지도에 효과적으로 활용할 것인지에 대한 지식과 정보가 필요하다. 즉, 상담자는 컴퓨터를 이용하여 많은 관련 정보를 신속하게 탐색할 수 있는 능력, 그 정보를 평가할 수 있는 능력, 컴퓨터 통신을 이용하여 효과적으로 의사소통을 할 수 있는 능력을 개발해야 한다.

Harris-Bowlsbey(1984)는 컴퓨터가 진로지도의 과정에서 수행하는 기능을 ① 컴퓨터와 내담자 간의 대화와 구조적인 면담, ② 최신 데이터의 제공 및 저장, ③ 데이터 파일 탐색, ④ 검사 실시 및 결과에 대한 해석 제공, ⑤ 내담자의 요구분석에 기초한 개별적인 개입방안의 제공 등으로 요약하고 있다. 또한 그녀는 컴퓨터보조 진로지도 시스템이 진로발달의 측면보다는 직업선택이나 의사결정을 돕는 데 더 효율적이라고 보았으며, 컴퓨터보조 진로지도 프로그램을 선택할 때에는 진로발달이론보다는 직업선택이론에 기초하여 개발한 프로그램을 선택하는 것이 좋다고 제언하고 있다.

미국에서는 이미 1960년대 중반부터 진로지도나 진로상담에 활용하기 위한 컴퓨터 프로그램을 개발하기 시작하여 현재의 컴퓨터보조 진로지도 시스템은 진로지도 서비스에서 매우 중요한 역할을 담당하고 있으며 그 이용률은 급증하고 있는 추세다.

컴퓨터보조 진로지도 시스템이란 진로계획 과정에서 이용자가 상호작용이 가능한 프로그램을 사용하여 진로를 계획하는 과정에 도움을 주거나 모니터링하는 기능이 있으며, 학업이나 직업에 관한 의사결정 과정에 필요한 자료를 제공하는 온라인 시스템을 말한다. 그 형태는 CD-ROM 타이틀만을 사용할 수도 있고, CD-ROM 타이틀을 인터넷에 연결하여 사용할 수도 있다. 여러 연구자들의 견해를 종합하면 컴퓨터보조 진로지도 시스템의 주요 기능은 ① 방대하고 다양한 진로 선택에서 이용자의 범위를 건설적으로 줄여 주는 기능, ② 자신이 원하는 것이면서 동시에 성공 가능성이 있는 진로를 선택할 수 있도록 갈등하고 있는 진로를 서로 비교하는 기능, ③ 선택한 진로를 계획하고 실천하도록 하는 기능 등으로 요약된다.

최근에 나와 있는 컴퓨터보조 진로지도 시스템들은 진로지도의 구체적인 내용이나 활동 연계에서 차이가 있지만, 대부분 합리적인 의사결정 과정을 시연하는 것을 핵심으로 하고 있다. 그 핵심 요소들은 자신에 대한 평가, 다양한 직업 소개, 직업정보나 교육정보 제공으로 구성되어 있다. 그 외에 컴퓨터보조 진로지도 시스템에 소개되는 요소들을 살펴보면 진로결정 의식, 직업세계에 대한 의식, 교육과 재정적 지원, 의사결정 지도나 모델링, 진로선택의 장애 요소, 진로결정을 실천하기 위한 전략 등이 있다. 즉, 컴퓨터보조 진로지도 시스템의 핵심은 직업, 교육기관, 고용전망, 재정적 지원, 훈련과정과 같은 진로관련 정보를 포함하고 있는 데이터베이스에 있다.

Katz는 직업 선택에 있어서 직업 가치관의 중요성을 강조하면서 의사결정과정에서의 직업선택 모델을 제안했으며, 오랜 연구 후에 SIGI(system of interactive guidance information) 컴퓨터 프로그램을 만들었다. Harris-Bowlsbey는 CVIS(computerized vocational information system)를 개발한 후, Super와 Tiedeman의 진로선택과 진로발달 이론 그리고 Roe, Holland 등의 이론을 바탕으로 CVIS를 보완하여 DISCOVER를 개발하였다.

미국에서 개발된 초기 컴퓨터보조 진로지도 시스템은 컴퓨터보조 진로계획 시스템(computer-assisted career planning system)과 컴퓨터보조 정보 시스템(computer-assisted information system)의 두 가지로 분류할 수 있다.

컴퓨터보조 진로계획 시스템은 직업가치의 평가, 심리검사의 실시와 해석, 내담자와 컴퓨터 간의 대화, 진로의사결정을 위한 강의, 실습(의사결정, 가치 명료화, 자신의 직업목록 만들기), 장래 계획, 미래의 성공 가능성의 예측 등에 중점을 두고 있다. 물론 직업과 교육기관에 대한 정보와 검색 전략도 포함하고 있으며 전체적인 진로지도의 과정을 포함하고 있다. 대표적인 컴퓨터보조 진로지도 시스템으로는 SIGI, DISCOVER, EXPLORE, ENCORE 등을 꼽을 수 있다.

컴퓨터보조 정보 시스템은 자신에 대한 정보나 의사결정 과정은 무시하고 검색 기능과 직업 및 교육에 대한 자료의 질과 양에 초점을 맞추었다. 이 시스템은 이용자의 직업선택을 돕기 위해 이용자에게 관계되는 모든 직업정보와 교육정보를 제공해 주는 것이다. 이 시스템의 특징은 신속하고 편리한 접속과 검색 그리고 정보의 질에 있다. 컴퓨터보조 정보 시스템의 대표적인 프로그램은 CHOICES, COIN, ECES, GIS, CIS, SCAD 등이 있다. 하지만 그동안 두 시스템이 서로 보완하면서 발달하여 오늘날에는 그 구분이 뚜렷하지 않게 되었다.

초기에 미국에서 개발된 대부분의 시스템은 고등학생을 대상으로 하였으나, 1980년대에 초등학교 6학년부터 성인까지 전 생애에 걸친 진로지도 시스템을 개발하게 되었으며, 오늘날에는 대학을 포함한 학교, 도서관, 기업이나 각종 단체, 군대에까지 그 사용이 확대되고 있다.

앞으로 직종의 다양화와 복잡화, 평생학습 체제의 강화 등으로 인하여 진로지도 시스템은 초등학교 저학년에서부터 장애인을 포함하여 대상의 폭이 훨씬 넓어지고 그 요구가 더 커질 것이다. 또한 미국 시스템이 1980년대부터는 다른 영어사용 문화권(영국, 캐나다 등)에 확산되기 시작하고 네덜란드, 일본 등의 비영어권 나라에서도 개발, 활용되고 있다.

우리나라의 경우 진로지도와 진로상담의 장면에서 컴퓨터를 대개 학생에 대한 자료나 진로정보를 컴퓨터에 수록해 두었다가 필요한 때에 찾아 쓰는 자료처리 도구 정도의 수준에서 주로 활용하였다. 그러나 이제 진로지도와 상담에 대한 요구가 증가함에 따라 중앙고용정보원, 한국직업능력개발원, 각 시도교육청에서 컴퓨터를 활용한 진로지도 및 상담에 대한 프로그램을 개발하여 보급하고 있으며, 현재 여러 기관이나 단체에서 이에 관심을 가지고 개발 계획을 수립하거나 사업을 추진하고 있다.

이제 비디오 화상회의 시스템, 면대면 원격 통화, 터치스크린 등의 편리한 기술이 진로지도에 활용되면 컴퓨터에 익숙하지 않은 사람들까지도 컴퓨터를 활용한 진로지도에 대한 관심을 보이게 될 것이며, 앞으로의 정보화 사회와 평생학습 사회에서는 컴퓨터를 활용한 진로지도에 대한 요구가 더욱 증가할 것으로 전망된다.

## 2. 컴퓨터보조 진로지도 시스템

여기에서는 우리가 주목할 만한 국외와 국내의 컴퓨터보조 진로지도 시스템을 몇 가지 선별하여 소개하고자 한다. 외국의 사례를 먼저 비교적 상세하게 소개하는 이유는 우리의 경우 아직 초보단계이기 때문에 앞으로 새로운 개발을 계획할 경우 좋은 참고가 될 수 있을 것으로 판단되기 때문이다.

## 1) SIGI PLUS

SIGI PLUS(self-directed, interactive system of career guidance and information PLUS)는 미국의 ETS(educational testing service)가 개발하여 판매하고 있는 진로지도용 소프트웨어다. 상담자와 교사는 진로지도 과정에서 이 프로그램을 사용하여 내담자와 학생들이 스스로 진로계획을 세울 수 있도록 도와준다.

학생들은 이 프로그램을 혼자서 쉽고 편안하게 사용할 수 있고 자기 자신에 대한 객관적인 평가를 할 수 있으며, 다양한 직업을 탐색하여 자신의 개인 직업목록을 만들어 볼 수 있다. 또한 직업이나 교육에 대한 최신의 정보를 자신에 맞게 구성하여 디스켓에 저장하고 인쇄할 수도 있고 스스로 탐색하고 계획한 진로에 따라 실천할 수 있도록 도움을 받을 수 있다.

특히 학교에서는 SIGI PLUS를 사용함으로써 한 학생에게 배당되는 진로지도 시간을 절약할 수 있기 때문에 교사는 더 많은 학생들에게 서비스를 제공할 수 있게 되고 다른 심리상담과도 연계시킬 수가 있다. 더욱이 기록의 정리와 보관이 용이하여, 지속적인 진로지도가 가능해진다.

SIGI PLUS 프로그램은 아홉 개의 영역으로 구분된다. 각 영역은 진로결정 단계에서 서로 연결이 되며, 아홉 개의 영역을 모두 계속적으로 시행할 수도 있고 필요에 따라 일부 영역을 선택하여 시행할 수도 있다. 아홉 개의 영역을 차례로 살펴보면 다음과 같다.

### (1) 도입부

도입부에서는 SIGI PLUS 프로그램에 대한 전반적인 소개를 하고 있다.

### (2) 자기평가

자신이 가지고 있는 직업 가치관, 흥미 그리고 직업기술을 평가한다. 가치관 게임을 통해 직업과 관련된 가치관을 심도 있게 탐색할 수 있다. 또한 자신이 가지고 있는 지식과 직업관련 행동유형에 따라 자신이 어떤 흥미를 가지고 있는지 체크할 수 있다. 즉, 다음과 같은 질문에 답을 얻게 된다.

- 나에게 가장 중요한 것은 무엇인가?
- 내가 하고 싶은 일은 무엇인가?
- 내가 잘하는 일은 무엇인가?

### (3) 탐 색

자신의 가치관, 흥미, 기술 그리고 추구하는 교육수준에 따라 개인의 직업 목록을 작성한다. 그리고 개인의 직업목록에서 자신이 싫어하는 특성을 가지고 있는 직종을 제외시키는 '부정적'인 탐색을 한다. 이어서 자신의 전공을 기준으로 하여 직업을 탐색한다.

### (4) 정 보

여러 직업에 대해 가지고 있는 의문점에 대한 답을 구할 수 있으며, 다양한 직업들을 서로 비교해 본다.

### (5) 기 술

어떤 직업이 필요로 하는 기술이 무엇인지 그리고 자신이 그 기술을 가지고 있는지 알아보며, 관리직이나 행정직에 대한 자신의 능력과 작업 스타일을 점검해 본다.

### (6) 준 비

선택한 직업을 갖기 위해 어떤 교육이나 훈련을 받아야 하는지 알아보며, 자신이 선택한 직업을 갖기 위해 필요한 교육이나 훈련을 마칠 수 있는지 현실적인 가능성을 타진해 본다.

### (7) 적 응

선택하려는 직업이나 직장과 관련하여 재정적인 지원을 받을 수 있는지, 시간적으로 가능한지, 육아시설이 갖추어져 있는지, 취업해서 일하는 동안 학점을 인정받을 수 있는지 등의 실질적인 조언을 받는다.

### (8) 결 정

자신이 선택한 진로에 대해 잠재적인 보상과 성공 확률을 판단한다. 그리고 현재 자신이 하고 있는 일을 포함해서 세 가지 진로를 선택해 보고 이를 동시에 비교하여 평가해 본다.

### (9) 후속 조치

단기 목표를 세우고 그 목표를 달성하기 위한 계획을 세우며, 프로그램에서 제공되는 견본 이력서를 참고하여 자신의 이력서를 작성한다.

지금까지 살펴본 SIGI PLUS 프로그램의 개략적인 내용은 ETS 홈페이지(www.ets.org)에 소개되어 있다.

## 2) DISCOVER

DISCOVER는 자신과 직업 세계에 대한 이해를 통해서 진로계획이나 진로결정을 도와주는 프로그램이다. 자신에게 알맞은 직업을 갖기 위해 어떤 종류의 교육이나 훈련을 받아야 하는지, 그리고 학교선택은 어떻게 해야 하는지를 안내하고 도와준다. DISCOVER는 대학 진학뿐만 아니라 임박한 취업, 기술교육, 직업군인 선택 등에 대한 서비스를 포함한 광범위한 진로지도 서비스를 제공하고 있으며, 고등학생을 포함하여 성인들이 사용할 수 있고 ACT(american college testing)에서 개발하였다.

DISCOVER의 경우 흥미, 능력 그리고 직업 가치관에 대한 평가가 근간을 이루고 있으며 직업, 대학 전공, 훈련기관이나 학교, 재정지원과 장학금 그리고 직업군인까지 포함하는 최신의 다양한 데이터베이스를 제공한다. 또한 이용자들은 이력서, 자기 소개서, 지원서를 작성하는 방법과 인터뷰 기술까지 배울 수 있다. DISCOVER의 초기 화면은 다음의 [그림 11-1]과 같다.

[그림 11-1]　DISCOVER 초기화면

DISCOVER 시스템은 다음과 같은 내용으로 구성되어 있다.

- 자신의 흥미, 능력, 경험과 가치를 측정하는 검사
- 자신이 탐색하여야 할 직업목록을 개발하는 방법
- 자신이 개발한 직업 목록과 관련된 전공을 찾는 방법
- 458개의 직업에 대한 방대한 정보
- 5,000개 이상의 학교에 대한 정보
- 장학금이나 재정지원에 대한 정보
- 취업 준비를 위한 정보

초기화면에 나타나 있듯이 DISCOVER는 4개의 홀로 구성되어 있으며 사용자들은 언제든지 클릭 한 번으로 4개의 홀을 마음대로 이동할 수 있다. 다음에서는 각 홀의 내용을 구체적으로 살펴보도록 하겠다.

### (1) Hall 1: 자신과 진로에 대한 이해

#### ① 자신에 대한 이해

- UNIACT 흥미 검사(90문항)
- 일과 관련된 능력검사(15문항)
- 직업가치관 검사(61문항)

이상의 모든 검사 결과는 즉시 채점되고 해석되어 문자, 음성 그리고 사진이나 그림으로 제시된다.

#### ② 진로에 대한 이해

Super의 Life/Career Rainbow 이론을 바탕으로 하고 있으며 진로 결정에 있어서 여덟 가지의 역할, 즉 아들/딸, 학습자, 일하는 사람, 배우자/친구, 가족 구성원, 부모/조부모, 여가를 즐기는 사람, 시민 등의 역할을 고려하여 진로를 결정하도록 지도하고 있으며, 이해를 돕기 위해 그 예를 비디오를 통해 보여 준다.

### (2) Hall 2: 직업 선택

네 가지 방법을 사용하여 사용자들이 직업에 대해 살펴보고 자신의 직업 목록을 만들 수 있다. 또한 네 가지 중 어떤 방법을 택하든 한 화면에서 두 가지 직업에 대한 설명을 나란히 비교해 볼 수 있다.

- 검사 도구를 사용한 직업 선택
- World-of-Work Map을 사용한 직업 선택
- 특성에 따른 직업 선택
- 직업 안내목록을 사용한 직업 선택

DISCOVER는 500개 이상의 직업에 대한 방대한 데이터베이스를 가지고 있으며, 직업에 대한 정보가 수시로 변화하기 때문에 매년 새로운 직업에 대한 정보를 첨가하거나 수정하고 있다. 이용자들은 전공, 학교, 재정지원이나 직업군인 등에 관한 정보를 클릭 한 번으로 자유롭게 이동하면서 탐색할 수 있다. 비디오, 텍스트 혹은 오

디오를 선택하여 설명을 보거나 들을 수 있으며 인쇄도 가능하고 개인 디스크에 저장도 할 수 있다.

### (3) Hall 3: 나의 학업 계획

전공, 학교 또는 재정지원에 따라 자신의 진학을 계획할 수 있도록 도와주며, 2번 홀에서 저장된 정보는 3번 홀에서 제공되는 내용과 공유되는 부분이 많다.

#### ① 전공 선택에 따른 학업 계획

전공 선택은 아래와 같은 다양한 방법에 따라 이루어질 수 있다.

- 프로그램에서 제공하는 목록이나 사용자가 만든 개인 목록에서 한 직업을 선택하여 전공 선택
- World-of-Work Map의 직업군에서 선택하여 관련된 전공 선택
- 알파벳순으로 프로그램에서 제공하는 목록을 보고 전공 선택
- 검색어를 사용하여 전공 검색

270여 개의 직업분류 외에 직업기술학교, 2년제 대학, 4년제 대학 그리고 대학원 과정까지 포함하고 있다. 또한 두 가지 전공을 나란히 한 화면에서 비교해 볼 수 있다. 전공 선택에서 관련된 전공, 그 전공과가 개설되어 있는 학교, 그 전공을 위한 재정적 지원 그리고 관련된 직업에 대한 정보를 제공하며, 인터넷 하이퍼링크로 관련된 웹사이트에 연결할 수 있다.

#### ② 학교 선택에 따른 학업 계획

아래와 같은 두 가지 방법 중 어떤 방법을 사용하든 홈페이지가 있는 학교들은 하이퍼링크로 연결되며, 두 학교를 한 화면에 불러서 비교해 볼 수 있다.

- 관심 분야, 학위, 입학 조건, 지리적인 여건, 비용, 재학생들의 특성, 학교 주변 환경, 장애인을 위한 설비 등을 고려하여 자신의 학업계획을 설정
- 알파벳순에 따라 프로그램에서 제공하는 목록에서 2년제 대학, 4년제 대학, 대학원, 정규 학교 이외에 학위를 수여하는 기관 그리고 기술교육기관 등에 대한

정보를 고려하여 학업계획을 설정

### ③ 재정지원 선택에 따른 학업 계획

여기에서는 다음과 같은 정보를 고려하여 학업계획 설정에 참조할 수 있다.

- 연방정부 지원 프로그램과 주정부 지원 프로그램에 대한 정보 획득
- 성적, 가입 단체, 장애자, 전공, 군복무, 인종/민족, 종교 등의 조건에 따른 500달러 이상의 개인 장학금 목록 데이터베이스 검색
- 학업을 계속하기 위해 앞으로 필요한 보조 예산경비 작성
- 알파벳순으로 제공되는 장학금 리스트를 검색하거나 인터넷 하이퍼링크를 통해서 검색

### (4) Hall 4: 취업 계획

취업 계획을 세우고 취업을 위한 구체적인 실천 단계를 보여 준다.

### ① 배우면서 돈 벌기

질의/응답을 통해 인턴제도에 대한 정보를 제공하고 인터넷 하이퍼링크로 인턴제도 관련 웹사이트에 연결한다. 또한 질의/응답을 통해 직업군인이 하는 일, 훈련, 승진 기회, 전공, 관련된 민간 직업 등에 대해 소개하고 있다.

### ② 이상적인 직업

MBTI 검사를 받은 경험이 있는 이용자는 그 결과를 직접 입력할 수도 있고 온라인으로 검사를 받을 수도 있다. 1번 홀에서 실시한 직업 가치관 검사에서 적절한 직업과 개인적인 특성 판단에 대한 부분을 활용한다. Hall 1에서 이 검사를 하지 않았다면 여기에서도 할 수 있으며 그 결과에 따른 해석이 제공된다.

### ③ 취업 준비

웹상의 주요 취업정보를 수집하는 방법과 담당자와 연락하는 방법을 실습해 보고, 이력서, 자기 소개서, 지원서에 대한 설명과 함께 견본을 보고 직접 자신의 것을 작성해 본다. 또한 작성해 본 것을 개인의 디스켓에 저장할 수도 있다.

#### ④ 면접

면접 준비 및 그 요령을 안내하고 비디오를 통해 면접 기술을 익힌다. 고등학교 졸업자가 비서직 지원, 2년제 대학 졸업자가 컴퓨터 기술자 지원, 4년제 대학 졸업자가 엔지니어 지원, 서비스 분야에서 일한 경험이 있는 사람이 자동차 기술자 지원, 전업주부가 행정 조원 지원, 해고당한 노동자가 그래픽아트 기술자 지원, 4년제 대학 졸업자가 인사 전문가로 지원하는 경우 등 다양한 유형의 인터뷰 장면을 비디오로 보여 준다.

각 인터뷰 장면의 비디오를 보고 이용자가 각 인터뷰에 대한 평가를 해 본다. 또한 면접이 끝나면 고용주는 지원자에게 기대하는 것이 무엇이고 그 이유가 무엇인지 설명해 준다.

그 밖에 DISCOVER의 특징을 살펴보면 다음과 같다.

- 각 이용자들이 DISCOVER를 사용한 후에 기록의 저장과 인쇄가 가능하다. 따라서 개인이나 진로지도 교사는 프로그램을 어디까지 사용했는지 알 수 있고, 진로지도 교사는 지속적인 진로지도를 위해 그 자료를 사용할 수 있다.

- 하이퍼링크를 사용하여 인터넷에 링크되며 항상 DISCOVER 아이콘을 누르면 되돌아올 수 있다.

- Help Desk에서 문자, 음성, 슬라이드를 이용하여 이용자들이 효율적으로 사용할 수 있도록 설명하고 있다.

- UNIACT 흥미 검사, 직업능력 검사, 직업 가치관 검사 등의 지필 검사 도구도 함께 제공하고 있으며, World-of-Work Map이나 재정지원 예산서 등 인쇄자료를 함께 제공함으로써 진로지도 교사가 단체로 진로지도를 할 때 편리하며 컴퓨터 사용 시간도 줄일 수 있다. 검사 결과는 키보드로 직접 입력히기나 스캐니 또는 디스켓을 사용하는 방법도 있다.

- DISCOVER는 1년을 기준으로 하여 계약을 맺고 사용할 수 있으며 그 사용료는 이용자 수에 따라 조정할 수 있다. DISCOVER는 고등학교, 직업기술학교, 2년제 대학, 4년제 대학, 개인 상담소, 도서관, 정부 기관, 군부대, 재활원이나 기업체에서도 사용이 가능하다.

DISCOVER에 대한 자세한 소개는 ACT 홈페이지(http://www.act.org)를 참조하면 된다.

### 3) 워크넷

#### (1) 개 요

워크넷(http://www.work.go.kr)은 중앙고용정보원에서 운영하는 우리나라 최대의 고용안정 정보망이다. 워크넷은 성인들이 주로 이용하고 있지만, 학교에서 학생들의 진로지도 및 상담을 위해서도 매우 유용한 사이트다. 이 사이트에서는 다양한 직업정보를 제공하고 있고, 각종 직업심리검사를 온라인상에서 받을 수도 있다. 또한 여러 가지 직업지도 프로그램을 안내받을 수도 있다.

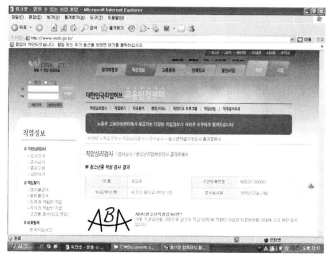

[그림 11-2] 직업심리검사 결과표 예시 화면

#### (2) 직업정보탐색

워크넷에서는 다양한 직업정보를 탐색할 수 있다. 메뉴바에서 '직업정보'를 클릭하고 나서 다시 '자료탐색'을 클릭하면 다양한 정보자료를 접할 수 있다. 대표적으로 『한국직업사전』과 『한국직업전망』을 들 수 있다. 또한 미국, 캐나다, 일본 등의 외국직업전망 번역판도 이용이 가능하다. 그 밖에 학과정보, 직업관련 동영상, 직업 정보 자료실, 전문가가 말하는 나의 직업 등도 매우 흥미롭게 활용할 수 있는 정보다.

### (3) 직업심리검사

워크넷에서는 다양한 직업심리검사 서비스를 제공하고 있다. 메뉴바에서 '직업정 보'를 클릭하고 나서 다시 '직업심리검사'를 클릭하면 다양한 검사들을 접할 수 있 다. 여러 가지 검사 중에서 청소년들에게 활용 가능한 것들만 선별해서 소개하면 다 음과 같다.

#### ① 청소년용 직업흥미검사

청소년용 직업흥미검사는 청소년들이 자신의 직업적 흥미를 발견하고 이를 토대 로 효율적인 진로설계를 할 수 있도록 과학적인 측정을 통해 개인의 직업흥미에 적 합한 학과와 직업에 관한 정보를 제공해 주는 검사다. 이 검사는 중학교 2학년부터 고등학교 재학까지의 학생 및 이에 준하는 만 13~18세 연령의 청소년들이 받을 수 있다. 검사를 실시하는 데 소요되는 시간은 약 30분 정도며, 6개의 일반흥미 유형과 13개의 기초흥미 분야를 측정하여 흥미유형에 적합한 학과와 직업을 추천해 준다.

#### ② 청소년용 적성검사

청소년용 적성검사는 여러 직업들의 직무수행에서 요구되는 직업적 능력을 측정 하여 청소년들의 적성능력에 적합한 직업을 탐색해 주는 검사다. 청소년용 적성검사 는 중학교 2학년부터 고등학교 재학까지의 학생 및 만 18세 이하의 청소년들이 받을 수 있다. 이 검사는 10개의 적성요인을 측정하는 15개의 하위검사로 구성되어 있으 며 적성능력수준에 적합한 직업분야와 학과를 추천하고 희망직업에서 요구하는 적 성능력수준과 본인의 적성수준을 비교하여 보여 준다. 검사 실시에 소요되는 시간은 약 80분이며, 검사의 각 단계에서 실시방법에 대한 설명이 주어지므로 컴퓨터 볼륨 을 켠 후 지시사항을 잘 듣고 검사에 응해야 한다. 온라인 청소년용 적성검사의 실시 는 하루에 한 번만 가능하나, 검사 실시 도중 시스템 장애 등으로 인해 검사가 중단 된 경우에는 다시 로그인 하면 중단된 검사부터 실시할 수 있다. 검사실시에 앞서 계산문제 등의 풀이를 위해 별도의 종이를 준비해야 한다.

### ③ 직업선호도검사 S형

직업선호도검사 S형은 좋아하는 활동, 관심 있는 직업, 선호하는 분야를 탐색하여 수검자가 직업흥미를 진지하게 탐색해 볼 수 있는 기회를 제공하고 수검자의 흥미유형에 적합한 직업들을 제공해 준다. 이 검사는 만 18세 이상의 사람이면 누구나 수검이 가능하며 학력에 의해 제한을 받지 않는다. 검사를 실시하는 데 소요되는 시간은 약 25분이다. 직업선호도검사 S형은 활동, 유능성, 직업, 선호 분야, 일반 성향과 같은 5개의 하위영역을 평가하여 6개 흥미유형의 특성을 제공한다.

### ④ 직업선호도검사 L형

직업선호도검사 L형은 직업흥미, 일반성격, 생활경험을 측정하여 수검자가 자신의 모습을 진지하게 탐색해 볼 수 있는 기회를 제공하고 수검자의 심리적 특성에 적합한 직업들을 제공해 준다. 직업선호도검사 L형은 만 18세 이상의 사람이면 누구나 수검이 가능하며 학력에 의해 제한을 받지 않는다. 검사를 실시하는 데 소요되는 시간은 약 60분이다. 이 검사는 다양한 분야에 대한 선호도를 측정하는 흥미검사, 일상생활 속에서 나타나는 개인의 성향을 측정하는 성격검사, 과거와 현재의 개인의 생활특성을 측정하는 생활사검사로 구성되어 있다.

### (4) 직업지도프로그램

워크넷에서는 다양한 직업지도 프로그램을 소개하고 있으며, 프로그램에 참가하는 방법도 알려 주고 있다. 여기에서는 여러 가지 직업지도 프로그램 중에서 학교에서 관심을 가질 만한 것들을 선별하여 소개한다.

### ① 청년층 직업지도 프로그램(CAP)

CAP(career assistance program)은 청년층 직업지도프로그램으로 '최고'란 의미를 가지고 있다. 이 프로그램은 청소년의 진로설계와 취업을 돕는 프로그램으로 고등학생, 대학생, 구직자 등 청소년은 누구나 참여가 가능하며 특별히 정해진 참가자격은 없다. CAP에 참여하고자 하는 자는 우선 지방노동관서 및 고용안정센터을 통해 참가신청을 한 후 CAP 진행팀의 참가일정 통보와 함께 프로그램에 참여하게 된다. 참가자는 프로그램이 끝난 이후에도 진행자와의 상담이 가능하며 인터넷을 통해서도 직업지도 및 상담을 받을 수 있다.

### ② Job-School

Job-School은 중·고등학생들이 자신의 적성에 맞는 직업을 탐색할 수 있도록 도와주고, 직업세계에 대한 이해를 넓히며, 올바르게 세상을 살아갈 건전한 직업관을 함양할 목적으로 운영되고 있는 직업지도 프로그램이다. 원칙적으로 2일간의 일정으로 진행되지만, 체험분야에 따라 혹은 기업체 및 대학교의 소재지에 따라 일정 조정이 있을 수 있다. 중학생 및 고등학생으로 단체(학교) 신청만을 받고 있으며, 참가인원은 20~40명으로 반드시 인솔 교사가 동반하여야 한다. 기업체 및 대학교 섭외 및 일정이 우선 확정되어야 하기 때문에 참가 신청 순서에 따라 참가 신청 학교와 일정 및 체험분야 등에 대해 협의를 거쳐 프로그램 참여가 확정된다. Job-School 담당자에게 전화나 전자메일로 상담한 후에 신청을 하면 된다.

### ③ 성취 프로그램

성취(成就)란 '성(成)공적인 취(就)업을 돕는'이라는 의미와 동시에 목적한 대로 일을 이룬다는 의미를 함께 가지고 있다. 이 프로그램은 구직자가 실직기간 중에 경험하는 정신적·신체적 건강의 악화를 예방하고 강한 재취업 의욕을 부여함으로써 성공적인 취업 가능성을 높여 주며, 취업정보의 탐색 및 인성교육을 통한 자기개발 등 구직활동에 필요한 다양한 기술을 향상시키고, 새 직장에 대한 경제적·심리적인 만족도를 증진시켜 주는 데 크게 기여하고 있다.

## 4) 커리어넷

### (1) 개요

커리어넷은 노동부와 교육인적자원부가 공동으로 설립한 한국직업능력개발원의 진로정보센터에서 운영하고 있다. 진로정보센터는 한국직업능력개발원에 설치된 직

[그림 11-3] 아로플러스 시작 화면

업 및 진로지도 관련 연구·개발센터다. 빠르게 변화하는 직업세계에서 '평생직장'이라는 말은 더 이상 의미가 없어지고 있다. 국민 개개인이 평생에 걸쳐 자신의 능력을 개발해 나가고 새로운 진로를 개척해 나가는 일이야말로 개인의 삶의 질 향상은 물론 국가의 경쟁력 강화라는 결과로 이어지는 매우 중요한 일이라 할 수 있다. 진로정보센터는 이러한 시대적 흐름에 맞춰 '개인의 삶의 질 향상'과 '국가의 경쟁력 강화'라는 두 테마를 연결시켜 주는 중요한 연결고리인 국민들의 진로개발을 지원하기 위한 다양한 업무를 수행하고 있다.

### (2) 진로정보탐색

커리어넷에서도 다양한 진로정보를 탐색할 수 있다. 메뉴바에서 '커리어넷 DB'를 클릭하면 다양한 정보자료를 만날 수 있다. 대표적인 것으로 직업사전, 학과정보, 학교정보, 자격정보를 들 수 있다. 직업사전의 경우 중학생용 직업사전, 초동이 직업사전 등이 포함되어 있어서 학교 청소년들에게 특히 유용하다. 아울러 다양한 직업의 세계(예, IT관련, 문화관련, 환경관련 등)에 대한 정보도 접할 수 있다. 학과정보의 경우에는 자기가 원하는 직업을 갖기 위한 대학의 학과를 선택하게 하고, 특정 학과에 대해서 교육목표, 배우는 내용, 학업에 필요한 적성과 능력, 개설대학, 졸업자 배출 상황, 취업률 등을 소개하고 있다. 학교정보의 경우 특정학교에 대해서 기본사항(설립유형, 주소), 개설학과, 입시 및 편입학, 진로 및 취업지원, 동아리, 장학제도, 기숙사 등을 중심으로 소개하고 있다. 자격정보의 경우에는 자격의 종류를 국가자격, 민간자격 및 국제통용자격으로 분류하고 각각의 영역별로 검색할 수 있도록 서비스하고 있다.

### (3) 진로심리검사

커리어넷에서도 역시 다양한 진로심리검사 서비스를 제공하고 있다. 메뉴바에서 '심리검사'를 클릭하면 다양한 검사들을 만날 수 있다. 여러 가지 검사들 중에서 중·고등학교 청소년들에게 활용 가능한 것들만 선별해서 소개하면 다음과 같다.

#### ① 직업적성검사

이 검사는 학교 진로교육 및 상담, 각종 청소년 상담기관에서 교육 및 상담 자료로 활용될 수 있으며, 개인이 웹상에서 자아성찰을 할 수 있는 도구로도 활용될 수 있다. 이 검사는 중학교 2학년부터 고등학교 3학년을 대상으로 실시할 때 가장 적합하다. 중학교 1학년은 언어이해력이 다소 부족할 가능성이 높으므로, 개별 사용자의 숙고에 따른 사용이 요청된다. 이 검사의 목적에 따른 검사 활용 방법은 세 가지인데, 첫째는 진로선택을 위한 보조 자료로 활용하는 것이고, 둘째는 자아성찰을 위한 교육 자료로 사용이 가능하며, 셋째는 직업세계에서 필요한 능력 및 관련 직업에 대한 교육 자료로도 활용이 가능하다.

#### ② 직업흥미검사

직업흥미검사는 중학생 및 고등학생들이 직업과 관련하여 자신의 흥미를 파악하고, 다양한 직업들 중에서 자신에게 적합한 직업을 탐색하는 데 도움을 주기 위해 제작되었다. 자신의 직업을 선택할 때 제일 먼저 고려해야 하는 것 중의 하나가 흥미라고 할 수 있다. 왜냐하면 사람은 누구나 자신이 좋아하는 일을 할 때 좀 더 잘해 보고자 하는 의욕을 느낄 수 있으며, 삶의 보람도 찾을 수 있기 때문이다. 흥미란 어떤 종류의 활동에 대해서 개인이 가지고 있는 쾌, 불쾌, 수락, 거부의 경향성을 말하며, 이는 여러 가지의 인간행동을 결정하는 데에 중요한 역할을 한다. 특히 직업흥미는 직업의 선택, 직업의 지속, 직업에서의 만족감, 직업에서의 성공 등과 밀접히 관련된다. 흥미의 분류는 다양하나, 이 검사에서는 각 직업 내에서 수행되는 활동들의 유사성 및 수준에 따라 총 16개의 직업흥미 영역을 분류하였다.

### ③ 진로성숙도검사

이 검사에서는 진로성숙을 태도와 능력 및 행동의 세 측면으로 구분하고, 각각의 측면에 대한 수검자의 발달 정도를 알려 주고 있다. 검사 대상은 중학교 2학년 이상 고등학교 3학년이며, 초등학교 5학년 이상의 언어이해력을 전제로 구성되었다. 검사 시간은 중학생의 경우 30분, 고등학생의 경우 25분 정도 소요된다. 이 검사는 첫째, 중·고등학생들의 진로발달상의 태도·능력·행동에 대한 정보 제공, 둘째, 청소년의 자기이해를 돕는 도구, 셋째, 상담자의 내담자 이해를 위한 도구, 넷째, 진로교육의 효과 측정을 위한 도구 등의 용도로 활용이 가능하다.

### ④ 직업가치관검사

직업가치관 검사는 직업과 관련된 다양한 욕구 및 가치들에 대해 각 개인이 상대적으로 무엇을 얼마나 더 중요하게 여기는가에 대한 정보를 제공함으로써, 진로선택 및 진로상담 과정에서 매우 중요한 의미를 갖는다. 검사 대상은 중학교 2학년 이상의 청소년이며, 중학교 2학년 미만의 학생이라도 언어이해력이 충분하다면 활용할 수도 있다. 이 검사는 기본적으로 중·고등학생에게 적용될 수 있는 가치들을 중심으로 구성되었으나, 대학생 이상의 성인도 사용할 수 있다. 다만, 성인의 경우 직업적응과 관련된 좀 더 구체적인 가치항목들이 포함되지 않았다는 점을 고려해야 한다.

검사 시간은 약 20분 정도가 소요된다. 대상별 활용 목적을 보면 먼저 중·고등학생은 자신이 직업생활에서 중요시하는 가치가 무엇인가를 확인하고, 그와 관련된 직업이 무엇인지 생각해 봄으로써 자기 이해의 깊이를 더하며, 더욱 적극적인 진로탐색을 할 수 있게 하는 것이다. 다음으로 교사 및 상담자는 학생 및 내담자가 중요시하는 것이 무엇인가에 대한 정보를 얻음으로써 적성검사 및 흥미검사와 함께 종합적으로 자기 이해를 할 수 있도록 안내하는 데 활용할 수 있다.

### (4) 진로탐색

커리어넷에서 제공하는 대표적인 진로지도 프로그램은 다음과 같은 세 가지다.

#### ① 아로주니어

아로주니어는 초등학생을 위한 진로탐색 프로그램이다. '아로' 라는 마법사의 안내에 따라 진행되는데, 주요 내용은 직업의 중요성, 자기 이해, 직업정보, 나의 다짐으로 구성되어 있다.

#### ② 아로플러스

아로플러스는 중 · 고등학생들의 진로탐색을 도와주기 위한 온라인 프로그램으로써 자기 이해를 통한 진로탐색과 관심직업을 통한 진로탐색의 두 가지 경로로 구성되어 있다. 자기 이해를 통한 진로탐색의 경우 자신의 특성에 대해 알아보고 그와 관련된 직업을 살펴볼 수 있으며, 관심직업을 통한 진로탐색의 경우에는 평소 관심이 있었던 직업이 자신과 정말 잘 맞는지를 확인할 수 있도록 해 준다.

#### ③ 커리어비전

커리어비전은 이공계 대학생의 진로탐색을 지원하는 프로그램이다. 이 프로그램의 내용은 상호 연계되어 있기 때문에 이용자의 관심과 요구에 따라 세 가지 경로로 활용할 수 있다. 첫째는 이공계 전공 적합도를 알아본 후에 진로계획을 수립하는 경우고, 둘째는 이공계 졸업자의 진로경로를 알아보고 진로계획을 수립하는 경우며, 셋째는 자기주도적 진로개발을 위하여 어떤 노력이 필요한지 알고 싶은 경우다.

## 3. 진로상담에서 컴퓨디 휠용의 효과와 제한점

컴퓨터보조 진로지도 시스템의 효과에 대한 연구는 아직 부족한 실정이며, 일반적으로 면대면 진로지도의 효과에 대한 연구에서도 그러하듯이 컴퓨터보조 진로지도 시스템의 이용에 대한 효과를 측정하는 것은 어렵다. 무엇보다도 컴퓨터보조 진로지도 시스템의 사용에 대한 구체적인 목표나 기대 효과를 제시하지 못하고 있으며 측정 결과를 자료로 제시하지 못하고 있다. 그럼에도 불구하고 일반적으로 인정되는 진로지도 시스템을 사용하는 두 가지 목표를 제시하자면, 첫째는 그 시스템에 담겨 있는 내용의 질과 양의 문제로서 진로의사결정 과정에서 이용자와 상담자에게 질높은 많은 양의 정보를 제공하는 것이다. 둘째는 기술적인 문제로서 계획적인 탐색을 하기 위해 쉽고 편하게 정보를 검색할 수 있는 기능을 제공하는 것이다.

진로지도 시스템은 계획적인 진로의사결정을 가르쳐서 전 생애에 걸쳐서 의사결정이 필요할 때 사용할 수 있으며, 자신에게 적합한 진로탐색을 위해 자신의 가치관, 능력, 흥미, 적성 등에 대한 전반적이며 객관적인 자료를 통하여 자신에 대한 이해를 돕는다. 일반적으로 컴퓨터보조 진로지도 시스템의 효과에 대한 연구에서는 진로결정수준, 의사결정능력, 진로성숙도나 진로 계획의 구체성 등을 측정하지만 측정할 수 있는 도구가 풍부하지도 못한 실정이다. 또한 컴퓨터보조 프로그램을 길어야 몇 시간 사용하고서 진로성숙도, 의사결정능력 등의 변화를 기대한다는 것은 무리일지도 모른다. 그럼에도 불구하고 이미 컴퓨터를 활용한 진로지도 시스템은 널리 사용되고 있고 몇 가지 효과도 나타나고 있다.

### 1) 컴퓨터보조 진로지도 시스템의 효과

컴퓨터보조 진로지도 시스템의 장점 혹은 효과는 다음과 같이 정리될 수 있다.

첫째, 연령에 관계없이 이용자들이 컴퓨터보조 진로지도 시스템을 좋아한다. 특히 중·고등학생들은 인쇄물이나 다른 시청각 매체보다 컴퓨터를 좋아하며 컴퓨터보조 진로지도 시스템은 정보 자료를 읽기 싫어하는 학생들이 진로를 탐색할 때 동기유발의 기능을 수행한다.

둘째, 컴퓨터보조 진로지도 시스템은 이용자들의 자신에 대한 이해와 직업세계에 대한 이해를 높여 준다. 정확한 정보가 없이는 현명한 의사결정을 하기 어렵기 때문에 이용자들은 진로지도 시스템을 통하여 교육과 직업에 대한 정보를 수집하게 되고 직업세계에 대한 눈을 뜨게 된다. 그리고 평소 가지고 있던 잘못된 정보를 수정하는 계기도 된다.

셋째, 컴퓨터보조 진로지도 시스템은 진로 탐색을 원하는 이용자에게 풍부한 정보를 제공하고 자신과 환경에 대한 필수적인 사항을 재미있게 알아보도록 되어 있기 때문에 의사결정이나 문제해결 등 진로탐색을 증진시켜 준다. 이러한 진로탐색 활동에는 학생들이 교사나 전문상담원, 부모 또는 중요한 타인들과 대화하는 것 이외에도 더욱 많은 정보를 얻기 위해 전자메일을 보낸다거나 또는 진로정보실이나 진로정보센터에서 여러 가지 정보들을 검토하는 일도 포함된다.

넷째, 이용자들이 진로계획에 대해 구체적인 개념을 갖게 되고 지속적인 진로정보 탐색을 하게 된다. 진로지도 시스템을 사용하고 나서 이용자들이 진로에 관련 있는 사람들과 이야기를 나누고, 도서관을 찾아 진로에 대한 서적을 읽고, 정보를 요구하고 상담자를 찾아가 이야기를 한다.

다섯째, 컴퓨터를 이용한 진로지도 시스템을 효과적으로 활용하면 상담자와 교사는 시간과 노력을 절감하고 효율적으로 일을 처리할 수 있다. 특히 다음과 같은 측면에서 유용하다.

- 이용자에 관한 많은 정보를 저장하고 보존하며 분석하고 인출하는 일
- 새로운 정보를 추가하거나 낡은 정보를 바꾸는 일
- 입력된 정보를 재인출 하는 일
- 입력된 정보를 다른 상담 활동에 이용하기 위해 정보를 송신하는 일

## 2) 컴퓨터보조 진로지도 시스템의 제한점

컴퓨터보조 진로지도 시스템은 상담자나 교사를 대체할 수 있는 것이 아니라 단지 보조 수단일 따름이다. 어떤 이용자들은 정보 수집만을 원하거나 자기평가, 의사결정을 스스로 하고 싶어 하고 상담자나 교사의 도움을 필요로 하지 않을 수도 있다. 진로지도 시스템은 진로지도 과정에서 도움을 주기 위해 필요한 도구일 뿐이며, 특히 진로지도의 대상이 중·고등학생일 경우에는 진로지도 교사의 모니터링이나 지도가 반드시 필요하다.

또한 학생들은 컴퓨터로부터 얻는 정보는 정확하고 다른 어떤 매체로부터 습득하는 정보보다 신뢰할 만하다는 잘못된 판단을 하게 되어 컴퓨터보조 진로지도 시스템

을 과신하거나 과용하게 되는 경우가 있다. 어떤 학생들은 컴퓨터보조 진로지도 시스템이 가지고 있는 방대한 정보를 효율적으로 사용하지 못하기 때문에 오히려 진로선택이나 결정 시에 혼동과 좌절을 느낀다.

또 다른 제한점으로 컴퓨터의 특성에 익숙하지 못한 학생들은 이 시스템을 제대로 사용하기가 어렵다. 읽기나 학습능력이 부족한 사람도 컴퓨터보조 진로지도 시스템을 사용하기가 곤란하다.

컴퓨터를 보조 수단으로 진로지도 과정에서 효과적으로 사용하기 위해서는 컴퓨터에 대한 이해가 선행되어야 한다. 예를 들어, 컴퓨터는 정보를 이진법으로 처리하기 때문에 정보는 '예' 또는 '아니요'로만 부호화된다. 따라서 개인에 대한 사회적, 교육적 정보들이 '예' 또는 '아니요'로만 입력된다.

만약 컴퓨터보조 진로지도 시스템에 대한 올바른 이해를 한다면 그것에서 얻는 정보는 더욱 효율적으로 사용될 수 있을 것이다. 따라서 이런 시스템을 현명하게 사용하기 위하여 상담자와 교사는 컴퓨터 시스템을 작동하는 방법뿐만 아니라 제공되는 정보내용과 처리과정에 대해서도 사전에 충분히 알고 있어야 한다.

## 4. 컴퓨터를 활용한 진로지도 모델과 유의점

구체적인 모델을 통하여 상담자들이 컴퓨터를 어떻게 활용할 수 있는지 알아보자. 컴퓨터를 활용한 진로지도의 모델은 아래와 같이 6단계로 나눌 수 있다.

### 1) 컴퓨터를 활용한 진로지도 6단계 모델

#### (1) 1단계: 진로 인식

진로결정을 할 필요성을 깨닫는 것에서부터 진로지도가 시작된다고 할 수 있다. 진로결정의 필요성을 인식하지 않으면 학생들은 어떠한 도움도 받을 필요성을 느끼지 못하고 진로탐색을 위해 컴퓨터를 이용하려고 하지도 않을 것이며, 컴퓨터나 통신을 사용한다고 해도 자신의 진로에 관해 큰 도움을 받지 못할 것이다. 상담자와 교사는 컴퓨터를 진로지도에 활용하기 전에 우선 그 필요성을 인식시켜야 한다.

### (2) 2단계: 자신에 대한 이해

진로지도 과정에서 학생들이 자신을 객관적으로 평가해 보게 하는 일은 가장 기초적인 작업이다. 개인에게 적합한 직업이란 개인의 흥미, 성격, 적성 그리고 가치관을 반영하는 것이다. 컴퓨터를 활용하여 온라인 심리검사 도구를 사용하고 온라인으로 검사 결과와 결과에 대한 해석을 제공받을 수 있다.

### (3) 3단계: 직업 세계에 대한 인식

2단계의 심리검사 결과에서 나온 자신에 대한 객관적인 정보가 다양한 직업 세계와 연결이 되도록 컴퓨터를 이용하여 다양한 직업세계의 존재를 인식하도록 한다. 다시 말해서 개인의 흥미, 성격, 적성, 가치관 등을 직업과 연결시키기 위해 컴퓨터를 이용하여 개인의 직업목록을 작성하게 한다.

### (4) 4단계: 직업 세계에 대한 정보 수집

3단계에서 작성한 개인의 직업 목록에 따라 데이터베이스를 검색하여 정보를 수집한다. 학생들은 데이터베이스를 통해 다양한 직업들을 비교해 보고, 우선순위와 잠정적인 선택을 하는 데 필요한 정보를 검색한다.

### (5) 5단계: 직업 선택

이 단계에서는 4단계에서 획득한 데이터를 2단계에서 확인한 자신의 흥미, 성격, 적성, 가치관 등에 비추어 처리하게 된다. 일반적으로 이 과정에서 자신이 정리한 직업목록에서 몇몇 직업을 제외시키고 나머지 직업에 대한 더 상세한 데이터를 찾게 된다. 이 단계는 데이터베이스에서 오히려 더 많은 데이터를 가져오게 되고 궁극적으로는 잠정적인 선택을 하게 된다.

### (6) 6단계: 실행

마지막으로 선택한 진로에 입문하기 위한 준비행동을 취하게 된다. 이 단계에서도 정보를 제공하기 위한 많은 데이터가 필요할 수 있다. 일단 이 단계를 완수하면, 진학을 하든 취업을 하든 어떤 새로운 사건이나 생의 변환이 생겨서 새로운 진로결정의 필요성을 인식하게 되고, 새로운 진로결정 과정을 다시 반복하도록 충동을 받을 때까지는 선택한 진로에 머물게 된다.

이렇게 컴퓨터를 활용하여 진로지도의 여러 단계에서 심리검사, 교육정보, 직업정보 등에 대한 자료를 제공받아 진로지도에 도움을 줄 수 있다. 뿐만 아니라 컴퓨터 통신을 이용하여 쌍방향 의사소통이 가능하기 때문에 진로지도 시에 특정한 진로에 관련되는 사람이나 단체 및 기관과 의견을 나누고 자문이나 도움을 받을 수 있다.

## 2) 유의점

상담자와 교사는 컴퓨터로 진로지도를 원하는 학생들에게 최선의 서비스를 제공하기 위해 윤리적인 면에서 그리고 전문가로서의 책임이 있다. 또한 컴퓨터를 활용하여 진로지도를 할 경우에는 대상 학생에 대한 스크리닝과 컴퓨터시스템에 대한 스크리닝이 필요하다.

우선 컴퓨터를 활용하여 진로지도 및 상담을 받을 수 있는 학생을 스크리닝하기 위해 학생 자신의 진로계획이나 진로상담의 필요성에 대한 진술을 들어 보고, 학생이 필요로 하는 내용과 학생의 태도를 검토한 후 컴퓨터로 진로지도 및 상담을 하는 것이 적절한가를 판단한다. 컴퓨터를 활용한 진로지도 활동과 관련하여 상담자와 교사가 유의해야 할 점을 살펴보면 다음과 같다.

### (1) 검사에 대한 정확한 평가

진로상담이 소개된 초기부터, 전문가들은 개인의 성격과 직업의 특성을 잘 연결되도록 도와주기 위해 심리검사 도구를 사용해 왔다. 현재 인터넷상에서 심리검사 서비스를 무료로 제공하고 있는 웹사이트가 많으며, 앞으로 더 많이 제공될 것으로 보인다. 또한 CD-ROM으로도 개발되어 무료로 혹은 아주 싼값으로 보급되고 있기도 하다. 컴퓨터를 이용하여 검사를 실시할 때는 다음과 같은 점에 유의해야 한다.

무료로 제공되고 있는 온라인 검사도구의 질은 전문 기준에 미달할 수 있다. 특히 진로상담과 관련이 없는 사이트에서 흥미 위주로 무료 제공하는 것이라면 더 그러하다. 서비스되는 검사 도구가 인쇄된 검사지로 검증이 되었다고 하더라도 온라인으로 전달되는 검사 도구에 대해서는 아직 검증되지 않은 것이 많다. 온라인 검사결과에 대한 해석이 지필 검사결과에 대한 해석만큼 완전하거나 효과적이지 않을 수도 있고, 다른 검사결과 자료를 고려하지 않고 독립적인 해석이 제공될 수 있다. 더구나 전문상담자가 온라인 검사결과에 대한 일대일 해석을 하지 않는 경우가 대부분이다. 그리고 이용자는 질문을 할 수도 없고 다른 개인적인 정보와 함께 고려되어야 할 검사결과도 가질 수 없다. 따라서 온라인 검사 도구는 개인에 대한 이해를 높이지 못하고 가능한 직업군에 대한 확인을 하기도 어려우며, 자기 이해를 도울 수 있는 다른 형식의 검사도구를 소개받을 수도 없는 경우가 많다.

아마도 이용자들이 무료로 제공되는 온라인 검사도구를 사용하는 이유는 다른 검사도구나 소프트웨어를 구입하는 데 필요한 경비를 지출하려고 하지 않거나, 개인적으로 편안하고 자유롭게 검사를 실시해 보고 싶은 욕구 때문일 것이다. 만일 이런 이유 때문에 학생들이 무료로 제공되는 온라인 검사 도구를 사용한다면, 상담자와 교사는 다음과 같은 윤리적인 책임감을 가지고 있어야 할 것이다.

첫째, 온라인으로 제공되는 검사도구의 질에 대해 잘 알고 있어야 한다. 즉, 검사도구 제작자의 전문성, 검사도구 개발에 관련된 연구, 기본 특성(객관도, 타당도 등), 표준화 여부, 이론적 배경 등에 대해 알고 있어야 한다.

둘째, 개인 인터뷰, 그룹 토의 혹은 적어도 이메일 교환이나 전화 통화로 검사 결과에 대한 해석이나 적용에 대한 자문을 제공해서 학생 자신의 진로결정을 위한 개인적인 의미를 갖도록 해야 한다.

### (2) 데이터베이스 탐색

데이터베이스에서 방대한 자료를 검색하기 위해서는 효율적인 방법이 모색되어야 한다. 여러 가지 검색어로 탐색을 하다 보면 다음과 같은 문제점이 발생할 수 있다.

개인이 수많은 정보 속에서 특정한 진로계획에 맞거나 필요한 정보를 찾기가 어렵거나 시간이 많이 소비된다. 어떤 검색 엔진인가, 어떤 검색어를 입력했나 그리고 그 특정한 검색 엔진의 로직에 따라 확인된 소스 목록에 많은 차이가 있을 수 있다. 만일 상담자가 미리 탐색을 하고 가치가 있는 특정한 웹사이트를 학생들에게 안내해 준다면 훨씬 효과적일 것이다. 학생들은 어떤 웹사이트에서 질 높은 자료를 찾을 수 있는지, 개발자가 누구인지 혹은 마지막으로 업데이트된 날짜가 언제인지 알지 못한 채 사용하는 경우가 많다.

앞에서 언급한 여러 가지 문제점을 고려할 때 상담자와 교사는 다음과 같은 역할을 충실히 수행해야 한다.

- 지정하는 웹사이트와 소프트웨어에 대한 자료를 수집하고, 그 시스템의 개발자나 관리자가 자격이 있는 사람인지 알아야 한다.
- 가장 유용한 리스트를 확인하도록 하기 위해 어떤 검색 엔진을 활용할 것인지 결정하도록 도와준다.
- 더 많은 정보를 찾기 위해 언제 어떻게 해야 하는지 안내하고, 학생들이 많은 자료들의 질과 우선순위를 평가하도록 확인된 리스트를 함께 검토한다.

### (3) 정보 수집

정보를 수집할 때는 선택 범위를 넓힐 때가 있고 줄여야 할 때가 있다. 진로결정 과정에서 검색 전략의 역할은 직업, 전공, 학교, 재정보조 등에 관한 여러 가지 선택을 확인하는 것이다. 선택의 범위를 넓히는 것은 더 만족스러운 결정을 내릴 가능성이 있지만, 어떤 지점에서는 가능성이 있는 여러 대안들 중에서 구체적인 기준에 맞는 것은 우선순위에 두고, 기준에 맞지 않는 것은 버려서 그 리스트를 줄여 나가야 한다. 이 과정은 각 대안들에 대한 상세한 정보를 수집해서 두 가지 대안을 비교하고 특정한 가치를 기준으로 선택할 때 가장 잘 이루어진다.

컴퓨터를 이용해서 다양한 정보를 수집하고 의사 결정 과정에서 도움을 줄 수 있는 가치 있는 자료들을 수집할 수 있다. 또한 인터넷을 사용하면 어떤 특정한 직업을 소개하는 웹사이트에서 하이퍼링크로 관련된 정보를 제공하는 전문적인 웹사이트에 연결되듯이 더 많은 정보를 제공하는 웹사이트들에 연결될 수도 있다.

　　학생들에게 온라인 데이터베이스를 소개할 때, 상담자와 교사는 다음과 같은 책임이 있다.

- 웹사이트나 소프트웨어 개발자의 자격을 알고 있어야 하고, 그 자료의 질, 정확도 그리고 얼마나 자주 업데이트하는지 알고 있어야 한다.
- 학생들에게 컴퓨터를 이용한 정보 수집에 대한 장점과 단점을 설명해 준다.
- 인쇄 자료, 컴퓨터보조 진로지도 시스템의 자료, 개인적인 접촉 등 여러 가지 방법으로 진로 정보를 입수할 수 있다는 것을 알려 준다.

## 참고문헌

송주석(1998). 인터넷과 사이버 스페이스. 서울: 정일출판사.

Harris-Bowlsbey, J. (1984). The Computer and career development. *Journal of Counseling and Development, 63*(3), 145-148.

**제12장**

# 직업카드의 활용

학교에서 학생들을 위한 진로지도를 효율적으로 수행하기 위해서는 여러 가지 도구가 필요하다. 직업카드는 학생들에게 흥미를 유발시키면서 지루하지 않게 진로지도의 도구로 사용할 수 있다. 재미있는 직업카드분류 활동을 통해서 학생들의 직업흥미를 탐색할 수도 있고, 모르는 직업을 알려 줄 수도 있으며, 자기가 좋아하는 직업과 싫어하는 직업의 특징을 탐색하게 할 수도 있다. 여기에서는 먼저 직업카드 분류의 정의와 장점을 살펴보고, 직업카드의 개발과정을 비교적 상세하게 소개하고자한다. 끝으로 직업카드 분류활동의 효과를 검증한 사례를 함께 살펴볼 것이다.

## 1. 직업카드 분류의 이론적 배경

### 1) 직업카드 분류의 정의

직업카드 분류란 직업카드를 개발하고 이를 분류하는 활동을 통해서 직업흥미를 탐색하는 방법 또는 도구를 말한다. 외국의 선행연구에서는 이를 Vocational Card

Sort 또는 Occupational Card Sort라고 표현하고 있다. 김충기와 김병숙(1995)은 이를 '직업카드 분류'라고 번역하고 전진수와 김완석(2000)은 '직업카드 분류법'이라고 소개하였다.

직업카드 분류는 타일러 직업카드 분류(tyler vocational card sort, TVCS), 미주리 직업카드 분류(missouri occupational card sort, MOCS), 직업흥미카드 분류(occupational interest card sort, OICS) 등 이미 개발된 여러 직업카드 분류를 통칭하는 용어로도 사용되며, SDS(self directed search)와 SII(strong interesting inventory) 등 타 흥미검사도구와 효과를 비교한 논문에서는 이를 약자로 VCS라고 표현하는 경우가 많다.

직업카드 분류는 진로평가의 영역 중 기존의 표준화 검사로 대표되는 표준화 평가, 전통적 평가, 객관적 평가와 대비되는 개념인 질적 평가, 대안적 평가, 자기 평가의 영역에 속하며, 특히 개인의 대표적인 특성의 하나인 흥미를 알아보는 평가도구로 분류된다.

## 2) 직업카드 분류의 장점

직업카드 분류의 장점은 매우 다양하다. 여기에서는 Hartung(1999), Bikos, Krieshok, O'Brien(1998) 등이 언급한 직업카드 분류의 장점들을 요약하여 제시하기로 한다.

첫 번째 장점은 내담자를 능동적으로 참여하도록 한다는 점이다. 기존의 표준화된 심리검사가 내담자를 검사결과를 통보받는 수동적인 입장으로 참여하도록 하는 데 반해, 직업카드 분류는 내담자가 직접 카드를 분류하는 신체활동을 통해 통제감을 가지게 되고, 직업흥미를 정해진 범주의 문항에 따라 반응하는 대신 내담자가 각자 자신만의 독특한 직업흥미의 이유와 범주별로 카드를 묶어 보게 하고, 그 이유를 자신의 언어로 표현하도록 함으로써 내담자가 능동적으로 진로탐색활동의 주체로서 참여하도록 한다.

두 번째 장점은 즉각적인 피드백을 제공한다는 점이다. 즉, 전체평가 시간 중 2/3 정도의 시간을 검사를 완료하는 데 사용하고, 나머지 시간 동안 그 결과를 곧바로 해석하는 시간을 가질 수가 있다. 따라서 채점된 결과를 기다리는 지필검사에 비해 유리하다고 할 수 있다.

세 번째 장점은 상담자가 내담자의 여러 특징에 대한 의미 있는 정보를 얻을 수 있다는 점이다. 교사나 상담자는 내담자가 카드분류를 하는 과정을 통해서 내담자의 자아개념, 직업세계관, 진로성숙의 정도, 의사결정유형, 직업세계의 이해 정도, 인지과정의 복잡성 등에 대해 파악할 수 있다. 이러한 것들은 진로상담에 있어 매우 중요한 정보들로 내담자에게 어떤 정보를 제공하고 상담을 어떻게 진행하여야 할지에 대해 상담자가 결정하는 데 도움이 된다.

네 번째 장점은 유연성이다. 표준화 검사는 규준집단이 다를 경우 사용에 제한이 있고 내담자가 제한적으로 반응하도록 구성되어 있는 데 반해, 직업카드 분류는 다양한 문화, 인종, 민족적 배경을 가진 사람들에게 적용할 수 있다는 점, 상담자나 연구자가 자신의 목적에 적합하도록 변형하여 활용할 수 있다는 점, 내담자의 선택과 표현이 자유롭다는 점 등 여러 측면에서 유연성을 가지고 있다.

## 2. 직업카드 개발

하나의 직업카드를 모든 대상에게 적용하는 것은 불가능하다. 대상의 특성과 상황적 여건에 따라 그에 적합한 직업카드가 필요하다. 이러한 이유 때문에 교사나 상담자는 직업카드를 개발할 필요에 직면할 경우도 있다. 이러한 경우에 도움을 주고자 여기에서는 김봉환과 최명운(2002)이 수행한 청소년용 직업카드 개발의 절차를 소개하고자 한다. 직업카드의 개발과정에는 자문위원의 선정, 직업선정 기준의 설정, 직업선정, 카드 개수 결정, 카드 기입내용과 규격의 결정 등이 포함된다.

### 1) 직업카드개발 자문위원 선정

자문위원들은 이 직업카드가 진로 및 직업선택과 관련이 있고 청소년을 대상으로 제작된다는 측면을 고려하여 진로 및 직업 관련 기관과 중등교육기관에 근무하는 전문가를 위주로 중앙고용정보원 직업연구팀 6명, 한국직업능력개발원 진로정보센터 연구원 2명, 중등교육기관 중등교육전문가 2명, 진로상담전문가 1명 등으로 구성하였다. 자문위원들은 직업카드의 개발과정에서 연구진의 요청에 대해 다양한 조언과 자문을 제공하였다.

## 2) 직업선정 기준 설정

직업카드 개발의 목적이 청소년의 직업흥미탐색을 위한 도구라는 점을 고려할 때, 직업카드 개발에 명시될 직업은 직업세계에 대해 타당한 대표성을 확보해야 하고 또한 청소년이 흥미 있어 하는 직업을 고려해야 하므로 다음과 같이 직업선정의 기준을 설정하였다. 첫째, 공신력 있는 대표적인 직업자료에서 직업을 선정한다. 둘째, 각 직업분류별로 대표적인 직업을 선정한다. 셋째, 직업 및 중등교육관련 전문가의 추천을 받는다. 넷째, 고등학생의 선호직업을 고려한다.

## 3) 직업선정

직업카드에 명시될 직업선정은 먼저 다양한 직업선정 기초자료 중 직업카드개발에 가장 적합하다고 판단한 중앙고용정보원의 『한국직업전망』을 기초자료로 선정하였다. 그리고 한국직업전망의 16개의 직업분류의 대표적인 직업을 직업전문가인 중앙고용정보원의 직업연구팀 6명과 중등교육전문가 2명의 추천을 받아 직업리스트를 작성하였다. 이 중 청소년의 선호직업을 고려하고, 각 Holland 유형별 직업이 최소한 6개 이상 포함되도록 일차적으로 직업을 선정한 후, 진로상담전문가의 자문을 받아 최종직업을 선정하였다.

## 4) 카드 개수 결정

카드 개수는 선행연구의 결과를 참조하여 60개(예, MOPI, O-U-S)와 90개(예, MOCS)가 고려되었는데, 이 직업카드의 목적이 학교 현장에의 효율적인 활용이므로

90개의 카드는 분류시간이 많이 걸린다고 판단되어 60개로 정하였다. 그리고 빈 카드를 4개 포함하여 직업카드에 소개되어 있지 않은 직업 중 학생들이 원하는 직업이 있을 경우 이를 포함시켜 활용할 수 있도록 하였다.

## 5) 카드 기입내용과 규격 결정

선행연구 분석에서 실제 직업카드의 기입내용과 모양을 살펴볼 수 있었던 것은 MOCS의 직업카드와 MOPI의 직업카드 두 종류였다. 이들 두 직업카드의 기입내용을 참고하고 전문가의 자문을 받아, 이 연구의 직업카드에서는 직업명, Holland코드, 직업분류코드, 직업개요, 교육·훈련, 학과정보, 관련 직업사진, 직업분류영역, 카드번호 등 9개의 항목을 카드 기입내용으로 결정하였다.

직업카드의 규격은 카드에 기입할 정보의 양과 분류활동의 편리함을 고려하여 결정하였다. 카드에 많은 직업정보를 담기 위해서는 그 크기가 커야 되나 분류활동의 편리함을 위해서는 한 손에 쥘 수 있을 만큼 크기가 작아야 한다. 이에 따라 앞에서 결정한 직업카드의 기입내용을 기입한 몇 가지 규격의 카드를 제작하여 사용해 본 후 카드의 규격을 가로 7cm, 세로 9.3cm로 결정하였다.

[그림 12-1] 직업카드

## 3. 직업카드 분류활동

### 1) 직업카드 분류활동의 목표

직업카드 관련 선행연구(Hartung, 1999)를 살펴보면 직업카드를 이용하여 직업흥미를 탐색하는 목표 이외에 다른 목표로도 직업카드를 사용하였음을 알 수 있다. O-U-S와 NSVCS의 경우 여성들의 직업선택에 대한 폭을 넓히기 위해 직업카드를 특별히 고안하여 사용하였고, OICS와 DMI의 경우 직업카드를 이용한 여러 활동들을 고안하여 진로발달을 촉진하는 도구로 사용하였다. Peterson(1998)은 직업카드를 내담자의 직업지식을 측정하는 도구로 Henderson 등(1988)은 Gottfredson (1981)의 직업포부이론을 검증하는 데 사용하는 등 직업카드가 처음에는 직업흥미탐색의 도구로 개발되고 주로 사용되었지만, 최근에는 진로발달을 촉진하기 위한 활동의 도구나 진로이론 연구의 도구로도 사용되는 등 그 활용의 폭이 넓어졌음을 알 수 있다.

이를 참조하여 김봉환과 최명운(2002)의 연구에서도 직업흥미탐색이라는 직업카드 분류활동의 일차적인 목표에 덧붙여 직업선택의 폭을 넓히고, 진로 및 직업정보를 찾는 방법을 제공하는 활동을 추가함으로써 학생들의 진로발달을 좀 더 촉진할수 있도록 하였다. 카드분류활동의 목표를 구체적으로 기술하면 다음과 같다.

- 내담자의 직업흥미를 탐색한다. 내담자가 좋아하는 직업과 싫어하는 직업을 선택하게 하고 그 이유를 탐색함으로써 내담자가 자신의 직업흥미에 대해서 구체적으로 파악하도록 돕는다.
- 내담자의 직업세계에 대한 이해를 높이고 직업선택의 폭을 넓힌다. 내담자가 관심을 보이는 직업분류나 직업유형의 직업들을 폭넓게 탐색함으로써 내담자의 직업세계에 대한 이해를 높이고 직업선택의 폭을 확장시킨다.
- 내담자에게 진로 및 직업정보를 찾는 방법을 제시한다. 내담자에게 직업정보나 직업심리검사, 기타 진로와 관련된 정보를 찾는 방법을 알려 줌으로써 내담자가 스스로 진로탐색 활동을 할 수 있도록 돕는다.

## 2) 직업카드 분류활동의 과정

MOCS와 MOPI의 카드분류과정을 참고하여 김봉환과 최명운(2002)은 카드분류 과정을 다음과 같은 6단계로 구성하였다. 그리고 여기에서는 고등학교에서 학생들을 대상으로 활용하는 상황을 가정하여 카드분류 과정을 기술하였다.

### (1) 도입단계

MOCS와 MOPI의 카드분류 과정에서는 본 단계가 구체적으로 기술되어 있지 않지만 학생들의 카드분류 활동의 준비도를 높이고 효율적인 진행을 위해서 필요하다고 판단되어 이 연구에서 따로 분리하여 설정한 단계다. 도입단계에서는 학생들에게 카드분류활동의 목표와 진행과정을 설명해 주고 직업카드의 구성내용, 빈 카드 사용법 등을 설명해 준 뒤, 학생들에게 카드를 살펴볼 시간을 잠시 주고 궁금한 점이 있으면 질문을 받는 일들을 한다.

### (2) 분류단계

분류단계는 직업카드를 좋아하는 직업과 싫어하는 직업 그리고 미결정 직업의 세 가지 범주로 나누어보는 단계다. 이 연구에서는 이 단계에 각 카드군의 개수를 활동지에 기입하는 과정을 추가하였는데, 이는 학생들이 어떤 군의 직업이 많은지 또는 적은지에 대해 그 이유를 생각해 보도록 유도하기 위해서다.

### (3) 주제찾기 단계

주제찾기 단계는 MOCS의 분류단계를 기본적으로 참조하고 MOPI의 분류단계 중 직업선택의 특정 이유의 개수를 헤아려 보는 방법을 도입하여 설정하였다. MOCS의 분류단계를 주로 참조한 이유는 MOPI의 경우 모든 직업카드에 대해서 그 이유를 탐색하는 과정에 시간이 너무 많이 소요된다고 판단하였기 때문이다. 그러나 MOPI 주제 찾기 단계 중 특정 이유의 개수를 헤아리는 방법은 각 주제의 경중을 따져 보는 의미가 있고 또한 MOCS에도 적용할 수 있다고 판단되어 이를 도입하였다.

따라서 이 단계에서는 싫어하는 직업카드군의 카드를 그 이유별로 재분류하여 소그룹을 짓게 한 다음 각 소그룹의 카드 개수를 헤아려 해당되는 카드의 개수가 많은 순으로 그 이유를 활동지에 정리하게 한다. 좋아하는 직업카드군에 대해서도 같은 방식으로 진행한다.

이 단계는 카드분류과정에서 가장 중요한 단계로 학생들이 특정 직업에 대해 막연히 좋다 또는 싫다고 생각하던 것에서 그 이유를 더 구체적으로 명료화시킴으로써 자신의 직업흥미를 심층적으로 탐색해 보게 하는 핵심적인 과정이다. 따라서 교사(상담자)는 학생들이 충분히 자신의 직업선호의 이유에 대해서 탐색할 수 있도록 도와주어야 한다.

### (4) 순위결정 단계

순위결정단계는 좋아하는 직업 중 5개만 순위를 정하고 직업명과 그 이유를 활동지에 기입하는 단계다. MOCS와 MOPI의 경우 Holland코드의 계산을 위해 선호하는 직업을 일정 수 이상 추출해야 하지만 이 카드분류 과정에는 Holland코드를 계산하는 과정이 포함되어 있지 않기 때문에 많은 수의 직업에 대해 순위를 정할 필요가 적다고 판단되어 5개의 선호직업만을 고르도록 하였다.

### (5) 직업확장 단계

이 연구에서 개발한 직업카드는 6개 Holland코드 유형의 직업이 일정하게 구성되어 있지 않고 또한 Holland코드도 한 자리만 기입되어 있기 때문에 Holland코드 계산의 타당성이 부족할 가능성이 높아 그 과정은 생략하였다. 대신 선호하는 직업카드를 Holland코드 유형별로 묶은 뒤 전체 카드와의 비율을 따져보게 함으로써(예, 전체 직업카드의 탐구형 직업 6개 중 4개 등) 상대적인 비율을 알아보도록 하였다. 또한 선호직업을 직업분류별로 묶어 그 상대적인 비율을 알아보는 과정도 추가하여 선호하는 직업을 Holland코드 유형과 직업분류별로 나누어 살펴볼 수 있음을 인식할 수 있도록 하였다.

직업확장 단계는 이와 같은 직업비율을 참고로 하여 자신의 직업흥미의 경향을 파악하고, 직업목록을 이용하여 직업카드에 제시되어 있지 않은 다른 직업들에 대해서 살펴보는 단계다. 직업목록은 『한국직업전망』의 직업명을 직업분류별과 유형별로 재정리한 보조자료로, 관심이 가는 직업들을 체크해 두었다가 이들 직업에 관한 자세한 정보를 인터넷이나 직업전망서 등을 이용해 찾아볼 때 사용한다. 직업확장 단계에서 교사(상담자)는 학생들이 필요한 직업의 정보들을 찾아볼 수 있도록 『한국직업전망』이나 인터넷 접속이 가능한 컴퓨터를 준비해 두는 것이 좋다.

### (6) 진로정보요약 및 정보제공 단계

이 단계는 MOPI의 진로정보요약 단계를 응용한 단계로 학생들이 카드분류활동을 통해서 발견한 여러 가지 진로정보들을 정리하도록 돕는 단계다. 진행과정은 아래에 제시된 미완성문장의 질문에 대해 구두로 답하거나 문장으로 써 보게 함으로써 자신의 진로정보들을 요약하도록 한다.

- 내가 흥미 있어 하는 직업의 특징은 _____
- 내가 흥미 없어 하는 직업의 특징은 _____
- 내가 지금 가장 흥미 있어 하는 직업은 _____
- 이번 활동을 통해 새롭게 관심이 가는 직업에는 _____
- 내가 흥미 있어 하는 직업분류에는 _____
- 내가 흥미 있어 하는 직업유형에는 _____
- 이번 진로탐색활동을 통해 나는 _____

이상의 요약과정이 끝나면 교사(상담자)는 본 활동 후 학생들이 스스로 진로정보들을 찾아볼 수 있도록 무료로 흥미검사를 할 수 있고, 직업정보들을 찾아볼 수 있는 웹사이트를 소개시켜 준다.

## 4. 직업카드 분류활동의 평가

김봉환과 최명운(2002)은 직업카드의 활용결과 분석을 위해 두 가지 방법을 사용하였다. 첫 번째 방법은 고등학생에게 직접 카드분류활동에 참여하게 한 후 평가지를 통해 평가하는 방법이며, 두 번째 방법은 전문상담자들에게 직업카드 사용의 결과를 평가받는 방법이다. 이들 두 방법은 각각 내담자와 상담자 또는 참가자와 실시자의 입장에서 직업카드 사용의 결과를 평가받기 위해 실시되었다.

### 1) 고등학생 활용결과 분석

참가자에 대한 직업카드 활용결과는 고등학생 101명을 대상으로 실시하였으며 활용효과는 5단계 Likert 척도 질문지의 응답내용 분석과 활동소감을 분석하는 방법을 이용하였다.

#### (1) 실험참가 대상

실험은 경기도 군포시에 소재하는 일반계열의 고교 1개교에 재학 중인 고등학생 101명을 대상으로 이루어졌다. 모집방법은 학생들에게 직업카드를 이용한 직업흥미 탐색 활동을 한다고 공고한 뒤, 이 활동에 참여하기를 희망하는 학생을 대상으로 실시하였다. 참가자는 남자 53명, 여자 48명이었으며, 학년별 분포는 1학년 59명, 2학년 27명, 3학년 15명이었다.

#### (2) 실험 절차

실험절차는 10명 이내의 학생을 대상으로 11회에 걸쳐 실시하였으며, 실험시간은 각 회마다 정규수업시간과 같은 50분으로 제한했고, 실험은 연구진이 직접 실시하였다. 평가지는 실험이 끝난 후 학생들에게 제시하여 평가하도록 하였다. 참가 학생을 10명 이내로 제한한 이유는 연구용으로 제작한 직업카드의 세트 수가 10세트로 제한되어 있었기 때문이었다.

#### (3) 평가지 구성

평가지는 Zener와 Schneulle(1972)가 SDS의 만족도를 평가하기 위해 개발하고 Cooper(1976)가 이를 일반적인 진로탐색활동에 사용할 수 있도록 개정한 SOF(student opinion form)를 참조하고 전문가의 자문을 받아 제작하였다.

문항구성은 SOF에서 4문항(10, 11, 12, 13번)을 참고하고, 직업카드 분류활동의 목표와 관련된 5문항(1, 2, 3, 7, 9번) 그리고 그 외의 예상효과라고 생각되는 요소들을 묻는 4문항(4, 5, 6, 8번)을 포함하여 모두 13문항으로 구성하였으며, 14번 문항은 활동소감을 묻는 서술형문항을 만들어 학생들이 개별적인 의견을 진술할 수 있도록 하였다. 평가척도는 SOF와 같이 5단계 Likert 척도를 사용했다.

### (4) 평가결과 분석

〈표 12-1〉를 보면 전체 평균점수가 3.96이고 긍정 응답률('매우 그렇다'와 '그렇다'에 응답한 비율)의 전체 평균이 77.7%로 긍정 응답자가 많음을 알 수 있다. 이 중 평균점수가 높은 문항은 2번, 13번, 1번, 11번, 3번, 5번 문항인데 이는 직업카드분류활동이 이 연구의 목적인 고등학생들의 직업흥미탐색에 도움이 되며, 좋아하는 직업과 싫어하는 직업의 특징을 이해하고, 직업선택의 기준을 알게 하고, 직업정보를 찾아보도록 하며, 학생들이 친구들에게 권장하고 싶은 활동으로 인식하였음을 보여 준다.

평균점수가 가장 낮은 문항은 10번 문항으로 이는 직업카드분류활동이 전에 생각하지 않았던 직업을 고려해 보게 하는 점에선 그 효과가 상대적으로 떨어짐을 알 수 있다.

평가지에 활동 후 소감을 기록한 고등학생 95명의 의견을 비슷한 항목별로 묶어서 정리하여 보았다. 이들 학생들의 의견을 중복 의견을 포함하여 정리하면 다음과 같다.

• 내가 선호하는 직업이 무엇인지 분명하게 알게 되었다(35명).
• 여러 가지 직업과 직업의 정보를 자세하게 알게 되었다(30명).
• 활동과정이 재미있고 흥미로웠으며 지루하지 않았다(25명).
• 미래에 갖게 될 직업에 대해서 생각해 보게 되었다(16명).
• 직업을 좋아하고 싫어하는 이유에 대해서 탐색해 볼 수 있어 좋았다(8명).
• 카드를 좀 더 많이 만들었으면 좋겠다(5명).
• 관심 분야가 넓어졌고 다른 직업의 정보를 찾아보고 싶다(4명).
• 결론이 불분명하다(3명).

| 〈표 12-1〉 | 참가자용 평가지 5점 척도 환산표 | | |
|---|---|---|---|
| 문 항 | | 평균 점수 | 긍정 응답률(%) |
| 1. 나의 직업흥미를 탐색하는 데 도움이 된다 | | 4.12 | 91 |
| 2. 내가 좋아하는 직업군의 특징을 아는 데 도움이 된다 | | 4.27 | 94 |
| 3. 내가 싫어하는 직업군의 특징을 아는 데 도움이 된다 | | 4.01 | 81 |
| 4. 나의 직업가치를 이해하는 데 도움이 된다 | | 3.80 | 65 |
| 5. 나의 직업선택의 기준을 이해하는 데 도움이 된다 | | 4.01 | 83 |
| 6. 나의 직업선택의 결정정도를 이해하는 데 도움이 된다 | | 3.81 | 67 |
| 7. 직업세계에 대해 더욱 잘 알게 되었다 | | 3.91 | 74 |
| 8. 직업카드 분류활동은 지필검사나 온라인 검사에 비해 흥미 있다 | | 3.88 | 67 |
| 9. 직업선택에 필요한 정보를 얻었다 | | 3.92 | 82 |
| 10. 이 활동결과 전에 생각하지 않았던 직업에 대해 고려해 보게 되었다 | | 3.64 | 66 |
| 11. 이 활동결과 직업에 대한 정보를 더 찾아보고 싶어졌다 | | 4.10 | 84 |
| 12. 나에게 맞는 직업이 무엇인지 알게 되었다 | | 3.81 | 67 |
| 13. 이 활동을 친구에게도 권하고 싶다 | | 4.19 | 89 |
| 전체 평균 | | 3.96 | 77.7 |

학생들의 활동소감을 분석해 본 결과, 좋아하는 직업이 무엇인지 알게 되었다, 여러 가지 직업정보를 알게 되었다, 활동과정이 흥미 있었다, 미래에 갖게 될 직업에 대해서 생각해 보게 되었다는 의견이 많이 제시되었고, 그 외의 의견으로 직업카드의 개수가 좀 더 많았으면 좋겠다는 의견과 좀더 분명한 결론을 제시해 주었으면 좋겠다는 의견이 일부 제시되었다.

## 2) 상담자 활용결과 분석

이 실험은 상담기관에 종사하는 전문상담원 3명이 실시하였으며 활용결과는 이들 상담원들이 작성한 카드분류법의 장단점과 보완점에 관한 피드백을 분석하는 방법을 이용하였다.

## (1) 실험참가 대상

실험에 참가한 상담원은 경기도 청소년종합상담실, 화성군 청소년상담실, 아주대학교 학생상담센터에 근무하는 상담원이었으며, 참가학생들은 수원의 일반계고등학교에 근무하는 진로상담부장교사에게 실험의 취지를 설명한 뒤 협조를 받아 모집한 고등학교 1학년 학생들로 모두 6명이 참가했다.

## (2) 실험 절차

실험은 참가 고등학생들이 재학하는 학교의 이웃에 위치한 아주대학교 학생상담센터에서 실시하였다. 실험절차는 상담자교육과 개인상담실시 그리고 평가지 작성의 순서로 이루어졌다. 상담자교육은 연구진이 상담원들에게 직업카드 제작의 취지와 사용방법들을 설명한 뒤, 이들 상담원을 대상으로 카드분류활동의 시범을 보이는 과정으로 진행하였다. 개인상담은 상담자 교육을 실시 한 후 4일 뒤 아주대학교 학생상담센터에서 실시하였으며, 각 상담자마다 2명의 내담자를 배정한 후 각기 다른 상담실에서 진행하였다.

## (3) 평가지 구성

평가지는 직업카드분류활동을 통하여 파악한 내담자의 진로관련정보, 직업카드분류법과 표준화검사지법을 비교할 때 직업카드분류법의 장점과 단점, 직업카드분류법의 보완점에 대한 의견을 상담자가 자유롭게 기술할 수 있도록 서술형 문항으로 구성하였다.

## (4) 상담자 의견분석

상담자들이 제시한 의견을 항목별로 정리하면 다음과 같다.

### ① 직업카드분류활동을 이용해 파악한 내담자의 진로관련정보

직업카드분류활동을 이용해 파악한 내담자의 진로관련정보에 대해 A 상담자는 내담자의 진로선택기준과 흥미를 보이는 직업유형, B 상담자는 내담자의 직업선택에 미치는 부모의 직업과 학교성적의 영향, C 상담자는 의사결정방식과 진로결정 정도 그리고 가치관 등에 대한 정보 등을 파악할 수 있었다고 기술했다.

### ② 직업카드분류활동의 장점

직업카드분류활동의 장점에 대해 A 상담자는 자기탐색의 동기를 높일 수 있고, 많은 직업의 유형과 직종을 접할 수 있으며, 의사결정유형의 이해에 도움이 된다는 점을 지적하였다. B 상담자는 내담자 스스로 능동적으로 생각해 보게 하고, 정보수집의 동기를 제공하며, 의사결정능력의 향상을 기대할 수 있다는 점을 꼽았다. C 상담자는 테스트 받는 불안감이 적고 라포 형성이 용이하며, 절차가 쉬워 학교에서 활용 가능하며, 내담자를 적극적으로 활동하게 하는 점을 지적하였다.

### ③ 직업카드분류활동의 단점

직업카드분류활동의 단점에 대해 A 상담자는 몇 가지 직업이 특정 직종을 대표하는 것으로 편견을 줄 가능성과 직업분류가 너무 많은 점 그리고 진로성숙도가 낮은 내담에게 사용하기는 어려움이 있다는 점을 지적하였다. B 상담자는 직업수의 제한과 사진이 줄 수 있는 편견 그리고 진로인식이 낮은 내담자의 경우 자신의 생각을 이끌어 내기가 어렵다는 점을 기술하였다. C 상담자의 경우 카드의 개수가 적은 점, 좋아하는 직업이 적은 내담자의 경우 진행이 어려울 수 있다는 점을 단점으로 파악하였다.

### ④ 직업카드분류활동의 보완점

직업카드분류활동의 보완점에 대해 A 상담자는 Holland 유형별로 카드를 구성할 것과 싫어하는 직업의 이유탐색은 시간이 부족할 경우 생략하는 것이 좋겠다는 점을 이야기했다. C 상담자의 경우 카드설명의 어려움, 직업사전을 구비하여 진행할 것, 직업분류를 '예술, 스포츠 및 보도 관련 직업'과 같이 분류하지 말고 각각 분리해서 더 세분화시킬 것 등을 지적했다(B 상담자는 의견을 제시하지 않았음).

## 참고문헌

김봉환, 최명운(2002). 직업카드를 이용한 고등학생의 직업흥미 탐색, 진로교육연구, 15(1), 69-84.

김충기, 김병숙 역(1995). 진로상담-기술과 기법. 서울: 현민시스템.

전진수, 김완석(2000). 직업상담을 위한 심리검사. 서울: 학지사.

Bikos, L. H., Krieshok, T. S., & O'Brien, K. M. (1998). Evaluating the Psychometric Properties of the Missouri Occupational Card Sort. *Journal of Vocational Behavior, 52,* 135-155.

Cooper, J. F. (1976). Comparative Impact of the SCII and the Vocational Card Sort on Career salience and Career Exploration of Women. *Journal of Counseling Psychology, 23,* 348-351.

Gottfredson, L. S. (1981). Circumscription and Compromise: A Developmental Theory of Occupational Aspirations. *Journal of Counseling Psychology, 28* (6), 545-579.

Hartung, P. J. (1999). Interests assessment using card sorts. In Savickas, M. L., & Spokane, A. R. (Eds.). (1999). *Vocational Interests: meaning, Measurement, and counseling use,* pp. 235-252. Palo Alto, CA: Davies-Black.

Henderson, S., Hesketh, B., & Tuffin, K. (1988). A Test of Gottfredson's Theory of Circumscription. *Journal of Vocational Behavior, 32,* 37-48.

Peterson, G. W. (1998). Using Vocational Card Sort as an assessment of Occupational Knowledge. *Journal of Career Assessment, 6,* 49-67.

Zener, T. B., & Schneulle, L. (1972). *An Evaluation of the Self-Directed Search* (Research Report 124). Baltimore, MD: Johns Hopkins University, Center for Social Organization of Schools, 1972. (ERIC Document Reproduction Service No. ED 061458).

# 제5부 | 진로지도 프로그램의 활용

제13장

# 초등학교 진로지도 프로그램

　초등학교에서의 진로지도는 초등학생들이 직·간접적인 경험을 통해 자신의 가능성을 탐색하고, 다양한 일의 세계와 교육세계를 탐색하여 진로 및 직업의 중요성을 인식하고 직업의식을 제고하는 데 그 주된 의의가 있다.

　이 장에서는 크게 초등학교 진로지도 프로그램을 이론적 기초와 실제로 나누어 살펴보고자 한다.

　이론적 기초에서는 초등 진로지도 프로그램 개발 및 활용의 기초가 되는 초등학교 진로지도 단계와 진로지도 목적 및 목표, 그리고 활발하게 활용되고 있는 초등학교 진로지도 프로그램과 초등학교 교육과정에서의 진로지도 프로그램 활용을 소개하며, 프로그램의 실제 부분에서는 한국산업인력공단 중앙고용정보원(2005)이 개발한 '초등학생을 위한 직업지도 프로그램(CDP-E)' 을 중심으로 살펴보기로 한다.

# 1. 초등학교 진로지도 프로그램의 기초

## 1) 초등학교의 진로지도 단계

진로발달 측면에서 볼 때 초등학생들은 '진로인식(career awareness)' 단계에 해당한다. 이 단계에서는 주로 자신에 대한 이해, 직업의 역할, 사회에서의 일이 갖는 역할과 의미, 사회적 행동 그리고 책임 있는 행동 등에 대해서 학습하고 경험하는 기회를 갖도록 해야 한다.

따라서 이 단계에서는 여러 가지 학습활동과 경험을 통해서 자기 자신과 일에 대한 이해를 하도록 하는 활동이 필요하게 된다(Zunker, 2002). 이에 따라 관련 프로그램의 구성도 초등학생들에게 진로에 대한 기본적인 사항, 즉 진로라는 용어의 개념과 인생에 있어서의 중요성, 직업의 세계를 신중하게 합리적으로 선택해야 한다는 것 등을 느낄 수 있도록 하는데 많은 비중을 두고 있다.

그러나 유의할 점은 초등학교 진로교육이 진로인식 단계에 해당한다고 해서 진로인식에만 한정할 것이 아니라 초등학교 수준에 맞는 진로탐색과 진로준비까지도 동시에 이루어져야 한다는 것이다. 왜냐하면 진로의 발달은 진로인식, 탐색, 준비 등과 같은 일련의 단계가 차례대로 단선적으로 나타나는 것이 아니라, 이들이 지속적이고 반복적인 사이클의 형태로 일어나기 때문이다.

따라서 초등학교에서는 단순한 진로인식뿐만 아니라 초등학생 자신이 스스로의 진로를 탐색해 보는 기회를 가져야 하고, 장래 있을 진로설계와 준비를 사전에 연습해 보는 과정도 필요하다. 물론 이때 프로그램의 내용은 초등학생의 발달 수준에 맞게 조직되어야 하며, 각 영역의 비중은 상대적으로 '진로인식'에 더 두어야 한다.

초등학교 연령 수준에 해당하는 아동들은 Super의 진로발달 단계에 따르면 환상기(fantasy substage, 4~10세)와 흥미기(interest substage, 11~12세)에 해당한다. 즉, 진로결정에 있어서 욕구가 지배적이고 환상적인 역할 연출이 중요하게 작용하거나(환상기), 아동의 흥미가 자신의 목표와 활동의 주요 결정요인이 된다(흥미기). Super와 마찬가지로 Ginzberg의 진로발달 단계에서도 초등학교 시기의 아동들은 자신의 필요와 충동에 의해 직업을 선택해 보는 환상적 단계(fantasy period, 11세 이전)와 자신의 흥미 위주로 직업을 선택해 보는 흥미단계(interest period, 11~12세)에 해당한다.

일반적으로 초등학교 3~4학년이 되면 이미 자신의 진로에 대해 지대한 관심을 나타내기 시작하며, 이러한 관심은 학년이 올라갈수록 계속되어 6학년이 되면 잠정적으로 자신의 진로를 선택하게 되는 경우도 있으므로, 이 시기에는 일의 세계에 대한 지식과 의사결정 과정 그리고 자기인식을 위한 진로지도가 필요하다.

한편, 초등학교 진로교육에 있어서 주요 전제가 되는 중요한 기본 원리들에 대하여 Herr, Cramer, Niles(2003)는 다음과 같이 제시하고 있다.

- 초등학교 진로교육은 학교 교육과정을 통한 체계적인 지식 및 기능의 제공과 교사 및 상담자들의 집중적인 협력이 필요하다.
- 초등학교 진로교육은 아동이 미숙한 선택을 하도록 강요하는 것이 아니라 오히려 미래의 선택을 성급하게 하지 않도록 해야 한다.
- 초등학교 진로교육은 자아와 기회에 대한 긍정적인 태도 형성, 자신감, 학교에서의 경험이 자신의 미래를 준비하고 탐색하는 데 사용되는 방법들에 강조점을 둔다.
- 초등학교에서 개발된 일의 습관이나 태도는 어른이 된 후 일의 습관과 관계가 깊다.
- 아이들의 진로발달에 미치는 부모님의 영향은 초등학교 진로교육의 제공에 있어서 중요한 요인이 된다.
- 초등학교 진로교육 프로그램은 초등학생들의 변화하는 발달적 특성에 부응하도록 계획되고 조직되어야 한다.

이와 같은 기본원리에 따르면, 초등학교에서의 진로교육은 구체적인 진로선택이나 기능훈련을 강조하기보다는 일의 세계의 학습기회를 주는 정상적인 수업 및 기타 활동을 통한 폭넓은 진로 인식 및 오리엔테이션과 다양한 일을 직접 경험하는 기회의 제공에 강조점을 두어야 한다.

## 2) 초등학교 진로지도의 목적 및 목표

초등학생들의 진로발달 수준 및 그에 따른 초등학교 진로교육의 목표 영역은 연구자의 관점에 따라 다양하게 제시되고 있다. 그러나 대부분의 연구에서 제시된 목표 영역은 장석민 외(1986, 1987 등)의 연구결과에 기초하여 ① 자기의 이해, ② 직업 세계의 이해, ③ 일과 직업에 대한 건전한 가치관 및 태도 형성, ④ 의사결정, ⑤ 일의 교육적 가치, ⑥ 일의 경제적 가치, ⑦ 인간관계 기술 등이 제시되고 있으며 대부분의 교육현장에서도 이 분류를 따라 진로교육 목표 영역이 논의되고 있다(서우석, 도경순, 2002).

장석민 등(2001)은 진로교육 목표 및 내용체계 확립에 대한 지속적이 연구결과를 토대로 최근 초등학교로부터 고등학교까지를 포함하는 진로교육목표를 제시하였는데, 위 7개 영역에서 ① 자아이해, ② 일과 직업세계, ③ 일과 직업에 대한 태도와 습관 형성, ④ 일과학습, ⑤ 진로계획의 5개 영역으로 재분류하여 제시하였으며, 초등학교 단계의 진로교육 목표는 〈표 13-1〉과 같이 제시하였다.

| 〈표 13-1〉 | 초등학교 진로교육 목표 |
| --- | --- |
| 영 역 | 진로교육목표 |
| 자아이해 | • 자아의 주요 특성의 인식과 계발<br>• 사람들과의 상호작용 기능의 필요성 인식<br>• 자신의 성격, 적성과 흥미 확인 |
| 일과 직업세계 | • 다양한 일과 직업세계에 대한 기초적인 경험<br>• 일의 세계가 개인 · 사회와 맺고 있는 관련성 인식<br>• 일상생활에 관련된 다양한 진로 정보원의 인식 |
| 일과 직업에 대한 태도와 습관 형성 | • 일과 직업에 대한 다양한 가치관의 이해<br>• 일과 직업에 대한 바른 습관의 중요성 인식<br>• 성 역할의 변화에 대한 초보적 인식 |
| 일과 학습 | • 학업성취가 직업생활에 주는 이점 인식<br>• 모든 직업에 공통적인 기초 기능의 경험과 이해<br>• 다양한 일과 직업세계가 요구하는 다양한 자질 특성의 이해 |
| 진로계획 | • 진로목표 설정의 중요성 인식<br>• 합리적 의사결정 기능의 중요성 이해<br>• 초보적인 진로계획의 수립과 실천 |

자료: 장석민. 2001, pp. 133-147.

| 〈표 13-2〉 초등학교 진로교육 목표 ||
| --- | --- |
| 하위영역 | 진 로 교 육 목 표 |
| 자기이해 및 긍정적인 자아개념 | 자신이 소중한 존재임을 인식한다. |
| 다른 사람과의 긍정적인 상호작용 | 긍정적인 대인관계의 중요성을 인식한다. |
| 평생학습의 중요성 인식 및 참여 | 학습의 중요성을 인식하고 기본적 학습습관과 태도를 습득한다. |
| 진로정보의 탐색 해석, 평가, 활용 | 진로정보의 중요성을 인식하고 탐색한다. |
| 일, 사회, 경제와의 관계 이해 | 일의 중요성을 인식한다. |
| 긍정적인 직업가치와 태도 | 맡은 일에 열심히 임하는 태도를 형성한다. |
| 합리적인 의사결정 및 진로계획의 수립 | 의사결정의 중요함을 인식하고 미래에 대한 꿈을 가진다. |
| 효과적인 구직 · 직업유지 · 전환 | 직업인이 되기 위하여 요구되는 자질이 무엇인지 인식한다. |

자료: 이영대. 2004, pp. 59-60.

이영대 등(2004)은 광범위한 선행연구 분석 및 의견수렴 과정을 거쳐 진로와 관련된 생애의 단계를 5단계로 나누고, 이 중 1단계를 유치원과 초등학교를 포함한 인식 단계로 보았다. 이 단계는 진로인식이 주 과제인 단계이나, 진로탐색과 진로준비를 위한 과제가 다소 필요한 단계로 규정하였으며, 환상과 시험적 단계의 특징을 가진 성장기로서 자신과 환경의 인식 과정을 통하여 점차 현실 단계로 전환하는 특징을 지니고 있다. 이에 기초하여 다음 〈표 13-2〉와 같이 진로교육 목표를 설정하였다.

Herr, Cramer, Niles(2003)는 초등학교의 진로교육 목적으로 사용될 수 있는 다음의 열한 가지 능력을 제시하고 있다.

• 진로발달을 위한 긍정적인 자아개념의 중요성에 대한 인식
• 다른 사람들과의 상호작용을 위한 기술
• 진로결정에 대한 정서적 · 육체적 중요성에 대한 인식
• 진로기회를 위한 교육적 성취의 중요성에 대한 인식
• 일과 학습의 상호관계에 대한 인식

- 진로정보에 대한 이해와 사용을 위한 기술
- 개인적 책임, 좋은 직업 습관, 사회 기능과의 상호 관계에 대한 인식
- 직업이 사회의 요구와 기능에 관련되어 있는 방법에 대한 인식
- 임시적 교육과 진로목적에 관계된 대안을 결정, 선택하는 방법에 대한 이해
- 삶의 역할과 직업과의 상호 관계 인식
- 다른 직업과 여성·남성의 역할의 변화에 대한 인식

이와 같이, 초등학교 진로교육의 목적은 초등학교 시기의 진로발달 수준에 따라 진로인식에 초점을 맞추어 학생들이 자신을 더욱 잘 이해할 수 있도록 지도하고 다양한 직업의 세계를 이해하고 일에 대한 긍정적인 태도와 가치관을 형성하도록 하며, 더 나아가 합리적인 진로 의사결정을 하고 진로계획을 수립할 수 있는 능력을 갖도록 하는 것이다.

이러한 초등학교 진로교육의 목표가 학교교육을 통해서 어떻게 실현되고 있는가를 살펴보면 다음과 같다. 학교교육을 통하여 기르고자 하는 인간상을 구현하기 위하여 국가 수준의 제7차 교육과정에서는 다음과 같이 초등학교 교육 목표를 두고 있다.

- 몸과 마음이 균형 있게 자랄 수 있는 다양한 경험을 가진다.
- 일상생활의 문제를 인식하고 해결하는 기초 능력을 기르고, 자신의 생각과 느낌을 다양하게 표현하는 경험을 가진다.
- 다양한 일의 세계를 이해할 수 있는 폭넓은 학습 경험을 가진다.
- 우리의 전통과 문화를 이해하고 애호하는 태도를 가진다.
- 일상생활에 필요한 기본 생활습관을 기르고 이웃과 나라를 사랑하는 마음씨를 가진다.

교육인적자원부(1997)는 제7차 교육과정이 추구하는 인간상의 하나를 '폭넓은 교양을 바탕으로 진로를 개척하는 사람'으로 설정하고 있는데, 이는 위에 제시된 '다양한 일의 세계를 이해할 수 있는 폭넓은 학습 경험을 가진다'라는 교육목표를 초등학교 수준에서 어느 정도까지 도달할 수 있는가를 밝힌 좀 더 구체적이고 실천적인

목표로 진로교육과 매우 밀접한 관련이 있다.

이와 같은 초등학교 진로지도 프로그램의 일반적인 목적 및 목표를 제시하면 다음과 같다.

〈목적〉

• 초등학생들이 진로 및 직업의 중요성을 알고, 스스로 이를 탐색하고 선택하고자하는 적극적인 태도를 기른다.

〈목표〉

• 진로 및 직업의 개념과 중요성을 안다.
• 스스로 진로 및 직업을 탐색하고 선택하고자 하는 태도를 갖는다.
• 다양한 진로 및 직업의 세계를 인식한다.
• 합리적인 진로 및 직업선택과정을 이해한다.


## 3) 기존의 초등학교 진로지도 프로그램 내용 및 기술 체계 고찰

### (1) 시도교육청 초등학교 진로지도 관련 프로그램

초등학교에서의 재량활동을 위한 진로지도 프로그램은 주로 각 시·도의 교육과학연구원에서 개발하여 일선 학교에 제공하고 있으며, 이러한 프로그램들 중에서 『초등학교 진로인식 프로그램』(서울특별시 교육과학연구원, 2002)과 『초등학생용 진로교육 프로그램』(대구광역시 교육과학연구원, 2002)을 살펴보기로 한다.

프로그램의 내용체계를 살펴보면 자신의 이해, 직업세계의 이해, 의사결정, 직업관 및 직장생활, 진로계획 등이 공통적인 영역인 것으로 나타나고 있고, 각 영역을 비교적 골고루 다루고 있다. 학년별 내용의 구성은 저학년으로 갈수록 자기 이해 부분에 관심을 두고 있으며 주변에서 쉽게 접할 수 있는 소재를 진로인식에 도입하고 있었다. 그러나 고학년으로 갈수록 일과 직업 세계, 일과 직업의 경제적 측면, 직업과 생활 방식, 의사 결정 능력, 진로 계획 영역이 더욱 강조되며 직접적으로 진로와 직업에 대한 내용을 다루고 있다(〈표 13-3〉 참조).

| 〈표 13-3〉 | 초등학생 대상 시도교육청 진로지도 프로그램의 내용체계 | |
|---|---|---|
| 공통영역 | 서울특별시 | 대구광역시 |
| 자신의 이해 | • 내가 좋아하는 것들<br>• 나는 어떤 사람인가요<br>• 나를 표현한다면<br>• 머리와 꼬리의 싸움<br>• 세상이 보는 나와 내가 보는 나 | • 내가 하고 싶은 일<br>• 나와 친구의 다른 점<br>• 내가 잘하는 일<br>• 나의 모습<br>• 나의 장점 |
| 직업<br>세계의 이해 | • 아버지가 하시는 일<br>• 일하는 즐거움<br>• 시장 구경<br>• 직업 찾기 놀이<br>• 내가 하고 싶은 일<br>• 직업의 세계와 관련 교과 | • 내가 하고 싶은 일<br>• 직업의 역할<br>• 직업세계 탐방 I<br>• 직업세계 탐방 II<br>• 직업의 종류<br>• 교과와 관련되는 직업<br>• 미래사회의 직업<br>• 미래사회의 유망한 직업의 종류 |
| 의사<br>결정 | • 주성이의 고민<br>• 어디로 갈까<br>• 현명한 선택<br>• 과일 깎는 아들<br>• 합리적인 진로의사결정<br>• 기준 정하기 | • 현명한 선택<br>• 의사 결정 방법 |
| 직업관 및<br>직장생활 | • 좋은 직업에 대한 나의 생각<br>• 소중한 직업<br>• 나의 경제 생활 점수<br>• 나의 예절 생활<br>• 감사하는 마음<br>• 바람직한 인간관계<br>• 장래 직업 생활태도<br>• 건전한 직업관 형성 | • 일과 가정의 살림살이<br>• 우리 가정의 수입과 지출<br>• 직업이 주는 이익<br>• 생산과 소비<br>• 좋은 돈 나쁜 돈<br>• 나의 경제 생활 점수<br>• 일과 삶의 보람<br>• 일의 가치<br>• 어떻게 될까<br>• 일의 보람<br>• 건전한 직업관 |

(계속)

| 공통영역 | 서울특별시 | 대구광역시 |
|---|---|---|
| 진로계획 | • 어른이 되었을 때의 나의 모습<br>• 나의 꿈 발표회<br>• 내 앞날의 설계<br>• 2017년의 나<br>• 교과와 관련지어 진로계획 세우기<br>• 나의 인생 설계하기<br>• 위인의 생애 목표 조사하기 | • 나의 길 정하기<br>• 나의 적성에 맞는 일<br>• 앞으로의 나의 길 |

자료: 서울특별시 교육과학연구원. 2002; 대구광역시 교육과학연구원. 2002.

### (2) 경기도교육정보연구원 · 중앙고용정보원, 『초등학교 진로와 직업』

현재까지 우리나라에서 초등학교의 진로와 관련된 과목 중에서 인정도서는 『진로와 직업』(경기도, 2002) 단 한 권이며, 초등학생의 특성에 맞추어 자기 자신에 대한 이해와 다른 사람과의 관계에 대한 이해, 직업세계에 대한 기본적인 인식, 진로 선택 및 준비의 연습 등을 강조하고 있다.

구조를 살펴보면, 자신에 대한 이해(I.나는 누구일까?), 인간관계(II.나는 다른 사람과 어떻게 지내야 할까요?), 직업의 세계에 대한 이해(III.직업에는 어떤 것들이 있을까요?, IV.경제생활과 직업은 어떤 관계가 있을까요?), 진로의사결정(V.나는 앞으로 어떤 일을 할까요?-1. 나의 선택), 진로계획 및 준비(VI.나는 앞으로 어떤 일을 할까요?-2. 나의 진로) 등으로 구성되어 있다(〈표 13-4〉 참조).

| 〈표 13-4〉 | 『초등학교 진로와 직업』 교과서의 내용 체계 |
|---|---|

| 목차구성 | | 교육목표 |
|---|---|---|
| 장제목 | 절제목 | |
| I. 나는 누구일까 | 1. 소중한 나 | • 소중한 나에 대하여 생각해 봅시다.<br>• 나와 친구의 다른 점을 살펴봅시다.<br>• 나의 좋은 점과 고쳐야 할 점을 알아봅시다. |

(계속)

| 목차구성 | | 교육목표 |
|---|---|---|
| 장제목 | 절제목 | |
| I. 나는 누구일까 | 2. 나의 발견 | • 나의 성격과 흥미를 알아봅시다.<br>• 나의 적성을 알아봅시다.<br>• 나의 특성을 알아봅시다. |
| II. 나는 다른 사람과 어떻게 지내야 할까요? | 1. 더불어 살아가는 나 | • 가정생활의 의미와 가족관계의 중요성을 생각해 봅시다.<br>• 나의 친구관계를 생각해 보고, 좋은 관계를 맺는 방법에 대해 알아봅시다.<br>• 나와 주위사람들과의 관계를 살펴보고, 좋은 관계를 맺도록 노력해 봅시다. |
| | 2. 바람직한 인간 관계 맺기 | • 갈등을 해결하는 방법에 대해 알아봅시다.<br>• 친구와 좋은 관계를 맺는 방법에 대해 알아봅시다.<br>• 원만한 의사소통과 단체활동의 중요성에 대해 알아봅시다. |
| III. 직업에는 어떤 것들이 있을까요? | 1. 일의 소중함 | • 일의 의미와 직업과의 관계를 알아봅시다.<br>• 직업의 역할과 그 소중함을 알아봅시다.<br>• 내가 좋아하는 일과 직업과의 관계를 알아봅시다. |
| | 2. 직업의 세계 | • 우리 가족과 이웃이 하는 일을 알아봅시다.<br>• 다양한 직업세계를 조사해 봅시다.<br>• 미래사회의 직업에 대하여 알아봅시다. |
| IV. 경제생활과 직업은 어떤 관계가 있을까요? | 1. 경제생활과 직업 | • 현명한 소비생활과 합리적인 물건 구입에 대하여 알아봅시다.<br>• 직업은 가정 경제와 어떤 관계가 있는지 알아봅시다. |
| | 2. 직업의 보람과 가치 | • 일이나 직업에 대한 만족이 자기 발전과 사회에 어떻게 도움이 되는지 알아봅시다.<br>• 건전한 직업관에 대하여 알아봅시다. |
| V. 나는 앞으로 어떤 일을 할까요? | 1. 나의 선택 | • 선택하는 방법은 어떤 것들이 있는지 알아봅시다.<br>• 합리적으로 선택하는 방법을 알아봅시다.<br>• 내가 원하는 일을 선택해 봅시다. |
| | 2. 나의 진로 | • 나에게 적합한 직업을 알아봅시다.<br>• 좋은 직업의 선택 기준을 정해 봅시다.<br>• 구체적인 진로 계획을 세워 실천해 봅시다. |

자료: 경기도교육정보연구원, 중앙고용정보원. 2002.

## (3) 교육인적자원부,『초등학생용 양성평등한 진로지도 프로그램』

교육인적자원부(2003)에서는 초등학생 시기는 직업에 대해 성에 관한 편견이 형성되는 중요한 시기라는 것을 지적하면서, 초등학교 시기에 성에 대한 편견 없이 직업에 대한 건전한 의식을 형성하도록 하여 이후의 진로탐색을 돕고자『초등학교용 양성평등한 진로지도 프로그램』을 개발하였다. 이 프로그램의 내용체계를 살펴보면 다음 〈표 13-5〉와 같다.

| 〈표 13-5〉 초등학교용 양성평등한 진로지도 프로그램의 내용 체계 | | | |
|---|---|---|---|
| 영 역 | 역 량 | 지 표 | 시수 |
| I. 자기이해 (9차시) | 자기이해 | 1. 나의 참모습 알기 | 1 |
| | | 2. 나의 적성 알아보기 | 1 |
| | | 3. 나의 흥미 알아보기 | 1 |
| | 타인과의 관계능력 역량 | 4. 친구와 사이좋게 지내기 | 1 |
| | | 5. 나와 다른 사람들 이해하기 | 2 |
| | 성역할 고정관념 인식과 해소 | 6. 가정에서의 성역할 알아보기 | 1 |
| | | 7. 내가 가진 성에 대한 고정관념 | 1 |
| | | 8. 성에 대한 고정관념 극복하기 | 1 |
| II. 교육의 세계 (6차시) | 학교공부 재미있게 잘하기 | 1. 학습습관 검토하기 | 1 |
| | | 2. 생활시간표 만들기 | 1 |
| | | 3. 내가 좋아하는 과목 | 1 |
| | 교육체계와 다양한 공부에 대한 이해 | 4. 학교의 단계와 종류 | 2 |
| | | 5. 새로운 공부에 도전하기 | 1 |
| III. 일의 세계 (12차시) | 일의 세계 이해 | 1. 사람들이 일하는 이유 | 1 |
| | | 2. 다양한 일의 세계 | 2 |
| | | 3. 남자, 여자 그리고 일 | 2 |
| | | 4. 미래에 유망한 직업 | 1 |
| | 일에 대한 가치 및 태도 | 5. 일할 땐 이런 마음 | 1 |
| | | 6. 일에 대한 편견 버리기 | 1 |
| | | 7. 우리 함께 일해요 | 1 |
| | 공부와 일의 관계 이해 | 8. 교육과 직업의 관계 | 1 |
| | | 9. 일하며 배우는 사람들 | 1 |
| | | 10. 배운 것을 나누는 사람들 | 1 |
| IV. 진로의사 결정과 진로계획 (7차시) | 합리적인 의사결정 | 1. 나의 의사결정 방식알기 | 1 |
| | | 2. 합리적인 의사결정 연습하기 | 1 |
| | 진로탐색 | 3. 나의 진로 탐색하기 1 | 2 |
| | | 4. 나의 진로 탐색하기 2 | 1 |
| | 진로계획 세우기 | 5 나의 미래 상상하기 | 2 |

자료: 교육인적자원부. 2003. p. 10.

이 프로그램은 자기 이해, 교육의 세계, 일의 세계, 진로의사결정과 진로계획으로 영역을 설정하고 있으며 다른 프로그램과 달리 각 영역에 양성평등적인 내용이 자연스럽게 포함되도록 내용을 구성하였다. 또한 교육의 세계에 대한 이해 부분을 기존의 프로그램들과 차별화하여 상세하게 다루고 있다. 기술체계는 활동목표, 활동개요, 활동과정, 학생활동자료, 교사지도자료, 참고문헌, 참고사이트의 순으로 제시하고 있다.

### (4) 종 합

이러한 진로교육 프로그램의 내용체계를 자기이해, 교육의 세계 이해, 일의 세계 이해, 일에 대한 태도와 가치, 진로의사결정과 계획의 내용영역으로 나누어 살펴보면, 각 영역을 모두 다루고 있으며 자기이해와 일의 세계 이해에 가장 많은 내용을 할당하고, 그 다음이 일에 대한 가치와 태도, 진로의사결정과 계획이며 교육의 세계 이해가 가장 적은 편이었다.

## 4) 초등학교 진로지도 프로그램의 활용

### (1) 교과활동에서의 활용

초등학교의 진로교육은 제7차 교육과정에서 독립된 교과로 설정되지 않고 각 교과의 관련단원을 설정하거나 단원의 소재로 진로교육 내용을 반영하는 '분산적 접근'을 취하고 있다. 국민공통기본교과 가운데에는 실과, 도덕, 사회가 대표적인 교과라고 할 수 있는데, 이들 교과가 다루는 진로교육 내용은 다음과 같이 각 교과의 특성을 반영한 차별성을 보인다는 특성이 있다.

실과 교과는 교육목표 수준에서 진로교육과 밀접한 관련을 맺고 있는데, 현행 제7차 교육과정에서는 가족과 일의 이해라는 대영역 아래에 초등학교 6학년 시기에 '일과 직업의 세계'라는 단원이 제시되어 있다. 이와 함께 부분적으로 미래 기술 및 산업의 발달 전망, 앞으로의 생활 및 진로설계에 관한 내용도 함께 다루고 있다.

사회 교과는 지역사회 및 국가의 산업, 직업적 현상, 산업별 변화 동향 등을 다룬다는 점에서 진로교육과 연관을 맺고 있는데, 특히 초등학교 단계의 교육내용이 지역사회에서 수행하는 다양한 직종에서의 일을 직접 탐색하는 내용을 포함하는 등 직업세계에 대한 일반적인 이해를 돕는 데 유용한 교과인 것이다.

도덕 교과는 지속적인 자아성찰, 개인생활 및 학교생활에서의 성실함이나 주도성 등의 함양을 통한 긍정적인 직업가치나 태도의 형성, 동료 및 타인과의 긍정적인 상호작용 능력의 배양 등과 같이 진로교육의 범위를 확장할 수 있는 학습기회로 활용할 수 있다는 점에서 진로교육과 부분적인 연계를 맺고 있다.

따라서 이러한 교과의 특성 및 내용체계를 토대로 진로지도 프로그램과의 연계성을 고려할 필요가 있으며, 진로지도 프로그램에서 활용되고 있는 다양한 방법론, 활동자료, 읽기자료 등을 적극적으로 도입·활용하는 것이 필요하다.

### (2) 재량활동에서의 활용

제7차 교육과정에서의 특색은 재량 활동의 설정이다. 재량 활동이란 자기 주도적 학습활동을 활발하게 하고 학교의 자율적이고 창의적인 교육과정을 뒷받침해 주기 위한 활동시간을 말한다. 이러한 재량 활동은 학습자 중심의 교육과정을 편성·운영하도록 유도하고 있는데, 그중에서도 특히 개인의 특기, 관심, 흥미를 담는 새로운 영역과 내용을 설정하여 학생들의 학교생활에 대한 흥미와 관심을 유발함으로써 풍부하고 다양한 자기 주도적인 학습 경험의 기회를 제공한다.

초등학교의 경우 제6차 교육과정에서 3~6학년 시기에 주당 평균 1시간이었던 재량활동이, 제7차 교육과정에서는 1~6학년 시기에 주당 연간 68시간(2단위, 1학년은 60시간)으로 대폭 확대되었다. 이러한 재량활동 중에 학교교육에 대한 사회적 요구를 수용하고 학생들의 다양한 요구, 흥미, 적성에 따라 범교과 학습과 자기 주도적 학습을 하도록 되어 있는 창의적 재량활동 시간은 진로교육의 실천시간으로 활용할 수 있는 가능성을 가지고 있다.

### (3) 특별활동에서의 활용

특별활동은 교과와 상호 보완적 관련 속에서 학생의 심신을 조화롭게 발달시키기 위하여 실시하는 교과 이외의 활동이다. 특별 활동의 교육과정은 자치 활동, 적응 활동, 계발 활동, 봉사 활동, 행사 활동의 5개 영역으로 구성되며, 각 영역별 구체적 활동 내용은 지역의 특성과 학교의 실정에 알맞게 선정되어야 한다. 제7차 교육과정에서 새롭게 선보이는 적응 활동 영역에서는 진로 활동을 내용으로 하는 특별 활동 프로그램을 운영하도록 제시하고 있으며, 6차 교육과정에서 클럽 활동으로 존재하던 계발 활동에서는 자신의 소질과 적성을 계발하는 구체적인 진로 교육의 내용을 제시할 수 있다. 또한 행사 활동에서도 진로교육 프로그램을 이용할 수 있다.

특별활동은 자치활동, 적응활동, 봉사활동, 행사활동, 계발활동 등의 영역 활동을 실시할 수 있도록 연간 30~68시간이 편성되어 있는데, 이는 진로교육을 실천하기 적합한 편재라고 볼 수 있다. 특별활동의 하위영역인 적응활동에는 진로활동이 명시되어 있고 계발활동, 봉사활동, 행사활동의 경우도 간접적으로 진로교육 요소를 포함하고 있기 때문에 진로교육을 실천할 수 있는 여지는 충분히 존재한다. 적응활동의 하위영역인 상담활동 시간에는 객관적인 적성과 흥미 검사 실시와 그 해석을 통한 자기 이해의 시간으로 활용 가능하며 진로활동은 교육과정에 제시된 내용처럼 직업세계 이해, 진로인식 등을 실천하는 시간이다. 계발활동 역시 학생들의 희망이나 흥미, 취미, 적성을 토대로 활동을 실시하여 개인의 소질이나 적성 등 잠재능력이 최대한 개발, 신장되도록 운영할 수 있다.

## 2. 초등학교 진로지도 프로그램의 실제: CDP-E

한국산업인력공단 중앙고용정보원의 용역과제로 정철영 등(2004, 2005)이 개발하고 개정을 완료한 『초등학생을 위한 진로지도 프로그램(Career Development Program for Elementary School Students: CDP-E, 부제: 꿈 가꾸기)』는 최근에 개발된 초등학생용 진로지도 프로그램이다. CDP-E(꿈 가꾸기)는 19명의 연구진이 참여한 '초·중·고교생 및 대학생을 위한 진로지도 프로그램 개발'의 일환으로 학교급 간 발달단계 및 상호연계를 종합적이며 체계적으로 고려하여 개발하였으며 교과교육, 재량활동, 특별활동 등을 통하여 초등학교 내외에서 다양하게 활용할 수 있도록 편성하였다. 특히 CDP-E(꿈 가꾸기)는 교사용 매뉴얼, 학생용 워크북, PPT CD 등으로 구성되어 있으며, 교사용 매뉴얼에는 진행자용 멘트까지 담고 있어 용이하게 진행할 수 있도록 되어 있다. 그러면 CDP-E에 대하여 구체적으로 살펴보도록 한다.

## 1) 프로그램의 목적 및 목표

CDP-E는 '아동들이 자신의 가능성을 탐색하여 꿈을 찾고, 다양한 일의 세계와 교육의 세계 탐색을 통하여 자신의 꿈을 가꾸어 갈 수 있도록 돕는 데' 그 목적을 두고 있으며, 이를 달성하기 위해서 다음과 같은 구체적인 목표들을 설정하고 있다.

- 자신에 대한 이해를 넓히고 가능성을 탐색할 수 있게 한다.
- 일의 세계를 이해하고 일에 대한 긍정적인 태도와 가치를 함양하게 한다.
- 다양한 교육의 세계를 이해할 수 있도록 한다.
- 의사결정 연습을 통해서 자신의 꿈을 그려 볼 수 있도록 한다.
- 계획수립 연습을 통해서 자신의 꿈을 지속적으로 가꾸어 나갈 수 있도록 한다.

## 2) 프로그램의 구조 및 내용

### (1) 프로그램의 구조

CDP-E의 구조는 앞에서 언급한 전체적인 목적과 하위목표에 따라 구성되어 있으며, 전체 차수는 창의적 재량활동시간 68차시 중 34차시가 ICT 교육에 할당되어 있어, 나머지에 해당하는 34차시가 활용 가능한 최대한의 시간이라고 할 수 있으므로, 이를 가능한 모두 활용할 수 있도록 34차시로 구성하였다.

프로그램 처음에는 오리엔테이션을 위해서 노입부에 해당하는 '꿈을 찾아서'가 1차시 설정되었고, 그 다음으로 5개의 하위목표에 따라 5개의 내용영역이 구성되어 있다. 첫 번째 하위목표를 위해서 '자신에 대한 이해'가 10차시, 두 번째 하위목표를 위해서는 '직업세계에 대한 이해'가 10차시, 세 번째 하위목표를 위해서는 '교육세계에 대한 이해'가 4차시, 네 번째 하위목표를 위해서는 '진로의사결정'이 7차시, 다섯 번째 하위목표를 위해서는 '진로계획 및 준비'가 2차시로 구성되었다([그림 13-1] 참조).

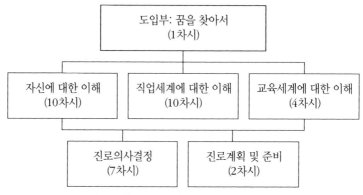

[그림 13-1] CDP-E(꿈 가꾸기)의 전체 구조

## (2) 프로그램의 내용

앞에서 살펴본 CDP-E의 구조에 따라 구체적인 내용은 다음과 같이 개발되었다 (〈표 13-6〉 참조).

| 〈표 13-6〉 | CDP-E(꿈 가꾸기)의 내용구성 | | |
|---|---|---|---|
| 영 역 | 역 량 | 지 표 | 시수 |
| I. 꿈을 찾아서 | ① 일과 삶의 보람 | • 일의 보람<br>• 미래의 직업인으로서의 나<br>• 프로그램의 전체 구성과 내용 소개    • 삶에서 일이 중요한 이유<br>• 프로그램의 목적 및 목표 안내 | 1 |
| II. 자신에 대한 이해 | ① 나의 장점 탐색 | • 나와 닮은 사람 찾아보기    • 서로 다른 장점에 대한 이해<br>• 나만의 성공 경험    • 자신의 광고 만들기 | 2 |
| | ② 나의 성격 탐색 | • 여러 가지 성격의 이해    • 자신의 성격 점검<br>• 성격에 관련된 직업 | 1 |
| | ③ 나의 적성 탐색 | • 자신의 적성 탐색    • 나의 적성과 장래 희망<br>• 희망 모자이크 만들기 | 1 |
| | ④ 나의 성역할에 대한 가치관 | • 놀이에 나타난 성역할 편견    • 동화 속의 성역할 편견<br>• 성역할 편견에 대한 경험 | 1 |
| | ⑤ 나의 일에 대한 가치관 | • 좋은 직업 · 싫은 직업    • 가치관 경매 | 1 |

(계속)

| 영역 | 역량 | 지표 | | 시수 |
|---|---|---|---|---|
| II. 자신에 대한 이해 | ⑥ 나의 가족 | • 가족의 의미<br>• 가족 소개 햄버거 만들기 | • 소중한 가족 | 1 |
| | ⑦ 나의 발전 | • 나의 여러 가지 특성<br>• 행복 시민권 | • 좋은 특성 · 나쁜 특성 | 1 |
| | ⑧ 나! 신나는 도전 | • 소중한 나<br>• 가상의 결과 빅북 만들기 | • 다양한 '도전왕' 선정하고 예약하기 | 2 |
| III. 직업 세계에 대한 이해 | ① 일의 의미 | • 일을 해야 하는 이유<br>• 일한 경험 이야기하기 | • 일의 개념 알기<br>• 일과 직업의 관계 알아보기 | 1 |
| | ② 직업의 역할 | • 직업의 개인적 역할<br>• 직업의 사회 · 국가적 역할 | • 직업의 가정에서의 역할 | 1 |
| | ③ 직업의 소중함 | • 직업이 주는 이로움 | • 직업의 소중함 | 1 |
| | ④ 일할 땐 이런 마음 | • 건전한 직업관 | • 자신의 일에 충실한 직업인 | 1 |
| | ⑤ 일에 대한 편견 버리기 | • 직업에 대한 성 편견<br>• 직업에 대한 편견 없애기 | • 직업의 귀천에 대한 편견<br>• 좋은 직업에 대한 정리 | 1 |
| | ⑥ 우리 가족이 하는 일 | • 우리 가족이 하는 일<br>• 내가 할 수 있는 일 | • 우리 가족이 일하는 모습 | 1 |
| | ⑦ 다양한 직업세계 | • 간단한 직업분류<br>• 가치관 유형에 따른 직업분류 | • 직업분류별 직업 찾아보기 | 1 |
| | ⑧ 직업사전 만들기 | • 직업명 찾기<br>• 나만의 직업사전 만들기 | • 직업 조사하기 | 1 |
| | ⑨ 직업세계 탐방 | • 직업인 인터뷰 | • 직업정보 정리하기 | 1 |
| | ⑩ 미래의 직업세계 | • 미래사회의 직업 | • 미래의 유망 직업 | 1 |
| IV. 교육 세계에 대한 이해 | ① 학교의 종류와 기능 | • 학교여행<br>• 주변에서 볼 수 있는 학교들 | • 학교탐색<br>• 학교의 단계와 종류 | 2 |
| | ② 공부와 직업의 관계 | • 여러 가지 과목에서 하는 공부들<br>• 학교에서 배우는 여러 과목과 직업과의 관계 | | 1 |
| | ③ 일하며 배우는 사람들 | • 일하며 배우는 사람들 | • 계속적인 배움의 중요성 | 1 |

(계속)

| 영 역 | 역 량 | 지 표 | 시수 |
|---|---|---|---|
| V. 진로 의사 결정 | ① 나의 의사결정 방법 | • 의사결정 유형 알아보기<br>• 의사결정 유형의 장·단점 이해하기 | 1 |
| | ② 합리적인 의사결정 과정 | • 합리적인 의사결정의 중요성　• 합리적인 의사결정 단계<br>• 합리적인 의사결정 사례　• 합리적인 의사결정 연습하기 | 2 |
| | ③ 진로탐색 연습 | • 개인의 특성에 적합한 직업　• 직업선택 기준 만들기<br>• 직업선택 기준에 따른 직업평가 및 선택<br>• 선택된 직업에 관한 정보수집하기 | 2 |
| | ④ 나의 진로탐색 연습 | • 자신의 특성에 적합한 직업　• 자신의 직업선택 기준 만들기<br>• 직업선택 기준에 따른 직업평가 및 선택<br>• 선택된 직업에 관한 정보수집하기 | 2 |
| VI. 진로 계획 | ① 내가 희망하는 직업분야의 직업인 탐색하기 | • 자신이 희망하는 직업분야의 직업인 탐색하기<br>• 자신의 진로계획에 적용하기 | 1 |
| | ② 나의 꿈 가꾸기 | • 직업인으로서 미래의 나의 모습 그리기<br>• 진로계획 세우기 | 1 |
| 합 계 | | | 35 |

## 3) 프로그램의 기술양식

CDP-E의 기술양식은 각 차시마다 맨 처음에는 해당 차시의 전개과정을 한눈에 볼 수 있도록 '활동개요', '활동전개과정', '유의사항'을 한 장에 구성하여 제시하고 있다. 그리고 그 다음에는 '활동내용'으로 한 차시의 진행상황을 도입, 전개, 정리로 나누어 상세하게 설명하고 있다(정철영 외, 2005b: 23-24).

특히 도입, 전개, 정리에 따라 교사가 진행해야 할 활동의 내용과 그때그때의 교사용 멘트를 제시하고 있는데, 이는 진로교육에 대해서 사전경험이 미비한 교사들이 이것만 보면 프로그램을 쉽게 진행하도록 하기 위한 것이다.

활동내용 다음으로는 활동 중에 사용하기 위한 '교육자료'와 '활동지'가 제시되어 있다(정철영 외, 2005b: 26-27). 교육자료란 활동지와 관련하여 학생들에게 설명으로 제시할 부분을 파워포인트로 만들어서 제공하는 것이다.

활동지 다음에는 활동시간 외의 시간에 학생들이 자유롭게 읽어볼 수 있도록 다양한 '읽기자료'를 제공하고 있으며 교사들을 위해서는 활동을 위한 '참고자료'를 제공하고 있다. 그리고 마지막에는 관련된 '참고문헌'과 '참고사이트'를 제공해 주고 있다(정철영 외, 2005b: 29-31).

이러한 기술상에서 특히 중점을 둔 것은 앞에서도 언급하였듯이, 관련 경험이 부족한 교사들도 CDP-E 프로그램만 숙지하면 원활하게 프로그램을 진행할 수 있도록 한 차시 안에 그 차시에 사용되는 모든 자료들, 활동내용에 대한 안내, 파워포인트 자료, 활동지, 읽기자료, 참고자료, 참고문헌, 참고사이트를 모두 모아 패키지로 제공하고 있다. 특히 활동을 위한 멘트까지 상세하게 제시하고 있어 더욱 유용하다. 또한 CDP-E 프로그램은 '교사용 매뉴얼', '학생용 워크북' 및 'PPT-CD'로 나누어지는데 학생용 워크북에서는 전체 구성 중 활동내용, 참고자료는 제외되고 활동개요, 활동전개과정, 유의사항, 참고문헌, 참고사이트는 학생들에게 맞게 재구성되어 있다.

### 4) 프로그램의 예시

| II-5. 나의 일에 대한 가치관 | 자신에 대한 이해 |
|---|---|

■ 활동개요

| 활동<br>목표 | • 사람마다 좋아하는 직업과 싫어하는 직업이 다름을 안다.<br>• 자신의 가치관을 알아본다. | 시간 | | 40분 |
|---|---|---|---|---|
| | | 준비물 | 교사 | 활동지 |
| | | | 학생 | 필기구, 가위 |

■ 활동전개 과정

| 단계 | 활동주제 | 활동내용 | 방법 | 준비물 | 시간 |
|---|---|---|---|---|---|
| 도입 | 분위기 조성 | – '좋아 좋아' 게임을 통하여 분위기를 조성한다. | 활동 | – | 5분 |
| 전개 | 좋은 직업 싫은 직업 | – 그림을 보면서 생각나는 직업을 10개씩 적는다.<br>– 여러 가지 직업을 좋아하는 직업과 싫어하는 직업으로 분류한다.<br>– 다른 사람의 분류와 나의 분류를 비교한다. | 활동 | 활동지 II.5.1 가위 | 15분 |
| | 가치관 경매 | – 활동지에 자신의 가치관에 따라 돈을 분배한다.<br>– 가치관 경매를 통하여 자신의 직업 가치관을 알아본다. | 활동 | 교육자료 II.5.1 활동지 II.5.2 가위 | 15분 |
| 정리 | 가치관 정리 | – 여러 직업의 가치에 대하여 살펴보며, 자신의 가치관을 정리한다. | 활동 | – | 5분 |

■ 유의사항

- 사람마다 좋아하는 직업과 싫어하는 직업이 있는데, 그 까닭을 말해 보는 활동을 통하여 자신의 직업 가치관을 알아보도록 한다.
- 다양한 가치는 모두 소중한 것이며 '보수'를 '봉사' 보다 낮은 가치로 취급해서는 안 된다.

**활동내용 ▶**

| 도 입 | 분위기 조성 (5분) |
|---|---|
| '좋아 좋아' 게임하기 | ▶ '좋아 좋아' 게임을 통하여 분위기를 조성한다. |

---

> **멘 트**

- 우리는 좋아하는 것도 있고 싫어하는 것도 있습니다. '좋아 좋아' 게임을 하도록 하겠습니다. 먼저, 선생님이 시작하겠습니다. 하나, 둘, 셋, 넷 네 박자 게임입니다. '하나 둘 수진이 좋아.' 이때, 수진이가 '하나 둘 나도 좋아.' 하면 선생님은 다른 사람 이름을 대야 합니다. '하나 둘 경수 좋아.' 그런데 수진이가 '하나 둘 나는 싫어.' 하면 모두 '하나 둘 그럼 누구?' 하고 묻습니다. 그럼, 수진이는 '하나 둘 영애 좋아.' 이렇게 말합니다. 시작해 볼까요?

---

| 전 개 | 직업에 대한 나의 가치관 알아보기 (30분) |
|---|---|

좋은 직업
싫은 직업

- ▶ <활동지 II.5.1. 직업카드>를 나누어 준다.
- ▶ 그림을 보면서 생각나는 직업을 카드 한 장에 하나씩, 10장을 적도록 한 다음 모둠끼리 모아서 겹치는 것을 제외한 나머지 카드를 모은다.
- ▶ 한 사람씩 카드를 좋은 직업과 싫은 직업으로 분류하도록 하고 그 이유를 다른 모둠 구성원에게 말한다.
- ▶ 자신과 다른 사람의 생각을 비교한다.

---

> **멘 트**

- 카드에 여러 가지 그림이 있습니다. 그림을 보고 여러분이 알고 있는 직업을 한 장에 하나씩 적어 봅시다. 다 적었으면 모둠끼리 모아서 겹치는 직업은 빼고 한 장씩만 남기도록 합니다.
- 이러한 직업을 각자 활동지에 좋은 직업과 싫은 직업으로 나누어 봅시다. 여기에서 좋은 직업과 싫은 직업이란 남들이 얘기하는 것이 아니라 자신이 하고 싶은 직업과 그렇지 않은 직업을 말합니다. 어떤 사람은 의사가 좋은 직업으로 분류될 수 있고 또 다른 사람은 싫은 직업으로 분류될 수 있습니다
- 좋아하는 직업으로 분류한 것과 싫어하는 직업으로 분류한 이유를 친구들에게 말해 봅시다. 다른 사람들의 생각과 나의 생각이 어떻게 다른지 비교해 봅시다.

---

가치관 경매
- ▶ <교육자료 II..1. 직업 가치관>을 설명한다.
- ▶ <활동지 II.5.2. 직업 가치관 경매>를 나누어 준다.
- ▶ 앞에서 활동한 것을 바탕으로 직업 가치관 경매를 한다.

| 멘 트 |

- 직업 가치관 경매지에 100만원을 적당히 할당합니다.
- 돌아가면서 자신이 매긴 금액을 이야기하면서 해당하는 금액을 가운데 내 놓습니다. 가장 높은 액수를 적은 사람에게 가치가 낙찰됩니다. 한번 내 놓은 돈을 가져가는 것이 아닙니다.
- 같은 금액을 썼을 경우에는 같은 금액을 쓴 사람끼리 5만 원씩 올려가며 재입찰합니다. 이때 올린 액수만큼 다른 가치에서 빼야 합니다. 모두 재입찰을 하지 않으면 유찰이 됩니다.
- 활동이 끝난 다음에 다른 사람과 낙찰받은 가치를 비교해 봅시다. 혹시 하나도 낙찰받지 못한 친구는 없나요? 그렇다면 그 까닭은 무엇일까요?

| 정 리 | 가치관 정리하기 및 차시 예고 (10분) |

가치관 정리하기     ▶ 자신들의 가치관을 정리하고 다른 친구들과 비교하여 본다.

| 멘 트 |

- <활동지 II.4.2. 직업 가치관 경매>에 여러분의 생각을 정리하는 시간을 갖도록 하겠습니다. 여러분은 어떤 가치를 가장 소중하게 여기고 있는지 정리해 봅시다.
- 다른 친구들의 가치와 비교해 봅시다.

정리 및 차시예고     ▶ 이번 시간 내용을 정리하고 차시를 예고한다.

| 멘 트 |

- 오늘은 자신의 직업 가치관에 대하여 살펴보았습니다. 이러한 가치는 모두 직업세계를 통하여 우리가 얻을 수 있는 것으로 더 가치 있는 것도 가치 없는 것도 없습니다. 모두 소중한 것이고 사람마다 생각이 다른 것뿐입니다.
- 다음 시간에는 자신의 가족에 대하여 함께 살펴보도록 하겠습니다.

**교육자료 II.5.1**

## 학습목표

✓ 사람마다 좋아하는 일과 싫어하는
  일이 다름을 알 수 있다.

✓ 자신의 가치관을 알아볼 수 있다.

II. 자신에 대한 이해   4. 나의 가치관 탐색

## 직업 가치관

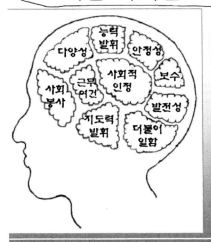

**사회봉사**
다른 사람들에게
도움이 되는 것

**사회적 인정**
남에게 인정 받기

**보수**
많은 월급을 받는 것

**지도력 발휘**
다른 사람들을
이끌면서 일하는 것

II. 자신에 대한 이해   4. 나의 일에 대한 가치관

# 직업 카드

☆ 그림을 보면서 생각나는 직업을 한 가지씩 적어 봅시다.

|  |  |
|---|---|
|  |  |
|  |  |
|  |  |
|  |  |
|  |  |

## 좋은 직업 싫은 직업

좋은 직업

싫은 직업

**읽기자료 II.5.1**

# 비타민 G의 발견자 골드버거

미국에 골드버거(Goldberger)라는 의사가 있었습니다. 그는 어려서부터 의사가 되기를 꿈꾸어 왔습니다. 가난한 어린 시절에, 병마와 죽음의 공포에 시달리는 사람들을 보며 자기 몸이 아픈 것처럼 괴로워했습니다. 그 후 모든 사람이 병의 고통에서 벗어날 수 없는가를 고민하면서 의학 공부를 결심했습니다.

그는 뜻을 펼치기 위해 의과 대학에 들어가 모든 학과에서 우수한 성적으로 졸업하였습니다. 그러나 많은 병에 대한 연구를 대학에서 하는 것만으로는 부족하다고 느끼고 미국 공중 위생국에 들어가 병의 원인과 치료법 발견에 열정을 바쳤습니다. 자기 자신의 몸을 실험 연구로 활용하다가 두 차례나 생명을 잃을 위험에 처하기도 했습니다. 오로지 사람들을 병의 고통에서 벗어나게 해야겠다는 일념으로 실험실에서 정열을 쏟았던 것입니다.

그 결과 당시에 수많은 사람의 생명을 앗아 갔던 학질, 디프테리아, 나병의 병원균을 발견하게 되었고, 오늘날 이런 질병으로 목숨을 빼앗기는 사람이 없게 되었습니다. 그의 이름 첫 자를 따서 이름 붙여진 비타민 G도 그가 발견한 것으로 의학 발전에 크게 공헌하게 되었습니다.

역사상 큰 발견이나 발명을 이룩한 사람들이 처음부터 명예나 업적에 집착했던 것은 아닙니다. 그들은 한결같이 인류애가 돈독한 사람들이었습니다. 그런 고귀한 마음으로 남을 도우려고 애쓸 때, 빛나는 업적이 선물처럼 주어진 것입니다.

여러분의 큰 꿈에도, 이와 같이 이웃과 함께 고통을 나누려는 마음가짐이 깃들어 있기를 바랍니다.

# 직업가치관

## 1. 직업가치관 검사

진로상담의 기본 원칙 중의 하나는 개인의 특성과 일치하는 직업을 가졌을 때 가장 큰 만족과 성취를 가져온다는 것이다. 이렇게 볼 때 개인의 특성을 설명해 주는 적성, 흥미, 성격, 능력과 함께 가치관도 그 특성의 일부를 구성한다. 이 모든 특성들이 진로 선택에 중요한 영향력을 발휘하고 있지만, 현재까지는 흥미와 적성을 대표적인 것으로 생각해 온 경향이 있었다. 현재 국내에서 중 · 고등학생을 대상으로 한 가치관 검사가 2종(임인재, 임언)에 불과하며 그 활용도가 미미하다는 것이 이러한 현상을 잘 대변해 주고 있다. 그러나 직업에 대한 가치관은 잠재적으로 다른 특성에 비해서 더 큰 영향력을 발휘하고 있다는 연구결과들이 나와 있다. 연구결과들은 가치가 오히려 흥미보다 더 근원적인 의미를 가지며 개인의 진로 선택과 밀접한 관련이 있다고 보고하고 있다.

## 2. 직업가치관의 개념

(1) Super & Nevill은 가치란 욕구에서 발생하는 것으로서 개인이 자신의 욕구를 만족시키기 위해 추구하는 목표들이라고 보았으며, 직업 가치관은 직업 활동 자체에서의 만족(내재적 직업 가치관)과 직업 활동의 결과로서의 만족(외재적 직업 가치관)으로 구분하였다.

(2) Kinnane & Pable는 직업 가치관은 특정 직업이 아닌 일반화된 개념으로서의 직업에 대한 개인의 태도를 말하며, 이것은 기족 · 학교 · 직업 환경뿐만 아니라 사회 매체와의 상호작용을 통하여 발달한다.

> Brown의 가치 중심적 모델: 흥미는 가치를 근거로 발전되며 따라서 가치가 더 근원적이며 큰 영향을 미친다.

> 가치와 흥미: 흥미가 좋아하는가 좋아하지 않는가를 강조하는 반면, 가치는 중요성과 중요하지 않음을 강조한다.

**참고문헌**

남미숙 외(2003). 진로상담양성과정 연수교재. 유니텔원격연수원.

남미숙 외(2004). 교육상담연수교재. 서울시교육청.

서울특별시교육연구원(1998). 소질과 적성을 찾아서.

중앙고용정보원, 경기도교육정보원(2004). 진로와 직업(초등학교). 중앙진흥연구소.

**참고사이트**

에듀모아 − http://www.edumoa.com

초등참사랑 − http://www.chocham.com

서울특별시 교육과학연구원 − http://www.sesri.re.kr

통계청 − http://www.nso.go.kr

## 5) 프로그램의 운영 방안

### (1) 학교 안에서 활용 방안

CDP−E는 학교현장을 위하여 개발되었다. 교과과정 중 진로교육과 관련 단원 수업 시에 함께 활용이 가능하고 재량활동, 특별활동 시간의 진로교육 시에 지도하는 데 활용할 수 있다. 한 학급을 3~4개 모둠으로 나누어 지도하면 효과적이다.

### (2) 학교 밖에서 활용 방안

학교현장을 위하여 개발되었으나 대부분의 활동은 청소년단체와 수련시설, 기타 사회단체가 주관하는 진로지도 활동에서도 활용할 수 있다. 특히 다른 프로그램에 비하여 학생들의 자발적인 참여가 중심이 된 활동이 많으므로 청소년 수련활동 프로그램과 유사하게 활용될 수 있다.

### (3) 프로그램의 운영 유형별 시수 구성

CDP−E에서는 활용 가능한 유형별로 차시를 재구성하여 제시하고 있는데, 이는 다음 〈표 13-7〉과 같다.

| 〈표 13-7〉 CDP-E의 유형별 시수 구성 | | | | | |
|---|---|---|---|---|---|
| 대영역 | 하위영역 | 시수 | 유형 1 | 유형 2 | 유형 3 |
| I. 짐꾸리기 | ① 일과 삶의 보람 | 1 | ○ | ○ | ○ |
| II. 자신에 대한 이해 | ① 나의 장점 탐색 | 2 | ○ | ○ | ○ |
| | ② 나의 성격 탐색 | 1 | ○ | ○ | ○ |
| | ③ 나의 적성 탐색 | 1 | ○ | ○ | ○ |
| | ④ 나의 성역할에 대한 가치관 | 1 | ○ | | |
| | ⑤ 나의 일에 대한 가치관 | 1 | ○ | ○ | |
| | ⑥ 나의 가족 | 1 | ○ | | |
| | ⑦ 나의 발전 | 1 | ○ | | |
| | ⑧ 나! 신나는 도전 | 2 | ○ | | |
| III. 직업세계에 대한 이해 | ① 일의 의미 | 1 | ○ | ○ | |
| | ② 직업의 역할 | 1 | ○ | ○ | ○ |
| | ③ 직업의 소중함 | 1 | ○ | | |
| | ④ 일할 땐 이런 마음 | 1 | ○ | ○ | |
| | ⑤ 일에 대한 편견 버리기 | 1 | ○ | | |
| | ⑥ 우리 가족이 하는 일 | 1 | ○ | | |
| | ⑦ 다양한 직업세계 | 1 | ○ | ○ | ○ |
| | ⑧ 직업사전 만들기 | 1 | ○ | | |
| | ⑨ 직업세계 탐방 | 1 | ○ | | |
| | ⑩ 미래의 직업세계 | 1 | ○ | | |
| IV. 교육세계에 대한 이해 | ① 학교의 종류와 기능 | 2 | ○ | | |
| | ② 공부와 직업의 관계 | 1 | ○ | ○ | ○ |
| | ③ 일하며 배우는 사람들 | 1 | ○ | | |
| V. 진로의사 결정 | ① 나의 의사결정 방식 | 1 | ○ | | |
| | ② 합리적인 의사결정 방법 | 2 | ○ | ○ | |
| | ③ 직업탐색 연습 | 2 | ○ | | |
| | ④ 나의 진로 탐색 연습 | 2 | ○ | ○ | ○ |
| VI. 진로계획 및 준비 | ① 내가 희망하는 직업분야의 직업인 탐색하기 | 1 | ○ | | |
| | ② 나의 꿈 가꾸기 | 1 | ○ | ○ | ○ |
| 전체 시수 구성 (34차시) | | 34 | 34 | 16 | 11 |

주: 유형1-재량활동 시간을 활용할 경우(34차시)

유형2-캠프에서 활용할 경우(2박3일)

유형3-최소한으로 활용할 경우

## 참고문헌

강재태 외 편(2000). 진로지도 워크북. 교육과학사.

경기도교육정보연구원, 중앙고용정보원(2002). 초등학교 교과서 '진로와 직업'. 경기도.

교육인적자원부(1997). 초등학교 교육과정. 교육인적자원부.

교육인적자원부(2003). 초등학생용 양성평등한 진로지도 프로그램. 교육인적자원부.

김근화(2001). 여성의 신직종 개발 전략. 직업과 인력개발, 4(3).

김신호, 조붕환, 김옥환, 임경희(2002). 재량활동 교육과정 운영을 위한 초등학교 진로교육 프로그램의 개발. 진로교육연구, 15(2).

대구광역시 교육과학연구원(2002). 진로교육 프로그램. 대구광역시.

서우석 · 도경순(2002). 초등학교 진로교육의 논리와 실제. 한국진로교육학회, 2002년 11월 학술발표대회 자료.

서울특별시 교육과학연구원(2002). 초등 진로인식 프로그램. 서울시.

이영대 외(2004). 생애단계별 진로교육의 목표 및 내용 체계 수립. 서울: 한국직업능력개발원

장석민 외(2001). 진로교육목표 및 내용 체계화 연구. 한국직업능력개발원.

정철영(1997). 진로지도의 의의와 실태. 교육개발, 110. 28-31.

정철영(1999). 진로지도. 한국직업능력개발원 편, 직업교육훈련 대사전, pp. 538-540. 서울: 한국직업능력개발원.

정철영(2000). 일과 학습의 연계를 위한 진로지도 강화. 대통령 자문 새교육공동체위원회 발표논문.

정철영(2002). 진로교육 및 진로지도 운영 체제의 실태 및 개선방안. 진로교육연구, 15(1).

정철영, 나승일, 서우석, 송병국, 이종성(1998). 직업기초능력에 관한 국민공통 기본교육과정 분석. 서울: 한국직업능력개발원.

정철영 외(2004). 초 · 중 · 고교생 및 대학생을 위한 직업지도 프로그램 개발, 연구보고서 [1] 총론. 한국산업인력공단 중앙고용정보원.

정철영 외(2005a). 초 · 중 · 고교생 및 대학생을 위한 직업지도 프로그램 효과성 검증 및 개정 연구. 한국산업인력공단 중앙고용정보원.

정철영 외(2005b). 초등학생을 위한 직업지도 프로그램: CDP-E 꿈 가꾸기(개정판). 한국산업인력공단 중앙고용정보원.

Bolles, R. N. (2002). *What Color Is Your Parachute 2003: A Practical Manual for Job-Hunters and Career.* Speed Press.

Brolin, D. E. (1995). *Career Education: A Functional Life Skills Approach(3rd Ed).* Engle-wood Cliffs, NJ : Prentice-Hall, Inc.

Eikleberry, C. (1998). *The Career Guide for Creative and Unconventional People.* Speed Press.

Esther, T. (2002). Career guidance in Singapore schools. *Career development quarterly, 50.* 257-263.

Herr, E. L., Cramer, S. H., & Niles, S. G. (2003). *Career guidance and counseling through the life span: System approach(6th ed.).* New York: Allyn & Bacon.

Human Resource Development Canada. (2001). *Canadian standards and guidelines for career development: Snapshot.*

Lock, R. D. (1999). *Taking Charge of Your Career Direction: Career Planning Guide.* Brooks Cole.

Lock, R. D. (2000). *Activities Manual for Taking Charge of Your Career Direction and Job Search: Career Planning Guide.* Brooks Cole.

National Career Development Association. (1995). *Careers development facilitators project.*

National Career Development Association. (1997). *Career counseling competencies.*

Watanabe-Muraoka, A. M. (1999). *The competency-based model for career development for elementary to college level.*

Zunker, V. G. (2002). *Career counseling: Applied concepts of life planning(6th ed).* Pacific Grove, CA: Brooks/Cole.

# 제14장

# 중학교 진로지도 프로그램

중학교는 학생들이 정신적·육체적으로 급격한 성장을 이루는 시기며, 이러한 과정에서 불확실한 미래에 대한 불안감을 가질 수 있는 시기다. 또한 이 시기의 진로계획은 결정적인 것은 아니지만, 고등학교 및 대학교 진학을 결정하는 기초가 중학교에서 이루어진다는 점을 고려했을 때 충분한 진로지도가 제공되어야 하는 중요한 때다.

이 장에서는 크게 중학교 진로지도 프로그램을 이론적 기초와 실제로 나누어 살펴보고자 한다. 이론적 기초에서는 중학교 진로지도 프로그램 개발 및 활용의 기초가 되는 중학교 진로지도 단계와 진로지도 목적 및 목표 그리고 활발하게 활용되고 있는 중학교 진로지도 프로그램과 중학교 교육과정에서의 진로지도 프로그램 활용을 소개하며, 프로그램의 실제 부분에서는 한국산업인력공단 중앙고용정보원(2005)에서 개발된 『중학생을 위한 직업지도 프로그램(CDP-M)』을 중심으로 살펴보기로 한다.

# 1. 중학교 진로지도 프로그램의 기초

## 1) 중학교의 진로지도 단계

중학교는 아동기에서 청소년기 그리고 일반교육에서 세분화된 교육으로의 전환기라고 할 수 있다. 중학생은 초등학생과 여러 면에서 차이를 보인다. 우선 경험과 성장으로 시야가 넓어지고, 사춘기에 접어들면서 인생에 대한 지각의 변화가 일어나게 된다. 중학교 시기는 전환기이기 때문에 나름대로의 탐색을 하게 된다. 이러한 탐색 과정을 통해서 가치관의 지속성이 나타난다.

이 시기는 또한 성차(sex difference)가 많이 나타나는 시기다. 사회에서의 성역할과 역할기대는 선택하는 직업에 영향을 미치게 된다. 이 시기에는 성장속도의 차이가 있기 때문에 학생들이 신체적, 지적, 정서적 발달에서 차이를 보인다. 즉, 성숙 수준의 차이를 보인다. 그리고 아동기 시절에 가장 큰 영향을 주었던 가정에서 탈피하여 동료집단에서 자신의 위치를 확보하려고 노력하며, 동료집단을 준거로 하여 동료들의 행동양식, 가치관, 직업적 열망, 학교에 대한 태도 등을 그대로 수용하려는 경향이 높다.

이러한 변화는 자신의 장래 진로에 대한 관심에서도 초등학교 학생과 차이가 있다. 이와 관련하여 Ginzberg와 Super와 같은 진로발달 이론가들에 따르면, 일반적으로 중학교 시기는 자신의 능력을 중심으로 직업을 선택해 보는 시기(capacity substage, 13~14세)에 해당한다. 즉, 자신의 진로를 선택함에 있어서 아동기 시절의 환상, 욕구에서 벗어나 사회참여와 현실검증이 점차로 증가함에 따라 자신의 능력을 우선적으로 고려하게 되는 시기다. 또한 중학교 시기는 미국 교육부의 학교중심의 포괄적인 진로교육 모형에 의하면 진로탐색(career exploration, 7~9학년)에 해당한다. 따라서 중학교는 진로탐색(career exploration)의 시기라 할 수 있으며, 이 시기에는 직업에 대한 지식과 진로결정 기술을 확립하도록 하는 것이 주요 업무다. 특히 자신과 일의 세계에 대한 기초 개념과 기술의 개발 그리고 진로 의사결정 기술, 진로결정과 관련된 다른 요인들에 대한 지식을 습득하도록 해야 하며(Zunker, 2002), 직업 관련 지식을 심화하고 일의 역할 평가, 자기개념의 명료화, 긍정적인 사회적 행동의 표현, 기본적인 경제욕구의 이해를 도모하도록 하는 것이 무엇보다도 중요하다.

그러나 아직까지도 중학교 시기에는 자신의 진로계획을 위한 방법이나 준비에 있어서 확고한 신념을 갖지 못하고 있으며, 학생 간의 개인차가 심하기 때문에 중학교 단계에서의 체계적인 진로지도가 필요하다.

일반적으로 중학교에서의 진로교육과 진로지도에서는 다음과 같은 사항들이 고려되어야 한다(Herr, Cramer, & Niles, 2003).

- 중학교는 초등학교의 구조적이고 일반적인 교육에서 덜 구조적이고 좀 더 세분화된 중등교육으로의 전환을 경험하는 시기이기 때문에 교육적인 선택이나 자신의 특성을 탐색하는 데 있어서 더욱 광범위한 기회가 주어져야 한다.
- 중학생들은 진로성숙, 흥미, 가치관, 태도에 있어서 좀 더 다양하고 광범위하기 때문에 이러한 개인차를 포괄하고 반영할 수 있도록 다양한 방법이 요구된다.
- 중학교 시기에서는 남녀 간의 성차가 나타나기 때문에 이러한 성차에서 오는 현상을 이해해야 한다. 특히 여학생이 남학생보다 더 확정적인 직업선택을 하는 경향이 있기 때문에 진로지도를 통해서 이러한 결정이 정확하고 적절한 정보에 따라 내려지도록 해야 한다.
- 중학생은 언어적이고 추상적인 행동을 할 수 있지만, 구체적이고 직접적인 경험을 하도록 하는 것이 탐색에 도움이 된다.
- 중학생의 중요한 과업은 개인의 정체감 확립이다. 따라서 진로지도 프로그램은 학생들이 자신들의 감정, 욕구, 불확실성 등을 교육적·직업적 선택을 평가하는 기초로서 탐색하도록 해야 한다.

이와 같은 기본원리에 따르면, 중학교에서의 진로교육은 구체적인 직업선택을 강조하기보다는 다양한 활동을 통하여 자아정체성을 확립하고 직업의 세계를 다양하게 탐색할 수 있도록 하는 기회를 폭넓게 제공하는 데 강조점을 두어야 한다.

## 2) 중학교 진로지도 프로그램의 목적 및 목표

중학생의 진로발달 수준 및 그에 따른 중학교 진로교육의 목표 영역은 연구자의 관점에 따라 다양하게 제시되고 있다. 그러나 대부분의 연구 및 관련 프로그램에서 제시된 목표 영역은 장석민 등(1986, 1987 등)의 연구결과에 기초하여 ① 자기의 이해, ② 직업 세계의 이해, ③ 일과 직업에 대한 건전한 가치관 및 태도 형성, ④ 의사결정, ⑤ 일의 교육적 가치, ⑥ 일의 경제적 가치, ⑦ 인간관계 기술 등의 영역으로 구성되어 있다.

장석민 등(2001)은 진로교육 목표 및 내용체계 확립에 대한 지속적인 연구결과를 토대로 최근 초등학교부터 고등학교까지 포함하는 진로교육목표를 제시하였는데, 위 7개 영역에서 ① 자아이해, ② 일과 직업세계, ③ 일과 직업에 대한 태도와 습관 형성, ④ 일과 학습, ⑤ 진로계획의 5개 영역으로 재분류하여 제시하였으며, 중학교 단계의 진로교육 목표를 〈표 14-1〉과 같이 제시하였다.

| 〈표 14-1〉 중학교 진로교육 목표 | |
| --- | --- |
| 구 분 | 진로교육 목표 |
| 자아이해 | • 자아 특성의 장단점 탐색<br>• 주변 사람들과의 효과적인 상호작용 기능 탐색<br>• 자신의 성격, 적성, 흥미의 탐색과 계발 |
| 일과 직업세계 | • 직업의 종류와 특성 이해<br>• 사회의 변화에 따른 직업세계의 변화 이해<br>• 진로정보의 탐색 및 활용 기능 탐색 |
| 일과 직업에 대한 태도와 습관 형성 | • 일과 직업에 관한 생산적 가치관 및 태도의 탐색<br>• 실천과 실습을 통한 일의 습관 탐색<br>• 변화하는 성 역할에 대한 체계적인 탐색 |
| 일과 학습 | • 직업세계와 관련한 학교 학습의 중요성 이해<br>• 지역사회 활동을 통한 직업기초 기능의 경험과 응용<br>• 자신의 자질 특성과 직업 세계와의 관계 탐색 |
| 진로계획 | • 자아특성에 기초한 진로목표의 탐색<br>• 합리적 의사결정 기능의 탐색과 계발<br>• 적성과 능력에 기초한 진로계획의 탐색과 실천 |

자료: 장석민 외. 2001.

| 하위영역 | 진로교육목표 |
|---|---|
| 자기이해 및 긍정적인 자아개념 | 자신을 알고자 노력하며 긍정적인 자아개념을 형성한다. |
| 다른 사람과의 긍정적인 상호작용 | 긍정적인 대인관계에서 요구되는 능력을 습득한다. |
| 평생학습의 중요성 인식 및 참여 | 학습의 중요성을 인식하고 자기주도적 학습습관과 태도를 가진다. |
| 진로정보의 탐색 해석, 평가, 활용 | 진로정보를 탐색하여 잠정적인 진로결정에 활용한다. |
| 일, 사회, 경제와의 관계 이해 | 일·사회·경제·자신과의 상호관계를 이해한다. |
| 긍정적인 직업가치와 태도 | 직업을 대하는 긍정적이며 적극적인 태도를 가진다. |
| 합리적인 의사결정 및 진로계획의 수립 | 잠정적인 의사결정을 위하여 다양한 진로대안을 모색한다. |
| 진로계획의 실천 | 다양한 진로대안의 적합성을 비교·검토한다. |
| 효과적인 구직·직업유지·전환 | 취업에 필요한 지식·기술·태도를 습득한다. |

〈표 14-2〉 중학교 진로교육 목표

자료: 이영대. 2004, pp. 59-60.

이영대 등(2004)은 진로와 관련된 생애 단계를 5단계로 구분하여, 이 중 2단계를 '탐색단계'로 규정하고, 생애 1단계의 주과제인 '진로인식'의 기초 위에 '진로탐색'을 강조하는 단계로 중학생 시기에 대략적으로 대응한다고 보았다. 이 단계의 특징은 자기 자신과 직업세계(환경)의 올바른 이해를 위하여 자신에게 적합한 진로 및 직업을 탐색하는 단계라고 보았으며, 이에 기초하여 다음 〈표 14-2〉와 같이 진로교육 목표를 설정하였다.

Herr, Cramer, Niles(2003)는 진로관련 이론에 기반하여 중학교에서의 일반적인 진로지도 목표를 다음과 같이 제시하였다.

• 자신에 대해 현실적으로 이해하는 것
• 자신을 비롯한 교육적·직업적 정보의 다양한 자료를 사용하는 기술을 개발하는 것
• 고등학교와 그 이상의 수준에서 가능한 다양한 교육적 선택과 이들의 본질과 목적, 후기 중등교육의 형태와 이들이 이끄는 진로에 대하여 이해하는 것
• 직업군을 필요한 교육의 양과 형태, 이러한 직업과 관련된 내용, 도구, 장면,

생산, 서비스, 개인의 흥미와 가치관을 만족시킬 수 있는 직업의 잠재력, 원하는 생활양식의 유형을 제공할 수 있는 직업의 잠재가능성 등의 측면에서 구분하는 것
- 조직에서의 생활과 연출되는 여러 가지 역할을 고려하는 것
- 일과 여가시간을 효과적으로 관리하는 방법을 발견하는 것
- 개인이 되고자 원하는 것에 대한 개인적 책임을 지는 행동적 암시를 고려하는 것
- 개인적으로 적합하고 광범위한 직업분야와 교육적 포부수준을 밝히는 것
- 정확한 정보, 잠정적 진로목표, 정확한 자기평가에 기초한 고등학교 프로그램을 계획하는 것
- 내려진 결정을 수행할 계획을 수립하는 것

지금까지 살펴본 것처럼, 중학교 진로교육의 목적은 중학교 시기의 진로발달 수준에 따라 진로탐색에 초점을 맞추어 학생들이 자신의 특성을 더욱 깊이 이해할 수 있도록 지도하고, 다양한 직업을 탐색하고 관련된 기술을 익히며, 더 나아가 자신의 진로를 합리적으로 결정하고 진로계획을 수립할 수 있는 능력을 갖도록 하는 것이다.

중학교 교육과정에서는 직업지도와 관련된 교과는 독립적으로 제시되어 있지 않다. 그러나 제7차 교육과정 속에 나타난 중학교 교육 목표 중의 하나가 '다양한 분야의 지식과 기능을 익혀 적극적으로 진로를 탐색하는 경험을 가지는 것'으로 중학교 교육에서도 진로교육은 중요한 실천 영역 중의 하나로 설정되어 있다.

- 심신의 조화로운 발달을 추구하고, 자기 발견의 기회를 갖는다.
- 학습과 생활에 필요한 기본 능력과 문제 해결력을 기르고, 자신의 생각과 느낌을 창의적으로 표현하는 경험을 갖는다.
- 다양한 분야의 지식과 기능을 익혀 적극적으로 진로를 탐색하는 경험을 가진다.
- 우리의 전통과 문화에 대한 자긍심을 지니고, 이를 발전시키려는 태도를 가진다.
- 자유 민주주의의 기본적 가치와 원리를 이해하고, 민주적인 생활 방식을 익힌다.

이상과 같이 살펴본 중학교 진로지도 프로그램의 일반적인 목적 및 목표를 종합하여 제시하면 다음과 같다.

〈목적〉
• 자신과 직업세계에 대한 이해를 기초로 다양한 진로 및 직업을 탐색하여, 자신
  에게 맞는 진로를 잠정적으로 선택하고 계획할 수 있다.

〈목표〉
• 진로, 자신 및 직업세계를 이해한다.
• 다양한 진로 및 직업을 탐색한다.
• 자신에게 맞는 진로 및 직업을 잠정적으로 선택한다.
• 자신이 잠정적으로 선택한 진로 및 직업에 대하여 계획적으로 설계한다.

## 3) 기존의 중학교 진로지도 프로그램의 내용 및 기술체계 고찰

### (1) 시도교육청 직업지도 관련 프로그램

각 시도교육청 교육과학연구원에서는 학생들의 직업지도를 돕기 위한 목적으로 매우 다양한 직업지도 자료를 개발하여 일선 학교에 공급하고 있다. 이들 자료들은 무엇보다 학생들이 이해하기 쉽도록 제작되었다는 점과 직접적으로 필요한 다양한 내용들을 포함하고 있다는 특징이 있다.

한편 이들 자료들은 그 전체적인 내용에 있어서 기본적으로 자신의 이해, 직업세계의 이해, 의사결정 및 진로계획, 직업관 및 직장생활, 진학계획 등을 일반적으로 모두 포함하고 있다는 점에서 유사하지만, 중영역 이하 세부내용에 있어서는 약간씩의 차이를 보이고 있다.

이들 자료 중에서 비교적 최근에 발간된 중학생들을 대상으로 하고 있는 각 시도교육청의 직업지도 관련 자료를 공통적인 영역에 따라 살펴보면 다음 〈표 14-3〉과 같다.

| 〈표 14-3〉 | 중학생 대상 시도교육청 진로지도 프로그램의 내용체계 | | | |
|---|---|---|---|---|
| 공통<br>영역 | 서울특별시 | 대구광역시 | 부산광역시 | 전라남도 |
| 자신의<br>이해 | • 학업성적과<br>학습방법<br>• 행동이나 성격<br>• 신체적 조건과 체력<br>• 흥미, 적성, 취미,<br>특기<br>• 진로희망<br>• 가족의 희망<br>• 바람직한 나의 장래 | • 나의 특기와 장점<br>• 타인이 보는 나의<br>모습<br>• 나의 꿈<br>• 성격과 나<br>• 흥미와 나<br>• 적성과 나<br>• 신체적 조건과 나<br>• 교과목과 나<br>• 가정환경과 나<br>• 가치관과 나<br>• 각종 직업심리검사 | • 자기 소개<br>• 나와 직업<br>• 인생 그래프<br>• 생애 방패<br>• 나의 포부<br>• 나에게 소중한 것<br>• 나의 참모습 알기 | • 나의 특색<br>• 나의 성격<br>• 나의 적성<br>• 나의 흥미<br>• 나의 가치관<br>• 나의 신체적 조건,<br>가정환경, 인과관계 |
| 직업<br>세계의<br>이해 | • 일의 보람<br>• 일과 생활<br>• 일하는 사람들에 대<br>한 감사<br>• 일과 생활의 관계<br>• 직업의 의미<br>• 직업의 종류와 변모<br>• 좋아하는 직업, 희망<br>하는 직업, 새로 만<br>들고 싶은 직업<br>• 나의 희망 직업 조사<br>표 만들기<br>• 직업과 진로의 관계 | • 직업의 의미와<br>필요성<br>• 직업의 종류<br>• 직업 탐색<br>• 자격증 탐색<br>• 변화하는 직업 세계<br>• 유망직종, 신생직업<br>• 성공한 사람들 | • 일에 대한 태도 탐색<br>• 미래사회와 직업의<br>전망<br>• 직업의 의의와 가치<br>• 일의 선택과 보람<br>• 좋아하는 일 탐색과<br>관련 직업<br>• 사무 및 관리직에 대<br>한 선호경향<br>• 직업의 종류 및 탐색<br>• 미래사회의 전망<br>• 2000년대의<br>유망직종<br>• 미래의 유망직업<br>• 직종별 학력수준 | • 직업의 의미와 가치<br>• 직업의 종류와 변화<br>• 미래사회의 직업<br>• 직업의 선정기준 |
| 의사<br>결정<br>및<br>진로<br>계획 | • 진로계획 검토와 수<br>정의 필요성<br>• 진로선택의 시점<br>• 진로계획 검토<br>• 계획 검토와<br>실현 노력 | • 나의 의사결정 유형<br>• 합리적 의사결정<br>• 미래의 직업선택<br>• 나의 진로 설계 | • 직업선택 시 고려할<br>요인 | • 진로탐색<br>• 진로결정요인 |

(계속)

| 공통<br>영역 | 서울특별시 | 대구광역시 | 부산광역시 | 전라남도 |
|---|---|---|---|---|
| 직업관 및<br>직장<br>생활 | • 직업윤리의 소중함<br>• 직업윤리의<br>  기초개념<br>• 건전한 직업윤리<br>  연습<br>• 직장인의 예절 | • 나의 인간관계<br>• 인간관계와 직업<br>• 직업인의 윤리의식<br>• 직업에 대한 가치<br>• 직업선정의 태도<br>• 책임의식 | —| • 직업의 윤리 |
| 진학<br>계획 | • 고등학교의 구분<br>• 고등학교의 계열<br>• 진학희망 학교 조사<br>  표 만들기<br>• 고교 생활의 포부 및<br>  준비<br>• 선배의 체험담 | • 진로체계론<br>  (학교선택)<br>• 고등학교 종류와<br>  선택<br>• 자연계열과 인문·<br>  사회계열<br>• 대학계열 및<br>  관련학과<br>• 희망대학과 학과 | • 나의 꿈을 이루기 위<br>  한 학교 선택 | • 진학 및 선교 |

자료: 서울특별시교육연구원. 1996; 대구광역시교육과학연구원. 2002; 부산광역시교육과학연구원. 2001; 전
남교육과학연구원. 2002.

## (2) 경기도교육정보연구원 · 중앙고용정보원,『중학교 진로와 직업』

현재까지 우리나라에서 중학교의 진로와 관련된 과목 중에서 인정도서는『진로와
직업』(경기도, 2002),『진로와 직업』(서울특별시, 2004)의 두 권이며, 중학생의 특성에
맞추어 진로와 직업의 이해, 자신에 대한 종합적인 이해, 다양한 직업세계의 탐색,
진로계획, 진로와 진학 등을 강조하고 있다.

전체적인 구성은 삶과 직업(I. 삶과 직업), 자신에 대한 이해(II. 나의 이해), 직업세계
에 대한 이해(III. 변화하는 직업세계의 이해), 진로계획 및 준비(IV. 진로계획-3.진로계획
수립의 중요성, 4.진로계획의 수립), 진로의사결정(IV. 진로계획-1.진로의사결정의 중요
성, 2.진로의사 결정방법), 교육세계에 대한 이해(V. 진로와 진학), 행복한 직업생활(VI.
행복한 직업생활) 등으로 구성되어 있다(〈표 14-4〉참조).

| 〈표 14-4〉 | | 「중학교 진로와 직업」 교과서의 내용 체계 |
|---|---|---|
| 목차구성 | | 교육목표 |
| 장제목 | 절제목 | |
| I. 삶과 직업 | 1. 행복한 삶과 직업 | • 행복한 삶과 일의 관계를 이해할 수 있다. |
| | 2. 진로와 직업 | • 진로의 의미를 이해할 수 있다.<br>• 직업의 의미를 이해할 수 있다. |
| II. 나의 이해 | 1. 나의 이해 | • 나를 이해하는 것의 중요성을 알 수 있다.<br>• 올바른 나의 모습을 이해할 수 있다. |
| | 2. 적성 | • 적성의 의미와 그 중요성을 알 수 있다.<br>• 자신의 적성이 무엇인지 알고 진로탐색에 활용할 수 있다. |
| | 3. 흥미 | • 여러 가지 방법으로 자신의 흥미를 알아볼 수 있다.<br>• 자신의 흥미와 관련된 직업을 탐색해 볼 수 있다. |
| | 4. 성격 | • 여러 가지 방법으로 자신의 성격을 알아볼 수 있다.<br>• 자신의 성격과 관련된 직업을 탐색해 볼 수 있다. |
| | 5. 가치관 | • 가치관과 진로 선택의 관계를 이해할 수 있다.<br>• 자신의 가치관에 적합한 직업을 말할 수 있다. |
| | 6. 신체적 조건 | • 신체적 조건과 진로선택과의 관계를 이해할 수 있다. |
| | 7. 가정 환경 | • 가정환경이 진로선택에 끼치는 영향을 이해할 수 있다.<br>• 자신의 가정환경을 고려해서 자신에게 맞는 진로와 직업을 찾아볼 수 있다. |
| III. 변화하는 직업세계의 이해 | 1. 직업의 종류와 특성 | • 직업세계의 다양성을 이해할 수 있다.<br>• 직업의 분류와 특성을 이해할 수 있다. |
| | 2. 산업발달과 직업 세계의 변화 | • 산업발달에 따른 미래 직업세계의 변화를 이해할 수 있다. |
| | 3. 직업 체험 | • 다양한 직업세계를 탐색해 볼 수 있다. |
| IV. 진로계획 | 1. 진로의사 결정의 중요성 | • 진로의사결정의 중요성을 알 수 있다. |
| | 2. 진로의사 결정 방법 | • 진로의사결정 방법을 알 수 있다. |
| | 3. 진로계획 수립의 중요성 | • 진로계획 수립의 중요성을 알 수 있다. |
| | 4. 진로계획의 수립 | • 자신의 진로계획을 수립해 볼 수 있다. |

(계속)

| 목차구성 | | 교육목표 |
|---|---|---|
| 장제목 | 절제목 | |
| V. 진로와 진학 | 1. 상급 학교 진학 | • 자신이 진학할 수 있는 상급학교의 종류를 할 수 있다.<br>• 자신의 진로목표에 맞는 상급학교를 선택할 수 있다. |
| | 2. 나의 진로 | • 자신의 진로방향을 구체적으로 수립해 볼 수 있다. |
| VI. 행복한 직업 생활 | 1. 직업생활과 윤리 | • 직업인이 갖추어야 할 윤리가 무엇인지 이해할 수 있다. |
| | 2. 직업생활과 인간 관계 | • 직업생활과 인간관계의 중요성을 이해할 수 있다. |
| | 3. 일과 가정생활 | • 일과 가정 생활의 조화를 위해 가족 구성원들이 노력해야 할 것이 무엇인지 알 수 있다. |
| | 4. 직업과 성역할 | • 올바른 성 역할의 의미를 이해할 수 있다. |
| | 5. 평생교육과 직업 | • 평생교육의 의미와 필요성을 이해할 수 있다. |

자료: 경기도교육정보연구원, 중앙고용정보원. 2002.

### (3) 한국가이던스,『중학생 진로탐색장, 나의 길 나의 미래』

한국가이던스의『중학생 진로탐색장, 나의 길 나의 미래』는 중학교에서 전체 학년의 진행에 따라 체계적으로 직업지도 및 기타 생활지도, 독서지도 등에 활용할 수 있도록 구성되었으며, 이 중 학년별 진로교육 프로그램으로 제시하고 있는 것을 살펴보면 다음 〈표 14-5〉와 같다.

『중학생 진로탐색장, 나의 길 나의 미래』의 진로교육 프로그램들은 기본적으로 학생들 스스로가 작성해 볼 수 있도록 구성되었다. 하지만 교사들이 이를 지도한다는 전제하에 프로그램을 구성하였기 때문에, 개념이나 이론적인 설명은 거의 포함되지 않았고 학생들이 작성하기 쉽도록 간편한 자기채점식 검사 및 표 형식의 사료 또는 활동보고서, 소감문 등을 활동자료로 이용할 수 있도록 하였다. 또한 필요한 경우 보충 설명자료를 간략히 제시하고 사례 또는 이야기를 다양하게 제시하여 학생들의 이해를 돕고 있다.

| 〈표 14-5〉 | 중학교 진로탐색장의 내용체계 | | |
|---|---|---|---|
| 구분 | 1학년 | 2학년 | 3학년 |
| 3월 | 나는 어떤 사람인가?<br>내가 본 '나' | 나는 어떤 사람인가?<br>친구가 본 '나' | 나의 진로의식 |
| 4월 | 나의 성격과 진로 | 나의 흥미 알아보기 | 나의 신체적 조건과 진로 |
| 5월 | 나는 이렇게 살겠습니다 | 나의 고민에 대한 설문지 | 내가 그리는 삶의 기준 |
| 6월 | 직업선택의 질문지 | 나의 진로방향 설정표 | 직업선택의 가치 명료화 |
| 7월 | 나와 가족 | 나의 위치 | 나의 나무 |
| 8월 | 현장체험 '성공한 경영인·<br>직장인 탐방' | 현장체험 '성공한 경영인·<br>직장인 탐방' | 현장체험 '성공한 경영인·<br>직장인 탐방' |
| 9월 | 진로체험의 날 활동 | 진로체험의 날 활동 | 진로체험의 날 활동 |
| 10월 | 고민의 원인과 해결 | 나는 이런 사람이 되련다 | 바람직한 인간관계 맺기 |
| 11월 | 이 물건이 나에게 오기까지 | 사람들이 직업을 갖는 목적 | 진로계획 검토 자료 |
| 12월 | 올해의 반성과 새해의 다짐 | 올해의 반성과 새해의 다짐 | 올해의 반성과 새해의 다짐 |

### (4) 한국청소년학회, 『중학생을 위한 인성교육프로그램 New 3R』

『중학생을 위한 인성교육프로그램 New 3R』은 전체적인 목적으로 학생들의 'Reliable, Responsible, Respectable'을 함양하는 데 두고, 활동중심의 프로그램을 구성하고 있다. 전체 프로그램은 '나에 대한 탐색 프로그램', '흡연동조성향 예방 프로그램', '미디어 수용 능력 함양 프로그램', '관용성 향상 프로그램', '의사소통 프로그램', '리더십향상 프로그램', '사회참여활동 프로그램', '시간관리 프로그램', '진로선택 프로그램' 등 모두 9개의 프로그램으로 구성되었으며, 이 중 진로선택 프로그램의 내용구성을 살펴보면 다음 〈표 14-6〉과 같다.

『중학생을 위한 인성교육프로그램 New 3R』의 프로그램은 활동중심 프로그램으로써 교사용 지침서의 형태, 즉 교사 또는 지도자가 프로그램을 운영해 나가는 데 있어 필요한 내용을 중심적으로 담고 있다. 프로그램의 전체 차시별 구성과 활용방법을 제시한 후 각 프로그램마다 활동목표와 활동개요, 활동과정 개요, 각 활동내용별 진행방법과 준비물, 유의사항 및 주요 멘트내용을 제시하고 있으며, 학생용 활동자료로 각종 자기채점식 검사, OHP 자료 및 만들기자료 등을 포함하고, 진행자를 위

| 〈표 14-6〉 | | 3R 프로그램 중 '진로선택 프로그램'의 내용 체계 | |
|---|---|---|---|
| 단계 | 주제 | 차시 | 프로그램 |
| 1단계 | 진로탐색준비 | 1차시 | • 우리들의 관심은 어디에?<br>−직업명패 만들기 |
| | | 2차시 | • 내가 보는 나/남이 보는 나<br>−직업적 성격 유형 이해 |
| 2단계 | 직업세계의<br>여행 | 3차시 | • 이런 직업도 있네요<br>−ICT 활용 직업정보 찾기 |
| | | 4차시 | • 얼마나 알고 있나요<br>−희망 직업사전 발표와 퀴즈 |
| 3단계 | 의사결정 | 5차시 | • 나의 주장 역할극<br>−고민 남/녀 초대하기 |
| | | 6차시 | • 이런 사람이 되련다<br>−삶의 계단 설계하기 |
| 4단계 | 미래여행 | 7차시 | • 20년 후의 동창회<br>−명함 만들기와 미래사회 상상하기 |
| | | 8차시 | • 우리들이 만드는 따뜻한 세상<br>−촌극 발표 |

자료: 장석민 외. 2001.

한 Note를 별도로 마련하여 관련 정보 및 프로그램 운영에 있어서 도움을 얻을 수 있도록 하고 있다.

### (5) 한국여성개발원, 『중학교 여학생 직업지도 프로그램』

한국여성개발원에서 1990년대 초에 개발하였던 중학교 여학생 진로교육 프로그램과 고등학교 여학생 진로교육 프로그램은 여학생들을 대상으로 하여 다양한 고찰을 통해 체계적인 절차를 거쳐 제작된 최초의 프로그램이라고 볼 수 있다. 이 중 중학교 여학생 진로교육 프로그램의 내용 체계와 특징을 살펴보면, 다음 〈표 14-7〉과 같이 크게 ① 자아발견과 진로, ② 일과 직업의 세계, ③ 진로의사결정, ④ 여성의 자아실현 등 4개의 교사용 모듈로 구성되어 있는 것을 볼 수 있다.

한국여성개발원의 중학교 여학생 진로교육 프로그램에서 제시하고 있는 모듈 4종

| 〈표 14-7〉 | 중학교 여학생 진로교육 프로그램의 내용 체계 | |
|---|---|---|
| 모듈번호 | 제목 | 내 용 |
| 1 | 자아발견과 진로(45분) | • 수업윤곽 설명<br>• 발성슬라이드 '나의 길을 찾아서' 상영<br>• 자기쓰기<br>• 발표<br>• 종합정리 |
| 2 | 일과 직업의 세계(90분) | • 수업윤곽 설명<br>• 비디오 테이프 '네 꿈을 펼쳐라' 상영<br>• 질의응답<br>• 직업찾기 게임 |
| 3 | 진로의사결정(45분) | • 수업윤곽 설명<br>• 토론도입: 상황제시<br>• 토론<br>• 종합정리 |
| 4 | 여성의 자아실현(90분) | • 영화 '내일은 빛' 상영<br>• 감상발표<br>• 종합정리 |

자료: 장성자 외. 1990, pp. 60-72.

의 기술양식을 살펴보면, 각각의 모듈은 크게 모듈제목, 모듈소개, 모듈전개 및 부록의 네 부분으로 구성되며, 모듈소개는 모듈의 목표 및 세부목표, 배경설명, 모듈구성을 포함하고 있다. 또한 모듈전개는 지원체계와 수업전개 시의 수업단계 · 사회체계 · 행동원칙, 수업평가를 포함하며, 부록으로서는 모듈을 이용하는 데 알아 두어야할 내용이나 읽어 두면 좋을 참고자료가 포함되고 있다.

이 프로그램의 특징으로는 첫째, 학생들이 흥미롭게 프로그램을 받을 수 있도록 발성 슬라이드, 비디오테이프, 영화, 발표 및 토론 등 다양한 매체 및 방법을 사용하여 프로그램을 구성하였다는 점, 둘째, 프로그램 전체를 실시하는 시간이 비교적 짧고, 모듈 하나를 실시하는 시간을 1~2시간 정도로 구성함으로써 시간적인 장애를 비교적 가볍게 받도록 하였다는 점, 셋째, 전체적으로 여학생을 위한 내용은 '모듈 4. 여성의 자아실현'에 집중되어 있으며, '모듈 1. 자아발견과 진로'에서도 여성의 진로장애 요인, 미래 여성의 모습, 여성관련 사례 제시 등을 포함하고 있다는 점 등을 들 수 있다.

### (6) 한국직업능력개발원, 여자 중학생용 직업지도 프로그램 『아로 I』

한국직업능력개발원에서는 1998년과 1999년에 걸쳐 중등학교 여학생을 대상으로 하는 직업지도 프로그램 3종을 개발하였다. 진미석 등(1998)은 한국의 기성사회의 여성의 직업활동 및 직업의식에 대한 선행연구자료를 분석한 결과, 여성의 교육기회가 크게 증가하기는 하였으나 대부분 소위 여성지향적인 분야에 치중되어 있다는 점, 고용기회의 개선은 여전히 느리게 진행되고 있다는 점, 가사 및 육아 부담으로 인한 단절이 많이 나타난다는 점이 문제 제기되었으며, 이를 위해 여자 중학생용 직업지도 프로그램(아로 I, 1998년), 일반계 여자고등학생 직업지도 프로그램(아로 II, 1999), 실업계 여학생 진로 · 직업 프로그램(아로 III, 1999)을 멀티미디어 매체인 CD 타이틀을 활용하여 개발하였다.

| 〈표 14-8〉 | 여자 중학생용 직업지도 프로그램, 아로 I의 내용 체계 | |
|---|---|---|
| 방 | 목 표 | 내 용 |
| 꿈 · 미래 · 직업 | 직업의식 제고 | • 여성의 직업과 고정관념<br>• 직업준비태도 |
| 나에게 맞는 직업은? | 자아탐색:<br>직업흥미탐색 | • 직업흥미검사<br>• 흥미검사에 따른 적합한 직업흥미 영역 제시 |
| 21C 유망직종 | 미래직업세계탐색 | • 21세기 유망직종 11개 분야의 전망소개와 158개 직업 소개 |
| 고등학교 계열 이란? | 고등학교계열에 대한 의식제고와 정보제공 | • 실업계진학에 대한 관점 제시<br>• 고등학교 계열 및 학교에 대한 정보 세공 |
| 내가 꾸며 보는 나의 미래 | 자신의 미래 진로의식 제고 | • 자신의 미래설계를 직접 구상할 기회 |
| 알고 싶어요 | 학생들의 고민에 대한 조언 | • 진로 및 직업에 관한 상담(질문 및 대답) |
| 직업 찾아보기 | 직업세계 탐색 | • 377종의 직업에 대한 정보(하는 일, 필요한 능력, 성취되려면, 전망)소개 |

자료: 진미석 외. 1998, p. 60.

이 중 중학교 여학생을 대상으로 한 아로 I의 내용 체계를 살펴보면 고등학교에 대한 간단한 소개와 학생들이 궁금해하는 사항들에 대한 정보 및 직업세계에 대한 간략한 소개에 중심을 두고 있음을 볼 수 있다.

아로 I은 모두 기본적으로 학생 혼자 스스로 모든 프로그램을 실시할 수 있도록 구성하였으며, 교사를 위한 지침은 활용유형별로 그 교육방법을 별도로 간단하게 제시하고 있다. 멀티미디어 매체인 CD타이틀을 이용하기 때문에 컴퓨터의 모니터를 이용하여 프로그램이 진행되는데, 전체적으로는 기본적으로 텍스트 제시를 중심으로 하였고, 직업·직종 소개, 여성 사례 등은 동영상, 비디오클립 등을 이용하고 있다. 특히 학생들이 혼자 스스로 CD를 이용하여 프로그램을 진행해 나가기 때문에, 학생들 스스로 자신에게 필요한 정보를 직접 선택하여 도움을 얻을 수 있도록 각종 자료와 정보의 제공을 중심으로 하며, 직업흥미를 탐색하기 위한 직업흥미검사와 같은 검사와 '나의 미래설계'와 같이 스스로 작성해 보는 방법이 일부분 사용되고 있다.

### (7) 종 합

중학교 학생들을 위한 직업지도 프로그램은 보통 성에 대한 구별 없이 개발된 프로그램과 여학생들의 진로탐색에 대한 고충의 소리가 높아지면서 여학생들을 위해서 특별히 개발된 프로그램으로 나눌 수 있다. 이들의 내용체계는 자신에 대한 측면, 직업에 대한 측면, 진로계획 및 결정 측면, 직업관 및 자기관리 측면, 여성에 대한 측면, 기타 측면으로 나눌 수 있다.

## 4) 중학교 진로지도 프로그램의 활용

### (1) 교과활동에서의 활용

제7차 교육과정에서 중학교의 경우, 교과재량활동의 기타 선택과목의 일환으로 독립된 교과를 통한 진로교육 운영이 가능하고 중학교에서 활용하도록 2종의 교과서가 개발·보급되어 있으나, 이러한 방식으로 운영하는 경우는 거의 드문 실정이다(최동선 외, 2005). 중학교 진로교육 또한 초등학교에서의 진로교육처럼 일부 교과에서 중단원 또는 소단원 수준에서 부분적으로 진로교육의 내용을 포함하고 있다. 국민공통기본교과 가운데에는 기술, 가정, 도덕, 사회가 대표적인 교과라고 할 수 있다. 첫째, 기술·가정교과의 경우 중학교 3학년 시기에 '산업과 진로'라는 단원으로 제시되어 있고, 둘째, 도덕교과의 경우 중학교 3학년의 가정·이웃·학교생활 영역의 하나의 소단원으로 '진학과 진로탐색'이 포함되어 있으며, 그 외에도 자신의 개성 신장 및 자아발견, 타인과의 긍정적인 상호작용 등의 자기관리능력의 개발 등을 부분적으로 진로교육적인 요소로 꼽을 수 있다.

진로교육은 전 교과의 교육과정 속에 스며들어 있는 교육목표 또는 내용과 무관하지 않으므로 교육과정에 근거하여 전 교과를 통해 강조되고 실천되어야 한다. 이를 위해서는 먼저 담당 교과의 목표와 교육내용을 분석하고, 이를 토대로 진로교육과 연계시킬 수 있는 단원을 선택한다. 그리고 진로교육 연간 지도 계획을 세우며 이어서 진로교육을 위한 교수 학습 지도안을 작성하고 진로교육 관련 단원, 연간 지도 계획에 따라 진로교육을 실시하여야 한다.

### (2) 재량활동에서의 활용

현행 제7차 교육과정에서 재량 활동은 크게 '교과 재량 활동'과 '창의적 재량 활동'으로 구분된다. '교과 재량 활동'은 중등 학교의 선택 과목 학습과 국민 공통 기본 교과의 심화·보충 학습을 위한 것이며, '창의적 재량 활동'은 학교의 독특한 교육적 필요, 학생의 요구 등에 따른 범교과 학습과 자기 주도적 학습을 위한 교육활동으로 단위 학교의 필요와 요구에 따라 교육의 목표, 내용, 방법, 평가에 관한 일체의 사항을 단위학교가 결정·운영하는 교육과정이다.

창의적 재량활동은 총 136 시간 중 34 시간을 배정하여 평균 주당 1시간 정도씩 할 수 있는 수준이다.

재량활동을 통한 진로교육은 교과 재량활동 중 선택 교과의 하나로 운영될 수 있고 창의적 재량활동도 진로교육의 장으로서 활용될 가능성이 열려 있는 부분이다.

### (3) 특별활동에서의 활용

제7차 교육과정에서는 특별활동이 자치활동, 적응활동, 계발활동, 봉사활동, 행사

활동의 5개 영역으로 구성되어 있으며, 중학교의 경우 7~9학년에 각 2차시(68시간)를 배정할 수 있도록 하고 있고, 각 영역별 배당 시간과 구체적 활동 내용은 학교의 실정에 알맞게 선정하도록 하였다. 그런데 특별활동의 5개 영역 중, 특히 적응활동, 계발활동, 봉사활동은 체계적인 진로교육을 하기에 좋은 내용들을 포함하고 있다.

이와 같이 7차 교육과정 내에서 중학교의 체계적인 진로교육은 선택교과 및 적응활동으로서 운영될 수 있으나, 그 외에 창의적 재량활동 및 다양한 특별활동도 직·간접적으로 진로교육이 이루어질 수 있는 여지가 있다. 그러나 이는 어디까지나 가능성이며, 현실적으로는 재량활동이 주로 교과의 심화·보충 시간이나 다양한 범교과 학습으로만 운영될 가능성이 높다. 즉, 진로교육의 실제 운영 여부는 학교장을 비롯한 교사 그리고 학교 운영위원들의 진로교육의 중요성에 대한 마인드가 관건이라고 할 수 있다.

## 2. 중학교 진로지도 프로그램의 실제: CDP-M

한국산업인력공단 중앙고용정보원의 용역과제로 정철영 등(2004, 2005)이 개발하고 개정을 완료한 『중학생을 위한 진로지도 프로그램 CDP-M(career development program for middle school students, 부제: 진로탐색여행)』은 최근에 개발된 중학생용 진로지도 프로그램이다.

CDP-M(진로탐색여행)은 19명의 연구진이 참여한 '초·중·고교생 및 대학생을 위한 진로지도 프로그램 개발' 의 일환으로 학교급 간 발달단계 및 상호연계를 종합적이며 체계적으로 고려하여 개발하였으며, 교과교육, 재량활동, 특별활동 등을 통하여 중학교 내외에서 다양하게 활용할 수 있도록 편성하였다. 특히 CDP-M은 교사용 매뉴얼, 학생용 워크북, PPT CD 등으로 구성되어 있으며, 교사용 매뉴얼에는 진행자용 멘트까지 담고 있어 용이하게 진행할 수 있도록 되어 있다. 그러면 CDP-M에 대하여 구체적으로 살펴보도록 한다.

## 1) 프로그램의 목적 및 목표

CDP-M은 '중학생들이 자기 자신을 객관적 · 구체적으로 이해하고 다양한 직업세계에 대한 정보를 탐색함으로써 자신의 진로를 설계할 수 있도록 돕는 데' 그 목적을 두고 있으며, 이를 달성하기 위해서 다음과 같은 구체적인 목표들을 설정하고 있다.

- 자신의 특성, 능력, 조건을 객관적 · 구체적으로 이해한다.
- 다양한 직업세계에 대한 정보를 탐색한다
- 효율적인 학습기술을 익히며, 평생학습의 관점에서 정보능력과 자기 주도적 학습능력을 기른다.
- 자신에 대한 객관적이고 구체적인 이해와 직업과 교육의 세계에 대한 탐색을 기초로 하여 합리적인 의사결정방법에 의거 현명하게 진로를 설계한다.

## 2) 프로그램의 구조 및 내용

### (1) 프로그램의 구조

CDP-M의 구조는 앞에서 언급한 전체적인 목적과 하위목표에 따라 구성되어 있으며, 전체 차수는 창의적 재량활동시간 68차시 중 34차시가 ICT 교육에 할당되어 있어, 나머지에 해당하는 34차시가 활용 가능한 최대한의 시간이라고 할 수 있으므로, 이를 가능한 모두 활용할 수 있도록 34차시로 구성하였다.

프로그램의 처음에는 오리엔테이션을 위해서 도입부에 해당하는 '지도펼치기'가 1차시 설정되었고, 그 다음으로 5개의 내용영역으로 구성되어 있다.

첫 번째 하위목표를 위해서 '자신에 대한 이해'가 8차시, 두 번째 하위목표를 위해서는 '직업세계에 대한 이해'가 10차시, 세 번째 하위목표를 위해서는 '교육세계에 대한 이해'가 5차시, 네 번째 연구목표를 위해서는 '진로의사결정'이 6차시, 다섯 번째 연구목표를 위해서는 '진로계획 및 준비'가 4차시로 구성되었다([그림 14-1] 참조).

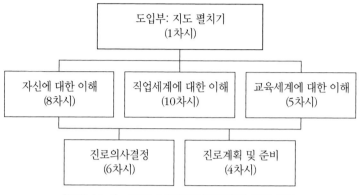

[그림 14-1] CDP-M(진로탐색여행)의 전체 구조

## (2) 프로그램의 내용

앞에서 살펴본 CDP-M의 구조에 따라 구체적인 내용은 다음과 같이 개발되었다(〈표 14-9〉 참조).

| 〈표 14-9〉 | CDP-M(진로탐색여행)의 내용 구성 | | |
|---|---|---|---|
| 대영역 | 하위영역 | 세부내용 | 시수 |
| I. 지도 펼치기 | ① 삶과 직업 | • 삶의 목적 • 행복한 직업가치 탐구 • 전체 프로그램 소개 • 행복과 일의 관계 파악 • 내가 꿈꾸는 행복한 삶 설계 | 1 |
| II. 자신에 대한 이해 | ① 나의 이해와 진로 | • 자기이해의 중요성 • 자아이해방법 이해 • 괜찮은 나 • 자아 구성요소 이해 • 현재의 나 | 2 |
| | ② 심리검사를 통한 나의 이해 | • 인터넷으로 검사실시, 과제제시(적성, 흥미, 가치관 검사) • 하고 싶은 일의 세계 탐색 | 2 |
| | ③ 중요한 타인/ 환경의 이해 | • 영향을 준 인물 • 환경의 이해와 극복방안 쓰기 • 부모님의 기대와 갈등 해결 • 나의 선언문 쓰기 | 2 |
| | ④ 나의 발견 | • 성장과 변화 알아보기 • 내가 보는 나/타인이 보는 나 • 주변환경/여건 이해 • 의미 있는 경험/추억 • 심리검사 결과 종합 • 발표 및 피드백 | 2 |

(계속)

| 대영역 | 하위영역 | 세부내용 | 시수 |
|---|---|---|---|
| III. 직업 세계에 대한 이해 | ① 직업의 의미 | • 직업의 개념과 의의 설명 　 • 직업이 생활에 미치는 영향<br>• 직업의 특성 및 가치 탐색 　 • 발표 | 1 |
| | ② 직업의 종류와 특성 | • 직업분류 특성 조사 　　　　 • 자격증 | 2 |
| | ③ 직업현장 체험 | • 주변사람들이 종사하는 직업조사 | 2 |
| | ④ 산업 발달에 따른 직업변화 | • 사회변화와 직업세계의 예측 　 • 성장직종 알아보기 | 2 |
| | ⑤ 직업세계에서의 성 역할 변화 | • 일과 직업활동에서의 성역할 인식 | 1 |
| | ⑥ 바람직한 직업윤리 | • 직업윤리 의식 　　　　　　 • 비윤리적인 직업의식 사례조사 | 1 |
| | ⑦ 바람직한 직업관 | • 직업관의 의미 　　　　　　 • 직업에 대한 가치 | 1 |
| IV. 교육 세계에 대한 이해 | ① 상급학교 이해 | • 상급학교 계열 　　　　　　 • 고등학교 선택<br>• 실업계 고등학교 　　　　　 • 특수목적고 | 2 |
| | ② 학습기술 | • 학습방법 파악 　　　　　　 • 시간관리 파악<br>• 학습향상전략 | 2 |
| | ③ 평생교육 | • 평생학습사회 　　　　　　 • 평생학습계획 | 1 |
| V. 진로 의사 결정 | ① 의사결정 유형이해 | • 의사결정 유형 이해 　　　 • 자신의 의사결정 유형의 이해 | 2 |
| | ② 합리적 의사결정 절차 | • 의사결정 절차 이해 　　　 • 수렴적 사고기법<br>• 합리적 의사결정하기 | 2 |
| | ③ 나에게 적합한 직업 탐색 | • 개인의 흥미, 성격, 가치관, 인생관, 좋아하는 과목 등을 정리하고 그것에 적합한 직업 탐색하기 | 2 |
| VI. 진로 계획 및 준비 | ① 나의 진로계획 세우기 | • 다양한 관점에서 직업목록 작성하고, 최종 직업 정보 구체화하기 | 2 |
| | ② 나의 진로준비 | • 직업인으로서의 나의 미래 　 • 향후 5년간 진로 계획 세우기 | 2 |
| | | 합 계 | 34 |

### 3) 프로그램의 기술양식

　CDP-M의 기술양식은 각 차시마다 맨 처음에는 해당 차시의 전개과정을 한눈에 볼 수 있도록 '활동개요', '활동전개과정', '유의사항'을 한 장에 구성하여 제시하고 있다. 그리고 그 다음에는 '활동내용'으로 한 차시의 진행상황을 도입, 전개, 정리로 나누어 상세하게 설명하고 있다(정철영 외, 2005a: 27-30).

　특히 도입, 전개, 정리에 따라 교사가 진행해야 할 활동의 내용과 그때그때의 교사용 멘트를 제시하고 있는데 이는 진로교육에 대해서 사전경험이 미비한 교사들도 이것만 보면 프로그램을 쉽게 진행하도록 하기 위한 것이다.

　활동내용 다음으로는 활동 중에 사용하기 위한 '교육자료'와 '활동지'가 제시되어 있다. 교육자료란 활동지와 관련하여 학생들에게 설명으로 제시할 부분을 파워포인트로 만들어서 제공하는 것이다. 활동지 다음에는 활동시간 외의 시간에 학생들이 자유롭게 읽어볼 수 있도록 다양한 '읽기자료'를 제공하고 있으며, 교사들을 위해서는 활동을 위한 '참고자료'를 제공하고 있다. 그리고 마지막에는 관련된 '참고문헌'과 '참고사이트'를 제공해 주고 있다(정철영 외, 2005a: 31-35).

　이러한 기술상에서 특히 중점을 둔 것은 앞에서도 언급하였듯이, 관련 경험이 부족한 교사들도 CDP-M 프로그램만 숙지하면 원활하게 프로그램을 진행할 수 있도록 한 차시 안에 그 차시에 사용되는 모든 자료들, 활동내용에 대한 안내, 파워포인트 자료, 활동지, 읽기자료, 참고자료, 참고문헌, 참고사이트를 모두 모아 패키지로 제공하고 있는 것이다. 특히 활동을 위한 멘트까지 상세하게 제시하고 있다.

　또한 CDP-M 프로그램은 '교사용 매뉴얼', '학생용 워크북' 및 'PPT-CD([그림 14-1] 참조)'로 나누어지는데 학생용 워크북에서는 전체 구성 중 활동내용과 참고자료는 제외되고 활동개요, 활동전개과정, 유의사항, 참고문헌, 참고사이트는 학생들에게 맞게 재구성되어 있다.

## 4) 프로그램의 예시

### Ⅲ-2. 직업의 종류와 특성    직업세계에 대한 이해

■ 활동개요

| 활동<br>목표 | • 직업을 탐색하고 직업 세계를 설명한다.<br>• 직업의 다양성을 이해한다.<br>• 직업의 분류에 따른 직능 수준과 자격 면허<br> 를 안다. | | 시 간 | 90분 |
|---|---|---|---|---|
| | | 준비물 | 교 사 | 교육자료<br>참고자료 |
| | | | 학 생 | 필기도구 |

■ 활동전개 과정

| 단계 | 활동주제 | 활동내용 | 방법 | 준비물 | 시간 |
|---|---|---|---|---|---|
| 도입 | 좌석 배치와<br>활동 소개 | – 세상에 직업의 종류는 얼마나 될까?<br>하는 질문과 함께 직업 세계의 이해<br>가 왜 필요한지를 설명한다. | 강의 | 교육자료Ⅲ.2.1 | 5분 |
| 전개 | 직업의 세계 | – <참고자료 Ⅲ.2.1>을 활용하여 직업<br>의 종류와 그 변화를 설명한다. | 강의 | 교육자료Ⅲ.2.2<br>참고자료Ⅲ.2.1 | 10분 |
| | 직업군별<br>직업명 쓰기 | – 4명씩 모둠을 구성한다.<br>– 개인별로 제시된 <활동지 Ⅲ.2.1>의<br>직업에 대해 아는 정도를 작성하게<br>한다.<br>– 작성된 표를 이용하여 직업에 대해<br>얼마나 알고 있는가를 점수화한다.<br>– 모둠별로 <활동지 Ⅲ.2.1>에서 제시<br>된 직업을 <활동지Ⅲ.2.2>의 직업군<br>별로 분류하여 작성한다. | 모둠<br>토의 | 활동지Ⅲ.2.1<br>교육자료Ⅲ.2.3<br>활동지Ⅲ.2.2<br>필기도구 | 30분 |
| | | – 모둠별로 <활동지 Ⅲ.2.3>을 작성<br>하여 필요한 자격 면허에 대해 알게<br>한다. | 모둠<br>토의 | 활동지Ⅲ.2.3<br>필기도구<br>교육자료Ⅲ.2.4 | 35분 |
| 정리 | 발표하기<br>및 차시 예고 | – 느낀 점을 간단히 발표하게 한다.<br>– 다음 차시를 예고한다. | 발표 및<br>정리 | – | 10분 |

■ 유의사항

- 4명 정도로 모둠을 구성하고, 자유롭고 진지한 분위기가 되도록 안내하며 이를 유지하도록 한다.
- 활동 자료를 계속 수집하고 분류할 수 있도록 파일을 준비하도록 한다.
- 제시된 직업 외에도 다양한 직업들에 대해서도 살펴볼 수 있도록 한다.
- 활동자료 작성에 필요한 방법 및 사이트를 자세하게 안내하도록 한다.
- 전시 학습 안내를 해서 학생들이 미리 활동 자료를 작성하도록 유도한다. (주변 사람들의 직업)

## 활동내용 ▶

| 도 입 | 좌석 배치와 활동 소개 (5분) |
|---|---|

좌석배치 및 활동소개 ▶ 학생들의 좌석 배치 및 이번 차시의 활동내용을 설명한다.

### 멘 트

- 여러분 자신에게 적합한 직업을 찾기 위해 먼저 직업 세계에 대해 알아야 합니다. 직업 세계에 대해 많은 정보를 가지고 있음으로 해서 선택의 폭이 넓어지게 됩니다. 그런 의미에서 이번 시간에는 어떤 직업들이 있는지 알아보도록 하겠습니다.
- 직업은 시대의 구조와 발단 단계에 따라 그 종류도 다양화, 전문화, 세분화되어 갑니다. 오늘날의 급진적인 사회 변화 속에서 여러분이 슬기롭게 대처할 수 있고 전체적인 삶의 세계에 대한 이해는 매우 중요합니다. 따라서 수많은 직업의 종류와 그에 따른 정보를 수집하고 그 정보를 자신의 경험에 비추어 적절히 활용함으로써 자신에 맞는 직업을 선택할 수 있는 것입니다(<교육자료 III.2.1 직업의 변화>를 가지고 설명한다).
- 각각의 직업들은 하는 일의 내용이나 특성이 다 다릅니다. 그러나 어떤 직업들은 비슷한 면도 있습니다. 이런 비슷한 직업들을 묶어서 분류한 것을 직업군이라고 합니다. 직업군을 분류하는 방법에는 여러 가지가 있는데, 우리나라에서는 한국고용직업분류에 따라 24개 직업군으로 나누고 있습니다.

| 전 개 (1) | 직업 세계 이해 (10분) |
|---|---|

직업세계의 이해

▶ <참고자료 Ⅲ.2.1 직업의 종류와 변화>와 <교육자료 Ⅲ.2.2 미래사회의 전망>을 활용하여 직업의 종류와 그 변화를 설명한다.

| 전 개 (2) | 직업군별 직업명 쓰기 1 (30분) |
|---|---|

활동지 작성하기

▶ <활동지 Ⅲ.2.1. 직업표>를 나누어 주고 작성하게 한다.
▶ 활동지에 제시된 직업들을 보고 하는 일을 잘 알고 있으면 ○, 직업의 이름만 알고 있으면 △, 전혀 모르면 ×를 표한다.
▶ <교육자료 Ⅲ.2.3 한국고용직업분류에 의한 직업분류>를 제시한 후, <활동지 Ⅲ.2.2. 직업군별로 직업명 쓰기>를 나누어 주고 작성하게 한다.

멘 트

• 자 그럼 지금부터 <활동지 Ⅲ.2.1>을 시작하겠습니다. 정확하게 표시해 주십시오.
• 수고하였습니다. 이제부터는 활동지의 두 번째 문항을 작성해 보도록 하겠습니다. 앞쪽에서 표시한 것들을 ○, △, ×의 개수를 확인히여 환산 점수를 내어 봅니다.
• 그럼 지금부터 직업의 종류에 대해 좀 더 체계적으로 알아보겠습니다. 직무 내용이나 특성이 같은 직업들끼리 묶어서 분류한 것을 직업군이라고 합니다. 우리나라에서는 한국고용직업분류에 따라 직업군을 24가지로 나누고 있습니다. 이 24가지 분류법에 따른 직업의 특성과 종류 및 예를 설명하겠습니다.
• 이제 직업의 세계에 대하여 조금 체계적으로 알게 되었을 겁니다. 그러면 이제부터는 <활동지Ⅲ.2.1>에서 제시한 직업들이 어느 직업군에 속하는지를 모둠원이 협조하여 직업군별로 적어보십시오.

| 전 개 (3) | 직업군별 직업명 쓰기 2 (35분) |
|---|---|
| 활동지 작성하기 | ▶ <활동지 Ⅲ.2.3. 한국고용직업분류에 따른 자격면허>를 나누어 준다.<br>▶ 각 직업군에 따라 관련 직업에 필요한 자격 면허를 조사하여 활동지를 작성하게 한다. |
| 교육자료 제시 | ▶ 작성이 완료된 후, <교육자료 Ⅲ.2.4 한국고용직업분류에 따른 자격면허>를 제시해 주고 간단하게 설명한다. |

┃ 멘 트 ┃

- 우리는 지난 시간을 통해 여러 직업을 직업군별로 묶었습니다. 그런데 이 각각의 직업에는 그 직업에서 필요로 하는 여러 가지 자격이 있습니다. 예를 들어, 판사는 반드시 사법시험에 합격해야 하고 교사는 교사자격증이 있어야 하며 의사는 의과대학을 졸업해야 합니다. 아무리 그 직업을 하고 싶은 마음이 굴뚝 같아도 그 자격을 갖추지 않는다면 될 수 없다는 것이지요.
- 주어진 활동지의 예를 참고로 하여 나머지 빈 칸을 채우십시오.
- 자! 작성이 완료되었으면 여러분이 작성한 내용과 여기 제시하는 자료(<교육자료 Ⅲ.2.4>)와 비교해 보도록 하겠습니다.

| 정 리 | 발표하기 및 차시예고 (10분) |
|---|---|
| 발표하기 | ▶ <활동지 Ⅲ.2.1>, <활동지 Ⅲ.2.2>, <활동지 Ⅲ.2.3>의 작성내용을 발표하게 한다. |
| 정리 및 차시 예고 | ▶ 이번 시간 내용을 정리하고 차시를 예고(<활동지 Ⅲ.3.1> 혹은 <활동지 Ⅲ.3.2>를 미리 작성해 오게 한다 |

┃ 멘 트 ┃

- 오늘 활동을 통해 직업세계에 대해 더 많이 알게 되었습니까?
- 직업들을 체계적으로 분류함으로써 얻는 이점은 어떤 것일까요?
- 더 설명을 요하는 부분이 있으면 질문하십시오.
- 자신의 희망직업과 연관지어 느낀 점을 말해도 좋습니다.
- 다음 시간에는 직업 현장 체험에 대한 활동을 하겠습니다.

**교육자료 Ⅲ.2.1**

**교육자료 Ⅲ.2.2**

**활동지 Ⅲ.2.1**

# 직업표

▶ 다음에 제시된 직업들을 보고, 하는 일을 잘 알고 있으면 ○표, 직업의 이름만 알고 있으면 △, 전혀 모르면 ×를 표합니다.

| 번호 | 직업명 | 아는 정도 | 번호 | 직업명 | 아는 정도 | 번호 | 직업명 | 아는 정도 |
|------|--------|-----------|------|--------|-----------|------|--------|-----------|
| 1 | 감정평가사 | | 26 | 버스운전사 | | 51 | 조경기술자 | |
| 2 | 공인노무사 | | 27 | 항공관제사 | | 52 | 측량기술자 | |
| 3 | 물류관리사 | | 28 | 항해사 | | 53 | 건설기계운전원 | |
| 4 | 보험계리인 | | 29 | 우편물 집배원 | | 54 | 주택관리사 | |
| 5 | 애널리스트 | | 30 | 경매원 | | 55 | 건물설비관리원 | |
| 6 | 펀드매니저 | | 31 | 머천다이저 | | 56 | 기계공학기술자 | |
| 7 | 비서 | | 32 | 보험모집인 | | 57 | 전기공학기술자 | |
| 8 | 교사 | | 33 | 쇼핑호스트 | | 58 | 통신공학기술자 | |
| 9 | 보육사 | | 34 | 텔레마케터 | | 59 | 화학공학기술자 | |
| 10 | 법무사 | | 35 | 바텐더 | | 60 | 비파괴 검사원 | |
| 11 | 경호원 | | 36 | 조리사 | | 61 | 산업안전 및 위험 관리원 | |
| 12 | 경비원 | | 37 | 애완동물미용사 | | 62 | 공작 기계조작원 | |
| 13 | 한의사 | | 38 | 체형관리사 | | 63 | 간판 제작원 | |
| 14 | 간호사 | | 39 | 스포츠강사 | | 64 | 자동차 정비원 | |
| 15 | 직업치료사 | | 40 | 프로게이머 | | 65 | 용접원 | |
| 16 | 응급구조사 | | 41 | 결혼상담원 | | 66 | 가전제품 수리원 | |
| 17 | 치과가공사 | | 42 | 카지노딜러 | | 67 | 공예원 | |
| 18 | 점술가 | | 43 | 여행안내원 | | 68 | 귀금속 가공원 | |
| 19 | 번역사 | | 44 | 데이터베이스관리자 | | 69 | 한복사 | |
| 20 | 사서 | | 45 | 컴퓨터 보안 전문가 | | 70 | 홍보판촉원 | |
| 21 | 학예사(큐레이터) | | 46 | 웹개발자 | | 71 | 모델 | |
| 22 | 컴퓨터 애니메이터 | | 47 | 전자상거래 전문가 | | 72 | 연예인 매니저 | |
| 23 | 시각 디자이너 | | 48 | 컴퓨터 게임 개발자 | | 73 | 만화가 | |
| 24 | 아나운서 및 리포터 | | 49 | 건축설계사 | | 74 | 방사선사 | |
| 25 | 기자 | | 50 | 인테리어 디자이너 | | 75 | 임상병리사 | |

자료: 한국직업능력 개발원. 중등교육직무연수.

▶ 앞의 표를 다음과 같이 계산하고, 친구와 비교해 봅시다.

| 선택 | 표시한 개수 | 배점 점수 | 환산 점수 |
|:---:|:---:|:---:|:---:|
| ○ | | 2 | |
| △ | | 1 | |
| × | | 0 | |

**읽기자료 III.2.1**

## 홀랜드(Holland)의 직업분류

홀랜드의 직업 분류는 심리적 특성에 따라 직업을 분류하는 대표적인 유형이다. 홀랜드는 직업에 대해 대칭적인 유형을 제시하고 있다.

첫째, 실재적 유형은 기계적 기술, 안내, 신체 운동을 요구하는 구체적이고 신체적인 업무수행을 갖게되는 특성을 가지고 있으며 자동차 정비사, 항공기 조종사, 측량기사, 농부, 전기 기사 등 근육을 이용하는 직업이다.

둘째, 탐구적 유형은 개인의 지각보다는 추상적 독창적인 능력이 요구되며, 만족스러운 성취를 위해 상상력과 지능을 요구하는 특성을 가지고 있으며 생물학자, 화학자, 물리학자, 인류학자, 의사 등의 지적 직업이다.

셋째, 예술적 유형은 지식, 직관, 정서를 활용하여 문제해결을 하고 보통 인간적이고 주관적인 판단을 중시하는 특징을 가지고 있으며, 예술가, 작곡가, 무대감독, 작가, 연극 배우 등 예술 전반에 걸친 직업이다.

넷째, 사회적 유형은 다른 사람과 더불어 일하여 다른 사람의 문제와 어려움을 주로 해결하고 도와주는 일을 하는 특징을 가지고 있으며, 타인을 위해 봉사하는 요소가 강한 환경으로 사회복지사, 교사, 종교인, 상담가, 임상치료가, 언어치료사 등의 직업이다.

다섯째, 기업가적 유형은 기획하고 지도해 나가며 다른 사람들을 설득해 나가는 일을 주로 하는 것으로 기업경영인, 정치가, 판사, 영업사원, 보험회사원, 판매원 등 상대를 설득시키는 요소가 강한 직업이다.

여섯째, 관습적 유형은 구체적이고 공식적인 규정과 절차가 명확하게 제시되어 있는 직무로 공인회계사, 은행원, 세무사, 경리사원, 도서관 사서 등의 직업이다.

참고자료 III.2.1

# 직업의 종류와 변화

### 1. 직업의 종류

직업은 시대의 구조와 발달단계에 따라 그 종류도 다양화, 전문화, 세분화되어 간다. 오늘날의 급진적인 사회 변화 속에서 학생들이 슬기롭게 대처할 수 있고 전체적 삶의 세계를 이해할 수 있는 효과적인 진로 프로그램이 요청된다. 과거의 단순한 직업구조와 달리 현재 사회에서 '직업의 종류와 수는 약 2~3만 여종이 존재하고 사회의 변화에 따라 새로 생겨나기도 하고 없어지기도 한다. 따라서 수많은 직업의 종류와 그에 따른 정보를 수집하고 그 정보를 자신의 경험에 비추어 적절히 활용함으로써 자신에 맞는 직업을 선택할 수 있을 것이다.

### 2. 직업의 변화

#### (1) 직업의 다양화

고도 산업사회에 직면하여 직업의 세계는 그 변화의 속도가 빠르고 그 양상이 다양해졌다. 직업의 종류와 하는 일의 변화가 가속화되어 현재 있는 직업의 25%가 25년 전에는 없었던 직업이었으며, 또한 2,000년대가 되면 현존하는 직업의 52~70% 정도가 없어지고 그에 따라 새로운 직종이 생겨나며, 존속하는 직종의 경우도 일의 방법이 많이 바뀌게 된다는 것이다.

이러한 직업의 변화가 일어나게 되는 요인에는 여러 가지가 있는데 가장 중요한 요인으로는 과학·기술의 변화다. 이 외에도 국가의 경제 수준, 인구 변화, 노동력의 공급, 국제 이해관계와 자금의 유통상태, 자연자원의 점차적인 고갈, 유행에 대한 소비자의 기호 변화 등이다.

#### (2) 직업의 세분화·전문화

직업은 산업구조와 기술문명에 의해서 분화되고 전문화되어 가는 것과 마찬가지로,

사회 각 분야의 구조 및 활동의 양상에 따라서도 분화되고 있다. 직업의 세분화 현상은 자연히 직업의 종류가 증가되고 차츰 전문화 현상을 이루게 된다.

이와 같은 직업 세계의 변화 추세는 뚜렷한 직업관의 형성과 직업적 적응 능력과 자기 획득적인 직업선택과 적응능력을 요구하고 있다.

### (3) 미래사회의 전망

- 통행은 더욱 복잡해진다.
- 서비스 직종은 계속 성장한다.
- 가정에서 남자의 역할이 커진다.
- 자연 자원의 손실이 높아진다.
- 환경의 중요성과 관심이 높아진다.
- 성인 교육이 많아진다.
- 바다에서 식량을 얻는다.
- 로봇이 가사 일을 맡는다.
- 새로운 빌딩의 거리가 생긴다.
- 1주일에 4일만 직업 활동을 한다.
- 어린이를 돌보는 기관이 많아진다.
- 농·공업의 자동화가 많아진다.
- 직업의 성장은 교육을 더 요구한다.
- 컴퓨터의 이용이 많아진다.
- 기후를 마음대로 조절한다.
- 외계에서 살기도 한다.

## 참고문헌

경기도교육정보연구원(2002a). 고등학교 진로와 직업. 중앙교육진흥연구소.

경기도교육정보연구원(2002b). 진로와 직업. 중앙교육진흥연구소

교육부(1996). 고등학교 진로·직업. 대한교과서.

교육인적자원부(2003). 양성평등한 진로지도를 위한 지침서(개정판). 교육인적자원부.

김봉환, 김병석, 정철영(2000). 학교진로상담. 학지사.

장석민외(2003). 진로와 직업. 한국진로교육학회.

정철영외(2003). 중등학교 여학생용 진로지도 지침. 교육인적자원부.

중앙고용정보원, 경기도교육정보원(2004). 진로와 직업(중학교). 서울: 중앙교육진흥연구소.

한국진로교육학회(1999). 진로교육의 이론과 실제. 교육과학사.

참고사이트

한국산업인력공단 중앙고용정보원(워크넷): http://www.work.go.kr
한국직업정보시스템: http://know.work.go.kr
한국직업능력개발원 진로정보센터: http://careernet.re.kr

## 5) 프로그램의 운영 방안

### (1) 학교 안에서의 활용 방안

중학교는 특정 직업에 취업하는 단계가 아니므로 자신에 대한 이해와 자아 확립에 중점을 두고 일과 직업세계를 탐색할 수 있도록 도와주어 자신의 전체적인 진로계획을 세우도록 하는 활동에 주안점을 둔다.

중학교 프로그램은 기본적으로 학생들이 자기 자신, 일, 직업, 교육 세계에 대하여 탐색하고 계발할 수 있도록 돕기 위하여 검사지를 통한 자기 이해, 주변환경의 이해, 대인관계에 대한 피드백 교환, 인터넷 정보 및 다양한 경로의 직업정보 탐색 및 평가, 다양한 체험 중심의 활동에 주안점을 둔다.

### (2) 학교 밖에서의 활용 방안

이 지침서는 학교 밖에서의 각종 봉사활동이나 수련활동 시간에 활용될 수 있다. 수련 프로그램, 교육 프로그램 등을 통해서 프로그램의 전체 혹은 일부 내용이 활용될 수 있다.

### (3) 프로그램의 운영 유형별 시수 구성

CDP-M에서는 활용 가능한 유형별로 차시를 재구성하여 제시하고 있는데 이는 다음의 〈표 14-10〉과 같다.

| 대영역 | 하위영역 | 시수 | 유형 1 | 유형 2 | 유형 3 | 관련 교과수업 | | 진로 체험 의 날 |
|---|---|---|---|---|---|---|---|---|
| | | | | | | 도덕 | 기술 | |
| Ⅰ. 지도 펼치기 | ① 삶과 직업 | 1 | ○ | | | | | |
| Ⅱ. 자신에 대한 이해 | ① 나의 이해와 진로 | 2 | ○ | ○ | ○ | ○ | | ○ |
| | ② 심리검사를 통한 자기이해 | 2 | ○ | | | ○ | | |
| | ③ 중요한 타인/환경의 이해 | 2 | ○ | ○ | | ○ | | |
| | ④ 나의 발견 | 2 | ○ | | | ○ | | |
| Ⅲ. 직업세계에 대한 이해 | ① 직업의 의미 | 1 | ○ | | | | | |
| | ② 직업의 종류와 특성 | 2 | ○ | ○ | ○ | | ○ | ○ |
| | ③ 직업현장 체험 | 2 | ○ | | | | ○ | |
| | ④ 산업발달에 따른 직업변화 | 2 | ○ | | | | | |
| | ⑤ 직업세계에서의 성역할 변화 | 1 | ○ | | | | | |
| | ⑥ 바람직한 직업윤리 | 1 | ○ | ○ | | | ○ | |
| | ⑦ 바람직한 직업관 | 1 | ○ | | | | | |
| Ⅳ. 교육세계에 대한 이해 | ① 상급학교 이해 | 2 | ○ | | | | ○ | |
| | ② 학습기술 | 2 | ○ | ○ | ○ | | | |
| | ③ 평생교육 | 1 | ○ | | | | | |
| Ⅴ. 진로의사 결정 | ① 의사결정 유형이해하기 | 2 | ○ | | | | | |
| | ② 합리적 의사결정 절차 | 2 | ○ | | | | | |
| | ③ 나에게 적합한 직업 탐색 | 2 | ○ | ○ | ○ | ○ | ○ | ○ |
| Ⅵ. 진로계획 및 준비 | ① 나의 진로계획 세우기 | 2 | ○ | | | | | ○ |
| | ② 나의 진로준비 | 2 | ○ | ○ | | | | |
| | 전체 시수 구성 (34차시) | 34 | 34 | 16 | 10 | 12 | 11 | 8 |

주: 유형 1-재량활동 시간을 활용할 경우(34차시)

유형 2-캠프에서 활용할 경우

유형 3-최소한으로 이용할 경우

## 참고문헌

강재태 외 편 (2000). 진로지도 워크북. 교육과학사.

경기도교육정보연구원, 중앙고용정보원(2002). 중학교 교과서 '진로와 직업'. 경기도.

교육인적자원부(1997). 중학교 교육과정. 교육인적자원부.

대구광역시교육과학연구원(2002). 중학생용 진로교육 프로그램.

부산광역시교육과학연구원(2001). 2001년도 학생 진로상담 자료.

서울특별시교육연구원(1996). 중학교 3학년 진로교육 지도안.

이영대 외(2004). 생애단계별 진로교육의 목표 및 내용 체계 수립. 서울: 한국직업능력개발원

장석민 외(2001). 진로교육목표 및 내용 체계화 연구. 한국직업능력개발원.

장성자 외(1990). 중학교 여학생 진로교육 프로그램 개발에 관한 연구. 한국여성개발원.

전남교육과학연구원(2002). 중학교 진로교육 프로그램.

정철영 외(2004). 초·중·고교생 및 대학생을 위한 직업지도 프로그램 개발, 연구보고서 ①
　　　총론. 한국산업인력공단 중앙고용정보원.

정철영 외(2005a). 중학생을 위한 직업지도 프로그램: CDP-M 진로탐색여행(개정판). 한국
　　　산업인력공단 중앙고용정보원.

정철영 외(2005b). 초·중·고교생 및 대학생을 위한 직업지도 프로그램 효과성 검증 및 개
　　　정 연구. 한국산업인력공단 중앙고용정보원.

정철영(1997). 진로지도의 의의와 실태. 교육개발, 110. 28-31.

정철영(1999). 진로지도. 한국직업능력개발원 편, 직업교육훈련 대사전, pp. 538-540. 서
　　　울: 한국직업능력개발원.

정철영(2000). 일과 학습의 연계를 위한 진로지도 강화. 대통령 자문 새교육공동체위원회
　　　발표논문.

정철영(2002). 진로교육 및 진로지도 운영 체제의 실태 및 개선방안. 진로교육연구, 15(1).

정철영, 나승일, 서우석, 송병국, 이종성(1998). 직업기초능력에 관한 국민공통 기본교육과정
　　　분석. 서울: 한국직업능력개발원.

진미석, 손유미, 정윤경, 이지연(1998a). 여자 중학생용 진로지도 프로그램 개발 연구 [기본
　　　연구 98-17]. 서울: 한국직업능력개발원.

진미석, 손유미, 정윤경, 이지연(1998b). 중학생의 진로교육실태 및 요구조사 [연구자료
　　　98-7]. 서울: 한국직업능력개발원.

한국가이던스(2001). 중학교 진로탐색장, 나의 길 나의 미래. 서울: 한국가이던스.
한국청소년학회(2001). 중학생을 위한 인성교육프로그램, New 3R. 한국청소년학회.

Bolles, R. N. (2002). *What Color Is Your Parachute 2003: A Practical Manual for Job-Hunters and Career.* Speed Press.

Brolin, D. E. (1995). Career Education: *A Functional Life Skills Approach(3rd Ed).* Engle-wood Cliffs, NJ: Prentice-Hall, Inc.

Eikleberry, C. (1998). *The Career Guide for Creative and Unconventional People.* Speed Press.

Esther, T. (2002). Career guidance in Singapore schools. *Career development quarterly, 50.* 257-263.

Herr, E. L., Cramer, S. H., & Niles, S. G. (2003). *Career guidance and counseling through the life span: System approach(6th ed.).* New York: Allyn & Bacon.

Human Resource Development Canada. (2001). *Canadian standards and guidelines for career development: Snapshot.*

Lock, R. D. (1999). *Taking Charge of Your Career Direction: Career Planning Guide.* Brokks Cole.

Lock, R. D. (2000). *Activities Manual for Taking Charge of Your Career Direction and Job Search: Career Planning Guide.* Brooks Cole.

National Career Development Association. (1995). *Careers development facilitators project.*

National Career Development Association. (1997). *Career counseling competencies.*

Watanabe-Muraoka, A. M. (1999). *The competency-based model for career development for elementary to college level.*

Zunker, V. G. (2002). *Career counseling: Applied concepts of life planning(6th ed).* Pacific Grove, CA: Brooks/Cole.

# 제15장

# 고등학교 진로지도 프로그램

고등학교에서의 진로지도는 진로발달 과정에서 나타나는 육체적·심리적 특성과 더불어 계열, 학과, 성별 등에 따른 학생 개인의 진로 특성에 따라 계획되고 실시되어야 하며, 따라서 고등학생을 대상으로 하는 진로지도 프로그램도 이러한 점을 종합적으로 고려하여 개발, 활용되어야 한다.

이 장에서는 크게 고등학교 진로지도 프로그램의 이론적 기초와 실제로 나누어 살펴보고자 한다. 이론적 기초에서는 고등학교 진로지도 프로그램 개발 및 활용의 기초가 되는 고등학교 진로지도 단계와 진로지도 목적 및 목표 그리고 활발하게 활용되고 있는 고등학교 진로지도 프로그램과 고등학교 교육과정에서의 신로지도 프로그램 활용을 소개하며, 프로그램의 실제 부분에서는 한국산업인력공단 중앙고용정보원(2005)에서 개발된『고등학생을 위한 직업지도 프로그램(CDP-H)』을 중심으로 살펴보기로 한다.

## 1. 고등학교 진로지도 프로그램의 기초

### 1) 고등학교의 진로지도 단계

고등학교 시기가 되면 학생들은 자기 자신의 모습이나 장래의 진로문제에 있어서 흥미나 능력 이외에도 가치관이나 취업기회 등과 같은 현실적인 요인들까지 고려할 수 있게 됨으로써 실제적인 진로선택이 가능하게 된다. 또한 진로를 선택하거나 장래의 생활방식을 선택하는 데 있어서도 주관적인 요인과 객관적인 요인을 함께 고려하여 체계화할 수 있는 시기다.

고등학교 시기는 Super의 진로발달 단계에 따르면, 잠정적으로 진로를 선택해 보는 잠정기(tentative substage, 15~17세)와 자신의 진로선택에 있어서 현실적 요인들을 고려해 보는 전환기(transition substage, 18~21세)에 해당하며, Ginzberg의 진로발달 단계에서는 능력과 흥미보다는 자신의 가치를 우선하여 고려하는 가치단계(value stage, 15~16세)와 직업선택 시 흥미, 능력, 가치관 등을 고려하나 현실적인 요인의 배려가 부족한 전이단계(transiton stage, 17세)에 해당한다. 즉, 고등학교 시기에는 개인의 욕구, 흥미, 능력, 가치관, 기회 등을 고려하여 잠정적인 진로선택을 하게 되고 이러한 선택이 환상, 논의, 교과, 일, 다른 경험 등을 통해서 시도된다. 그러나 이러한 선택은 현실적인 요인들이 고려되지 않았기 때문에 진로계획은 계속해서 잠정적이다.

고등학교 단계는 일반적으로 진로준비(career preparation) 단계라고 한다. 이 시기에는 앞으로의 직업수행에 필요한 지식과 기술을 습득하도록 하는 교육적·직업적 프로그램이 요구된다. 특히 직업수행에 필요한 기술, 직업윤리, 일과 관련된 사회적·심리적 요인, 직업과 관련된 흥미와 적성의 발견, 원하는 직업과 자신의 특성과의 일치 여부를 판단하는 일들이 중요하다.

고등학교 학생들의 진로와 관련된 일반적인 특징들을 살펴보면 다음과 같다.

첫째, 많은 학생들에게는 고등학교가 형식교육의 마지막 단계가 되기 때문에 진로발달의 체계적 분석이나 촉진의 기회도 끝나게 된다. 따라서 고등학교에서는 모든 학생들에게 진로지도의 기회가 주어져야 한다.

둘째, 고등학교에서의 진로지도는 단기, 중기 그리고 졸업한 후의 장기적인 교육적, 직업적 선택을 하도록 하는 구체적이고 포괄적인 계획을 강조한 것이다. 그러나 여러 가지 이유로 많은 학생들이 이러한 계획에 준비가 되어 있지 않다. 따라서 이러한 사실을 고려하는 것이 필요하다.

셋째, 고등학생들의 성격과 이들의 목표의 다양성으로 인해 고등학교에서의 진로지도는 학습습관, 인간관계, 진로 및 교육계획, 직업탐색 기술, 면접기술 등을 다루는 상담과 발달적인 생활지도 경험을 수반해야 한다.

넷째, 진로지도와 정치활동(placement service)을 어떻게 취급할 것인가가 결정되어야 한다. 이 두 가지를 같이 볼 것인가 다르게 볼 것인가, 즉 정치를 전 고교과정에 대한 과정으로 볼 것인지 또는 고등학교 3학년에만 해당하는 활동으로 볼 것인가 하는 것을 고려해야 한다.

다섯째, 고등학생들은 진로결정을 하는 데 있어서 많은 압력을 받게 된다. 진로지도는 이러한 압력에 효과적으로 대처하도록 해야 한다.

여섯째, 고등학생의 언어와 개념적 기술이 중학생보다 더 발달했기 때문에 진로지도를 좀 더 다양한 측면에서 실시할 수 있다.

일곱째, 고등학교 졸업 후의 진로는 진학이나 사회교육과 같은 다른 형태의 교육, 취업, 입대 등 비교적 분명하기 때문에 이들 각각의 장단점을 고려해야 한다. 고등학교 졸업 후에 직면하게 될 진로유형을 세분하여 살펴보면 다음과 같다.

- 전문기술 습득을 위한 전문대학 입학
- 일반 4년제 대학 입학
- 재수
- 지금까지 시간제로 하던 일을 정규 시간제 일로 전환
- 최초의 직업
- 직업훈련의 이수
- 군입대
- 결혼, 가업계승 등

## 2) 고등학교 진로지도 프로그램의 목적 및 목표

고등학교 진로지도의 일반적인 목표는 장석민 등(2001)의 연구에 따라 활용되고 있다(〈표 15-1〉 참조). 우선, 자기 이해의 중요성은 그것이 단지 진로선택을 위한 전제조건이라는 의미를 넘어서서 그 자체로서 독자적인 목표로의 가치를 갖는다. 흔히 자기 이해라 함은 적성, 흥미, 성격 등의 심리검사를 통하여 지도하는 것을 생각하지만 실제로 자기 이해가 포함하는 범위 및 방법은 그보다 훨씬 넓다. 자기 이해를 하는 목적은 단지 자신의 적성과 흥미가 무엇이라는 자기규정을 위한 것이 아니라, 다른 사람과는 다른 자신의 독특함에 대해서 앎과 동시에 그것을 긍정적으로 수용하는 긍정적 자아개념의 형성이 더 중요하다. 동시에 자신의 부족함을 알고, 그럼으로써 포기하고 단정 짓는 것이 아니라 필요하다고 판단될 경우, 이를 보완하고자 하는 자율적인 자기개발 의지를 갖도록 하는 것이 또한 매우 중요한 발달과업이다. 자신의 진로를 계획하고 꿈을 키워 가고 준비해 나가는 데 있어서 가장 근원적인 힘인 자유로운 진로개발의 의지가 여기에서부터 형성되는 것이다.

다음으로 직업 및 교육 탐색의 영역에서는 학생들이 자신의 진로계획을 세우고 준비를 하기 위한 다양한 직업에 대한 깊이 있는 이해가 필요하다. 뿐만 아니라 학생들이 진학할 학교 또는 학과에 대해서도 잘 파악해야 한다.

따라서 학생들이 자신이 관심 있는 직업과 관련된 학과, 그 학과에서 공부하기 위해 필요한 능력이나 선수 학습해야 할 내용, 졸업 후의 진로 등에 대해서 공부할 수 있도록 지도해야 하며, 각자 자신이 필요한 정보를 찾을 수 있도록 지도해야 한다.

아울러 변화하는 직업세계의 흐름에 대해서도 알 수 있도록 하여야 하며, 직업에 대해서 더욱 구체적인 체험을 할 수 있는 기회가 제공되어야 한다. 이를 위해서는 현재 학교에서 부분적으로 시행하고 있는 직업체험의 기회가 더 광범위하게 이루어질 수 있도록 학교와 지역사회가 연계하여 프로그램을 제공하는 것이 필요하다.

마지막으로 진로계획은 흔히 진로교육의 주된 목표를 합리적인 진로 선택으로 인식하고 있는 경우가 있다. 하지만 중요한 것은 왜 진로선택이 중요하고 합리적 진로선택을 위한 전제조건들이 무엇인가를 알게 하는 것, 그리고 자신의 선택에 따른 준비를 할 수 있도록 자율적인 진로계획의 의지를 갖게 하는 것이 진로교육의 목표로

| 영 역 | 목 표 |
|---|---|
| 〈표 15-1〉 | 고등학교 진로교육 목표 |
| 자기 이해 | • 긍정적 자아개념의 형성<br>• 사회생활에서 타인과의 적극적인 상호작용기능 계발<br>• 직업과 관련된 적성, 흥미, 가치관의 적극적 계발 |
| 일과 직업세계 | • 다양한 직업의 종류와 여러 가지 직업 분류체계 이해<br>• 미래 사회 변화에 따른 직업 세계의 변화 이해<br>• 진로정보의 탐색, 평가, 해석 능력 계발<br>• 구직 또는 직장 생활, 직업 전환에 필요한 기능 습득 |
| 일과 직업에 대한<br>태도와 습관 형성 | • 일과 직업에 대한 적극적인 가치관의 경험과 태도 형성<br>• 미래 사회가 요구하는 바람직한 일의 습관 형성<br>• 변화하는 성 역할에 따른 직업세계의 변화 예측 |
| 일과 학습 | • 진학과 취업을 위한 학교학습의 선택과 활용<br>• 미래의 직업선택과 관련하여 요구되는 직업 능력의 학습<br>• 적성과 자질에 기초한 관련 자격증에 대한 탐색과 준비 |
| 진로계획 | • 일과 직업에 관련된 진로 목표의 설정과 준비<br>• 합리적 의사결정 모형의 이해와 응용<br>• 진학과 취업을 위한 장단기 진로계획의 수립과 실천 |

자료: 장석민. 2001.

타당할 것이다.

즉, 고등학교에서의 진로교육의 목표로 가장 중요한 것은 사율적으로 자신의 진로를 계획하고 준비할 수 있는 기초를 갖추도록 하는 것이다. 이를 위해서 일과 직업에 대한 태도와 습관 형성이 필요하며, 자기 이해를 위한 지속적이며 다양한 노력을 기울이도록 하는 것이며, 자신의 진로탐색을 위하여 다양한 직업세계 및 미래 세계의 변화에 대한 이해를 할 수 있도록 하여야 하며, 자신이 니름대로 설정한 진로계획에 따른 준비를 할 수 있도록 하는 교육이 되어야 한다. 이를 위해서 학교에서는 재량활동 시간 등을 통하여 학생들이 자신의 삶의 방향 및 그것을 위한 구체적인 경로들에 대해서 생각해 볼 수 있는 기회를 정기적으로 마련해야 한다.

이영대 등(2004)은 진로와 관련된 생애 단계를 5단계로 구분하여, 이 중 3단계를 '준비단계'로 규정하고, 진로인식과 진로탐색의 기초 위에서 자기 자신과 직업 세계

| 〈표 15-2〉 | 고등학교 진로교육 목표 |
|---|---|
| 하위영역 | 진로교육목표 |
| 자기 이해 및 긍정적인 자아개념 | 자신을 객관적으로 이해하고 긍정적인 자아개념을 형성한다. |
| 다른 사람과의 긍정적인 상호작용 | 긍정적인 대인관계에서 요구되는 능력을 향상시킨다. |
| 평생학습의 중요성 인식 및 참여 | 학습의 중요성을 인식하고 학습능력을 향상시킨다. |
| 진로정보의 탐색 해석 · 평가 · 활용 | 다양한 진로정보를 탐색 · 해석 · 평가 · 활용한다. |
| 일 · 사회 · 경제와의 관계 이해 | 사회 · 경제적인 환경변화가 일과 직업에 끼치는 영향을 이해한다. |
| 긍정적인 직업가치와 태도 | 직업생활에서 요구하는 긍정적이며 적극적인 태도와 습관을 함양한다. |
| 합리적인 의사결정 및 진로계획의 수립 | 합리적인 의사결정을 기초로 하여 세부 진로계획을 수립한다. |
| 진로계획의 실천 | 자신이 수립한 진로계획의 목표를 달성하기 위하여 세부 과업을 설정하고 실천한다. |
| 효과적인 구직 · 직업유지 · 전환 | 취업에 필요한 지식 · 기술 · 태도를 함양한다. |

자료: 이영대. 2004, pp. 59-60.

에 대한 다양한 자료와 정보를 탐색 · 해석 · 활용하여 다양한 진로대안을 비교 · 검토함으로써 합리적인 진로 결정과 진로계획을 수립하는 단계로 보았으며 고등학생 시기에 대략적으로 대응한다고 보았다. 이 단계의 특징은 진로계획이 주 과제인 단계로, 주로 진학 및 취업에 대한 첫 번째 의사결정을 해야 한다고 하였으며, 이에 기초하여 다음 〈표 15-2〉와 같이 진로교육 목표를 설정하였다.

한편, Herr, Cramer, Niles(2003)는 고등학교에서의 진로지도 특성을 고려하여 고등학교 진로지도의 목표를 다음과 같은 것들을 학습하도록 돕는 것으로 제시하고 있다.

- 학생들의 성취, 가치관, 선호, 교육적 포부, 직업적 선호와의 관계를 보이는 것
- 학생이 원하는 진로에 필요한 기술에 있어서 개인의 자질을 분석하고 필요한 부분의 기술을 강화할 계획을 발전시키는 것
- 진로계획과 그 결과에 대한 책임을 지도록 하는 것

- 적합한 과정을 택하거나 산학협동 또는 현직훈련 등을 통해서 취업자격을 준비하도록 하는 것
- 원하는 학교(전문대학, 대학, 직업학교 등)나 이들 프로그램이 요구하는 형태의 과정을 이수함으로써 중등학교 이후의 교육에 대비하도록 하는 것
- 소비자로서의 생활에 적합한 기술을 개발하는 것
- 여가를 효과적으로 활용하는 데 적합한 기술을 개발하는 것
- 과정, 시간제 일, 특별활동 등에 있어서의 성취와 관련지음으로써 원하는 진로에 대해서 체계적인 현실 검증을 하도록 하는 것
- 원하는 진로가 가능하지 않으면 원하는 교육적 · 직업적 목표를 달성하기 위한 대안을 탐색하도록 하는 것
- 고등학교 이후의 계속교육의 형태를 밝히고 원하는 진로와 가장 관련이 있는 것들을 열거하는 것
- 진학할 학교나 취업할 기관의 원서 제출 절차, 시기 등에 대해서 알도록 하는 것
- 개인의 특성과 업적을 정확하게 사정해서 이를 이력서에 제시하고 면접에서도 제시하도록 하는 것
- 진로목표를 수행하기 위한 구체적인 계획을 수립하는 것
- 진로계획을 이행하는 것을 학습하도록 하는 것

이에 따른 고등학교 진로지도 프로그램의 일반적인 목적 및 목표를 제시하면 다음과 같다.

〈목표〉

- 자율적으로 자신의 진로를 계획하고 준비할 수 있는 기초를 갖추며, 자신의 진로계획을 바탕으로 구체적인 진로를 설계하고, 준비할 수 있다.

〈목적〉

- 자기 이해를 위해 지속적으로 노력한다.
- 다양한 직업세계 및 미래 변화를 이해한다.
- 자신의 진로를 구체적으로 선택한다.

• 선택한 진로에 대해 체계적으로 설계한다.

## 3) 기존의 고등학교 진로지도 프로그램의 내용 및 기술체계 고찰

### (1) 시도교육청 직업지도 관련 프로그램

각 시도교육청 교육과학연구원에서는 학생들의 직업지도를 돕기 위한 목적으로 매우 다양한 직업지도 자료를 개발하여 일선 학교에 공급하고 있다. 이들 자료들은 무엇보다 학생들이 이해하기 쉽도록 제작되었다는 점과, 직접적으로 필요로 하는 다양한 내용들을 포함하고 있다는 특징이 있다.

한편, 이들 자료들은 그 전체적인 내용에 있어서 기본적으로 자신의 이해, 직업세계의 이해, 의사결정 및 진로계획, 직업관 및 직장생활, 진학계획 등을 일반적으로 모두 포함하고 있다는 점에서 유사하지만, 중영역 이하 세부내용에서 약간씩의 차이를 보이고 있다(〈표 15-3〉 참조).

| 〈표 15-3〉 | 고등학생 대상 시도교육청 진로지도 프로그램의 내용체계 | | | |
|---|---|---|---|---|
| 공통<br>영역 | 대구광역시 | 부산광역시 | 강원도 | 전라남도 |
| 자신의<br>이해 | • 자아탐색<br>• 나의 적성 알아보기<br>• 나의 흥미 알아보기<br>• 나의 성격 알아보기<br>• 나의 신체적 조건과 환경 | • 나는 어떤 사람인가?<br>• 나와 직업<br>• 나의 생애 설계<br>• 나의 가치 선택<br>• 척척박사의 학습습관<br>• 나의 적성은?<br>• 나의 포부와 직업탐색<br>• 나의 탐색<br>• 생애 목표 | • 적성검사의 활용<br>• 지능검사의 활용<br>• 흥미검사의 활용<br>• 인성검사의 활용<br>• 진로성숙도검사의 활용<br>• 신체적 조건과 진로<br>• 가정환경과 진로<br>• 심성수련과 자기 이해<br>• 인성유형과 직업환경의 이해 | • 나의 장점과 단점<br>• 나의 생각<br>• 나의 참모습<br>• 나는 이런 사람<br>• 나의 성격과 적성<br>• 나의 흥미<br>• 나의 미래<br>• 나의 가치관 |

(계속)

| 공통<br>영역 | 대구광역시 | 부산광역시 | 강원도 | 전라남도 |
|---|---|---|---|---|
| 직업세계의<br>이해 | • 직업세계의 이해<br>• 직업 탐색<br>• 21C 사회와 직업세계의 전망<br>• 유망직종과 유망자격증 | • 학과 및 유망직업 탐색<br>• 자신이 좋아하는 일에 대한 가치 탐색<br>• 미래의 직업사전에 나타날 직업의 종류<br>• 직업 별칭 짓기 | • 직업과 직업관<br>• Super의 직업발달 이론<br>• 직업 선택<br>• 일과 직업의 경제적 의미<br>• 교육수준과 직업<br>• 진로발달과 교육적 여건<br>• 직업세계의 변화<br>• 직업의 분류<br>• 여성의 직업과 취업<br>• 장애자와 직업<br>• 직업정보 | • 직업의 종류<br>• 직업군 탐색<br>• 직업의 변화탐색<br>• 미래의 직업<br>• 새로운 직업세계의 특징<br>• 세계 및 국내의 첨단산업 개발 전망<br>• 미래의 직업 100가지<br>• 미래의 유망자격증<br>• 미래 사회와 직업 변동 |
| 의사결정<br>및<br>진로계획 | • 나의 의사결정 유형<br>• 나의 의사결정 과정<br>• 의사결정 5단계 적용하기<br>• 의사결정 연습<br>• 나의 삶과 진로 | — | • 진로결정 요인<br>• 의사결정 과정<br>• 진로선택을 위한 탐색활동<br>• 진로수정<br>• 인간관계<br>• 대화 기술 | — |
| 직업관 및<br>직장생활 | • 일에 대한 태도<br>• 보람 있는 일<br>• 직업관<br>• 성공적인 직장인<br>• 인간관계 기술 | — | • 직업윤리의 개념<br>• 직업윤리관의 변화<br>• 우리나라의 직업윤리 규정<br>• 직장에서 적용되는 직업윤리 | • 직업의 가치 탐색<br>• 바람직한 직업관<br>• 직업윤리<br>• 기술인의 직업윤리<br>• 공직자의 직업윤리<br>• 전문직 제조업의 직업윤리 |
| 진학계획 | — | — | — | • 나와 계열선택 |
| 기타 | • 직업과 경제교육<br>• 연계체제 및 평생교육 | — | — | — |

자료: 대구광역시 교육과학연구원. 2002; 부산광역시 교육과학연구원. 2000; 강원도 교육연구원. 1997; 전라남도 교육과학연구원. 2002.

## (2) 고등학교 제6차 및 제7차 『진로 · 직업』

제6차 『진로 · 직업』 교과서는 직업지도의 영역을 크게 ① 삶과 직업, ② 나의 이해, ③ 산업의 발전과 직업세계의 변화, ④ 직업세계의 이해, ⑤ 합리적인 진로계획, ⑥ 행복한 직업생활의 6개 영역으로 구분하여 관련 내용을 제시하고 있으며, 부록으로는 한국표준직업분류, 계열 및 학과 소개, 각 교과와 관련된 직업, 직업 훈련 기관 일람표를 제시하고 있었다. 이에 비해 제7차 『진로 · 직업』은 직업지도의 영역으로 ① 삶과 직업, ② 자기 이해, ③ 변화하는 직업세계의 이해, ④ 합리적인 진로계획, ⑤ 행복한 직업생활, ⑥ 상급학교의 진학의 6개 영역으로 나누고 있었다(〈표 15-4〉 참조). 즉, 제6차 교과서에 비해 직업세계에 관한 내용을 대폭 통합하고, 중등학생들의 상급학교 진학에 대해 알고자 하는 요구가 증가함에 따라 이와 관련된 내용을 추가하고 있다.

한편, 기술양식을 살펴보면, 제6차 『진로 · 직업』 교과서는 각 대단원과 중단원마

| 〈표 15-4〉 『진로 · 직업』 제6차 교과서와 제7차 교과서의 내용체계 | |
|---|---|
| 제6차 『진로 · 직업』 | 제7차 『진로 · 직업』 |
| I. 삶과 직업<br>• 행복한 삶　　　• 삶과 일<br>• 진로와 직업 | I. 삶과 직업<br>• 행복한 삶　　　• 삶과 일<br>• 진로와 직업 |
| II. 나의 이해<br>• 나의 이해와 진로<br>• 적성과 학력<br>• 흥미, 성격 및 가치관<br>• 신체적 조건 및 환경요인 | II. 자기 이해<br>• 자기 이해와 진로<br>• 적성과 학업 성취도<br>• 흥미, 성격 및 가치관<br>• 신체적 조건과 가정환경 및 사회환경 |
| III. 산업의 발전과 직업세계의 변화<br>• 산업구조의 변화와 직업의 분화<br>• 농 · 수산업의 특성과 발전<br>• 공업 및 상업의 특성과 발전<br>• 정보 산업 및 각종 서비스업의 특성과 발전<br>• 미래 산업사회와 직업세계의 변화 | III. 변화하는 직업세계의 이해<br>• 산업구조의 변화와 직업의 분화<br>• 미래 산업사회와 직업 세계의 변화<br>• 직업의 종류와 특성<br>• 직업의 선택과 준비 |

(계속)

| 제6차 『진로 · 직업』 | 제7차 『진로 · 직업』 |
|---|---|
| IV. 직업세계의 이해<br>• 직업의 의의<br>• 직업의 종류와 특성<br>• 직업의 선택과 준비 | IV. 합리적인 진로계획<br>• 진로계획의 중요성<br>• 진로결정 요인<br>• 합리적인 의사결정과 절차<br>• 자영업을 위한 진로선택과 요건<br>• 진로계획 세우기 |
| V. 합리적인 진로계획<br>• 진로계획의 중요성<br>• 진로정보 및 상담<br>• 진로결정요인<br>• 의사결정의 방법과 절차<br>• 진로계획 세우기 | V. 행복한 직업생활<br>• 직업에 대한 긍정적 태도 및 윤리<br>• 일과 성 역할<br>• 인간 관계 기술<br>• 일과 가정 생활<br>• 평생 학습과 직업 |
| VI. 행복한 직업생활<br>• 바람직한 직업관<br>• 직업 윤리<br>• 직업인의 자질<br>• 직업생활에서의 적응<br>• 평생교육과 직업 | VI. 상급학교의 진학<br>• 진학의 의의<br>• 진학 준비<br>• 학교, 학과의 선택 |

다 개요와 목표를 간략하게 기술하며, 중단원에 대한 설명 이후에 내용에 대해 조사해 보거나 생각해 볼 수 있는 연구문제를 제시하고, 각 대단원이 끝날 때마다 내용을 종합적으로 정리해 볼 수 있는 종합문제를 수록하였다. 학생들이 관련 정보를 얻을 수 있는 자료는 모두 부록으로 처리하였는데, 한국표준직업분류, 계열 및 학과 소개, 각 교과와 관련된 직업, 직업훈련기관 일람표를 첨부하고 있다.

　제7차 『진로와 직업』교과서는 각 대단원과 중단원마다 학습목표를 간략하게 제시하고, 중단원에 대한 설명과 학생들에게 도움을 줄 수 있는 도움말로 구성이 되어 있다. 그리고 중단원이 끝난 후에는 학생들이 생각하거나 조사할 수 있도록 다양한 활동 과제를 다루어서 그 단원에 대한 정리를 겸할 수 있게 하였다. 그리고 대단원이 끝난 후엔 단원평가 활동을 다루어서 평가 요소에 따라서 학생들이 평가할 수 있게 하였다. 부록에서는 고등학교 선택중심 교과과정(보통교과, 전문교과), 희망 진로에

따른 교과목 선택, 진로상담·자격정보·취업 정보 관련 인터넷 사이트 안내, 대학
교 홈페이지 및 전화번호 일람, 취업정보서비스, 취업 관련 사이트를 다루고 있다.

### (3) 경기도교육정보연구원 · 중앙고용정보원, 『고등학교 진로와 직업』

『진로와 직업』은 진로나 직업을 탐색하고 어떻게 준비할 것인가에 대한 생각을 해
보게 하고, 바람직한 진로를 선택할 수 있도록 하였다. 스스로 탐색하고 즐겁게 활동
해 볼 수 있는 교과서로 진학진로나 직업 진로를 합리적으로 계획할 수 있도록 실용
적인 면을 강조하고 있다.

내용 기술면에서는 이론적인 내용보다는 학생 스스로 탐색할 기회를 줄 수 있도록
구성하였고, 진단 검색 프로그램을 통해 실제로 탐색해 보고 평가할 수 있도록 하였
다. 또한 프로그램 및 탐색활동 자료는 흥미롭고, 실생활 적용이 가능한 것으로, 진
단 기록표는 현장에서 직접 활용해 볼 수 있도록 하고, 자료를 통해 스스로 진로와
직업을 진지하게 생각하고 정리하게 하고 탐색활동, 인터넷 활용학습, 자기진단 활
동, 대안학습 활동 등으로 구성하였다(〈표 15-5〉 참조).

중단원이 시작할 때는 학습목표를 제시하고, 소단원이 끝날 때에는 읽을거리와 탐
색 활동을 다루었다. 부록에서는 적성유형과 관련 직업 및 계열, 흥미 분야로 본 직

| 〈표 15-5〉 『고등학교 진로와 직업』 교과서의 내용 체계 | | |
|---|---|---|
| **목차구성** | | **교육목표** |
| **장제목** | **절제목** | |
| I. 삶과 직업 | 1. 행복한 삶 | • 삶이란 무엇인가?<br>• 사람들은 얼마나 다양한 모습으로 살아갈까?<br>• 행복한 삶이란 어떤 것일까? |
| | 2. 삶과 일 | • 어떻게 살아가는 것이 바람직할까?<br>• 일을 통해 보람을 얻으려면 어떤 자세로 임하는 것이 좋을까? |
| | 3. 진로와 직업 | • 진로는 무엇인가?<br>• 직업은 무엇인가?<br>• 직업인으로서 어떻게 살아가는 것이 바람직할까? |

(계속)

| 목차구성 | | 교육목표 |
|---|---|---|
| 장제목 | 절제목 | |
| II. 자기 이해 | 1. 자기 이해와 진로 | • 나는 누구이며, 어떤 사람인가?<br>• 나는 자신을 얼마나 수용하고 있는가?<br>• 자기 이해가 진로 선택과 어떤 관련성이 있는가? |
| | 2. 적성과 학력 | • 나의 적성 유형은 무엇인가?<br>• 나의 학력은 어느 정도인가?<br>• 나의 적성과 학력은 어떤 직업에 적합한가? |
| | 3. 흥미, 성격 및 가치관 | • 나의 흥미 분야는 무엇인가?<br>• 나의 성격유형은 무엇인가?<br>• 나의 가치관은 어떠한가?<br>• 나의 흥미, 성격 및 가치관에 알맞은 직업은 무엇인가? |
| | 4. 신체적 조건과 환경 | • 나의 신체적 조건은 어떤 직업을 수행하기에 적합한가?<br>• 나의 환경은 진로선택에 어떻게 관여하는가? |
| III. 변화하는 직업세계의 이해 | 1. 산업구조의 변화와 직업의 분화 | • 산업구조는 어떻게 변화하였는가?<br>• 직업은 어떻게 분화하였는가?<br>• 지식정보사회란 무엇인가? |
| | 2. 직업의 종류와 특성 | • 직업은 어떻게 분류하는가?<br>• 각 직종의 특성은 무엇인가? |
| | 3. 미래 산업 구조와 직업 세계의 변화 | • 미래산업사회는 어떤 모습으로 다가올까?<br>• 미래사회의 직업세계는 어떻게 변화될 것인가? |
| IV. 합리적인 진로계획 | 1. 진로 및 과목 선택 | • 교육과정이란 무엇인가?<br>• 우리가 배우는 교과목에는 어떤 종류가 있나?<br>• 희망 진로에 따라 교과목 선택을 어떻게 해야 할까? |
| | 2. 진로계획의 중요성 | • 진로계획이란?<br>• 진로계획은 왜 중요할까? |
| | 3. 진로의사 결정 | • 의사결정과 진로의사결정이란 무엇인가?<br>• 진로의사결정은 왜 중요한가?<br>• 진로의사결정 유형에는 어떤 것이 있을까?<br>• 합리적 의사결정은 어떤 과정에 의하여 이루어지는가?<br>• 합리적 의사결정 절차에 따라 선택한 나의 진로는 무엇인가? |
| | 4. 진로계획 세우기 | • 자신이 희망하는 학부, 학과를 선택할 수 있는가?<br>• 취업정보를 수집하고 취업준비를 할 수 있는가?<br>• 창업의 중요성과 창업을 선택하는 방법을 이해하는가?<br>• 합리적인 나의 진로계획을 세울 수 있는가? |

(계속)

| 목차구성 | | 교육목표 |
|---|---|---|
| 장제목 | 절제목 | |
| V. 행복한 직업생활 | 1. 직업에 대한 태도와 윤리 | • 직업관이란 무엇인가?<br>• 바람직한 직업관은 어떤 것인가?<br>• 올바른 직업 윤리는 어떤 것인가? |
| | 2. 일과 성 역할 | • 성 편견과 고정관념의 변화를 위해서 어떤 자세가 요구되는가?<br>• 성 역할의 변화에 따른 진로 유형에는 어떤 것이 있는가? |
| | 3. 직업생활과 인간관계 | • 직업 생활에서 인간관계는 왜 중요한가?<br>• 어떻게 하면 바람직한 인간관계를 형성할 수 있을까?<br>• 감정, 반응, 생각을 표현하는 적절한 방식은 무엇인가? |
| | 4. 일과 가정생활 | • 일과 라이프 스타일과의 관련성은 어떠한가?<br>• 삶의 질적 향상을 위한 여가 생활은 어떤 것이 있을까?<br>• 일과 가정 생활의 조화를 위해서는 어떻게 해야 할까? |
| | 5. 평생학습과 직업 | • 평생교육은 왜 필요한가?<br>• 진로발달에 따른 평생학습의 특성은 무엇일까?<br>• 직업전환을 위한 재교육과 훈련의 방법에는 어떤 것이 있을까? |

자료: 경기도교육정보연구원, 중앙고용정보원. 2002.

업군, 흥미 발견 프로그램, 흥미 분야별 직업, 성격파악을 위한 간편 검사, 성격유형과 특성별로 본 관련 직업, 직업과 신체적 조건과의 관계, 한국 표준 직업 분류, 신산업 직종 300선, 신산업 훈련 직종 50선, 대학의 계열별 학과 분류, 이색 학과 탐방, 면접시험의 실제, 영문 이력서의 예, 적성군과 상급학교 선택, 분야별 관련 직업, 간이 적성 검사, 직업흥미검사를 다루고 있다.

### (4) 청소년대화의광장, 『진로의사 결정훈련 워크북』

청소년대화의광장에서 개발된 『진로의사 결정훈련 워크북』은 그 대상을 인문계 · 이공계의 계열 선택을 앞에 둔 고등학교 1학년생의 합리적인 의사결정을 돕는 데 그 주목적을 두고 개발되었으며, 그 내용체계를 ① 나에 대해서 알기, ② 희망 직업 탐색, ③ 나에게 어울리는 직업 찾기, ④ 계획짜기의 4개 영역으로 구분하고(〈표 15-6〉참조), 직업분류체계, 직업 영역별 관련 직업, 직업정보제공 기관 · 자료 목록, 직업

| 〈표 15-6〉 | 진로의사 결정훈련 워크북의 내용 체계 | |
|---|---|---|
| 영 역 | 영역별 하위요소 | 하위요소별 세부내용 |
| I. 나에 대해서 알기 | 1. 소개 | • 진로의사결정훈련 프로그램이란?<br>• 일의 의미와 가치<br>• 진로 결정의 중요성 |
| | 2. 의사 결정 방법 확인 | • 의사 결정 유형<br>• 연습: 나의 의사결정 유형은? |
| | 3. 합리적 의사결정 방법 이해 | • 합리적 의사결정의 과정<br>• 합리적 의사 결정의 단계 |
| II. 희망 직업 탐색 | 1. 내가 원하는 직업 | ― |
| | 2. 주위 사람들이 바라는 직업 | ― |
| | 3. 정보자료에 의한 희망 직업 | • 직업은 어떻게 분류되는가?<br>• 희망 직업 찾기 |
| | 4. 직업 정보 알아보기 | • 직업 정보는 어떻게 구하는가?<br>• 알아보아야 할 정보는 구체적으로 어떤 것이 있는가? |
| III. 나에게 어울리는 직업 찾기 | 1. 직업가치 고려 | • 직업 가치 목록표<br>• 직업 가치관 검사 결과<br>• 나에게 중요한 직업가치는? |
| | 2. 직업흥미 고려 | • 흥미란?<br>• 나는 어떤 직업 영역에 흥미가 있는가?<br>• 직업 흥미 검사 결과<br>• 나의 직업흥미는? |
| | 3. 직업성격 유형 고려 | ― |
| | 4. 적성 및 학업성취도 고려 | • 적성이란?<br>• 적성 검사 결과<br>• 나의 학업성취도는? |
| | 5. 현실여건 고려 | • 경제적 측면 고려<br>• 신체적 측면 고려 |
| | 6. 예비선택 및 초점적 직업정보 탐색 | • 희망 직업 선택표<br>• 초점적인 직업 정보 탐색 |
| | 7. 최종선택 | ― |
| IV. 계획짜기 | 1. 활동 목표와 계획짜기 | • 활동 목표<br>• 계획짜기 |

성격 유형, 직업자료 기록 용지 등 9개의 정보자료를 별도로 제공하고 있다. 이는 학생들이 혼자서도 진행하면서 도움을 얻을 수 있도록 하였을 뿐만 아니라, 교육자들이 더 심도 있게 활용할 수 있도록 활용지침서를 별도로 제공하고 있는 특징이 있다.

『진로의사 결정훈련 워크북』은 학생들이 혼자서 작성하면서 학습해 볼 수 있도록 구성되었지만, 기본적으로는 교사가 프로그램을 진행하면서 학생들을 지도하는 형태를 취하고 있다. 따라서 개념 및 이론적인 내용은 모두 별도로 제공되는 지침서에서만 제시되며, 워크북 자체는 매우 간단한 설명만을 제공한다. 워크북에 포함되어 있는 활동자료는 학생들이 직접 기술형으로 작성할 수 있는 문제들이 중심을 이루고 있으며, 표 형식 또는 간단한 자기채점식 검사도 일부 포함하고 있다. 별도로 제공되는 교사용 지침서에는 각 영역의 목적과 준비물, 개략적인 내용, 진행방법, 학생들에게 부과하는 과제 및 참고자료가 포함되어 있다.

### (5) 한국여성개발원, 『고등학교 여학생 진로교육 프로그램』

한국여성개발원에서 1990년대 초에 개발하였던 고등학교 여학생 진로교육 프로그램은 여학생들을 대상으로 하여 다양한 고찰을 통해 체계적인 절차를 거쳐 제작된 최초의 프로그램이라고 볼 수 있다.

고등학교 여학생 진로교육 프로그램은 크게 여성으로서의 자기인식과 진로준비의 두 개 교육영역을 설정하였으며, 진로준비 영역에서는 자아의 발견, 일의 세계, 일에 대한 태도 및 가치관, 진로계획 등 일반적인 직업지도 프로그램의 영역을 포함하고 있다(〈표 15-7〉 참조). 여기에서는 여성으로서의 자기인식을 주요한 문제로 파악하였기 때문에 자아의 발견보다 가장 선행되어야 할 영역으로 보았으며, 세계사 속에서의 여성의 위치, 여성의 역할변화, 가부장제 문화 속에서의 남녀차별 의식과 실태 등 여성과 관련된 다양한 내용을 다루고 있다는 특징을 갖고 있다.

고등학교 여학생 진로교육 프로그램도 앞에서 살펴본 중학교 여학생 진로교육 프로그램과 마찬가지로 교사용 모듈로 개발되었다. 하지만 이와는 조금 다르게, 전체적인 구성방식을 수업목표, 수업준비, 수업전개, 수업평가의 네 개 영역으로 구분하고 있다.

이 프로그램은 진로교육 요구조사 결과 나타난 일반계와 실업계 고등학교 여학생

| 교육영역 | 교육내용 |
|---|---|
| 여성으로서의 자기인식 | • 여성과 역사<br>• 여성의 역할 변화와 직업적 자아실현<br>• 가부장제 문화 속에서의 남녀차별 의식 · 실태 |
| 진로준비 | • 자아의 발견<br>　– 자신의 적성과 능력개발<br>　– 진로와 관련한 가정 및 사회적 여건<br>• 일의 세계<br>　– 직업별 직무 및 전망<br>　– 조직사회의 특성과 인간관계<br>　– 여성의 경제활동 현황 및 전망<br>　– 직업세계에서의 남녀평등<br>　– 비경제활동영역의 일<br>• 일에 대한 태도 및 가치관<br>　– 직업과 직장윤리<br>　– 가정 및 직장생활의 병행과 조화<br>　– 비경제활동영역의 일에 대한 개념 · 가치<br>• 진로 계획<br>　– 구체적인 진학 및 직업준비계획<br>　– 진로계획과 계속교육 |

**〈표 15-7〉 고등학교 여학생 진로교육 프로그램의 내용 체계**

주: 내용상에 있어서 일반계 여학생과 실업계 여학생 간의 차이는 없으나, 실업계 고등학교 여학생을 대상으로 할 경우 진로교육 시간을 더 증가시키며, 일과 세계와 진로계획에 있어서 일반계 여학생보다 진로교육을 상화하도록 한다.

자료: 김재인 외. 1992, pp. 84-93.

들의 교육요구상의 차이를 고려하여 개발되었기 때문에, 일반계용아 신업계용으로 동일한 교육 목표 및 내용체계를 갖되, 교육시기 및 시간에 있어 차이를 둠으로써 계열별로 구분하여 사용할 수 있도록 하고 있다는 특징이 있다.

### (6) 한국직업능력개발원, 진로지도 프로그램 『아로 II』, 『아로 III』

고등학교 여학생을 대상으로 하는 『아로 II』와 『아로 III』는 『아로 I』에 비해 진학

**〈표 15-8〉 일반계 여자 고등학생을 위한 직업지도 프로그램, 아로 ll의 내용 체계**

| 방 | | 목표 | 내용 |
|---|---|---|---|
| 꿈 · 미래 · 직업 | | 직업의식 제고 | • 여성의 직업과 고정관념<br>• 직업준비태도 |
| 나에게 맞는<br>직업은? | | 자아탐색: 직업흥미 탐색 | • 고등학생용 직업흥미검사 개발탑재<br>  → 직업소개로 연결 |
| 정<br>보<br>모<br>음 | 21C유망직종 | 미래직업세계 탐색 | • 유망직종 11개 분야 및 158개 직업소개 |
| | 대학/학과 소개 | 2년제 · 4년제 대학과 학과에 대한 정보 제공 | • 대학의 계열별 학과 소개<br>• 전국의 대학에 대한 소개 |
| | 직업사전 | 직업정보소개 | • 11개 영역의 434개 직업 |
| | 자격정보 | 우리나라 자격제도와 관련 자격소개 | • 9개 영역 210종 |
| 나<br>의<br>선<br>택 | 문과이과선택 | 문과이과에 대한 안내 | • 문과이과에 근접한 직업 · 학과<br>• 대학의 교차지원 소개 |
| | 직업기술교육<br>훈련 | 대학 비진학 학생들을 위한 직업기술교육 소개 | • 대표적 직업기술교육기관 소개<br>• 지역별 · 과정별 직업기술교육과정 탐색 기회 |
| | 나의 미래설계 | 자신의 장기적인 진로설계 기회제공 | • 연령대별 설계 |
| | 도움기관 | 전국 상담기관 안내 | — |

자료: 진미석 외. 1999, p. 56.

**〈표 15-9〉 실업계 여학생 진로 · 직업 프로그램, 아로 lll의 내용체계**

| 방 | | 목표 | 내용 |
|---|---|---|---|
| 1. 직업<br>의식<br>제고 | 꿈 · 미래 · 직업 | 직업의식 제고 | • 여성의 직업과 고정관념 |
| 2. 자아<br>탐색 | 나에게 맞는 직업은? | 자아탐색: 직업흥미탐색 | • 한국직업능력개발원 고등학생용 직업흥미검사 개발 탑재 → 직업소개로 연결 |
| 3. 진로<br>설계 | 나의 미래설계 | 자신의 미래<br>진로의식 제고 | • 자신의 미래설계 직업구상의 기회 |

(계속)

| 방 | | 목표 | 내용 |
|---|---|---|---|
| **3. 진로설계** | 취업경로를 위한 도우미 | 비진학 학생들의 미래 설계를 지원 | • 취업준비요령<br>• 남녀고용평등법<br>• 성희롱방지법에 관한 소개<br>• 직장예절<br>• 창업정보 및 취업정보망 소개 |
| | 진학경로를 위한 도우미(대학/학과 소개) | 대학 및 전문대학에 대한 정보 제공 | • 대학 및 전문대학 기관별, 전공별 소개 |
| | 취업과 진학 병행 | 취업과 진학을 병행하고자 하는 학생 | • 야간대학 소개<br>• 산업체 위탁교육 소개<br>• 근로자 학자금 융자제도(고용보험법) 소개<br>• 방송통신대학<br>• 학점은행제 |
| | 직업기술교육 도우미 | 기술교육훈련을 받을 수 있는 정보 제공 | • 지역별, 프로그램별 교육실시기관에 대한 정보제공 |
| **4. 진로관련정보** | 직업사전 | 직업정보 제공 | • 16개 영역, 433개 직업의 특성, 준비방법, 채용현황, 전망 및 문의처 제공 |
| | 자격정보 | 자격정보 제공 | • 210개 국가기술자격에 대한 자격의 특성, 적성 및 흥미, 진출 분야, 전망 등을 제공 |
| | 교육훈련정보 | 교육훈련기회 안내 | • 11개 교육과정, 1,500여 프로그램을 DB화하여 제시 |
| | 상담기관 안내 | 상담기관 안내 | • 진로상담 및 심리검사가 가능한 129개의 상담기관 안내 |

자료: 진미석 외. 1999.

및 취업관련 내용에 큰 비중을 두고 있다. 또한 실업계 여학생을 대상으로 하는 『아로 III』는 인문계 여학생을 대상으로 하는 『아로 II』에 비해 진로설계에 있어서 취업, 진학, 취업과 진학 병행 등 다양한 진로경로에 대한 정보를 얻을 수 있도록 하였다는 차이를 지니고 있다.

이들 프로그램의 특징적인 점으로는 첫째, 프로그램 개발을 위해 다양한 사전 조사 및 분석을 실시함으로써 중학교 여학생 직업지도에 실질적으로 필요한 사항을 포괄적이면서 압축적으로 담고자 하였다는 점, 둘째, 활용유형을 정규 시간으로 학급 단위로 이루어지는 경우와, 진로상담교사의 주관 아래 전교생을 대상으로 일괄적으로 실시되는 경우로 나누고, 이를 다시 1, 2학년과 3학년을 대상으로 하였을 때로 구분하여 상황에 따라 유연하게 활용할 수 있도록 지침을 제시하고 있다는 점, 셋째, 직업 및 직종에 대한 정보, 고등학교 계열, 중학교 학생들이 알고 싶어 하는 질문에 대한 답변 등을 다양하게 포함하고 있다는 점, 넷째, 여성 및 여학생을 위해서는 주로 직업의식의 제고에 그 목표를 두고 기존의 여성이 직업을 갖는 것에 대한 고정관념을 다루고 있다는 점, 다섯째, 직업의식의 제고, 직업세계 탐색, 자아 탐색, 자신과 직업과의 배합, 미래 설계 등의 요소가 종합적으로 연계되어 체제화를 이룬 일종의 원스톱용 직업지도 프로그램으로 구성하였다는 점을 들 수 있다.

### (7) 교육인적자원부, 『중등학교용 양성평등한 진로지도를 위한 지침서』

기존의 진로지도 프로그램이 남성과 여성을 모두 대상으로 하여 양성평등한 진로지도를 실시하기에는 미흡하다는 인식에 따라 교육인적자원부에서는 2002년 『중등학교용 양성평등한 진로지도를 위한 지침서』를 개발하였고, 이를 2003년 다시 개정하여 일선 학교에 보급하였다.

이 지침서의 특징은 첫째, 여성 및 여학생의 진로발달과 진로지도에 대한 요구를 바탕으로 개발되어 중등학교 여학생들의 진로지도 필요를 채울 수 있도록 구성되었다는 점, 둘째, 기존의 진로지도 교과서나 프로그램과는 다른 학생 활동 중심의 지침서라는 점, 셋째, 여학생뿐만 아니라 남학생도 함께 활용하여 여성의 직업활동에 대한 이해를 높일 수 있도록 개발되었다는 점, 넷째, 학생들 스스로 판단하고 행동하는 능력을 키울 수 있도록 직접적인 활동과 발표, 토의 중심의 수업을 진행할 수 있도록 구성되어 있다는 점, 다섯째, 다양한 주제, 방법 및 관점을 적용함으로써 여러 교과 학습 및 특별활동, 재량활동 시간 등의 학교 장면에서뿐만 아니라 다양한 기관 및 상황에서 활용할 수 있도록 개발하였다는 점, 여섯째, 전체 5단계 스물네 가지 하위주제를 50시수로 지도하도록 구성되어, 전체적으로 유기적으로 묶어서 사용할 수 있고, 하위 주제별로 따로 사용할 수 있도록 구성되었다는 점, 일곱째, 학생들이 쉽게 흥미를 가질 수 있고 쉽게 배울 수 있는 다양한 지도 방법을 활용하고 있다는

| 〈표 15-10〉 | 중등학교용 양성평등한 진로지도를 위한 지침서의 내용 체계 | | |
|---|---|---|---|
| 대영역 | 하위영역 | 주요 방법 | 시수 |
| I. 여성과 일 | 1. 성역할 고정관념 허물기 | 활동자료/토의 | 2 |
| | 2. 집은 여자 일터? | 비디오/활동자료 | 2 |
| | 3. 여자 직업, 남자 직업: 다시 생각하기 | 퀴즈/활동자료 | 2 |
| | 4. 여성의 직업활동, 걸림돌과 디딤돌 | 활동자료/토의 | 2 |
| | 5. 나의 인생 디자인하기 | 합창/활동자료 | 2 |
| II. 자신의 이해 | 1. 나는 어떤 사람: 나의 잠재력 발견 | 활동자료/자기광고 | 2 |
| | 2. 나의 직업흥미: 직업흥미검사 | 검사/활동자료 | 2 |
| | 3. 우리들의 성격은? | 검사/활동자료 | 2 |
| | 4. 내가 갖고 싶은 것: 가치관검사 | 검사/활동자료 | 2 |
| | 5. 적성은 어디에? | 검사/활동자료 | 2 |
| III. 일과 직업세계에 대한 이해 | 1. 어떤 직업들이 있을까? | 활동자료/논의 | 2 |
| | 2. 직업세계, 그 변화 모습은? | 활동자료 | 2 |
| | 3. 직업정보여행, 인터넷으로 | 활동자료/토의 | 2 |
| | 4. 도전, 창업의 세계로 | 활동자료/발표 | 2 |
| | 5. 내가 원하는 21세기 직업 | 활동자료/발표 | 2 |
| IV. 진로계획 수립 | 1. 의사결정유형 이해하기 | 검사/활동자료 | 2 |
| | 2. 합리적인 의사결정능력 기르기 | 활동자료/문제해결 | 2 |
| | 3. 진로계획 세우기(I): 직업탐색 | 정보검색/활동자료 | 4 |
| | 4. 진로계획 세우기(II): 미래준비 | 활동자료 | 2 |
| V. 행복한 직업생활 | 1. 성공한 여성 직업인들 | 활동자료/발표 | 2 |
| | 2. 올바른 직업관의 정립 | 활동자료/토의 | 2 |
| | 3. 평생학습사회, 잘 살려면 | 활동자료/논의 | 2 |
| | 4. 행복한 '나' 가꾸기 | 활동자료/선서 | 2 |
| | 5. 대인관계, 나 하기 나름 | 활동자료/대화법연습 | 2 |
| 합 계 | | | 50 |

점, 여덟째, 진로지도를 처음으로 실시하고자 하는 교사도 프로그램의 내용과 진행 과정을 쉽게 알 수 있고 활용할 수 있도록 구체적인 지침과 내용을 포함하고 있다는 점 등을 들 수 있다.

## 4) 고등학교 진로지도 프로그램의 활용

### (1) 교과활동에서의 활용

제7차 교육과정에서는 일반계 2, 3학년 시기에 4단위로 이수할 수 있도록 일반선택 보통교과로 '진로와 직업'이 편제되어 있다. 이전의 제6차 교육과정에서는 실업·가정 교과의 선택과목의 하나로 '진로와 직업(6단위)'이 있었으나 제7차 교육과정에서는 일반선택 보통교과로 개편되었다. 교육부(2000)는 이러한 '진로와 직업'의 성격 개편이 진로나 직업세계에 대한 이해나 준비가 일정한 시기의 일정 집단만을 대상으로 하는 것이 아니라 사회구성원 전체가 삶을 이해하고 생애를 설계하기 위해 공통적으로 요구되는 과제라는 점을 강조하기 위함이라고 밝히고 있다.

'진로와 직업'은 자기 자신과 직업세계를 올바르고 정확하게 이해하여 자신에게 적합한 진로 및 직업을 선택하고 계획할 수 있는 능력을 길러, 자아를 성취하고 사회 발전에 기여할 수 있는 건실하고 교양 있는 직업인으로서의 자질을 갖추는 데 목적을 두고 있으며, ① 삶과 직업, ② 자기 이해, ③ 변화하는 직업세계의 이해, ④ 합리적인 진로계획, ⑤ 행복한 직업생활 등의 5개 영역으로 구성되어 있다.

한편, 교육과정에 편제되어 있는 모든 교과, 특히 국민공통기본교과는 지식의 구조에 그 근거를 두고 있지만, 다른 한편으로는 사회 및 직업생활에 필요한 지식과 기술에 근거를 두는 측면도 배제할 수가 없다. 그렇기 때문에 모든 국민들이 공통적으로 이수해야 하는 기본교과로 선택된 것이다. 바로 이런 점에선 정규 교과는 진로교육과 불가분의 관계가 있는 것이다.

각 교과활동을 통해 관련된 일과 직업세계를 상세하게 소개해 줌으로써 그 교과와 관련된 적성이나 소질을 계발하도록 한다면, 그것이 곧 교과활동을 통한 통합적인 진로교육의 실천이 되는 것이다.

무엇보다도 중요한 것은 제7차 교육과정의 기본정신이 학생의 적성과 능력, 진로 개척을 강조하고 있으므로 비록 교과의 교육목표나 교육내용으로 문서상 편제되지는 않았더라도 개별 교사나 단위학교 그리고 단위교육청에서 진로교육 의미나 중요성에 대한 올바른 인식이 있다면 어느 정도 실천 가능하다는 점이다.

### (2) 재량활동에서의 활용

재량활동 교육과정은 단위 학교의 교육적인 필요와 요구에 따라 교육의 목표와 내용, 방법, 평가에 관한 일체의 사항을 단위 학교가 결정·운영하는 교육활동을 의미한다(교육인적자원부, 2001). 재량활동은 크게 교과 재량활동과 창의적 재량활동으로 구분되는데, 교과 재량활동은 중등학교의 선택과목 학습과 국민공통 기본교과의 심화·보충 학습을 위한 것이며, 창의적 재량활동은 학교의 독특한 교육적 필요, 학생의 요구 등에 따른 범교과 학습과 자기주도적 학습을 위한 것이다(교육부, 1997). 특히 창의적 재량활동은 범교과 학습을 위한 것이라는 점에서 단위 학교에서 자율적으로 진로교육을 전개할 수 있는 것으로 이해되고 있다. 즉, 학교교육에 대한 사회적 요구를 수용하고 학생들의 다양한 요구, 흥미, 적성에 따라 범교과 학습과 자기 주도적 학습을 하도록 되어 있는 창의적 재량활동 시간이 진로교육의 실천시간으로 활용할 수 있는 가능성을 가지고 있다는 것이다. 현행 7차 교육과정에서 창의적 재량활동에 할애된 시간은 고등학교의 경우 연간 34시간(2단위)이 배정되어 있다.

### (3) 특별활동에서의 활용

특별활동은 교과와 상호 보완적 관련 속에서 학생의 심신을 조화롭게 발달시키기 위하여 실시하는 교과 이외의 활동(교육부, 1997)이다. 제7차 교육과정에서 특별활동은 종전의 집단 중심 영역활동인 학습활동, 학교활동, 클럽활동, 단체활동에서 목표 중심의 영역활동이라 할 수 있는 자치활동, 적응활동, 봉사활동, 행사활동 등 다섯 가지 활동으로 학급별로 차이 없이 설정되었다. 특별활동에 배당된 시수는 고등학교의 총 12단위로 배정되어 있다. 특별활동의 하위 영역인 적응활동에는 진로활동이 명시되어 있고 계발활동, 봉사활동, 행사활동의 경우도 간접적으로 진로교육 요소를 포함하고 있기 때문에 진로교육을 실천할 수 있는 여지는 충분히 존재한다고 할 수 있다.

특히 특별활동은 그 목표의 하나로 '개인의 취미와 특기를 계발, 신장함으로써 자아실현을 위한 기초를 다진다.'를 설정하고 있어, 하위 5개 영역에서의 활동도 어떻게 운영하는가에 따라 충분히 진로교육 요소를 담아 실천할 수 있다고 보인다.


## 2. 고등학교 진로지도 프로그램의 실제: CDP-H

한국산업인력공단 중앙고용정보원의 용역과제로 정철영 등(2004, 2005)이 개발하고 개정을 완료한 『고등학생을 위한 진로지도 프로그램(Career Development Program for High School Students, CDP-H, 부제: 진로모의주행)』은 최근에 개발된 중학생용 진로지도 프로그램이다. CDP-H는 19명의 연구진이 참여한 '초·중·고교생 및 대학생을 위한 진로지도 프로그램 개발'의 일환으로 학교 간 발달단계 및 상호연계를 종합적이며 체계적으로 고려하여 개발하였으며 교과교육, 재량활동, 특별활동 등을 통하여 중학교 내외에서 다양하게 활용할 수 있도록 편성하였다. 특히 CDP-H는 교사용 매뉴얼, 학생용 워크북, PPT CD 등으로 구성되어 있으며, 교사용 매뉴얼에는 진행자용 멘트까지 담고 있어 용이하게 진행할 수 있도록 되어 있다. 그러면 CDP-H(진로모의주행)에 대하여 구체적으로 살펴보도록 한다.


### 1) 프로그램의 목적 및 목표

CDP-H는 고등학생이 객관적으로 자신의 특성을 파악하고, 교육과 직업에 관한 정보를 효과적으로 수집·분석하며, 이에 기초하여 합리적으로 자신의 진로를 설계하고 준비할 수 있도록 돕는 데 목적을 두고 있다. 또한 CDP-H의 부제목은 진로모의주행(simCD-simulation of career driving, SCDSCD)으로, 고등학생들이 이 프로그램을 통해서 자동차 주행 게임처럼 다른 사람의 다양한 진로를 간접 경험함으로써 자신의 잠정적인 진로를 설계하고 준비할 수 있도록 하고 있다. 이를 달성하기 위하여 다음과 같은 구체적인 목표들을 설정하고 있다.

- 행복한 삶을 살기 위한 조건은 무엇이며, '자신의 적성과 흥미에 맞는 직업 선택'의 중요성을 이해할 수 있다.
- 자신의 적성, 흥미, 성격, 가치관 등을 객관적으로 파악하고, 긍정적인 자아개념을 형성할 수 있다.
- 직업 세계의 정보를 체계적으로 분석하여 자신의 특성에 맞고, 잘할 수 있는 '최적의 직업 목록'을 선정할 수 있다.
- 우리나라 교육 체제를 이해하여 자신의 적성과 흥미에 적합한 직업에 종사하기 위한 평생학습 계획서를 작성할 수 있다.
- 진로설계도(career road map)를 작성하고, 진로모의주행을 실현하기 위한 기초 능력을 함양할 수 있다.

## 2) 프로그램의 구조 및 내용

### (1) 프로그램의 구조

CDP-H의 구조는 앞에서 언급한 전체 목적과 하위 목표에 따라 구성되어 있으며, 전체 차수는 창의적 재량활동시간 68차시 중 34차시가 ICT 교육에 할당되어 있어, 나머지에 해당하는 34차시가 활용가능한 최대한의 시간이라고 할 수 있으므로, 이를 가능한 모두 활용할 수 있도록 34차시로 구성하였다.

프로그램의 치음에는 이전 단계에서의 진로 설계를 검토하고, 진로모의주행 프로그램 참여의 필요성을 이해하도록 하기 위하여 '시동걸기' 영역이 도입부로서 2차시가 설정되었으며, 두 번째 영역으로는 '자신에 대한 이해'가 6차시, 세 번째 영역으로는 '직업세계에 대한 이해'가 7차시, 네 번째 영역으로는 '교육세계에 대한 이해'가 6차시, 다섯 번째 영역으로는 '진로의사결정'이 5차시, 마지막 영역으로는 '진로계획 및 준비'가 8차시로 구성되었다([그림 15-1] 참조).

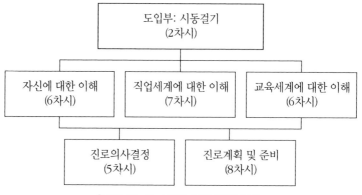

[그림 15-1] CDP-H의 전체 구조

## (2) 프로그램의 내용

CDP-H의 구체적인 내용을 살펴보면 다음과 같다(〈표 15-11〉 참조).

| 대영역 | 하위영역 | 세부내용 | 시수 |
|---|---|---|---|
| I. 시동걸기 | ① 행복한 삶의 조건 | • 진로모의주행 프로그램의 참여 필요성 이해<br>• 행복한 삶의 조건 이해 | 1 |
| | ② 진로와 최적의 직업 선택 조건 | • 자신의 삶에서의 직업의 의미와 중요성 이해<br>• 최적의 직업 선택을 선택하는 것의 중요성 이해 | 1 |
| II. 자신에 대한 이해 | ① 나의 적성과 진로 | • 진로선택에서의 적성의 중요성<br>• 적성과 진로 | 1 |
| | ② 나의 흥미와 진로 | • 흥미의 의미와 자신의 흥미유형 이해<br>• 자신의 흥미유형에 적합한 직업영역 탐색 | 1 |
| | ③ 나의 성격과 진로 | • 성격의 의미와 자신의 성격유형 이해<br>• 자신의 성격유형에 적합한 직업영역 탐색 | 1 |
| | ④ 나의 가치관과 진로 | • 가치관의 의미와 자신의 가치관 이해<br>• 자신의 가치관에 적합한 직업영역 탐색 | 1 |

〈표 14-9〉  CDP-H(진로모의주행)의 내용구성

(계속)

| 대영역 | 하위영역 | 세부내용 | 시수 |
|---|---|---|---|
| II. 자신에 대한 이해 | ⑤ 나의 현실여건과 진로 | • 현실 여건과 진로와의 관계성 이해<br>• 자신의 현실 여건에 적합한 직업영역 탐색 | 1 |
| | ⑥ 종합적 자기 이해와 진로 | • 자기 이해 종합 정리<br>• 종합한 자기 이해에 맞는 진로 탐색 | 1 |
| III. 직업 세계에 대한 이해 | ① 직업세계의 탐색 | • 고교생이 알고 있는 직업세계<br>• 직업목록 분류하기 | 1 |
| | ② 희망 직업세계의 정보수집 | • 직업정보 수집방법<br>• 희망직업 정보수집 | 1 |
| | ③ 합리적인 직업관 | • 직업에 대한 긍정적인 생각<br>• 직업에 대한 부정적인 생각 | 1 |
| | ④ 성공적인 직업인 | • 성공적인 직업인 사례 탐구<br>• 성공적인 직업인 요소 찾기 | 1 |
| | ⑤ 직업윤리 | • 직업윤리 개념 및 변천과정 인식<br>• 직업별 갖추어야 할 직업윤리 | 1 |
| | ⑥ 직업과 자격증 | • 직업군별 자격증<br>• 자격증 취득 방법 | 1 |
| | ⑦ 직업세계의 변화 | • 직업세계의 변화<br>• 유망직종의 직업세계 | 1 |
| IV. 교육 세계에 대한 이해 | ① 직업 관련학과 및 교과 | • 희망 직업 관련 학과 및 대학 선택 과정<br>• 희망 직업 관련 학과 및 대학 선택 모의 연습 | 1 |
| | ② 나의 학습습관 | • 학습습관 진단<br>• 집중력과 좋은 학습습관 | 1 |
| | ③ 효과적인 학습전략 | • 효과적인 학습원리<br>• 과목별 학습방법 | 1 |
| | ④ 효과적인 시험전략 | • 시험전략<br>• 문제유형별 시험전략 | 1 |
| | ⑤ 나의 시간관리 | • 자신의 시간관리 장단점 파악<br>• 소중한 것을 먼저 하자 | 1 |
| | ⑥ 커리어 개발과 평생학습 | • 커리어발달과 전략적 요소<br>• 평생학습거리 찾기 | 1 |

(계속)

| 대영역 | 하위영역 | 세부내용 | 시수 |
|---|---|---|---|
| V. 진로의사<br>결정 | ① 나의 의사결정 탐색 | • 나의 의사결정에 대한 이해<br>• 우리는 이렇게 의사결정해요 | 1 |
| | ② 나의 의사결정 보완 | • 의사결정 단계에서의 보완<br>• 의사결정 보완 연습 | 1 |
| | ③ 진로의사결정 연습 | • 진로의사결정 과정 이해<br>• 진로의사결정 과정 연습 | 1 |
| | ④ 나의 희망직업 선택 | • 희망직업 목록표 작성<br>• 직업선택 기준 설정<br>• 희망직업 및 계열 선택 | 1 |
| | ⑤ 나의 희망학과 선택 | • 희망 학과 목록 및 선택 기준표 작성하기<br>• 희망학과 선택하기<br>• 희망학과 관련 교과 선택하기 | 1 |
| VI. 진로계획 | ① 장기적인 진로설계<br>도 작성하기 | • 진로설계를 위한 자신의 종합 분석<br>• 학생 자신의 진로설계도 작성 | 2 |
| | ② 단기적인 진로설계<br>도 작성하기 | • 학생 자신의 단기적인 진로설계도 작성<br>• 나의 비전 선언서 작성 | 2 |
| | ③ 나의 이미지<br>만들기 | • 자신의 첫인상과 이미지 파악하기<br>• 긍정적인 이미지 만들기 | 1 |
| | ④ 효과적으로 말하기 | • 좋은 화법 익히기<br>• 적극적인 청취기법 익히기 | 1 |
| | ⑤ 자기소개서<br>작성하기 | • 자기소개서 작성하기 3<br>• 학업계획서 작성하기 | 1 |
| | ⑥ 이력서 작성하기 | • 이력서 작성하기 | 1 |
| 합 계 | | | 34 |

### 3) 프로그램의 기술양식

CDP-H의 기술양식은 각 차시마다 맨 처음에는 해당 차시의 전개과정을 한눈에 볼 수 있도록 '활동개요', '활동전개과정', '유의사항'을 한 장에 구성하여 제시하고 있다. 그리고 그 다음에는 '활동내용'으로 한 차시의 진행상황을 도입, 전개, 정리로 나누어 상세하게 설명하고 있다(정철영 외, 2005a: 32-35).

특히 도입, 전개, 정리에 따라 교사가 진행해야 할 활동의 내용과 그때 그때의 교사용 멘트를 제시하고 있는데 이는 진로교육에 대해서 사전경험이 미비한 교사들도 이것만 보면 프로그램을 쉽게 진행하도록 하기 위한 것이다.

활동내용 다음으로는 활동 중에 사용하기 위한 '교육자료'와 '활동지'가 제시되어 있다. 교육자료란 활동지와 관련하여 학생들에게 설명으로 제시할 부분을 파워포인트로 만들어서 제공하는 것이다. 활동지 다음에는 활동시간 외의 시간에 학생들이 자유롭게 읽어볼 수 있도록 다양한 '읽기자료'를 제공하고 있으며, 교사들을 위해서는 활동을 위한 '참고자료'를 제공하고 있다. 그리고 마지막에는 관련된 '참고문헌'과 '참고사이트'를 제공해 주고 있다(정철영 외, 2005a: 36-40).

이러한 기술상에서 특히 중점을 둔 것은 앞에서도 언급하였듯이, 관련 경험이 부족한 교사들도 CDP-H 프로그램만 숙지하면 원활하게 프로그램을 진행할 수 있도록 한 차시 안에 그 차시에 사용되는 모든 자료들, 활동내용에 대한 안내, 파워포인트 자료, 활동지, 읽기자료, 참고자료, 참고문헌, 참고사이트를 모두 모아 패키지로 제공하고 있는 것이다. 특히 활동을 위한 멘트까지 상세하게 제시하고 있다.

또한 CDP-H 프로그램은 '교사용 매뉴얼', '학생용 워크북' 및 'PPT-CD'로 나누어지는데, 학생용 워크북에서는 전체 구성 중 활동내용과 참고자료는 제외되고 활동개요, 활동전개과정, 유외시항, 참고문헌, 참고사이트는 학생들에게 맞게 재구성되어 있다.

## 4) 프로그램의 예시

| Ⅱ-1. 나의 적성과 진로 | 자신에 대한 이해 |

■ 활동개요

| 활동 목표 | • 진로선택에 있어 적성의 중요성과 관계를 이해한다.<br>• 자신의 적성에 맞는 진로와 이를 키우기 위한 방안을 탐색한다. | 시간 | | 50분 |
|---|---|---|---|---|
| | | 준비물 | 교사 | 교육자료, 읽기자료, 활동지, 전지, 사인펜, 크레파스 |
| | | | 학생 | 적성검사결과지, 필기구 |

■ 활동전개 과정

| 단계 | 활동주제 | 활동내용 | 방법 | 준비물 | 시간 |
|---|---|---|---|---|---|
| 도입 | 사례를 통한 적성과 진로의 이해 | – 사례를 통해 적성의 의미, 진로와의 관계 및 중요성을 이해한다 | 강의 | 교육자료Ⅱ.1.1<br>교육자료Ⅱ.1.2<br>읽기자료Ⅱ.2.1 | 10분 |
| 전개 | 적성검사를 통한 적성 이해 | – 적성의 유형을 알아본다<br>– 검사결과를 통해 자신의 우수적성을 알아본다 | 검사 해석 | 적성검사 결과지 활동지Ⅱ.1.1 | 10분 |
| | 적성 캐릭터 그리기와 적성계발 성공 인물 찾기 | – 같은 적성유형 집단이 모여 적성 캐릭터를 그리고 자신의 적성분야에서 적성계발에 성공인물을 찾아 그 이유를 알아본다 | 집단 활동 | 전지 사이펜 크레파스 | 20분 |
| 정리 | 적성 캐릭터 및 성공인물 발표 | – 집단별 적성유형 캐릭터와 성공인물을 발표한다 | 발표 | – | 10분 |

■ 유의사항

- 지난 시간 차시 예고를 통해 인터넷 적성검사를 안내하고 검사결과지를 가져오도록 공지한다.
- 적성을 알아보는 데만 그치지 않고 이를 진로와 연결시켜 키울 수 있는 방안을 모색하도록 한다.
- 특성에서 장점만 강조할 것이 아니라 단점을 장점으로 바꿀 수 있는 사고의 전환을 강조한다.

**활동내용 ▶**

| 도 입 | 사례를 통한 적성 이해 (10분) |
|---|---|

진로와 적성의 관계

▶ 진로결정에 있어 자기 이해의 중요성과 방법을 설명한다

▶ <읽기자료 Ⅱ.1.1 공상을 현실로 바꾼 아이>를 통해 진로와 적성의 관계와 중요성을 설명한다

**멘 트**

- 사람은 누구나 나름대로 여러 가지 특성을 가지고 있습니다. 즉, 저마다의 적성, 흥미, 성격, 신체조건 등이 서로 다릅니다. 이런 여러 특성들이 모여 '나' 라는 사람이 형성됩니다. 이런 자신에 대해 좀 더 알게 되면 더욱 만족스러운 진로를 결정해 나갈 수 있습니다. 이런 자신에 대해 좀 더 알고 이해할 수 있는 방법으로는 어떤 것들이 있는지 <교육자료 Ⅱ.1.1 자기 이해의 방법>를 보면서 알아봅시다.
- 앞으로 이런 방법들을 통해 좀 더 자신을 이해하는 시간을 가져 보고자 합니다. 먼저 오늘은 나의 적성에 대해 알아보고 진로와 관련해서 생각해 보는 시간을 가져보도록 합시다. 우선 <교육자료 Ⅱ.1.2 적성이란?>을 보면서 적성이 무엇인지 알아봅시다.
- <읽기자료 Ⅱ.1.1 공상을 현실로 바꾼 아이>를 한번 볼까요? 해리포터의 작가 조앤 롤링에 대한 이야기입니다. 조앤 롤링은 어려서부터 공상을 잘해서 어른들에게 거짓말한다고 혼이 난 적도 많았다고 합니다. 이 사람의 적성은 뭘까요? 그리고 자신의 적성을 어떻게 개발했을까요? 그리고 개발한 적성으로 어떤 일에서 성공을 거두었나요? 한번 생각해 봅시다.

| 전 개 (1) | 적성검사 결과 알아보기(10분) |
|---|---|

적성검사 결과 탐색

▶ 커리어넷(http://www.careernet.re.kr)의 중학생 인터넷 적성검사 결과를 가지고 자신의 우수적성을 파악하도록 한다
▶ <활동지 II.1.1. 나의 적성과 진로 찾기>를 작성하도록 한다

### 멘 트

- 여러분의 적성검사 결과를 살펴보고, 검사 결과에서 자신에게 우수하다고 나타난 적성이 무엇인지 알아봅시다. 그리고 파악한 우수 적성을 활동지에 순서대로 적어봅시다 (1번 문항).
- 검사결과를 살펴보고 보고 우수적성을 적어 보았습니다. 우리는 이전 시간에 자신을 이해하는 방법으로 심리검사 외에 다른 방법이 있다는 것을 이야기하였습니다. 하나는 자신의 인식을 통해 알아보는 방법, 다른 하나는 다른 사람으로부터 알아보는 것이지요. 우리의 적성도 이처럼 심리검사 외에 두 가지 방법으로 좀 더 잘 알아볼 수 있을 것입니다. 그러므로 다음 문항도 생각해 보고 적어봅시다(2,3번 문항).
- 이제까지 파악한 자신의 적성을 종합해 보고 관련 직업을 자료를 참조하여 찾아 적어봅시다(4번 문항).
- 조앤 롤링이 자신의 공상을 글로 옮기는 연습을 하여 작가가 된 것처럼 우리도 자신의 적성을 좀 더 발전시키고 개발 할 수 있는 방법은 없는지 생각해 봅시다(5번 문항).

| 전 개 (2) | 적성 캐릭터 및 성공 인물 찾기(20분) |
|---|---|

적성 캐릭터 및

적성분야의 성공

인물 찾기

▶ 검사에서 같은 적성 유형끼리 모이도록 한다
▶ 집단활동 제한 시간을 미리 정해 주고 마감 3분전 예고한다

### 멘 트

- 자, 같은 적성유형 집단끼리 만나셨죠? 지금부터 자신의 팀 적성을 가장 잘 나타낼 수 있는 캐릭터를 의논해서 전지 위에 그려 주시기 바랍니다.
- 팀의 캐릭터가 정해졌으면 이제 자신이 속한 적성 분야에서 적성을 살려 성공한 인물을 찾아봅시다. 즉, 신체 운동능력 분야에서는 우리나라의 박찬호 같은 선수가 성공인물의 예가 될 수 있겠지요. 그럼, 각자 자신의 적성 분야에서 성공한 모델링이 될 수 있는 인물을 찾아 어떻게 성공할 수 있었는지 서로 이야기를 나눠 봅시다.

| 정 리 | 적성 캐릭터와 성공인물 발표(10분) |
|---|---|
| 캐릭터 및 성공인물 발표 | ▶ 집단별로 작업한 전지를 가지고 나와 발표하고 서로 질문하는 시간을 갖는다. |

#### 멘트

- 지금부터 각 집단에서 만든 적성 캐릭터와 적성개발에 성공한 인물들에 대한 발표가 있 겠습니다. 많은 박수 부탁드리고 보시고 난 후 궁금한 점이 있으시면 질문을 해 주시기 바랍니다.
- 각 집단의 적성 특성이 잘 나타난 캐릭터들이었습니다. 그리고 각 적성유형 집단에서 성공한 인물들을 바탕으로 삼아 우리도 자신의 적성개발에 성공할 수 있도록 노력하는 자세를 가져야 하겠습니다.


정리 및 차시 예고   ▶ 이번 시간 내용을 정리하고 차시를 예고한다.

#### 멘트

- 오늘은 진로와 적성의 관계를 이해하여 자신의 우수적성과 관련 직업을 파악하고 같 은 적성유형 집단끼리 자신의 적성에 대해 좀 더 이해할 수 있는 시간들을 가져 보았 습니다.
- 다음 시간에는 진로와 흥미의 관계를 알아보고 자신의 흥미 분야와 관련 직업에 대해 살펴보도록 하겠습니다. 그러므로 각자 워크넷(http://www.work.go.kr)에 들어가서 노동부 중앙고용정보원에서 개발한 청소년용 인터넷 직업흥미 검사를 실시해 보고 그 결과지를 출력해 오시기 바랍니다.

교육자료II. 1. 1

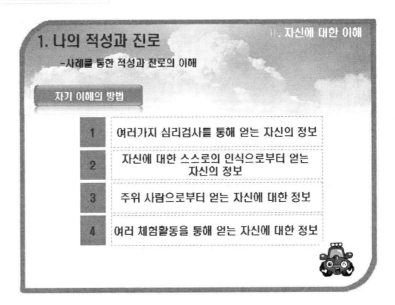

1. 나의 적성과 진로
II. 자신에 대한 이해
-사례를 통한 적성과 진로의 이해

자기 이해의 방법

| 1 | 여러가지 심리검사를 통해 얻는 자신의 정보 |
| 2 | 자신에 대한 스스로의 인식으로부터 얻는 자신의 정보 |
| 3 | 주위 사람으로부터 얻는 자신에 대한 정보 |
| 4 | 여러 체험활동을 통해 얻는 자신에 대한 정보 |

교육자료II. 1. 2

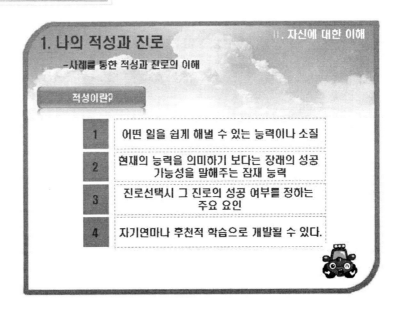

1. 나의 적성과 진로
II. 자신에 대한 이해
-사례를 통한 적성과 진로의 이해

적성이란?

| 1 | 어떤 일을 쉽게 해낼 수 있는 능력이나 소질 |
| 2 | 현재의 능력을 의미하기 보다는 장래의 성공 가능성을 말해주는 잠재 능력 |
| 3 | 진로선택시 그 진로의 성공 여부를 정하는 주요 요인 |
| 4 | 자기연마나 후천적 학습으로 개발될 수 있다. |

# 공상을 현실로 바꾼 아이 - 해리포터의 작가 조앤 K. 롤링-

출처: http://www.kangfull.com

**활동지 II. 1. 1**

# 나의 적성과 진로 찾기

| 1. 나의 우수적성을 순서대로 적어 보자. |
| --- |
| ① |
| ② |
| ③ |
| ④ |
| 2. 이제까지의 경험에서 잘하거나 재능이 있다고 생각되는 활동은? |
| ① |
| ② |
| ③ |
| ④ |
| 3. 자신에 대해 잘 알고 있는 사람들(부모, 형제, 친구, 친척, 선생님 등)이 나에게 잘한다고 이야기하는 것은? |
| ① |
| ② |
| ③ |
| ④ |
| 4. 이제까지 내용을 종합해 볼 때 나에게 가장 높은 적성과 관련 직업은? |
| ① |
| ② |
| ③ |
| ④ |
| 5. 앞으로 나의 적성을 개발할 수 있는 방안을 생각해 보자. |
| ① |
| ② |
| ③ |
| ④ |

## 적성과 직업

| 적성유형 | 유형 설명 | 관련직업 |
|---|---|---|
| 신체·운동 능력 | 기초 체력을 바탕으로 하여 효율적으로 몸을 움직이고 동작을 학습할 수 있는 능력 | 경찰관, 운동선수, 소방관, 보안서비스 종사자, 직업군인, 감독 및 코치 |
| 손재능 | 손으로 정교한 작업을 할 수 있는 능력 | 수공예가, 보석세공사, 치기공사, 치과의사, 외과의사, 운전기사, 장비기술자 |
| 공간·시각 능력 | 머릿속으로 그림을 그리며 생각할 수 있는 능력 | 만화가 및 애니메이터, 컴퓨터그래픽 디자이너, 메이크업 아티스트, 미용사, 게임 디자이너, 일러스트레이터, 패션 디자이너, 플라워 디자이너 |
| 음악능력 | 노래 부르고 악기를 연주하며 감상할 수 있는 능력 | 연주가, 작곡가, 쇼기획자, 음악연출가, 가수, 판소리꾼, 악기제조가 |
| 창의력 | 새롭고 독특한 방식으로 문제를 해결하고 아이디어를 내는 능력 | 경제학자, 사회학자, 발명가, 기업가, 광고전문가, 카피라이터, 웹전문가, 천문학자, 수학자, 생명공학자 |
| 언어능력 | 말과 글로써 자신의 생각과 감정을 표현하며, 다른 사람의 말과 글을 잘 이해할 수 있는 능력 | 기자, 아나운서, 연설가, 변리사, 변호사, 작가, 손해사정인, 관세사, 교사 |
| 수리·논리력 | 논리적으로 사고하여 문제를 해결하는 능력 | 수학자, 물리학자, 천체물리학자, 법조인, 투자 및 분석전문가, 외환딜러, 시장조사분석가, 펀드매니저 |
| 자기성찰 능력 | 자신의 생각과 감정을 알고 자신을 돌아보며, 감정을 조절할 수 있는 능력 | 종교인, 교사, 상담가, 목회자, 의사, 사회복지사, 지도자, 격려자, 법조인, 기타 대인관계직 |
| 대인관계 능력 | 다른 사람들과 더불어 살아갈 수 있는 능력 | 서비스직, 영업직, 여행안내원, 상담가, 목사, 교사, 호텔종사원, 직업치료사, 비서, 성직자 |
| 자연친화력 | 인간과 자연이 서로 연관되어 있음을 이해하며, 자연에 대하여 관심을 가지고 탐구보호할 수 있는 능력 | 농어업 및 산림관계업, 생명공학자, 조경업자, 식물학자, 자연과학 관련 교사, 관련 서비스업, 여행전문가 |

**참고문헌**

경상북도교육과학연구원(2003). 진로와 직업-교사용 지도서. 경상북도교육과학연구원.

정철영 외(2003). 중등학교용 양성평등한 진로지도를 위한 지침서(개정판). 교육인적자원부

중앙고용정보원, 경기도교육정보연구원(2003). 진로와 직업(고등학교). 경기도교육정보연구원

**참고사이트**

강풀 http://www.kangfull.com 성공인의 길

중앙고용정보원(워크넷) http://www.work.go.kr

한국직업능력개발원 커리어넷 http://careernet.re.kr

## 5) 프로그램의 운영 방안

### (1) 정규 교육기관에서의 활용 방안

CDP-H는 7차 교육과정에서의 선택 교양 교과인 '진로와 직업' 교과목을 채택하여 운영할 수 있으며, 창의적 재량 활동 시간을 활용하여 운영할 수 있다. 특히 실업계 고교에서 직업지도 프로그램 운영 시수를 확보하기 어려운 경우 '현장실습 대체 과목' 형태로 운영할 수 있다.

### (2) 프로그램 운영 방안

34차시로 구성된 CDP-H 프로그램 내용을 시동걸기→자신에 대한 이해→직업세계에 대한 이해→교육세계에 대한 이해→진로의사결정→진로 계획 및 준비 순으로 운영하는 것이 바람직하지만, 학생들의 진로준비도에 따라 필요한 부분을 선택하여 운영하되, 학생의 진로준비도는 다음의 진단표를 활용하도록 한다.

| 〈표 15-12〉 | 학생의 진로준비도 진단표 |
| --- | --- |

1. 나는 행복한 삶의 조건이나 직업 선택의 중요성을 잘 알고 있다.

전혀
그렇지않다　　그렇지
　　　　　　　않다　　　보통이다　　　그렇다　　　매우
　　　　　　　　　　　　　　　　　　　　　　　　그렇다

2. 나의 적성, 흥미, 성격, 가치관, 현실 여건 등을 잘 파악하고 있다.

전혀
그렇지않다　　그렇지
　　　　　　　않다　　　보통이다　　　그렇다　　　매우
　　　　　　　　　　　　　　　　　　　　　　　　그렇다

3. 나는 긍정적인 직업관 형성, 직업 정보 수집 등의 중요성을 잘 알고 있다.

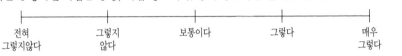

전혀
그렇지않다　　그렇지
　　　　　　　않다　　　보통이다　　　그렇다　　　매우
　　　　　　　　　　　　　　　　　　　　　　　　그렇다

4. 나는 희망 직업 관련 학과 정보와 효과적인 학습 방법, 시간관리 방법 등을 잘 알고 있다.

전혀
그렇지않다　　그렇지
　　　　　　　않다　　　보통이다　　　그렇다　　　매우
　　　　　　　　　　　　　　　　　　　　　　　　그렇다

5. 나는 내가 희망하는 직업, 희망 학과 등을 합리적으로 선택할 수 있다.

전혀
그렇지않다　　그렇지
　　　　　　　않다　　　보통이다　　　그렇다　　　매우
　　　　　　　　　　　　　　　　　　　　　　　　그렇다

6. 나는 미래의 나를 체계적으로 설계하고 준비할 수 있는 능력을 가지고 있다.

전혀
그렇지않다　　그렇지
　　　　　　　않다　　　보통이다　　　그렇다　　　매우
　　　　　　　　　　　　　　　　　　　　　　　　그렇다

### (3) 프로그램의 운영 유형별 시수 구성

CDP-H(진로모의주행)에서는 활용 가능한 유형별로 차시를 재구성하여 제시하고 있는데, 이는 다음 〈표 15-13〉과 같다.

| 〈표 15-13〉 | CDP-H의 운영 유형별 시수 구성 | | | | |
|---|---|---|---|---|---|
| 대영역 | 하위영역 | 시수 | 유형1 | 유형2 | 유형3 |
| I. 시동걸기 | ① 행복한 삶의 조건 | 1 | ○ | ○ | |
| | ② 진로와 최적의 직업 선택 조건 | 1 | ○ | ○ | ○ |
| II. 자신에 대한 이해 | ① 나의 적성과 진로 | 1 | ○ | ○ | ○ |
| | ② 나의 흥미와 진로 | 1 | ○ | ○ | |
| | ③ 나의 성격과 진로 | 1 | ○ | ○ | |
| | ④ 나의 가치관과 진로 | 1 | ○ | | |
| | ⑤ 나의 현실여건과 진로 | 1 | ○ | ○ | |
| | ⑥ 종합적 자기 이해와 진로 | 1 | ○ | ○ | |
| III. 직업세계에 대한 이해 | ① 직업세계의 탐색 | 1 | ○ | ○ | ○ |
| | ② 희망 직업세계의 정보수집 | 1 | ○ | ○ | ○ |
| | ③ 합리적인 직업관 | 1 | ○ | | |
| | ④ 성공적인 직업인 | 1 | ○ | | |
| | ⑤ 직업윤리 | 1 | ○ | ○ | |
| | ⑥ 직업과 자격증 | 1 | ○ | ○ | |
| | ⑦ 직업세계의 변화 | 1 | ○ | ○ | |
| IV. 교육세계에 대한 이해 | ① 직업 관련학과 및 교과 | 1 | ○ | ○ | ○ |
| | ② 나의 학습습관 | 1 | ○ | | |
| | ③ 효과적인 학습전략 | 1 | ○ | | |
| | ④ 효과적인 시험전략 | 1 | ○ | | |
| | ⑤ 나의 시간관리 | 1 | ○ | ○ | |
| | ⑥ 커리어 개발과 평생학습 | 1 | ○ | ○ | ○ |
| V. 진로의사결정 | ① 나의 의사결정 탐색 | 1 | ○ | ○ | ○ |
| | ② 나의 의사결정 보완 | 1 | ○ | | |
| | ③ 진로의사결정 연습 | 1 | ○ | ○ | ○ |
| | ④ 나의 희망직업 선택 | 1 | ○ | ○ | ○ |
| | ⑤ 나의 희망학과 선택 | 1 | ○ | ○ | ○ |
| VI. 진로계획 | ① 장기적인 진로설계도 작성하기 | 2 | ○ | ○ | |
| | ② 단기적인 진로설계도 작성하기 | 2 | ○ | ○ | ○ |
| | ③ 나의 이미지 만들기 | 1 | ○ | | |
| | ④ 효과적으로 말하기 | 1 | ○ | | |
| | ⑤ 자기소개서 작성하기 | 1 | ○ | | |
| | ⑥ 이력서 작성하기 | 1 | ○ | | |
| | 전체 시수 구성 (34차시) | 34차시 | 34차시 | 23차시 | 12차시 |

주: 유형 1-특기적성교육시간을 이용하여 교육할 경우(34차시).

유형 2-재량활동 시간을 활용할 경우(23차시).

유형 3-캠프에서 활용할 경우(2박3일: 12시간).

## 참고문헌

강원도 교육연구원(1997). 고등학교 교사용 진로교육 핸드북.

강재태 외 편 (2000). 진로지도 워크북. 교육과학사.

경기도교육정보연구원 · 중앙고용정보원(2002). 고등학교 교과서 '진로와 직업'. 경기도.

교육인적자원부(997). 고등학교 교육과정. 교육인적자원부.

김근화(2001). 여성의 신직종 개발 전략. 직업과 인력개발, 4(3).

김재인 외(1992). 고등학교 여학생 진로교육 프로그램개발. 한국여성개발원.

대구광역시 교육과학연구원(2002). 고등학생용 진로교육 프로그램.

부산광역시 교육과학연구원(2000). 학생 진로상담 계도자료.

송병국(2001). 청소년 실업의 원인 분석과 대책. 진로교육연구, 13. 137-156.

이영대 외(2004). 생애단계별 진로교육의 목표 및 내용 체계 수립. 서울: 한국직업능력개발원

장석민 외(2001). 진로교육목표 및 내용 체계화 연구. 한국직업능력개발원.

전라남도 교육과학연구원(2002). 고등학교 진로교육 프로그램.

정철영 외(2003). 양성평등한 진로지도 프로그램(개정판). 교육인적자원부.

정철영 외(2004). 초 · 중 · 고교생 및 대학생을 위한 직업지도 프로그램 개발, 연구보고서 [1]
    총론. 한국산업인력공단 중앙고용정보원.

정철영 외(2005a). 고등학생을 위한 직업지도 프로그램: CDP-H 진로모의주행(개정판). 한
    국산업인력공단 중앙고용정보원.

정철영 외(2005b). 초 · 중 · 고교생 및 대학생을 위한 직업지도 프로그램 효과성 검증 및 개
    정 연구. 한국산업인력공단 중앙고용정보원.

정철영(1997). 진로지도의 의의와 실태. 교육개발, 110. 28-31.

정철영(1999). 진로지도. 한국직업능력개발원 편, 직업교육훈련 대사전, pp. 538-540. 서
    울: 한국직업능력개발원.

정철영(2000). 일과 학습의 연계를 위한 진로지도 강화. 대통령 자문 새교육공동체위원회
    발표논문.

정철영(2002). 진로교육 및 진로지도 운영 체제의 실태 및 개선방안. 진로교육연구, 15(1).

정철영, 나승일, 서우석, 송병국, 이종성(1998). 직업기초능력에 관한 국민공통 기본교육과정
    분석. 서울: 한국직업능력개발원.

정해숙(1999). 공업계 고등학교에서의 여학생 직업교육실태 분석. 서울: 한국여성개발원.

정해숙, 정경아(1996). 상업계 고등학교에서의 여성 직업교육 현황과 발전 방안. 서울: 한국 여성개발원.

진미석, 임언, 손유미, 박인우(1999). 실업계 여학생 진로 · 직업 프로그램 개발 [정책연구과 제 99-5-1]. 교육부 정책연구과제 보고서.

진미석, 정윤경, 이양구(1999). 일반계 여자고등학생 진로지도 프로그램 개발 연구 [기본연 구 99-23]. 서울: 한국직업능력개발원.

청소년 대화의 광장(1996) 진로의사결정훈련 웍북. 청소년 대화의 광장.


Bolles, R. N. (2002). *What Color Is Your Parachute 2003: A Practical Manual for Job-Hunters and Career.* Speed Press.

Brolin, D. E. (1995). *Career Education: A Functional Life Skills Approach(3rd Ed).* Engle-wood Cliffs, NJ : Prentice-Hall, Inc.

Eikleberry, C. (1998). *The Career Guide for Creative and Unconventional People.* Speed Press.

Esther, T. (2002). Career guidance in Singapore schools. *Career development quarterly, 50.* 257-263.

Herr, E. L., Cramer, S. H., & Niles, S. G. (2003). *Career guidance and counseling through the life span: System approach(6th ed.).* New York: Allyn & Bacon.

Human Resource Development Canada. (2001). *Canadian standards and guidelines for career development: Snapshot.*

Lock, R. D. (1999). *Taking Charge of Your Career Direction: Career Planning Guide.* Brokks Cole.

Lock, R. D. (2000). *Activities Manual for Taking Charge of Your Career Direction and Job Search: Career Planning Guide.* Brooks Cole.

National Career Development Association. (1995). *Careers development facilitators project.*

National Career Development Association. (1997). *Career counseling competencies.*

Zunker, V. G. (2002). *Career counseling: Applied concepts of life planning(6th ed).* Pacific Grove, CA: Brooks/Cole.

## 인명

## 내용

## 저자 소개

### 김봉환(金鳳煥)

서울대학교 대학원 교육학과(교육학 석사)
서울대학교 대학원 교육학과(상담심리학 전공, 교육학 박사)
한국기술교육대학교 교수 및 학생생활연구소 소장(역임)
**현재** 숙명여자대학교 문과대학 교육학부 교수
　　대통령자문 교육혁신위원회 전문위원
　　교육인적자원부 교육과정심의위원
　　한국상담학회 학회지편집위원장
**저서** 직업심리학(공저, 박문각, 1999)
　　학교상담과 생활지도(공저, 학지사, 2000)
　　특수아동상담(공저, 학지사, 2002)
　　진로상담의 실제(역서, 학지사, 2003)

### 정철영(鄭喆永)

서울대학교 대학원 농산업교육과(교육학 석사)
Ohio State University(진로지도 및 직업교육 전공, 철학박사)
Ohio State University 객원교수(역임)
Johns Hopkins University 객원교수(역임)
**현재** 서울대학교 농업생명과학대학 산업인력개발학전공 교수
　　한국진로교육학회 부회장
**저서** 진로교육의 이론과 실제(공저, 교육과학사, 1999)
　　진로와 직업(공저, 대한교과서주식회사, 2003)
　　직업지도 프로그램(공저, 중앙고용정보원, 2004)
　　진로지도와 학업지도(공저, 방송통신대학교 출판부, 2005)

### 김병석(金秉石)

서울대학교 대학원 교육학과(교육학 석사)
Florida State University(상담심리학 전공, 철학박사)
Atlantic Mental Health Center 심리학자
한국청소년상담원 상담교수(역임)
**현재** 단국대학교 사범대학 특수교육과 교수
**저서** 청소년성격상담(공저, 청소년대화의광장, 1996)
　　청소년이상행동(공저, 청소년대화의광장, 1997)
　　청소년심리 및 행동평가(공저, 한국청소년상담원, 1999)

〈2판〉

# 학교진로상담

2000년 4월 30일 1판 1쇄 발행
2005년 9월 20일 1판 11쇄 발행
2006년 3월 10일 2판 1쇄 발행
2024년 1월 25일 2판 24쇄 발행

지은이 • 김봉환 · 정철영 · 김병석 공저
펴낸이 • 김 진 환
펴낸곳 • (주) **학지사**
　　　　04031 서울특별시 마포구 양화로 15길 20 마인드월드빌딩 5층
대표전화 • 02) 330-5114　　팩스 • 02) 324-2345
등록번호 • 제313-2006-000265호
홈페이지 • http://www.hakjisa.co.kr
인스타그램 • https://www.instagram.com/hakjisabook

ISBN 978-89-5891-257-6 93180

정가 19,000원

출판미디어기업 **학지사**

간호보건의학출판 **학지사메디컬** www.hakjisamd.co.kr
심리검사연구소 **인싸이트** www.inpsyt.co.kr
학술논문서비스 **뉴논문** www.newnonmun.com
원격교육연수원 **카운피아** www.counpia.com